中美欧混凝土桥梁设计规范对比与分析

黄 侨 编著

人民交通出版社股份有限公司
北京

内 容 提 要

本书对中国公路混凝土桥梁设计规范,美国桥梁设计规范(AASHTO)以及欧洲规范(Eurocode)中涉及的桥梁设计相关部分、章节及设计条款进行了对比。以《公路桥梁通用图》中典型桥梁设计施工图为例,进行了数值分析和定量对比,借助书中的规范评价体系可对上述规范设计方法的安全性和经济性进行比较。

本书内容可供涉外桥梁工程设计、相关的工程师及研究生学习提供参考,亦可为我国相关规范的修编提供借鉴。

图书在版编目(CIP)数据

中美欧混凝土桥梁设计规范对比与分析／黄侨编著. — 北京：人民交通出版社股份有限公司,2023.3
ISBN 978-7-114-18376-8

Ⅰ.①中… Ⅱ.①黄… Ⅲ.①钢筋混凝土桥—桥梁设计—设计规范—对比研究—中国、美国、欧洲 Ⅳ.①U448.142.5

中国版本图书馆 CIP 数据核字(2022)第 243462 号

Zhong-Mei-Ou Hunningtu Qiaoliang Sheji Guifan Duibi yu Fenxi

书　　名：	中美欧混凝土桥梁设计规范对比与分析
著 作 者：	黄　侨
责任编辑：	郭晓旭
责任校对：	赵媛媛
责任印制：	张　凯
出版发行：	人民交通出版社股份有限公司
地　　址：	(100011)北京市朝阳区安定门外外馆斜街 3 号
网　　址：	http://www.ccpcl.com.cn
销售电话：	(010)85285857
总 经 销：	人民交通出版社股份有限公司发行部
经　　销：	各地新华书店
印　　刷：	北京交通印务有限公司
开　　本：	787×1092　1/16
印　　张：	19.5
字　　数：	475 千
版　　次：	2023 年 3 月　第 1 版
印　　次：	2025 年 5 月　第 3 次印刷
书　　号：	ISBN 978-7-114-18376-8
定　　价：	56.00 元

(有印刷、装订质量问题的图书,由本公司负责调换)

前言
Preface

随着我国工程技术和经济能力的提升以及"一带一路"倡议的实施，拓展海外桥梁工程建设市场、了解发达国家与地区的相关技术规范标准已成为必然。目前国际上较为先进、成熟且影响力大的桥梁工程设计规范主要有美国桥梁设计规范（AASHTO LRFD）和欧洲桥梁设计规范（Eurocode）。我国交通运输行业也基本完成了公路桥梁建设主要技术规范、标准的更新换代工作。桥梁设计规范及标准是桥梁工程设计的技术依据。由于世界各国的政治体制、经济发展水平、地理环境、历史文化和桥梁建设能力的差异，规范标准中设计理念、设计标准、设计方法以及限制条件均有所不同。在海外桥梁工程建设过程中，必须考虑技术规范的选择及其对工程建设安全性和经济性的影响。

本书着重对中国、美国及欧洲公路桥梁设计规范的设计准则、极限状态分类及可靠度，材料强度、取值及相关参数，设计荷载及其作用组合，承载能力极限状态和正常使用极限状态，基本构件设计方法，混凝土桥梁的耐久性及构造要点等方面进行设计条款及计算方法的对比分析。本书选择了人民交通出版社 2008 年版《公路桥梁通用图》中预应力混凝土简支 T 梁桥、简支空心板梁桥及一座援外工程的 4×30m 预应力混凝土小箱梁连续梁桥的设计施工图，采用通用软件 Midas/Civil-国际版，按上述规范标准进行了计算分析。作者对上述中外桥梁设计规范进行了安全性和经济性方面的定性及定量对比，提出了富余度评价指标，建立了中国、美国、欧洲桥梁设计规范的综合评价体系，并结合上述计算实例给出了基于综合富余度的定量评价结果。上述规范对比、评价方法和评价结果可为从事海外桥梁工程建设的工程技术人员提供参考，同时也可为我国交通行业技术规范、标准的修订提供参考。

本书由东南大学黄侨教授编写,任远副教授和杨明副教授参与了部分工作。在课题研究过程中,研究生梁程亮、王涛、王晓春、关键和郑兴等同学分别参与了美国桥规和欧洲桥规的翻译、对比工作,并参与了基于中国、美国、欧洲桥梁设计规范的工程实例的计算和图表的绘制工作。

本书撰写得到了中国路桥工程有限责任公司"中外岩土工程、桥梁设计和公路设计规范对比研究"的课题资助,是在其子课题"中美欧桥梁设计规范对比研究"的科研工作基础上完成的。课题研究过程中曾得到了中国路桥工程有限责任公司科技部李植淮、李连友、鞠秀颖和汪淼等同志的大力支持。在课题组调研期间还得到了中交公路规划设计院有限公司王仁贵、刘波和冯苠等同志的支持和帮助,在此一并表示衷心的感谢!

尽管中国、美国及欧洲公路桥梁设计规范对比工作局限在混凝土桥梁范围内,仍感觉到量大、面广且有难度。由于作者及参研人员的能力限制,对规范的翻译、理解和运用尚难以做到准确无误,对国内外公路桥梁设计规范理论、方法的理解或许不到位,定会存在不完善的地方,请读者和有关的工程技术人员斧正,并将有关意见和建议反馈作者(qhuanghit@126.com)。

黄 侨
2021 年 10 月

目录
Contents

第1章 概述 ·· 1
　1.1 关于规范的概述 ··· 1
　1.2 中国、美国、欧洲桥梁设计规范的发展 ································· 1
　1.3 国内针对国外规范的研究现状 ··· 5
　1.4 本书的主要内容 ··· 10
第2章 设计准则、极限状态及可靠度 ·· 14
　2.1 设计准则 ··· 14
　2.2 极限状态的划分 ··· 16
　2.3 可靠度指标 ·· 18
　2.4 设计基准期和使用寿命 ·· 23
　2.5 设计安全等级 ·· 24
第3章 材料性能 ··· 27
　3.1 混凝土 ·· 27
　3.2 普通钢筋 ··· 39
　3.3 预应力钢筋 ·· 43
第4章 荷载及其作用效应组合 ·· 50
　4.1 荷载分类 ··· 50
　4.2 作用的代表值 ·· 53
　4.3 作用效应组合 ·· 54
　4.4 结构重力 ··· 64
　4.5 汽车荷载 ··· 64
　4.6 温度荷载 ··· 77
　4.7 横向分布计算 ·· 81
　4.8 主梁内力计算与对比 ··· 87

第 5 章　承载能力极限状态对比分析 ……………………………………… 93
5.1　受弯构件截面抗弯承载力 ……………………………………………… 93
5.2　受弯构件截面抗剪承载力 ……………………………………………… 108
5.3　轴心受压构件承载力 …………………………………………………… 122
5.4　偏心受压构件承载力 …………………………………………………… 128
5.5　受拉构件承载力 ………………………………………………………… 146
5.6　混凝土盖梁承载力 ……………………………………………………… 147
5.7　拉压杆计算模型 ………………………………………………………… 149
5.8　局部承压构件 …………………………………………………………… 158
5.9　结构抗倾覆计算 ………………………………………………………… 166

第 6 章　正常使用极限状态对比分析 ……………………………………… 168
6.1　预应力张拉控制与损失计算方法 ……………………………………… 168
6.2　应力控制对比分析 ……………………………………………………… 187
6.3　抗裂性及裂缝宽度计算方法 …………………………………………… 192
6.4　挠度验算及预拱度设置 ………………………………………………… 200

第 7 章　桥梁下部结构对比与算例分析 …………………………………… 207
7.1　盖梁计算方法的对比分析 ……………………………………………… 207
7.2　盖梁计算实例及分析 …………………………………………………… 211
7.3　桥墩计算实例及分析 …………………………………………………… 228

第 8 章　耐久性及构造要点对比 …………………………………………… 243
8.1　结构的耐久性基本要求 ………………………………………………… 243
8.2　普通钢筋构造要点 ……………………………………………………… 248
8.3　预应力筋构造要点 ……………………………………………………… 255

第 9 章　中国、美国、欧洲混凝土桥梁规范评价体系 …………………… 262
9.1　混凝土桥梁设计规范评价体系 ………………………………………… 262
9.2　工程评价实例计算与分析 ……………………………………………… 273
9.3　对比评价主要结论 ……………………………………………………… 293

参考文献 ……………………………………………………………………… 300

第1章
概述

1.1 关于规范的概述

桥梁设计规范及标准是桥梁工程设计的技术依据,也有人称其为桥梁工程设计的法规。桥梁设计要求达到的目的是桥梁的安全、适用、经济、耐久和美观。由于世界各国的政治体制、经济发展水平、地理环境、历史文化和桥梁建设能力存在差异,规范的设计理念、设计标准、设计方法和控制条件均有所不同。

基于我国重载汽车的增加以及桥梁损坏状况日趋严重的现实,为确保公路桥梁的设计安全和使用年限,降低养护维修费用,需要对比国内外的相关规定,学习、研究国外先进的设计经验,为我国公路混凝土桥梁设计规范的修订提供参考。另一方面,随着全球经济一体化的进程,国与国之间的交流日渐频繁,国际建设市场的竞争日益激烈。在这种大环境下,了解经济发达、技术先进国家的相关规范和技术标准,对我国规范标准与国际接轨具有重要意义;同时,对于我国实施"一带一路"建设,开发海外路桥建设市场,提高国际工程建设的竞争力具有重要的技术和经济价值。

当今世界,能代表国际桥梁建设水平的国外规范和标准主要有两部:美国各州公路与运输协会(American Association of State Highway and Transportation Officials,AASHTO)和欧洲共同体委员会(Commission of European Communities,CEC)陆续颁布的欧洲规范(Eurocode)。这些规范标准之所以代表当代水平,一是由于其内容全面、技术较成熟,二是鉴于其在总体上运用了结构可靠度理论。

1.2 中国、美国、欧洲桥梁设计规范的发展

一、中国桥梁设计规范

据资料记载,我国交通行业最早的规范或标准是1951年9月颁布的《公路工程设计准则(草案)》,1954年9月微调后再次颁布,仅一年半后又由《公路工程设计准则(修订草案)》

(1956)取代。1961年9月正式颁布了《公路桥涵设计规范》(试行)，历经10年的调整和实践形成了我国桥梁设计规范的雏形。20世纪60年代以前颁布的公路桥梁设计规范主要引用的是苏联的公路桥梁建设的技术标准，同时参考了我国自己的一些工程建设经验。20世纪60年代，我国开始了对土木及桥梁工程学科的相关研究。基于国内有限的工程实践，1975年，交通部编制并颁布了《公路桥涵设计规范(试行)》。1975年版规范及其以前的公路桥梁设计规范均采用了容许应力法，适用于钢筋混凝土桥梁、钢结构桥梁、木结构桥梁及圬工结构桥梁。该方法以线性弹性理论为基础，以构件危险截面的某一点或某一局部的计算应力小于或等于材料的容许应力为准则。1978年，我国交通部颁布了《公路预应力混凝土桥梁设计规范》(试行1978)，开启了预应力混凝土桥梁设计的新篇章。该规范开始采用荷载系数设计方法，也称为破损阶段设计法。该方法规定结构构件达到破损阶段时的计算承载力应不低于标准荷载引起的结构构件内力乘以由经验确定的安全系数。

1981年，我国基于上述1975年版和1978年版两本规范开展了大量的研究工作，开始分类修订新一轮的桥梁设计规范，并先后出版了《公路钢筋混凝土及预应力混凝土桥涵设计规范》(JTJ 023—85)、《公路砖石及混凝土桥涵设计规范》(JTJ 022—85)、《公路桥涵地基与基础设计规范》(JTJ 024—86)、《公路桥涵钢结构及木结构设计规范》(JTJ 025—86)以及《公路桥涵设计通用规范》(JTJ 021—89)，以上规范初步形成了桥梁设计规范体系，通常称之为1985年版规范。1985年版规范采用了半概率极限状态设计方法，以荷载分项安全系数来反映不同荷载的变异性，以材料的分项安全系数来反映各种材料的离散性，以工作条件系数来反映结构的不同破坏特点，并且首次规定所有桥涵结构均应进行承载能力极限状态和正常使用极限状态的计算。1985年版规范在设计准则、材料选用和设计表达式等方面均做出了重大的改进，在此基础上形成了《公路工程结构可靠度设计统一标准》(GB/T 50283—1999)。

1995年后我国陆续开始了对1985年版规范的修订工作，基于《公路工程技术标准》(JTG B01—2003)，陆续颁布了《公路桥涵设计通用规范》(JTG D60—2004)和《公路钢筋混凝土及预应力混凝土桥涵设计规范》(JTG D62—2004)、《公路圬工桥涵设计规范》(JTG D61—2005)、《公路桥涵地基基础设计规范》(JTG D65—2007)及《公路斜拉桥设计细则》(JTG/T D65-01—2007)等，以下简称2004年版规范。

与1985年版规范相比，2004年版规范体系更趋于完善，内容得到极大的丰富，明确了强制性条文并采用以半概率方法为基础的极限状态设计方法，按分项系数的设计表达式进行设计。2004年版规范的近似概率极限状态设计表达式与1985年版规范的分项系数设计表达式相比，具有与结构的目标可靠度指标更为接近的可靠度指标，且具有较为一致的安全度水平。

随着我国经济的发展，20世纪90年代开始了大规模的公路基础设施建设。在大量工程技术经验及研究工作的基础上，结合设计理论研究的新成果，提出了新版的《公路工程技术标准》(JTG B01—2014)。自2015年起，我国交通系统又逐步颁布了一批以《公路桥涵设计通用规范》(JTG D60—2015)、《公路钢结构桥梁设计规范》(JTG D64—2015)、《公路钢混组合桥梁设计与施工规范》(JTG D64-01—2015)、《公路钢管混凝土拱桥设计规范》(JTG/T D65—2015)、《公路悬索桥设计规范》(JTG/T D65-05—2015)、《公路钢筋混凝土及预应力混凝土桥涵设计规范》(JTG 3362—2018)和《公路斜拉桥设计规范》(JTG/T 3365-01—2020)等为代表的新版桥梁设计规范，并已逐渐形成新一代的、分桥型细化且更为完善的公路桥梁设计规范体系。

二、美国桥梁设计规范

美国的公路桥梁设计规范首版公布于1931年,采用容许应力法作为设计准则,之后每隔大约4年修订一次。20世纪70年代,荷载系数法(Load Factor Design)被纳入美国桥梁设计规范中。该规范自出版以来共有17个版本,一直到2002年才停止更新。1986年,美国的桥梁工作者协会和国家公路研究计划开始实施"发展通用桥梁规范和条文说明"的初步研究工作。1987年5月,该研究项目成果被提交至AASHTO,建立了一套全新的现代桥梁设计规范体系,并于1990年颁布了第一版《AASHTO LRFD 桥梁设计规范》(*AASHTO LRFD Bridge Design Specifications*)。此后,该规范约每隔5年进行一次修订,每次修订中规范的框架和体系保持不变,只是不断地修改和补充部分内容。修订时融入了最新的理论研究和工程实践成果,以保证规范的连续性。美国桥梁设计规范采用荷载和抗力系数设计方法,按照四种极限状态,即使用极限状态、强度极限状态、疲劳和断裂极限状态、极端事件极限状态进行公路桥梁设计。

值得注意的是,荷载与抗力系数设计法中的荷载和抗力系数是以可靠度理论为基础确定的,而荷载系数法的荷载与抗力系数是靠经验确定的。此外,美国桥梁设计规范每版的修改量很小,以继承性为主。使用美国桥梁设计规范时并不像中国桥梁设计规范一样必须采用最新发布的版本,所采用的规范版本可由项目业主规定,因此设计者必须掌握各版本规范之间的差异,严格按照业主的要求进行设计。

本书采用美国桥梁设计规范(AASHTO LRFD)2007年版和2017年版作为研究工作的基础。

三、欧洲桥梁设计规范

欧洲作为一个由多国组成的区域,各国家的语言、社会发展水平不尽相同。最初欧盟各国都拥有各自的结构设计规范。随着欧洲标准统一进程的推进,欧洲共同体国家已基本实现了结构设计规范的统一。

早在1975年,欧盟委员会就根据相关协议,决定在土木建筑领域实施一个联合行动项目,即建立一整套用于房屋建筑、土木工程结构和土工设计的标准体系,即欧洲规范(Eurocode,简称EC)。其目的是消除贸易的技术障碍,协调各国在土木建筑方面的技术规范。欧洲规范项目是由成员国代表组成的指导委员会实施开展的,历经15年的努力,于1990年发布第一代欧洲桥梁设计规范。

1989年,指导委员会与欧洲标准化协会达成协议并咨询各成员国之后,指导委员会与欧洲成员国及欧洲自由贸易联盟(EFTA)决定,通过一系列的委托手续,将欧洲桥梁设计规范的编制和出版工作转交欧洲标准化委员会,以便使之具有与欧洲标准同等的地位。

20世纪80年代末和90年代,在欧洲标准技术委员会CEN/TC-250的组织和协调下,根据欧洲桥梁设计规范的规划又成立了技术委员分会,首先编制了一套欧洲试行规范Preliminary European Standard, ENV 1991 ~ ENV 1999,并明确指出,试行规范只供试用并提交委员会讨论。自开始试行之日起,两年后还将邀请欧洲标准化委员会成员提交正式的评论,以决定未来进一步要完成的工作。随后在8年内将试行版规范ENV转换为正式版欧洲标准(European

Standard,简称 EN),即目前的标准。

该套标准中涉及桥梁方面总计有 10 本,其中针对混凝土公路桥梁设计的规范是《欧洲规范 2:混凝土结构设计—第 2 部分:混凝土桥梁设计—设计和细部规定》(EN 1992-2:2005),但具体设计中确定桥梁上的荷载和作用时需要参考《欧洲规范 1:结构上的作用—第 2 部分:桥梁上的交通荷载》(EN 1991-2:2004),确定设计原则及荷载分项系数时需要参考《欧洲规范 0:结构设计基础》(EN 1990:2002)。另外,当《欧洲规范 2:混凝土结构设计—第 2 部分:混凝土桥梁设计—设计和细部规定》(EN 1992-2:2005)的内容与《欧洲规范 2:混凝土结构设计—第 1-1 部分:一般规定和对建筑结构的规定》(EN 1992-1-1:2004)的内容相同时,其直接引用有关建筑结构的规定。上述有关桥梁工程的设计规范只是标准中的一部分,欧洲桥梁设计规范体系示意图如图 1.2.1 所示。

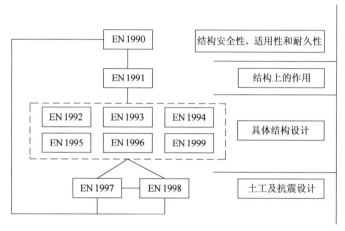

图 1.2.1 欧洲桥梁设计规范体系示意图

欧洲桥梁设计规范(不包括 EN 1990:2002)被具体分成若干部分。对于公路和铁路桥梁设计的明确规定包含在各规范的第 2 部分中,由混凝土结构、钢结构、组合结构、木结构以及抗震设计等相关规范组成,内容涵盖了新建桥梁,包括桥墩、桥台、直立墙、翼墙和侧墙等的设计。材料包括普通或者轻集料混凝土、素混凝土、钢筋混凝土和预应力混凝土、钢材、钢-混凝土组合材料、木材或其他材料。但是,上述规范没有涉及有关斜拉桥、悬索桥和拱桥的专门内容,且明确规定《欧洲规范 8:结构抗震设计》第 2 部分不适用于悬索桥、木桥、圬工桥、可移动桥梁和浮桥。用于混凝土桥梁、钢桥和组合桥梁设计的欧洲桥规部分汇总如表 1.2.1 所示。

相关桥梁工程的欧洲规范汇总　　　　　表 1.2.1

标 准 号	范 围	混凝土	钢	组合结构
EN 1990	Basis of design	√	√	√
EN 1990/A1	Bridges	√	√	√
EN 1991-1-1	Self-weight	√	√	√
EN 1991-1-3	Snow loads	√	√	√
EN 1991-1-4	Wind actions	√	√	√
EN 1991-1-5	Thermal actions	√	√	√

续上表

标准号	范围	混凝土	钢	组合结构
EN 1991-1-6	Actions during execution	√	√	√
EN 1991-1-7	Accidental actions	√	√	√
EN 1991-2	Traffic loads	√	√	√
EN 1992-1-1	General rules	√		√
EN 1992-2	Concrete Bridges	√		√
EN 1993-1-1	General rules		√	√
EN 1993-1-5	Plated elements		√	√
EN 1993-1-7	Out-of-plane loading		√	√
EN 1993-1-8	Joints		√	√
EN 1993-1-9	Fatigue		√	√
EN 1993-1-10	Material toughness		√	√
EN 1993-1-11	Tension components		√	√
EN 1993-1-12	Transversely loaded plated structures		√	√
EN 1993-2	Steel Bridges		√	√
EN 1993-5	Piling		√	√
EN 1994-1-1	General rules			√
EN 1994-2	Composite Bridges			√
EN 1997-1	General rules	√	√	√
EN 1997-2	Testing	√	√	√
EN 1998-1	General rules, seismic actions	√	√	√
EN 1998-2	Seismic design for Bridges	√	√	√
EN 1998-5	Foundations	√	√	√

注：1. 对于公路和铁路桥梁设计的明确规定包含在各规范的第 2 部分，如 EN 1992-2:2005 等。
2. 表中符号"√"表示混凝土桥梁、钢桥和钢-混凝土组合桥梁所对应参考的规范。

值得注意的是，欧洲桥梁设计规范除了建筑结构、桥梁工程之外，还包括材料、产品等其他标准。欧洲桥梁设计规范可结合其他欧洲标准使用，引用和采纳它们的相关条款。

1.3 国内针对国外规范的研究现状

近年来，随着我国桥梁工程技术水平的提升，越来越多的涉外工程项目在招投标过程中面临规范的选择问题。因此，工程技术人员需要对我国的桥梁设计规范和其他国家的桥梁设计规范之间的差异性有足够的认识。另一方面，学习国外先进的设计理论和设计方法，可以为我国公路桥梁混凝土设计规范的修订提供有价值的参考，也有助于促进我国桥梁事业的发展。

目前,已经有很多国内的学者在这方面做了相关的研究工作。

2007年,苏武做了英国标准BS 5400与中国公路桥梁设计规范在荷载及荷载组合方面的比较,以及BS 5400与中国公路桥梁规范在钢筋混凝土结构设计方面的比较研究。研究表明,从荷载总作用的大小来看,BS要偏于安全,中国公路桥梁规范要偏于经济。

2007年,刘钊进行了中国、美国桥梁设计规范设计准则的对比及思考,主要研究中国、美国桥梁设计规范设计准则之间的差异。文中对中国、美国桥梁设计规范中的极限状态的表达形式进行了说明和对比。中国桥梁设计规范采用承载能力极限状态和正常使用极限状态进行设计,而美国桥梁设计规范根据不同的设计目标,分为正常使用极限状态、疲劳与断裂极限状态、强度极限状态和极端事件极限状态。AASHTO LRFD的多种极限状态反映的设计思路更清晰,检算内容更具体,是今后桥梁结构设计理念的发展方向。

2007年,王向阳、季少波等进行了中国、美国桥梁设计规范的内力计算比较研究,着重介绍AASHTO LRFD的内力设计方法和计算公式,并以一个工程实例对中国、美国桥梁设计规范作了定量的比较分析研究。结果表明,两者计算出的承载力基本相同,但受荷载、材料、横向分布系数、荷载效应分项系数及计算公式等影响,AASHTO LRFD计算得到的组合内力值偏大。

2007年,刘立渠对6种国外规范和国内规范《混凝土结构设计规范》(GB 50010—2002)的冲切承载力计算公式进行了详细的阐述与计算比较,选取其中3种规范,在计算公式中对冲切影响因素进行差异比较,对国内外规范关于钢筋混凝土板的冲切承载能力进行了对比研究。

2008年,冯兴中分别从试件尺寸、保证率、强度标准值和设计值等方面对中国、美国桥梁的混凝土强度进行了比较,并初步建立了中国、美国混凝土强度级别之间的对应关系。

2008年,吴腾、葛耀君、熊杰等进行了现行国内外桥梁汽车荷载及其响应的比较研究,首先阐述了中国公路桥梁设计规范、美国AASHTO、英国BS 5400、日本《道路桥示方书》、加拿大公路桥梁设计规范和澳大利亚桥梁设计规范中的汽车荷载模式,并对各国规范的车道折减系数和汽车冲击系数进行对比研究。然后讨论了各国规范荷载横向分布系数的计算方法,并依据各国规范中对汽车荷载在不同桥跨、车道上所产生的各种响应做了计算分析,还从等效平均荷载、挠度效应、弯矩效应和剪力效应等方面进行了对比分析。研究发现,各国公路桥梁设计规范所采用的荷载形式、量值和计算系数等方面有较大差异,汽车荷载作用下桥梁的各种响应也有很大的差别,且与结构跨径紧密相关。

2010年,李文生、郝峻峰从车道划分、荷载标准值、冲击系数、布载方式、多车道横向折减和冲击系数等方面对中国公路桥梁设计规范、美国AASHTO-2003、英国BS 5400和欧洲Eurocode-2004进行了对比分析,并以某大跨度斜拉桥为例,计算、分析了主梁、主塔和拉索在最不利汽车荷载作用下的响应。研究发现:在跨径小于200m时,BS 5400的汽车荷载效应最大;在80m跨径以下《公路桥涵设计通用规范》(JTG D60—2004)规范的荷载值最低;Eurocode-2004在80m到200m跨径范围内最小;当将荷载标准值外推至200m跨径以上时,《公路桥涵设计通用规范》(JTG D60—2004)最大,Eurocode-2004最小。

2010年,杨佐、赵勇等收集整理了国内外桥梁设计规范的混凝土桥梁截面竖向温度梯度模式,通过具体算例对这些模式的温度效应进行了比较。结果表明:不同温度梯度模式下的应力分布具有一定相似性,温度基数的取值对温度作用效应有较大的影响,对于温度应力及温度变形的计算是否可以采用同一温度梯度模式,尚需进行进一步研究。

2010年,田磊等对中国、美国、欧洲和加拿大的混凝土规范中钢筋混凝土构件受剪承载力的可靠度进行对比分析。分析中作用、材料强度和几何尺寸采用相关研究报告或相关文献提供的概率分布和统计参数,抗承载力计算模式不定性统计参数采用国内外415个无腹筋和178个有腹筋钢筋混凝土构件抗剪承载力的试验结果与计算结果的分析值。

2010年,郭丰哲进行了基于美国桥规的预应力混凝土梁桥设计,基于美国公路桥梁设计规范(AASHTO LRFD 2007年版),采用专业有限元软件MIDAS,从横向分布系数的计算、活载的取值、使用极限状态的检算、强度极限状态的计算、疲劳极限状态的检算等方面,对某公路桥跨径为19.26m的公路预应力混凝土梁的设计进行详细介绍。同时,从混凝土强度和弹性模量、设计活载、横向分布系数的计算等方面列出了美国桥梁设计规范与中国桥梁设计规范的不同。

2011年,黎述亮、杨勇等对欧洲桥梁设计规范公路桥梁设计中的汽车荷载、汽车制动力、汽车离心力、风荷载和温度荷载等活载进行计算分析,并比较了其与《公路桥涵设计通用规范》(JTG D60—2004)的差异。2012年,阮怀圣、马润平对美国桥梁设计规范中的设计汽车荷载进行了研究,介绍了该规范中HL-93设计汽车荷载的相关规定以及荷载影响线的取用方法,进而研究了变轴距、变车距等形式的HL-93设计汽车荷载在MIDAS Civil通用有限元软件中的快速实现方法。对国外某实桥(跨径30m+5×40m+30m)用HL-93设计汽车荷载计算,并与中国桥规进行对比分析。结果表明:中国公路—Ⅰ级与美国HL-93设计汽车荷载效应相比,主梁剪力与跨中正弯矩前者比后者大,支点负弯矩前者比后者小15%左右。

2011年,王玉珠对比分析了中国、美国和欧洲桥梁设计规范中钢筋混凝土构件和预应力混凝土构件正截面抗弯承载力、钢筋混凝土构件轴心受压承载力和偏心受压承载力的计算方法和最大、最小配筋率的规定。对比分析了中国、美国和欧洲桥梁设计规范无腹筋和有腹筋钢筋混凝土构件和预应力混凝土构件斜截面抗剪承载力的计算方法,将三套规范的抗剪承载力计算结果与试验结果进行了对比,并比较了三套规范防止斜压破坏和最小配箍率的规定。研究了中国、美国和欧洲桥梁设计规范中关于先张法预应力混凝土不开裂构件的预应力损失、抗裂、应力和变形验算的相关规定,并给出了先张法预应力混凝土空心板的设计算例。

2012年,党栋等进行了公路桥梁设计荷载及其组合研究,选取我国常见的中小跨径桥梁为样本,结合国外公路桥梁的荷载标准及分项系数。分析比较结果表明,我国公路桥梁荷载标准值模型符合世界发展趋势,荷载标准值与国外规范相比有高有低。总体而言,我国规范汽车荷载设计效应略偏低,其中小跨径桥梁低得较多。

2012年,王峥对钢筋混凝土梁抗剪承载力计算理论模型进行了综述,并分析了各模型的优缺点,列出中国、美国、欧洲桥梁设计规范的抗剪模型。研究发现,国内外对抗剪机理认识并不一致,理论模型多样化。相比之下桁架模型应用较为广泛,并认为是抗剪理论模型发展的趋势之一。对比分析了中国《混凝土结构设计规范》(GB 50010—2010)、美国《建筑混凝土结构设计规范》(ACI 318—08)和欧洲《混凝土设计规范》(EN 1992-1-1:2004)中有腹筋钢筋混凝土梁斜截面抗剪承载力计算方法,研究了混凝土强度、剪跨比和配箍率对各规范受剪承载力的影响。

2012年,王元清针对刚果(布)国家1号公路二期工程Djoué钢-混凝土组合梁桥的设计方法进行了研究,比较了中国、欧洲规范的差异,并在ANSYS中分别用中国桥规和欧洲桥规对该大桥进行了建模分析。在满足承载力、挠度等各方面要求的前提下,分析比较了最大弯矩、最大应力、挠度等。研究发现,在承载力极限状态下采用欧洲桥梁设计规范得到的最大弯矩值比采用中国桥梁设计规范得到的最大弯矩值大23%左右;正常使用极限状态下短期效应组合时,采用中国桥梁设计规范得到的位移最大值比采用欧洲桥梁设计规范大11%左右;正常使用极限状态下长期效应组合时,采用中国桥梁设计规范得到的位移最大值比采用欧洲桥梁设计规范大7%左右。

2012年,张春华、卢傲整理了采用欧洲桥梁设计规范对钢筋混凝土桥梁构件进行正常使用极限状态的裂缝控制分析方法,给出了具体计算实例,并与中国桥梁设计规范的裂缝控制方法进行了对比。分析了中国、欧洲规范在梯度温度曲线选择和温度基数取值上的差异。利用有限元软件对刚果的某座2×20m简支转连续T梁桥进行了桥面板梯度温度应力模拟分析。结果表明:中国、欧洲桥梁设计规范对桥面板产生的温度应力基本相同,且温度应力值较大,应重视梯度温度对桥面板的影响。

2012年,张磊、金菊等进行了中国、美国规范中公路混凝土桥梁设计部分的分析与比较,分别从极限状态表达式、荷载效应标准值、荷载组合、结构抗力及设计方法等方面对中国桥梁设计规范和美国桥梁设计规范进行了简要的对比,并通过一个实例分别采用中国、美国规范进行计算,比较两者之间的差异。结果表明:恒载安全系数两国基本相近;中国桥梁设计规范抗力安全系数相对较小;计算20m跨径混凝土桥梁时,按美国桥梁设计规范计算的活荷载效应比中国桥梁设计规范的活载效应大。

2012年,康玉强以中国、美国桥梁结构规范比较研究作为其硕士论文,从两国规范的设计目标、极限状态、荷载、材料、荷载组合、构件计算等方面对中国、美国桥梁设计规范进行了对比研究,通过对一座连续梁桥建模计算,比较了分别依据中国、美国桥梁设计规范进行计算得到的结果的差异。

2012年,胡建良将英国标准BS 5400中的第2篇荷载部分和第4篇普通钢筋混凝土桥梁设计部分与中国《公路钢筋混凝土及预应力混凝土桥涵设计规范》(JTG D62—2004)和《公路桥涵设计通用规范》(JTG D60—2004)中的相应部分进行了比较研究,并通过具体算例说明两国规范形成的差异以及形成差异的原因。

2012年,张园园、贡金鑫对比研究了中国《混凝土结构设计规范》(GB 50010—2002)、美国《建筑结构规范》(ACI 318-08)和欧洲《混凝土设计规范》(EN 1991-1-1:2004)中钢筋锚固长度和搭接长度、受弯构件中钢筋的截断及框架梁柱节点的钢筋细部构造,分析了钢筋强度、钢筋直径、钢筋间距、混凝土强度和保护层厚度等因素对钢筋锚固和搭接长度的影响。

2013年,李学有和杨勇等对欧洲桥梁设计规范中公路钢筋混凝土桥作用效应组合的特点和相关规定进行了论述。在此基础上,结合某桥梁计算实例,介绍了欧洲桥梁设计规范承载能力极限状态和正常使用极限状态下的设计内容,并与中国桥梁设计规范的相关内容进行了定量的同步计算和对比分析。

2013年,鲁玉忠、于剑丽等进行了中国、美国桥梁设计规范对比研究,对比了两国规范设计方法、设计参数取值、设计荷载及荷载组合等方面的不同;在相同跨径、截面及受力的条件下比较中国、美国桥梁设计规范钢筋混凝土梁的配筋计算结果。

2015年，梁程亮、王涛分别对中国、美国桥梁设计规范和中国、欧洲桥梁设计规范的混凝土设计方法进行了对比，其中包括设计基本原则与材料参数、荷载效应及其组合、承载能力极限状态与正常使用极限状态的设计方法，并基于我国《公路桥涵设计通用规范》（JTG D60—2004）、《公路钢筋混凝土及预应力混凝土桥涵设计规范》（JTG D62—2004）和美国桥梁设计规范（2007年版）、欧洲桥梁设计规范，以及通用设计软件 MIDAS/Civil（国际版）对中国的几十座桥梁进行了计算与对比分析。

2016年，任远、王晓春、黄侨等提出了截面富余度和综合富余度的概念，并以可靠度理论为基础，以目标可靠度为权重，建立了中国、美国、欧洲混凝土桥梁设计规范对比的评价体系，进而得到了不同规范的综合富余度。

2020年，关健结合中国《公路桥涵设计通用规范》（JTG D60—2015）、《公路钢筋混凝土及预应力混凝土桥涵设计规范》（JTG 3362—2018）和美国桥梁设计规范（2017年版）、欧洲桥梁设计规范，以及通用设计软件 MIDAS/Civil（国际版）对中国的几十座桥梁再次进行了定量计算、分析与综合对比。

从时间序列上来看，我国桥梁工程师与学者关于国内外桥梁设计规范的对比已做了很多的研究工作，且大多数是在2007—2013年期间进行的。这些研究，一方面是配合我国新一代的公路桥梁设计规范的编写工作；另一方面也是配合我国"一带一路"倡议的需要，增加对国外相关设计规范的了解，以利于将我国的桥梁工程产能输出国门、走向世界。通过梳理现有的文献资料可发现，2013年前的研究成果大致有以下几个特点：

（1）现有的文献中对中外规范材料之间的差异性研究较少，且主要是针对建筑地基基础进行研究，具有代表性的是对中国的《建筑地基基础工程施工质量验收规范》（GB 50202—2002）和美国 ACI 规范进行对比。而针对中国、美国、欧洲桥梁设计规范中混凝土、普通钢筋和预应力钢筋等结构材料方面的对比基本没有。

（2）对中外桥梁设计规范荷载的对比主要集中在各规范汽车荷载模式的差异性，主要是通过计算汽车荷载作用下控制截面的内力来间接比较各规范汽车荷载本身的大小。但在桥梁结构设计中，汽车荷载并不是单独存在的，由于各规范设计计算方法、安全系数及组合系数的不同，单纯地从汽车荷载引起的内力方面进行比较还不足以说明各规范的汽车荷载作用效应之间的差异。

（3）在中外桥梁设计规范构件对比方面，与材料对比相类似，很多对比是针对建筑结构规范进行的，针对桥梁结构的相对较少。而且在对比中，并未很好地将各规范的材料取值和安全系数及构件的计算方法进行对应，从而导致对比的结果可能有所差异。

（4）对于各规范的内力和抗力效应的综合研究的内容更少。有些文献从一个算例出发，分别依据不同的规范进行计算，然后比较两者之间的差异性。但在计算过程中，并未全面地对不同规范之间的参数进行系统对应。而且，单从一个算例往往也不足以看出中外桥梁设计规范之间的差异性，更难以说明不同国家和地区桥梁设计规范在安全储备或可靠性方面的差异。

总之，针对中外桥梁设计规范的综合性、系统性对比研究很少，对比研究主要集中在荷载标准值和荷载分项系数，然后通过计算的内力值进行对比分析。因此，还难以从结构抗力和荷载效应两方面提供较为全面的对比结果。

1.4 本书的主要内容

本书结合中国《公路桥涵设计通用规范》(JTG D60—2015)、(JTG D60—2004)和《公路钢筋混凝土及预应力混凝土桥涵设计规范》(JTG 3362—2018)、(JTG D62—2004)(书中简称中国桥规);美国公路桥梁设计规范 *AASHTO LRFD Bridge Design Specification*(2007 年版和 2017 年版,书中简称美国桥规);以及欧洲桥梁规范(Eurocode 0,Eurocode 1 和 Eurocode 2,书中简称欧洲桥规)中的主要设计条款及相关设计方法,进行中国、美国、欧洲桥梁设计规范的对比与评价体系研究。

本书主要从以下几方面对中国、美国、欧洲桥梁设计规范进行了定量的对比和分析。

1)关于设计准则和极限状态分类的对比

在对比中国、美国、欧洲桥梁极限状态的基础上,对中国、美国、欧洲桥规中的桥梁设计基准期、桥梁设计使用寿命、设计安全等级以及目标可靠度进行比较。

中国桥规未提出明确的结构使用寿命,仅给出了反映汽车活载统计特征的桥梁设计基准期。《公路工程技术标准》(JTG B01—2014)中明确了桥梁设计使用寿命的具体要求。美国桥规和欧洲桥规在桥梁耐久性研究的基础上,早已明确地提出了桥梁的设计使用寿命。本书参考比较了中外规范对桥梁结构设计使用寿命的相关要求。

2)关于材料强度、设计取值及相关参数的对比

混凝土桥梁结构常用材料包括混凝土、普通钢筋和预应力钢筋。研究中国、美国、欧洲桥规采用的混凝土强度标准试件,及其制作、养护和试验条件,分析混凝土强度(抗压强度、抗拉强度以及抗折强度)的取值方法,对比材料强度标准值和强度设计值的取值,并研究中国、美国、欧洲桥规中混凝土强度的对应关系。对比中国、美国、欧洲桥规中混凝土弹性模量、泊松比和剪切模量的确定方法。对于普通钢筋和预应力钢筋,主要从品种、牌号、规格、符号、弹性模量以及抗拉、抗压强度标准值和抗拉、抗压强度设计值的取值原则和相应的材料安全系数取值等方面进行比较。

3)关于设计荷载分类及其组合的对比

本书对比分析了中国、美国、欧洲桥规的荷载分类以及在常规公路桥梁设计时需要考虑的汽车荷载、汽车离心力、人群荷载、汽车制动力、温度作用等活载计算的相关规定(包括规范规定的车道划分、折减系数、冲击系数、布载方式、横向分布系数等)。针对汽车荷载标准值以及恒载与活载组合后的效应进行分析,选取常用桥梁结构形式和几种标准跨径桥梁进行对比分析,探求中国、美国、欧洲桥规的汽车荷载标准值及其作用效应组合之间的关系。

对比按承载能力极限状态和正常使用极限状态设计时各种作用的取值和作用效应的组合方法,以及设计表达式中荷载分项系数和作用的组合系数取值,研究中国、美国、欧洲桥规中的极限状态的对应关系。

4)关于承载能力极限状态的对比

对于受弯构件正截面抗弯承载力问题,从受压混凝土应力图形的简化、相对界限受压区高度、钢筋应力、截面抗弯承载力计算公式等方面,探究各规范的差异。同时,考虑各规范关于界限配筋率、最小配筋率、最大配筋率方面规定的异同。对于斜截面抗剪承载力问题,对比各规范的计算假定以及抗剪验算截面选取原则以及斜截面抗剪承载能力的计算原理和表达式。结

合对通用图的计算分析,定量比较中国、美国、欧洲桥规受弯构件承载力之间的差异。

对于轴心受压构件,对比中国、美国、欧洲桥规中普通箍筋柱和螺旋箍筋柱的计算方法;对于偏心受压构件,从构件长细比、二阶弯矩考虑条件、偏压承载能力计算方法等方面对中国、美国、欧洲桥规进行对比分析;对于轴心受拉构件,则主要对比中国、美国、欧洲桥规的计算方法和构造要求,探究对配筋的影响。

对于局部承压构件,首先对比各规范对于局部承压区域的确定原则,在此基础上对比规范中局部承压区域的承载能力计算方法,并对该区域所需配置的钢筋构造要求进行对比研究。

5) 关于正常使用极限状态的对比

正常使用极限状态主要包括应力限制、裂缝控制及变形控制三个方面,各项计算值均不应超过规范规定的限值。

对于预应力混凝土构件,需考虑预应力的损失,对比中外规范中预应力混凝土构件类型的划分和预应力钢筋的张拉控制应力以及预应力损失的计算方法,着重分析混凝土收缩、徐变引起的预应力钢筋中的应力损失。

对比各规范对裂缝控制的内容和要求,如受拉混凝土、受拉钢筋的应力,混凝土裂缝的最大宽度等限值。对比分析中国、美国、欧洲桥规对裂缝最大宽度的限制和裂缝验算方法,探究抗裂性验算的要求及其对构造和配筋的影响。对于钢筋混凝土构件和 B 类预应力混凝土构件尚应考虑裂缝宽度对配筋的影响。

在使用上需要控制变形的桥梁结构或构件需进行变形验算,即挠度验算。根据钢筋混凝土受弯构件和预应力混凝土受弯构件变形控制的相关规定,对比受弯构件刚度的计算方法和预拱度设置方法。

对于按持久状况设计的预应力混凝土受弯构件,分析中国、美国、欧洲桥规在其使用阶段正截面混凝土的法向压应力、受拉区钢筋的拉应力和斜截面混凝土的主压应力的计算方法和最大限值。对于处于短暂状况下的桥梁结构或构件,计算其在制作、运输及安装等施工阶段,由自重、施工荷载等引起的正截面和斜截面的应力,对比中国、美国、欧洲桥规规定的应力限值及主要规定。

6) 关于盖梁与墩柱计算方法的对比

对比中国、美国、欧洲桥规中墩台盖梁的正截面抗弯承载力、斜截面抗剪承载力、最大裂缝宽度以及挠度限值的相关计算规定。分析各规范对作用在桥梁墩台上的作用力及其组合的规定,着重进行重力式墩台和桩柱式墩台的计算和验算。并结合一个双柱墩盖梁实例,分别采用中国、美国、欧洲桥规进行设计计算,比较各规范之间的差异性。

7) 关于桥梁耐久性及构造要求的对比

根据中国、美国、欧洲混凝土结构设计规范或专门的耐久性设计规范的规定,对比混凝土结构使用环境条件的分类。依据环境分类情况,对比各规范提出的耐久性措施要求,如混凝土选材、配合比设计、最大氯离子含量、混凝土最小保护层厚度等方面的规定,尤其是对比各规范确定混凝土最小保护层厚度的数值及方法。

对各规范的构造要求的对比主要针对普通钢筋和预应力钢筋。对于普通钢筋,主要从钢筋横向间距、钢筋的锚固长度以及搭接长度三方面进行对比。对于预应力钢筋,主要对比预应力钢筋及管道的布置,以及预应力钢筋的传递长度和锚固长度。

8）关于综合评价体系研究的对比

根据中国、美国、欧洲混凝土桥梁设计规范的设计基本要求、承载能力极限状态、正常使用极限状态、构造要求的对比结果，结合基于可靠度理论的中外桥梁规范评价指标——截面抗力富余度、变形富余度、应力富余度等，构建中外公路桥梁设计规范的综合评价体系；考虑富余度分项权重，提出基于截面富余度、变形富余度、应力富余度的评价核心指标——综合富余度。

9）工程实例计算与评价分析

参考中国、美国、欧洲桥梁设计规范对比内容与评价体系、评价指标计算方法，选择2008年出版的《通用图》中的预应力混凝土简支T梁桥、简支空心板梁桥以及预应力混凝土箱形连续梁实桥作为工程实例，按不同的规范、标准进行有限元计算、分析。得到考虑分项权重的中外桥梁设计规范评价核心指标——综合富余度（包括截面抗力富余度、变形富余度、应力富余度）在不同桥梁形式、不同规范下的主要对比结论。进而更好地评价中国、美国、欧洲混凝土桥梁设计规范的安全性与经济性，并从技术和经济两方面为中国桥规及中国桥梁建设技术进入国际市场提供技术支撑。

本书中采用的研究工作技术路线参见图1.4.1。以中国桥规为核心，桥梁对比计算的样本选自《通用图》。该系列《通用图》的内容涵盖了装配式先张法或后张法钢筋混凝土板和预应力混凝土（空心）板（简支和简支变连续体系）、装配式预应力混凝土T梁（简支和简支变连续体系）、装配式预应力混凝土箱型连续梁、现浇等截面预应力混凝土连续梁等上部结构形式。《通用图》的主要编制依据为《公路工程技术标准》（JTG B01—2003）、《公路桥涵设计通用规范》（JTG D60—2004）、《公路钢筋混凝土及预应力混凝土桥涵设计规范》（JTG D62—2004）和《公路桥涵施工技术规范》（JTJ 041—2000）等规范和标准。

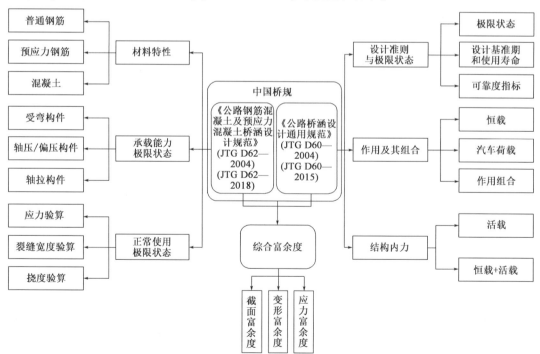

图1.4.1　研究工作的技术路线图

为了对比中国、美国、欧洲桥规的设计结果,选用不同跨径、不同宽度的桥跨结构和类型分别进行计算。计算时选定的《通用图》中的桥梁跨径和桥梁宽度如表 1.4.1 所示。

计算对比分析中选用的《通用图》内容　　　　　　表 1.4.1

编号	结构描述	跨径(m)	桥面宽度(m)	主梁高度(m)	主梁间距(m)	主梁片数
1	装配式后张法 预应力混凝土简支 T 梁 (编号:1-2、2-2、3-2、4-2、5-2)	20	12	1.5	2.40	5
		25		1.7		
		30		2.0		
		35		2.3		
		40		2.5		
2	装配式后张法 预应力混凝土简支 T 梁 (编号:3-2)	30	11.25	2.0	2.25	5
			12.00		2.40	5
			12.75		2.15	6
			13.50		2.25	6
			16.50		2.35	7
			16.75		2.40	7
3	装配式先张法 预应力混凝土简支空心板 (编号:36-1~36-4)	10	12	0.60	1.0	11
		13		0.70		
		16		0.80		
		20		0.95		
4	装配式先张法 预应力混凝土简支空心板 (编号:20-12)	12	11.25	0.95	1.0	10
			12.00			11
			12.75			12
			13.50			13
			16.50			16
			16.75			16
5	装配式预应力混凝土箱形连续梁 (编号:20-12)	4×30	12.00	1.60	2.4	4

各类桥梁的主梁整体效应计算均采用由 MIDAS 软件公司提供的桥梁工程设计通用软件 MIDAS/Civil 8.2.1(国际版)完成。该款软件具有与中国桥规、美国桥规和欧洲桥规相应的材料、荷载、荷载组合、抗力计算以及 PSC 设计等功能,可以对所选实例分别依据中国、美国、欧洲混凝土桥梁规范进行全面的计算。对于横向分布系数,中国桥规和欧洲桥规均采用由同豪公司提供的桥梁博士 3.0.3 进行计算,美国桥规则针对不同桥型规定了横向分布系数计算表达式。

第2章

设计准则、极限状态及可靠度

2.1 设计准则

一、中国桥规

我国《公路桥涵设计通用规范》(JTG D60—2015)第1.0.1条要求：公路桥涵设计应遵循安全、耐久、适用、经济、美观的原则。将安全性、耐久性摆在了设计原则的首位，这也是我国近年来从桥梁工程的经验教训中认识到安全性与耐久性才是结构最重要、最基本的要求。其次，还应考虑桥梁的功能性——即适用性，最后再考虑经济、美观的要求。而在《公路桥涵设计通用规范》(JTG D60—2004)的第1.0.1与第1.0.5条中则规定：公路桥涵设计应符合技术先进、安全可靠、经济合理的要求。此外，在设计时还应依据美观、环保的原则，考虑因地制宜、就地取材、便于施工与养护的原则。

从上述变化可以看出，桥梁结构首先应满足安全性、耐久性和适用性的要求，在此基础上再考虑结构的经济性和美观原则。

结构的安全性是指结构应能承受正常施工和正常使用期间可能出现的各种荷载、外加变形、约束变形等作用；在偶然事件(如地震、强风等)发生时及发生后，结构仍能保持整体稳定性，不发生整体破坏和连续倒塌。

结构的适用性是指在正常使用情况下，结构具有良好的工作性能，结构或构件不发生过大的变形或振动。

结构的耐久性是指结构在正常维护情况下，材料性能虽然随时间变化，但结构仍能满足设计的预定功能要求。在正常维护情况下，结构具有足够的耐久性，构件不出现过大的裂缝；在化学的、生物的或其他不利环境因素作用下，不会导致结构可靠度降低，甚至失效。

二、美国桥规

美国桥规2017年版第1.3.1条提出桥梁的设计准则为：桥梁设计应满足结构的可施工性、安全性和适用性，同时兼顾结构的可检修性、经济性和美观性方面的要求。

由此看到,美国桥规 2017 年版将设计准则分为两个层次来表述,将可施工性、安全性和适用性列为必须达到的第一层次目标;将可检修性、经济性和美观性列为需要认真对待的第二层次目标。

美国桥规 2017 年版第 2.5 节对"可施工性、安全性和使用性"以及"可检修性、经济性和美观性"给出了进一步的说明:

可施工性应当包括施工关键阶段结构的变形、钢材和混凝土的强度以及结构的稳定性。桥梁结构的设计不应使构件制作和安装过于困难,并且施工中的临时作用效应需控制在容许范围之内。如果设计的特定施工顺序导致结构在恒载作用下会产生确定的应力,该施工顺序应当在合同文件中明确说明。若建议的施工方法中需要一些补强或临时支撑,也应包含在合同文件中。除此之外,还应考虑影响桥梁施工的气候和水文条件。

安全性是工程师的首要责任,结构的安全性通过对各极限状态的分析验算来保证。各极限状态的设计准则在美国桥规 2017 年版的第 1.3 节中列出。

适用性体现在耐久性、可维护性、行驶舒适性、对变形的限制等方面,规范中对于各方面均有比较详细的规定。例如耐久性主要通过材料的选择以及构造措施来保证,对于钢筋进行镀锌保护,设置一定的混凝土保护层厚度,同时还有滴水槽的设置、接缝的处理等;可维护性包括桥面铺装层的保护以及将来的维护更换等措施;行驶舒适性主要从桥面板接缝的数量和宽度等方面考虑,保证车辆的平顺行驶;桥梁设计应避免由于过大变形而产生不良的结构反应或驾乘者心理上的影响,依据桥型、材料、荷载等差异相应提出对变形的限制,以保证结构的使用性能。

可检修性包括检查楼梯、走道、猫道、检查孔、灯光等,如果必要的话,还应提供其他方面检测的可能性。例如,可进行人工检测或者视觉检查,即在箱梁中提供足够的净空高度,对内部构件和连接处进行检测。

经济性也是桥梁设计的一项重要准则,选择桥型、跨径和材料时均应考虑项目成本,在桥梁服役期间的维护成本也应当考虑在内。此外,还应结合区域特点,考虑材料供应、制造、安装和建造方面的费用。

美观性是指桥梁应该作为周边环境的补充,恰当地与之融为一体,并呈现出自身独特的美感。工程师应当尽可能通过改善结构的形状及与周边环境之间的联系获得更强的美感,同时应尽量避免非结构性的修饰。

三、欧洲桥规

欧洲桥规(EN 1990:2002)第 2.1 节对结构设计提出的基本要求为:在结构的设计寿命期间,应当通过采用合适的可靠度级别,选取合理的施工方法,使结构能够承受施工过程和使用期间可能出现的各种作用和影响。结构应当具有足够的承载能力和优良的使用性能,并且应满足耐久性的要求。此外,结构还应能承受一定程度的偶然荷载,比如活载、爆炸和撞击等。欧洲桥规在可靠度管理、耐久性和质量管理方面还提出了具体的要求。

1. 可靠度管理

在确定结构的可靠度级别时,需要考虑的因素包括:结构达到极限状态可能的原因;结构破坏导致在人员伤亡以及经济损失方面可能造成的后果；公众对结构破坏的反应以及降低结构破坏风险所需的费用和措施。

为了达到预期的可靠度，需要从以下两方面着手：一是在结构设计严格遵照 EN1991~EN1999 规范；二是采用合理的施工方法和相应的质量管理措施。与结构抗力和适用性相关的可靠度级别可以通过下列条款的适当组合来满足：①预防和保护性措施，比如安装防撞设施、采取主动与被动防火措施，涂层和阴极保护的防腐措施等；②在设计计算时，选取合理的作用代表值和分项系数；③质量管理措施；④尽可能降低结构设计、施工过程中可能产生的人为失误；⑤耐久性，包括设计使用寿命的选择、对地基土和环境影响的调查深度、力学模式的精确性以及细部构造；⑥采用合理的施工方式；⑦依据设计文件进行充分的检测和维修。

2. 耐久性

结构耐久性设计的目标是在考虑周围环境及预期养护水平的情况下，结构在整个设计使用寿命期间不断退化但不影响结构的功能。

为了保证结构的耐久性要求，应充分考虑下述因素：结构的预期用途、设计标准、环境条件、材料特性、地质条件、结构体系选择、构件形状、细部构造、施工质量、特殊保护措施以及设计使用寿命期间内的养护情况。

3. 质量管理

为满足结构的设计要求，应当采取严格的质量管理措施，如对结构及构件可靠度的界定，采取施工组织管理措施，以及在设计、施工、运营和养护过程中进行质量控制。

从上述表述可以看出，中国、美国、欧洲桥规中对桥梁结构的安全性、适用性和耐久性均提出了要求。中国桥规中并没有层次之分，而是对桥梁结构设计建造中需要考虑的因素进行了统一的表述。美国桥规则将桥梁的设计准则分为两个层级：将可施工性、安全性和使用性能列为必须达到的第一层次目标；将可检修性、经济性和美观性列为需要认真对待的第二层次目标。欧洲桥规则从可靠度指标、耐久性以及质量管理等方面确保桥梁结构的性能。相比而言，中国桥规的规定较为笼统，而美国、欧洲桥规则更为清晰具体。

2.2 极限状态的划分

一、中国桥规

依据中国《工程结构可靠性设计统一标准》(GB 50153—2008)的第4.1.1条规定：极限状态分为承载能力极限状态与正常使用极限状态。故中国《公路桥涵设计通用规范》(JTG D60—2004)和(JTG D60—2015)均有规定：公路桥涵结构应按承载能力极限状态和正常使用极限状态进行设计，当出现表2.2.1所述状态之一时，则认为结构达到了对应的极限状态。

中国《公路桥涵设计通用规范》(JTG D60—2015)极限状态分类 　　表2.2.1

极限状态类别	相关状态
承载能力极限状态	(1)结构构件或连接因超过材料强度而破坏,或因过度变形而不适于继续承载; (2)整个结构或其一部分作为刚体失去平衡; (3)结构转变为机动体系; (4)结构或结构构件丧失稳定; (5)结构因局部破坏而发生连续倒塌; (6)地基丧失承载力而破坏; (7)结构或结构构件的疲劳破坏
正常使用极限状态	(1)影响正常使用或外观的变形; (2)影响正常使用或耐久性能的局部破坏; (3)影响正常使用的振动; (4)影响正常使用的其他特定状态

在《公路桥涵设计通用规范》(JTG D60—2004)中要求考虑三种设计状况、即持久状况、短暂状况和偶然状况;但在《公路桥涵设计通用规范》(JTG D60—2015)中除上述三种状况,将地震状况从偶然状况中独立出来,并作为第四种设计状况。

二、美国桥规

美国桥规2007年版与2017年版第1.3.2条规定了四种极限状态:①正常使用极限状态,正常使用条件下,对结构的应力、挠度以及裂缝宽度提出了限制;②疲劳和断裂极限状态,疲劳极限状态主要是对设计车辆和给定应力循环次数下产生的应力幅的限制,断裂极限状态时依据AASHTO材料规范对结构韧性提出的要求;③强度极限状态,在设计期限内,应当确保结构的强度和稳定性,包括局部稳定性和整体稳定性,并抵抗桥梁设计使用寿命期内可能出现的最大的荷载组合;④极端事件极限状态,确保桥梁在遇到强震、洪水、车、船撞击、流冰或腐蚀等条件下不发生倒塌。各种极限状态的内涵见表2.2.2。

美国桥规极限状态分类 　　表2.2.2

极限状态		定义
正常使用极限状态		结构在正常使用条件下的应力、挠度以及裂缝宽度不应超过限值
疲劳与断裂极限状态	疲劳	结构在疲劳荷载作用既定循环次数后产生的应力幅不应超出限值
	断裂	对材料的韧性作出了规定
强度极限状态		在设计使用年限内,结构应满足强度以及稳定性的要求
极端事件极限状态		保证桥梁在遭遇极端事件下不发生倒塌

三、欧洲桥规

欧洲桥规(EN 1990:2002)第3.1条规定:结构设计应当区分承载能力极限状态和正常使用极限状态:①承载能力极限状态是指与结构坍塌或其他类似破坏形式相关联的状态,基本达到结构或构件的最大承载能力;②正常使用极限状态是指与结构正常使用要求相关的状态,超过此状态,结构或构件不能满足正常使用的要求。

欧洲桥规依据环境条件的不同,规定了四种设计状况(即持久设计状况、短暂设计状况、偶然设计状况和地震设计状况)。持久设计状况指结构的一般使用情况;短暂设计状况指结构的临时情况,比如施工和维护期间;偶然设计状况指结构或其外部环境的意外情况,比如火灾、爆炸、撞击或构件的局部破坏等;地震设计状况指结构遭受地震作用的情况。各种极限状态的分类见表2.2.3。

欧洲桥规极限状态分类 表2.2.3

极限状态类别	相 关 状 态
承载能力极限状态	(1) EQU:整个结构或结构的某一部分作为刚体失去平衡; (2) STR:由于结构或构件发生大变形,受建筑材料的强度控制设计; (3) GEO:在岩石提供显著承载力时,地基破坏或发生过大变形或破坏; (4) FAT:由于时效应引起的疲劳破坏
正常使用极限状态	(1) 影响结构外观、使用舒适性、结构正常使用的变形; (2) 使行人不适,或影响结构正常使用的振动; (3) 对外观、耐久性或结构正常使用产生不利影响

从上面的表述可以看出,中国桥规和欧洲桥规一样,均设有两个极限状态,根据桥涵结构所处环境的不同,需要考虑四种设计状况。美国桥规中设有四种极限状态。考虑三种规范中各极限状态所验算内容的异同,将中国、美国、欧洲桥规中的极限状态进行对应,见表2.2.4。

中国、美国、欧洲桥规中极限状态对应关系 表2.2.4

中 国 桥 规	美 国 桥 规	欧 洲 桥 规
承载能力极限状态 (持久状况和短暂状况)	强度极限状态	承载能力极限状态 (持久状况和短暂状况)
正常使用极限状态(持久状况)	使用极限状态	正常使用极限状态(持久状况)
—	疲劳和断裂极限状态	—
承载能力极限状态(偶然状况)	极端事件极限状态	承载能力极限状态(偶然状况)
承载能力极限状态(地震状况)		承载能力极限状态(地震状况)

从表2.2.4可以看出,中国、欧洲桥规之间的极限状态可有基本对应,但对于美国桥规中的疲劳和断裂极限状态,中国、欧洲桥规并无极限状态可以与之对应,而是在钢桥设计规范中另作考虑。此外,中国桥规和欧洲桥规在极限状态和设计状况划分上是一致的,均将偶然设计状况和地震设计状况分别进行考虑,美国桥规则并入了极端事件极限状态的验算内容。

2.3 可靠度指标

中国《公路桥涵设计通用规范》(JTG D60—2004 和 JTG D60—2015)、美国桥规与欧洲桥规均采用了以可靠度理论为基础的概率极限状态设计方法,并规定了公路桥梁结构的目标可靠度的设计要求。中国规范《公路工程结构可靠度设计统一标准》(JTG 2120—2020)更是详细阐述了公路工程结构可靠度设计的基本原则,定义了极限状态方程与结构可靠度指标,并对作用效应、材料性能、几何特性提出了可靠度设计的基本要求。本节将对比中国、美国、欧洲桥梁设计规范结构可靠度设计指标的差异,并为后续中国、美国、欧洲桥梁设计规范评价体系的建立奠定基础。

一、目标可靠度

结构可靠性是指结构在"规定时间"里,"规定条件"下完成各项"预定功能"的能力,通常将度量结构可靠性的概率量化指标称为结构可靠度。结构可靠度 β 即指结构在规定时间里,在规定条件下,完成预定功能的概率。

运用概率极限状态设计方法进行公路桥梁结构设计时,首要考虑的因素就是选用多大的结构失效概率进行结构设计,即确定结构的目标可靠度。目标可靠度的选用,将影响到桥梁工程设计中结构形式、材料指标、几何参数的选择;影响到工程建设的造价、施工工艺、施工工序的确定,影响到桥梁运营阶段的结构安全及使用性能、养护维修费用等诸多方面。

桥梁结构设计的目标可靠度高,则相应工程安全性高,工程造价也高,而养护费用低;若目标可靠度低,则相应工程造价低,养护费用高,耐久性差。桥梁结构目标可靠度的最优化设计,需要综合考虑桥梁工程整体的经济性与安全性,而且与规范制定国家和地区的经济、技术发展水平相关。

目前,国内外研究人员对作用效应与结构抗力的基本变量做了大量的观测与试验,并进行桥梁工程结构与构件的可靠指标的计算与分析。中国、美国、欧洲桥梁设计规范中均对公路桥梁结构的目标可靠度做出了说明与规定。

中国桥规的可靠度指标根据《公路工程结构可靠度设计统一标准》(JTG 2120—2020)中的规定取用。公路桥梁结构的设计基准期为100年,目标可靠指标 β_T 列于表2.3.1。

中国公路桥梁结构的目标可靠度　　　　表 2.3.1

设计基准期(年)	破坏类型	安全等级		
		一级	二级	三级
100	延性破坏	4.7	4.2	3.7
	脆性破坏	5.2	4.7	4.2

注:表中延性破坏指结构构件有明显变形或其他预兆的破坏;脆性破坏指结构构件无明显变形或其他预兆的破坏。

美国桥规依据桥梁结构的重要性将桥梁分为重要桥梁、普通桥梁和非重要桥梁。美国公路桥梁结构的设计基准期为75年,目标可靠指标 β_T 列于表2.3.2。

美国公路桥梁结构的目标可靠度　　　　表 2.3.2

设计基准期(年)	重要性等级		
	重要桥梁	普通桥梁	非重要桥梁
75	3.8	3.5	3.0

欧洲桥规规定桥梁结构强度等级由低到高划分为RC1、RC2和RC3三个等级,并给出了1年设计基准期与50年设计基准期的结构目标可靠度,具体见表2.3.3。

欧洲公路桥梁结构的目标可靠度　　　　　表2.3.3

设计基准期(年)	安全等级		
	RC1	RC2	RC3
1	4.2	4.7	5.2
50	3.3	3.8	4.3

由上述可知,中国、美国、欧洲桥梁设计规范根据各自规定的设计基准期,给出了桥梁结构设计的目标可靠度。中国桥规采用100年设计基准期,美国桥规采用75年的设计基准期,欧洲桥规则给出了1年基准期和50年基准期的目标可靠度指标。中国、美国、欧洲桥规的结构目标可靠度指标的对比应基于相同设计基准期。参考欧洲桥规附录中给出的不同设计基准期条件下,结构目标可靠度指标的换算关系可由式(2.3.1)所示。

$$\Phi(\beta_n) = [\Phi(\beta_1)]^n \tag{2.3.1}$$

式中:Φ——标准正态分布累积分布函数;

β_n——设计基准期为n年的可靠度指标;

β_1——设计基准期为1年的可靠度指标。

利用式(2.3.1)进行中国、美国、欧洲桥规下100年设计基准期的结构目标可靠度换算,对应的目标可靠度与结构失效概率如表2.3.4所示。

设计基准期为100年的目标可靠度指标　　　　　表2.3.4

规　范	破坏方式	安全等级(重要性等级)					
		一级(重要)		二级(普通)		三级(非重要)	
		可靠指标	失效概率	可靠指标	失效概率	可靠指标	失效概率
中国桥规	延性破坏	4.7	1.301×10^{-6}	4.2	1.335×10^{-5}	3.7	1.078×10^{-4}
	脆性破坏	5.2	9.964×10^{-8}	4.7	1.301×10^{-6}	4.2	1.335×10^{-5}
美国桥规	—	3.7	9.574×10^{-5}	3.4	3.131×10^{-4}	2.9	1.800×10^{-3}
欧洲桥规		4.3	1.022×10^{-5}	3.7	1.311×10^{-4}	3.0	1.300×10^{-3}

从表2.3.4中可以看出,中国、美国、欧洲桥规均将桥梁结构划分为三个等级,中国桥规的结构可靠度指标还区分为了延性破坏与脆性破坏的可靠度指标。本书采用中国桥规中的延性破坏可靠度指标与美国、欧洲桥规进行比较。

对比分析中假定中国、美国、欧洲桥规材料指标、几何特性、作用效应的概率模型基本相近。桥梁结构设计基准期均为100年的目标可靠度指标有中国桥规>欧洲桥规>美国桥规;失效概率,美国桥规>欧洲桥规>中国桥规。仅从桥梁工程结构的目标可靠度指标来看,采用中国桥规进行桥梁工程设计计算应为最安全,欧洲桥规次之,美国桥规的安全余地相对最小,其失效概率也相对最高。

二、概率极限状态设计方法

以结构可靠性理论为基础的概率极限状态设计法是目前中国、美国、欧洲公路桥梁设计规范的基本方法。概率极限状态设计法在设计应用时有两种具体形式:

1. 直接按目标可靠度指标设计方法

根据结构的目标可靠度以及极限状态方程中各基本变量的统计特征与概率模型,运用可靠度计算方法,直接进行作用效应与抗力效应基本变量的概率计算,以及结构构件的截面设计与可靠度校核。该设计方法亦称为全概率极限状态设计法,能够全面地考虑极限状态方程中的各基本变量的变异性,计算准确度高,但是计算过程复杂,工作量大,目前尚无采用该方法进行工程结构设计的国家。

2. 分项系数极限状态表达式设计方法

工程结构极限状态方程中的基本变量通过概率分析取其代表值,以各基本变量的分项系数来反映其变异性。基本变量的分项系数可根据各基本变量的概率分布模型与规定的结构目标可靠度,通过可靠度计算分析以及工程经验优先确定。该设计方法亦称为半概率极限状态设计法,其分项系数明确体现了目标可靠度及可靠度设计的基本理念,目前为国内外制定规范、标准时普遍采用。

分项系数的概率极限状态设计方法以规定的目标可靠度指标为依据,采用作用效应标准值、材料强度标准值、几何参数标准值以及对应的分项系数,再考虑结构重要性系数、作用效应组合系数等构成多系数极限状态设计表达式。

结构作用效应以及抗力效应的基本变量标准值、设计值与相应分项系数定义如下:

1) 作用效应设计值及其分项系数

作用效应的设计值均为作用效应标准值乘以作用分项系数,其表达式为:

$$S_d = \gamma_s S_k \tag{2.3.2}$$

式中:S_d——作用效应的设计值;
S_k——作用效应标准值;
γ_s——作用效应分项系数。

桥梁结构上的作用包括恒载、汽车荷载、人群荷载、风力、地震荷载以及温度荷载、混凝土收缩、徐变、基础沉降等。不同作用均对应相应的分项系数以及多种作用组合时需考虑作用效应组合系数。针对不同设计状况下的不同极限状态,采用不同的分项系数、不同的作用设计值。

2) 抗力效应:材料性能设计值及分项系数

影响结构抗力效应的因素包括材料强度、几何参数以及抗力计算方法三大类。桥梁结构材料主要为混凝土与钢筋,材料性能指标主要包括强度、弹性模量、线膨胀系数等。其中材料强度设计值为材料强度标准值除以材料分项系数,其表达式为:

$$f_d = \frac{f_k}{\gamma_m} \tag{2.3.3}$$

式中:f_d——材料强度设计值;
f_k——材料强度标准值;
γ_m——材料强度分项系数。

3) 抗力效应:几何参数设计值及分项系数

几何参数的设计值通常采用标准值,考虑桥梁结构构件制作安装误差以及使用期间变形

等引起的变异性,必要时考虑结构几何参数的变异值:

$$a_d = a_k \pm \Delta a \tag{2.3.4}$$

式中：a_d——几何参数的设计值；

a_k——几何参数的标准值；

Δa——几何参数的变异值。

截面几何参数通常包括截面形状、截面宽度、有效高度、惯性矩等。

三、极限状态可靠度指标

采用分项系数的概率极限状态设计法以目标可靠度 β_T 为基础,分项系数表达式中作用效应与抗力效应基本变量的分项系数均由目标可靠度 β_T 来度量,实现了结构构件可靠度水平的基本一致。但目前中国、美国、欧洲桥规中基于分项系数的半概率极限状态设计法也存在以下不足：

(1)中国、美国、欧洲桥规进行桥梁结构承载能力极限状态设计时,只根据桥梁结构的重要性等级,宽泛规定了桥梁整体结构需要达到的目标可靠度,即确定了桥梁结构及构件的可靠度指标平均水平。而针对不同的桥梁结构构件(主要分为轴心受压、轴心受拉、受弯、大偏心受压、受剪构件等)、构件截面、承载力指标(主要分为轴力、弯矩、剪力等),现有各桥规均未给出明确、详细的可靠度指标。大量的结构试验表明,不同构件的可靠度指标水平相差较大。

(2)正常使用极限状态是对结构适用性与耐久性提出的要求。中国、美国、欧洲桥规进行桥梁结构正常使用极限状态设计时,通常对桥梁结构的裂缝、变形、应力等指标进行限值控制,但目前中国、美国、欧洲桥规并未明确正常使用极限状态控制指标的目标可靠度,也未明确指出现有控制限值的可靠度水平。

(3)中国、美国、欧洲桥规的极限状态表达式及基本变量虽然采用了概率分布与统计方法进行设计计算,但概率分析时大多应用的不是基本变量的实际概率模型,而是平均值与均方差,并在概率计算中使用了基本假定进行简化处理。因此,基本变量的计算结果为概率近似解。

目前中国、美国、欧洲桥规采用分项系数概率极限状态设计法的现状,考虑不同极限状态下中国、美国、欧洲桥规不同结构构件的作用与抗力的综合效应、功能指标与限值的综合关系时也应充分了解不同极限状态下,不同构件、不同指标的可靠度水平。基于国外已有的研究成果,对于两种极限状态的可靠度指标可有以下两点认识。

1)承载能力极限状态的可靠度指标

在承载能力极限状态下构件类型、结构跨径、截面形式等均会影响结构构件的可靠度水平,需要大量的试验数据与工程经验积累。J. S. Dua、F. T. K. Aub 等给出了经过大量试验数据处理与概率模型计算的五种典型构件的平均可靠度指标,如表 2.3.5 所示。

五种典型构件的平均可靠度　　　表 2.3.5

活载效应分布概型	构件类型				
	轴心受压	轴心受拉	受弯构件	大偏心受压	受剪构件
极值Ⅰ型	5.01	3.79	4.37	4.49	4.57
正态分布	5.12	3.84	4.45	4.57	4.58

由表中可以看出,活载效应服从正态分布时,构件可靠指标较高,因此五种典型构件的平均可靠度取以活载效应服从极值Ⅰ型时的计算结果。

2)正常使用极限状态可靠度指标

目前中国、美国、欧洲桥规均未给出正常使用阶段的目标可靠度规定。结构安全度联合委员会(JCSS)根据结构安全等级,提出了正常使用极限状态下结构的目标可靠度参考建议,见表2.3.6。

结构安全度联合委员会正常使用极限状态下的结构目标可靠度建议值　　表2.3.6

安全等级	一级(高)	二级(中)	三级(低)
目标可靠度 β_T	2.3	1.7	1.3

根据 Andrzej S. Nowak 和 Richard M. 等的研究,正常使用极限状态的结构挠度可靠度、混凝土主拉应力可靠度、混凝土法向压应力可靠度可参考表2.3.7中的数据。

正常使用极限状态控制指标可靠度　　表2.3.7

控制指标	挠度可靠度	混凝土主拉应力可靠度(抗裂性)	混凝土法向压应力可靠度
可靠度	1.6~3.5	1.5~3.8	3.3~5.2

表2.3.4中的承载能力极限状态的目标可靠度和表2.3.7中的正常使用极限状态的目标可靠度可供桥梁工程设计参考。

2.4 设计基准期和使用寿命

设计基准期是结构可靠性分析时确定可变作用的基准时间参数,而结构的使用寿命关注的是结构正常使用和服役的时间,这两个概念是截然不同的。设计基准期可以参考结构的使用寿命的要求适当选定,但不能将设计基准期简单地理解为结构的使用寿命。当结构的使用年限超过设计使用寿命时,表明它的失效概率会显著增大,不能保证其目标可靠指标,但不等于结构丧失所要求的功能甚至报废。

一、设计基准期

中国《公路桥涵设计通用规范》(JTG D60—2004)中明确规定:公路桥涵结构的设计基准期为100年。这是中国《公路工程技术标准》(JTG B01—2003)的取值,该值是通过对可变荷载的统计分析确定的。汽车荷载的随机过程的统计分析表明,取基准期为100年时,该荷载效应最大值分布的0.95分位值接近于《公路工程技术标准》(JTG B01—2003)的汽车荷载的标准值效应(人群荷载也有同样的结论)。美国桥规2017年版第1.2条规定:桥梁结构的设计基准期为75年。欧洲规范建议采用的设计基准期为50年。欧洲各国也可根据各区域的具体情况或其他特殊要求,参照欧洲桥规(EN 1990:2002)的附录C6中给出的不同基准期与可靠度指标值之间的换算关系计算确定其他设计基准期的目标可靠度和其他设计参数。

二、设计使用年限

《公路桥涵设计通用规范》(JTG D60—2015)依据《公路工程技术标准》(JTG B01—2014)对不同公路等级上的桥梁、不同结构构件的设计使用年限做出了明确规定,见表2.4.1。而《公路桥涵设计通用规范》(JTG D60—2004)中未能给出桥梁设计使用寿命的相关要求。

中国桥涵结构设计使用年限(单位:年)　　表2.4.1

公路等级	主体结构			可更换部件	
	特大桥	中桥	小桥涵洞	斜拉索、吊索系杆等	拉杆、伸缩装置支座等
高速公路一级公路	100	100	50	20	15
二级公路三级公路	100	50	30		
四级公路	100	50	30		

美国桥规规定公路桥梁的设计寿命为75年。欧洲桥规对桥梁设计寿命的规定更为明确,EN 1990:2002第2.3条明确规定:桥梁结构的设计使用寿命为100年,临时性结构的使用寿命为10年,结构可替换部分(比如支座)的使用寿命为10～25年,见表2.4.2。

欧洲建筑物设计使用年限　　表2.4.2

设计使用年限类别	设计使用年限	范例
1	10	临时结构
2	10～25	结构中的可更换构件,如龙门架梁、支座等
3	15～30	农用类结构
4	50	房屋结构与其他
5	100	纪念性结构,桥梁与其他土木工程结构

美国桥规给出了桥梁结构的使用寿命,但是对于具体的构件(例如支座或伸缩装置等)并未给出相应的使用寿命。欧洲桥规对于桥梁结构以及临时性结构以及桥梁支座等可替换构件均给出了相应的使用寿命。我国《公路工程技术标准》(JTG B01—2014)中考虑桥梁结构所处的公路等级、桥梁结构的大小程度采用不同的设计使用年限,并且还规定了可更换部件的设计使用年限,规定更为具体,更符合实际情况。

2.5 设计安全等级

一、中国桥规

《公路桥涵设计通用规范》(JTG D60—2015)依据结构破坏可能产生的后果的严重程度将桥梁分为三个安全等级,见表2.5.1。

《公路桥涵设计通用规范》(JTG D60—2015) 公路桥涵结构设计安全等级　　表 2.5.1

设计安全等级	破坏后果	适用对象	结构重要性系数
一级	很严重	各等级公路上的特大桥、大桥、中桥； 高速公路、一级公路、二级公路、国防公路及城市附近交通繁忙公路上的小桥	1.1
二级	严重	三、四级公路上的小桥 高速公路、一级公路、二级公路、国防公路及城市附近交通繁忙公路上的涵洞	1.0
三级	不严重	三、四级公路上的涵洞	0.9

在《公路桥涵设计通用规范》(JTG D60—2004)中的结构重要性系数与表 2.5.1 中一样，但适用对象主要取决于桥涵结构的跨径。

二、美国桥规

美国桥规 2017 年版并未给出桥梁结构的安全等级划分，而是采用统一的荷载修正系数来考虑桥梁结构的安全性。规范给出的荷载修正系数 η_i 与结构的延性、超静定性以及结构的重要性相关，按照下列规定进行计算：

当荷载系数 γ_i 取最大值时：

$$\eta_i = \eta_D \eta_R \eta_I \geqslant 0.95 \tag{2.5.1}$$

当荷载系数 γ_i 取最小值时：

$$\eta_i = \frac{1}{\eta_D \eta_R \eta_I} \leqslant 1.0 \tag{2.5.2}$$

式中：η_i——荷载修正系数；

η_D——和结构延性有关的系数；

η_R——和结构超静定性有关的系数；

η_I——和结构重要性有关的系数。

美国桥规依据桥梁结构的重要性将桥梁分为重要桥梁、普通桥梁和非重要桥梁，相应系数 η_I 参见表 2.5.2。

美国桥规结构重要性系数　　表 2.5.2

极限状态分类	结构重要性系数取值 η_I	适用对象
强度极限状态	≥1.05	重要桥梁
	=1.00	普通桥梁
	≥0.95	非重要桥梁
其他极限状态	=1.00	—

三、欧洲桥规

欧洲桥规(EN 1990:2002)附件 B3.1 节对材料重要性等级与重要性系数做出了规定，见表 2.5.3。在无特殊要求时，大部分桥梁的材料重要性等级均可取为 CC2 级(Consequence Class 2)。但对于重要公路桥梁以及铁路桥梁(如大跨径斜桥、弯桥，或位于地震区的桥梁)的重要性等级应被归类为 CC3 级(Consequence Class 3)。

欧洲桥规桥涵材料的重要性等级 表 2.5.3

重要性等级	描 述	重要性系数 K_{FI}
CC3	造成重大的人员生命和财产损失,对社会或环境造成严重后果	1.1
CC2	造成较大的人员生命和财产损失,对社会或环境造成较大后果	1.0
CC1	造成轻微的人员生命和财产损失,对社会或环境造成较小后果	0.9

中国桥规和欧洲桥规中仅考虑桥梁结构的重要性,而美国桥规在此基础上,还考虑了结构的延性和超静定性的影响,并将三者的效应进行叠加。相比而言,美国桥规的规定更为细致,而中国、欧洲桥规的规定比较简捷,更便于操作。

第3章

材料性能

钢筋混凝土及预应力混凝土桥梁结构中常用的材料主要包括混凝土、普通钢筋和预应力钢筋。混凝土以受压为主，普通钢筋和预应力钢筋主要承受拉力。混凝土和钢筋之间通过黏结作用，共同受力有效地提高了结构的承载能力。在进行桥梁结构的承载力计算之前应先明确材料的力学性能和强度指标。本章主要从材料强度取值、应力-应变关系等方面比较中国、美国、欧洲桥规中的相关规定，并建立三种规范中材料强度之间的对比关系。

3.1 混凝土

混凝土是由水泥、集料和水等按一定比例配制，并经搅拌、养护、硬化而成的人工石材。混凝土作为钢筋混凝土和预应力混凝土桥梁的主要材料，其强度除受材料组成、养护条件和龄期等因素影响外，还与受力状态有关。为了便于设计和施工，中国、美国、欧洲对混凝土的强度都规定了统一的标准试验方法，并给出了相应的强度计算模式。

一、标准试件和强度分级

1. 标准试件

试验研究表明，混凝土的强度除受到组成材料的特性、配合比、养护环境、施工方法等因素的影响外，还与试件的尺寸、形状以及试验方法有关。在对比中国、美国、欧洲混凝土材料指标时须明确各规范采用的试件的形状、尺寸和规格，不考虑各规范试验方法之间的差异性。中国、美国、欧洲桥规中规定的标准试件见表3.1.1。

中国、美国、欧洲桥规标准试件比较　　　　　表3.1.1

规　　范	标　准　试　件
中国桥规	150mm × 150mm × 150mm 立方体试件
美国桥规	ϕ150mm × 300mm 圆柱体试件
欧洲桥规	150mm × 150mm × 150mm 立方体试件或 ϕ150mm × 300mm 圆柱体试件

从表3.1.1中可以看出,中国桥规中采用立方体试件,美国桥规中采用圆柱体试件,欧洲桥规中采用的是圆柱体和立方体两种标准试件,在进行材料强度指标转换过程中,需要考虑不同试件之间的差异性。

2. 强度分级

《公路钢筋混凝土及预应力混凝土桥涵设计规范》(JTG 3362—2018)中将混凝土的强度分为12个等级,即C25~C80,见表3.1.2。C表示混凝土,数字表示混凝土立方体抗压强度标准值,每隔5MPa划分一级。对于采用预应力钢筋、钢绞线的预应力混凝土构件,混凝土强度等级下限为C40,与《公路钢筋混凝土及预应力混凝土桥涵设计规范》(JTG D62—2004)保持一致。

中国桥规混凝土强度分级表 表3.1.2

强度等级	C15	C20	C25	C30	C35	C40	C45	C50	C55	C60	C65	C70	C75	C80
$f_{cu,k}$(MPa)	15	20	25	30	35	40	45	50	55	60	65	70	75	80

注:表中C15和C20是原规范(JTG D62—2004)中的指标,《公路钢筋混凝土及预应力混凝土桥涵设计规范》(JTG 3362—2018)中已取消。

美国桥规依据混凝土的抗压强度进行级别划分,混凝土抗压强度的测试按照美国材料实验协会ASTM C39/C39M-12a执行,混凝土的抗压强度范围为17.0~90MPa(即2500~13000psi)。以英制单位为基准,抗压强度低于5000psi时,以500psi的级差进行分级,抗压强度高于5000psi时,以1000psi的级差进行分级,共分为14级。为便于统一比较,将其换算为国际单位制,换算前后的抗压强度见表3.1.3。

美国桥规混凝土强度分级表(ASTM C39/C39M-12a) 表3.1.3

强度等级	f'_c(psi)	f'_c(MPa)	强度等级	f'_c(psi)	f'_c(MPa)
Grade 2500	2.5	17.0	Grade 7000	7.0	48.3
Grade 3000	3.0	20.7	Grade 8000	8.0	55.2
Grade 3500	3.5	24.1	Grade 9000	9.0	62.0
Grade 4000	4.0	27.6	Grade 10000	10.0	68.9
Grade 4500	4.5	31.0	Grade 11000	11.0	75.8
Grade 5000	5.0	34.5	Grade 12000	12.0	82.7
Grade 6000	6.0	41.4	Grade 13000	13.0	90.0

注:表中"Grade"为钢筋"等级"。

欧洲桥规(EN 1992-2:2005):混凝土强度等级用28d确定的混凝土圆柱体特征强度f_{ck}表示,其最小值为C_{min},最大值为C_{max}。关于欧洲某一国家使用的C_{min}和C_{max}值,可以查阅该国的国家附录,规范推荐值为C30/37~C70/85,其中分子表示混凝土的圆柱体强度,分母表示相同等级的混凝土立方体强度。混凝土的强度参数参照欧洲桥规(EN 1992-1:2004)中的数值。规范给出的混凝土圆柱体抗压强度f_{ck}、立方体抗压强度$f_{ck,cube}$以及混凝土抗压强度平均值f_{cm}的对应关系见表3.1.4,混凝土抗压强度平均值与圆柱体抗压强度特征值的关系如下:

$$f_{cm} = f_{ck} + 8 \quad (3.1.1)$$

欧洲桥规混凝土强度分级（单位：MPa） 表3.1.4

强度等级	C30/37	C35/45	C40/50	C45/55	C50/60	C55/67	C60/75	C70/85
f_{ck}	30	35	40	45	50	55	60	70
$f_{ck,cube}$	37	45	50	55	60	67	75	85
f_{cm}	38	43	48	53	58	63	68	78

二、抗压强度

1. 中国桥规

中国桥规规定混凝土标准立方体试件为150mm×150mm×150mm，其统计的概率分布类型为正态分布，当取保证率为95%时立方体抗压强度标准值$f_{cu,k}$为：

$$f_{cu,k} = \mu_{fl50} - 1.645\sigma_{fl50} = \mu_{fl50}(1 - 1.645\delta_{fl50}) \tag{3.1.2}$$

式中：μ_{fl50}——边长150mm立方体试件抗压强度平均值（MPa）；

σ_{fl50}——边长150mm立方体试件抗压强度标准差（MPa）；

δ_{fl50}——边长150mm立方体试件抗压强度的变异系数。

根据我国进行的棱柱体抗压试验，棱柱体抗压强度试验统计平均值μ_{fc}^s与150mm立方体抗压强度试验统计平均值μ_{fl50}^s呈线性关系：

$$\mu_{fc}^s = \alpha\mu_{fl50}^s \tag{3.1.3}$$

式中：α——棱柱体强度和立方体强度的比值，与混凝土强度等级有关，对C50及以下混凝土，取$\alpha = 0.76$；C55~C80混凝土，取$\alpha = 0.77 \sim 0.82$，其间按线性插值。

在实际工程中，考虑到构件混凝土与试件混凝土因制作工艺、养护条件、受荷情况和环境等条件不同，按《公路工程结构可靠度设计统一标准》（GB/T 50283—2020）条文说明中的建议，其抗压强度平均换算系数$\mu_{\Omega 0} = 0.88$。于是，构件混凝土棱柱体抗压强度平均值为：

$$\mu_{fc} = \mu_{\Omega 0}\mu_{fc}^s = 0.88\alpha\mu_{fl50}^s \tag{3.1.4}$$

假定构件混凝土柱体抗压强度的变异系数与立方体抗压强度的变异系数相同，则构件混凝土棱柱体抗压强度标准值为：

$$f_{ck} = \mu_{fc}(1 - 1.645\delta_{fc}) = 0.88\alpha\mu_{fl50}^s(1 - 1.645\delta_{fc}) = 0.88\alpha f_{cu,k} \tag{3.1.5}$$

另外，考虑到C40以上混凝土脆性增加明显，按上式求得的柱体抗压强度标准值尚需乘以脆性折减系数β，对C40及以下混凝土取1.0，对C80混凝土取0.87，中间值按线性插值求得。

通常材料强度的设计值由材料强度标准值除以材料性能分项系数得到（表3.1.5），基本表达式为：

$$f_d = \frac{f_k}{\gamma_m} \tag{3.1.6}$$

式中：γ_m——材料性能分项系数，中国桥规取混凝土材料分项系数为1.45，从而混凝土轴心抗压强度设计值$f_{cd} = f_{ck}/1.45$。

中国桥规混凝土轴心抗压强度标准值f_{ck}和设计值f_{cd}(单位:MPa)　　表3.1.5

等级种类	C25	C30	C35	C40	C45	C50	C55	C60	C65	C70	C75	C80
f_{ck}	16.7	20.1	23.4	26.8	29.6	32.4	35.5	38.5	41.5	44.5	47.4	50.2
f_{cd}	11.5	13.8	16.1	18.4	20.5	22.4	24.4	26.5	28.5	30.5	32.4	34.6

2. 美国桥规

美国桥规采用$\phi 150mm \times 300mm$的圆柱体作为标准试件,现场混凝土试样的制作和养护依据《现场混凝土试样的制备和养护实施规程》(ASTM C31/C31M)进行,实验室混凝土试样的制作和养护依据《实验室混凝土式样的制备和养护实施规程》(ASTM C192/192M)进行。在采用美国桥规进行设计时,直接采用圆柱体试件抗压强度f'_c进行计算,无抗压强度设计值。在抗力计算时,直接采用抗力综合折减系数ϕ对结构构件的抗力进行折减。圆柱体试件抗压强度f'_c与中国桥规中的轴心抗压强度标准值f_{ck}相类似,但试件的截面形状不同,前者是圆形,后者是正方形。美国桥规对混凝土的强度分级与抗压强度的规定见表3.1.6。

美国桥规混凝土的强度分级与抗压强度(单位:MPa)　　表3.1.6

强度等级	Grade 2500	Grade 3000	Grade 3500	Grade 4000	Grade 4500	Grade 5000	Grade 6000
f'_c	17.2	20.7	24.1	27.6	31.0	34.5	41.4
强度等级	Grade 7000	Grade 8000	Grade 9000	Grade 10000	Grade 11000	Grade 12000	Grade 13000
f'_c	48.3	55.2	62.0	68.9	75.8	82.7	90.0

注:表中"Grade"为钢筋"等级"

3. 欧洲桥规

欧洲桥规(EN 1992-2:2005)中规定,抗压强度设计值按照下式计算:

$$f_{cd} = \frac{\alpha_{cc} f_{ck}}{\gamma_c} \tag{3.1.7}$$

式中:γ_c——混凝土的分项系数,对于持久状况的承载能力极限状态,γ_c取1.5;对于短暂状况的承载能力极限状态,γ_c取1.2;对于正常使用极限状态,γ_c取欧洲桥规中特定条款给定的值。有关某一国家γ_c的取值,可查阅相关国家附录,当欧洲桥规中特定条款未给定该值时,建议取1.0;

α_{cc}——考虑长期和加载方式影响的系数,α_{cc}一般介于0.80和1.00之间,建议取1.00;该系数意味着考虑荷载长期作用和加载方式与标准试验不同而造成不利的影响时,混凝土的长期强度可通过系数α_{cc}予以适当的折减。

欧洲桥规混凝土抗压强度标准值与设计值见表3.1.7。

欧洲桥规混凝土抗压强度(单位:MPa)　　表3.1.7

强度等级	C20/25	C25/30	C30/37	C35/45	C40/50	C45/55	C50/60	C55/67	C60/75	C70/85
f_{ck}	20	25	30	35	40	45	50	55	60	70
$f_{ck,cube}$	25	30	37	45	50	55	60	67	75	85
f_{cd}	13.3	16.7	20.0	23.3	26.7	30.0	33.3	36.7	40	46.7

中国、美国、欧洲桥规中混凝土抗压强度的保证率和材料分项系数见表3.1.8。

中国、美国、欧洲桥规中混凝土材料参数对比 表3.1.8

规范	项目	
	保证率(%)	材料分项系数
中国桥规	95	1.45
美国桥规	—	1.00
欧洲桥规	95	持久状况,承载能力极限状态 1.5
		短暂状况,承载能力极限状态 1.2
		正常使用极限状态 一般取1.0

从表3.1.8中可以看出,欧洲桥规相对中国、美国桥规而言,对分项系数的规定更为细致,对于承载能力极限状态的持久状况和短暂状况以及正常使用极限状态均采用不同的分项系数,中国、美国桥规则较笼统。中国桥规中的1.45和欧洲桥规中承载能力极限状态持久状况的1.5基本接近。美国桥规不考虑材料分项系数,主要是因为采用了荷载与抗力系数法(或称为破损强度法),在计算得到的名义抗力基础上会乘以一个综合的抗力系数 ϕ 来考虑抗力的折减。

为了定量比较中国、美国、欧洲桥规混凝土抗压强度之间的差异,依据本节给出的中国、美国、欧洲桥规中混凝土强度级别对应关系,对比美欧桥规中相应于中国桥规中C35~C55强度级别混凝土的抗压强度设计值的强度指标。对于欧洲桥规,仅列出承载能力极限状态持久状况的混凝土抗压强度设计值。中国、美国、欧洲桥规中混凝土抗压强度的定量对比见图3.1.1。

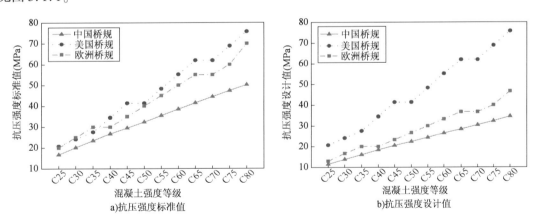

图3.1.1 中国、美国、欧洲桥规中混凝土抗压强度对比

从图3.1.1可以看出,美国桥规中的混凝土抗压强度最高,这主要是因为美国桥规中材料不考虑分项系数,而采用综合的抗力折减系数进行效应折减。对于中国、欧洲桥规而言,当进行承载能力极限状态持久状况计算时,欧洲桥规的混凝土强度设计值大于中国桥规,且两者的差距随混凝土等级的增大而增大。由于进行强度转换时,存在转换关系非均匀连续,故美国、欧洲桥规的抗压强度曲线存在水平段。

三、抗拉强度

1. 中国桥规

中国桥规中抗拉强度测试方法是采用钢模浇筑成型的 $100mm \times 100mm \times 500mm$ 的棱柱体试件,通过预埋在试件轴线两端的钢筋,对试件施加拉力,试件破坏时的平均应力记为混凝土的轴心抗拉强度 f_t。根据试验数据分析,构件混凝土轴心抗拉强度 f_t 与边长150mm立方体试件抗压强度 f_{150} 之间的平均值关系为:

$$\mu_{ft} = 0.88 \times 0.395\mu_{f150}^{0.55} \tag{3.1.8}$$

构件混凝土轴心抗拉强度标准值(保证率95%)为:

$$f_{tk} = \mu_{ft}(1 - 1.645\delta_{ft}) = 0.88 \times 0.395\mu_{f150}^{0.55}(1 - 1.645\delta_{ft}) \tag{3.1.9}$$

将 $\mu_{f150}^s = \dfrac{f_{cu,k}}{1 - 1.645\delta_{f150}}$ 代入,得到:

$$f_{tk} = \mu_{ft}(1 - 1.645\delta_{ft}) = 0.88 \times 0.395 f_{cu,k}^{0.55}(1 - 1.645\delta_{f150})^{0.45} \tag{3.1.10}$$

同样考虑C40以上混凝土的脆性,按上式求得的轴心抗拉强度标准值尚需乘以脆性折减系数 β,对C40及以下混凝土取1.0,对C80混凝土取0.87,中间值按线性插值得到。

中国桥规的混凝土轴心抗拉强度设计值 f_{td} 在混凝土轴心抗拉强度标准值的基础上,除以与混凝土轴心抗压强度相同的材料分项系数1.45得到,即 $f_{td} = f_{tk}/1.45$。规范中规定的混凝土轴心抗拉强度标准值和设计值见表3.1.9。

中国、美国、欧洲桥规中混凝土的抗拉强度(单位:MPa)　　表3.1.9

中国桥规			美国桥规		欧洲桥规		
强度分级	f_{tk}	f_{td}	强度分级	f_r	强度分级	f_{ctm}	f_{td}
C15	1.27	0.88	Grade 2500	2.57	—	—	—
C20	1.54	1.06	Grade 3000	2.82	—	—	—
C25	1.78	1.23	Grade 3500	3.04	C20/25	1.90	$0.7f_{ctm}/\gamma_c$
C30	2.01	1.39	Grade 4000	3.26	C25/30	2.20	$0.7f_{ctm}/\gamma_c$
C35	2.20	1.52	Grade 4500	3.45	C30/37	2.90	$0.7f_{ctm}/\gamma_c$
C40	2.40	1.65	Grade 5000	3.64	C35/45	3.21	$0.7f_{ctm}/\gamma_c$
C45	2.51	1.74	Grade 6000	3.99	C40/50	3.51	$0.7f_{ctm}/\gamma_c$
C50	2.65	1.83	Grade 7000	4.31	C45/55	3.80	$0.7f_{ctm}/\gamma_c$
C55	2.74	1.89	Grade 8000	4.61	C50/60	4.07	$0.7f_{ctm}/\gamma_c$
C60	2.85	1.96	Grade 9000	4.88	C55/67	4.21	$0.7f_{ctm}/\gamma_c$
C65	2.93	2.02	Grade 10000	5.15	C60/75	4.35	$0.7f_{ctm}/\gamma_c$
C70	3.00	2.07	Grade 11000	5.40	C70/85	4.61	$0.7f_{ctm}/\gamma_c$
C75	3.05	2.10	Grade 12000	5.64	—	—	—
C80	3.10	2.14	Grade 13000	5.88	—	—	—

注:1. f_{tk} 表示中国桥规中混凝土轴心抗拉强度标准值,f_{td} 表示中国桥规中混凝土轴心抗拉强度设计值;f_r 为美国桥规中的混凝土抗拉强度;f_{ctm} 为欧洲桥规中混凝土轴向抗拉强度平均值,f_{td} 为欧洲桥规中混凝土的抗拉强度设计值,$0.7f_{ctm}/\gamma_c$ 按照表3.1.8针对不同的极限状态进行取值。
2. 表中"Grade"为钢筋"等级"。

2. 美国桥规

美国桥规中的抗拉强度是基于抗压强度经计算得到的。美国桥规中规定：对于普通密度混凝土，其抗拉强度为 $f_r = 0.62\sqrt{f_c'}$，同样不考虑材料分项系数。美国桥规中混凝土抗拉强度见表3.1.9。

3. 欧洲桥规

欧洲桥规中规定，混凝土的抗拉强度设计值按下式确定：

$$f_{td} = \frac{\alpha_{ct} f_{ctk,0.05}}{\gamma_c} \tag{3.1.11}$$

式中：γ_c——混凝土的分项系数，取值和抗压强度的分项系数相同；

α_{ct}——考虑长期和加载方式影响的系数，α_{ct}一般介于0.80到1.00之间，建议取1.0；

$f_{ctk,0.05}$——混凝土轴心抗拉强度具有95%保证率的特征值，按照式(3.1.12)计算：

$$f_{ctk,0.05} = 0.7 \times f_{ctm} \tag{3.1.12}$$

其中：f_{ctm}——混凝土轴向抗拉强度平均值，按照式(3.1.13)计算：

$$f_{ctm} = \begin{cases} 0.30 \times f_{ck}^{2/3} & \leq C50/60 \\ 2.12 \times \ln[1 + (f_{cm}/10)] & > C50/60 \end{cases} \tag{3.1.13}$$

中国、美国、欧洲桥规中混凝土的抗拉强度指标见表3.1.9。

为了定量比较中国、美国、欧洲桥规混凝土抗拉强度之间的差异，依据表3.1.9给出的中国、美国、欧洲桥规中混凝土强度级别对应关系，对比美国、欧洲桥规中对应于中国桥规中C35~C55强度级别混凝土的抗拉强度设计值的强度指标。对于欧洲桥规，仅列出持久状况下承载能力极限状态的混凝土抗压强度设计值。中国、美国、欧洲桥规中混凝土抗拉强度对比见图3.1.2。

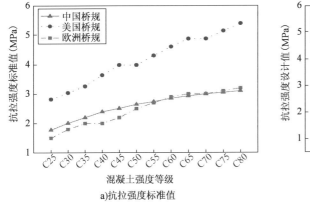
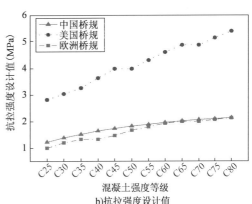

a) 抗拉强度标准值　　b) 抗拉强度设计值

图3.1.2　中国、美国、欧洲桥规中混凝土抗拉强度对比

从图3.1.2可以看出，美国桥规中的混凝土抗拉强度最大，这同样是因为美国桥规中的材料不考虑分项系数，而采用综合的抗力折减系数进行折减。对于中国、欧洲桥规而言，当进行持久状况下承载能力极限状态计算时，欧洲桥规的混凝土强度设计值因材料安全系数略有增加而略小于中国桥规，且两者的差距随混凝土等级的增大而减小。

四、弹性模量

在钢筋混凝土超静定结构的内力分析以及构件的变形计算中,混凝土的弹性模量是不可或缺的材料参数之一。中国、美国、欧洲桥规均在试验的基础上建立了弹性模量与混凝土抗压强度指标之间的关系。下面对三套规范的弹性模量计算方法分别进行说明。

1. 中国桥规

我国的通用做法是对棱柱体试件先加荷至 $\sigma_c = 0.5f_c$,然后卸载至 0,再重复加荷卸荷 5~10 次。基本可以消除大部分塑性变形,此时的应力-应变曲线接近直线,直线的斜率即规范中所规定的混凝土弹性模量。试验表明,混凝土的受拉弹性模量和受压弹性模量大体相等,其比值为 0.82~1.12,平均值为 0.995,故规范中对混凝土受压和受拉采用统一的弹性模量,其计算公式如下:

$$E_c = \frac{10^5}{2.2 + \dfrac{34.74}{f_{cu,k}}} \quad (\text{MPa}) \tag{3.1.14}$$

2. 美国桥规

美国桥规 2017 年版中规定:对于密度在到 1400~2500kg/m³ 之间,且抗压强度低于 105MPa 的混凝土,如果缺乏实测数据,混凝土的弹性模量 E_c 按照下式取值:

$$E_c = 0.043 K_1 \gamma_c^{1.5} \sqrt{f'_c} \tag{3.1.15}$$

式中:K_1——集料修正系数,除非进行试验,或者有权威的数据支撑,一般取 1.0;

γ_c——混凝土的单位密度(kg/m³);

f'_c——混凝土的抗压强度(MPa)。

对于普通密度混凝土,一般取混凝土密度 $\gamma_c = 2320$kg/m³,则弹性模量可按照下式计算:

$$E_c = 4800\sqrt{f'_c} \tag{3.1.16}$$

3. 欧洲桥规

欧洲桥规取混凝土受压应力-应变曲线上 0 与 $0.4f_{cm}$ 连线的斜率作为混凝土的受压弹性模量。欧洲桥规给出的混凝土受压弹性模量平均值与混凝土抗压强度的关系为:

$$E_{cm} = 22 \left(\frac{f_{cm}}{10}\right)^{0.3} \quad (\text{GPa}) \tag{3.1.17}$$

式中:f_{cm}——混凝土圆柱体抗压强度平均值(MPa),按式(3.1.1)确定。

对于石灰石和砂石集料的混凝土,弹性模量可按上式计算的值分别降低 10% 和 30%,对于玄武岩集料的混凝土,可增加 20%。中国、美国、欧洲桥规中混凝土的弹性模量见表 3.1.10,其定量的对比关系见图 3.1.3。

中国、美国、欧洲桥规混凝土弹性模量计算比较（单位：10^4MPa）　　表3.1.10

中国桥规		美国桥规		欧洲桥规	
强度等级	E_c	强度等级	E_c	强度等级	E_{cm}
C15	2.20	Grade 2500	1.98		
C20	2.55	Grade 3000	2.18		
C25	2.80	Grade 3500	2.36		
C30	3.00	Grade 4000	2.52		
C35	3.15	Grade 4500	2.67	C30/37	3.28
C40	3.25	Grade 5000	2.82		
C45	3.35	Grade 6000	3.09	C35/45	3.41
C50	3.45	Grade 7000	3.34	C40/50	3.52
C55	3.55	Grade 8000	3.57	C45/55	3.63
C60	3.60	Grade 9000	3.78	C50/60	3.73
C65	3.65	Grade 10000	3.98	C55/67	3.82
C70	3.70	Grade 11000	4.18		
C75	3.75	Grade 12000	4.37	C60/75	3.91
C80	3.80	Grade 13000	4.55	C70/85	4.07

按照本节中国、美国、欧洲混凝土强度级别之间的对应关系，并结合图3.1.3中的数据可知，在混凝土强度等级相近的情况下，中国、美国、欧洲混凝土的弹性模量有欧洲桥规＞中国桥规＞美国桥规；对于C60及以上强度等级的混凝土，美国桥规的混凝土弹性模量值明显增加，且有美国桥规＞欧洲桥规＞中国桥规的对比结果。

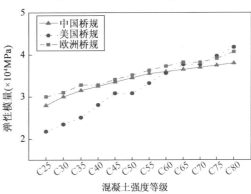

图3.1.3　中国、美国、欧洲桥规中的混凝土弹性模量

五、剪切模量

中国桥规和欧洲桥规均采用一个0.4的系数乘以弹性模量的方式来确定混凝土的剪切模量，而美国桥规则依据混凝土的密度以及计算目的之不同，规定了不同的计算模式，具体见表3.1.11。表中的取值方法表明，中国桥规与欧洲桥规在混凝土剪切模量的取值上非常接近，而美国桥规的取值方法则相对复杂且与计算目的及混凝土圆柱体强度f'_c有关。

中国、美国、欧洲桥规中剪切模量取值　　表3.1.11

规　范	剪切模量
中国桥规	$G_c = 0.4E_c$

续上表

规　范	剪　切　模　量
美国桥规	对于普通密度混凝土： (1)用于裂缝控制和挠度以及反拱计算：$f_r = 0.63\sqrt{f'_c}$ (2)用于最小配筋量计算：$f_r = 0.97\sqrt{f'_c}$ (3)用于黏结系数和摩擦系数计算：$f_r = 0.52\sqrt{f'_c}$ 对于低密度混凝土： (1)砂低密度混凝土：$f_r = 0.52\sqrt{f'_c}$ (2)其他低密度混凝土：$f_r = 0.45\sqrt{f'_c}$
欧洲桥规	$G_c = 0.42E_{cm}$

六、泊松比和线膨胀系数

《公路钢筋混凝土及预应力混凝土桥涵设计规范》(JTG 3362—2018)中混凝土的泊松比一般取0.2；美国桥规2017年版规定，除非经试验确定，泊松比一般假定为0.2，但是对于可能开裂的混凝土构件，忽略泊松比的影响；欧洲桥规(EN 1992-1-1:2004)规定，当没有裂缝时混凝土的泊松比取为0.2，当出现裂缝时泊松比取0。可见中国、美国、欧洲桥规在泊松比的取值是一样的，均为0.2；但美国、欧洲桥规认为混凝土开裂后取其泊松比为0，似乎更加合理。

《公路桥涵设计通用规范》(JTG D60—2015)中规定，对于混凝土和钢筋混凝土以及预应力混凝土结构，混凝土的线膨胀系数为 $1.0 \times 10^{-5}/℃$；美国桥规2017年版中规定，在缺乏更精确数据的情况下，对于普通密度混凝土，线膨胀系数一般取 $1.08 \times 10^{-5}/℃$；低密度混凝土，线膨胀系数取 $0.9 \times 10^{-5}/℃$；欧洲桥规(EN 1992-1-1:2004)中混凝土的线膨胀系数为 $1.0 \times 10^{-5}/℃$。可见中国、欧洲桥规的混凝土的线膨胀系数取值是一样的，而美国桥规的分情况取值似更加合理。

七、混凝土应力-应变关系

混凝土的应力-应变曲线是混凝土力学特征的一个重要方面，是研究和建立混凝土结构承载力、裂缝和变形计算理论，进行结构全过程分析的依据。国内外很多学者对混凝土应力-应变曲线进行了大量的研究，并建立了混凝土的应力-应变曲线数学模型，给出了一些经验公式。为了进行简化计算，三套规范均给出了相应的简化模型，中国、美国、欧洲桥规中关于混凝土应力-应变关系的曲线模型见表3.1.12。

中国桥规和欧洲桥规规定的混凝土应力-应变关系均采用 Rüsch 曲线，由一段抛物线的上升段和一段水平段组成，只是在具体的参数取值上有所差异。美国桥规采用的是E. Hognestad曲线，其上升段为二次抛物线、下降段为斜直线。关于极限应变的取值，中国桥规和欧洲桥规中均给出了相应的数值，即0.0033和0.0035；而美国桥规则较保守地取为0.003。理论和试验研究均表明，对于C50或C60以上的高强度混凝土，因其脆性增加，混凝土的极限压应变会有所减小。

中国、美国、欧洲桥规混凝土应力-应变曲线关系   表3.1.12

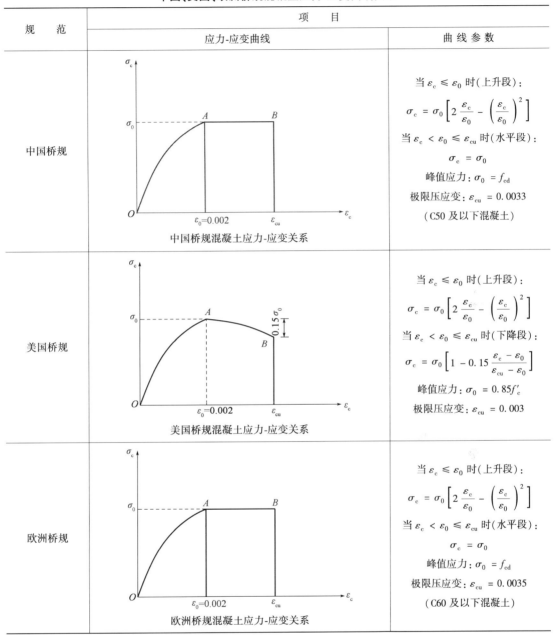

八、中国、美国、欧洲混凝土强度的转换

中国桥梁规范采用150mm×150mm×150mm的标准立方体试件,美国桥梁规范采用的是 ϕ150mm×300mm圆柱体标准试件,欧洲桥规对于150mm×150mm×150mm的标准立方体试件和 ϕ150mm×300mm的圆柱体试件均有规定,并给出了对应关系。在进行强度转换时,一方面要考虑三套规范从试验平均值得到相应标准值的计算方法,另一方面要考虑规范采用标准

试件形状及尺寸不同所造成的差异性。强度转换过程中不考虑两国规范对混凝土试件强度测试方法的差异性。关于立方体试件和圆柱体试件强度标准值转换系数,参照《普通混凝土力学性能试验方法标准》(GB/T 50081—2002)附录 B 取值。按抗压强度划分的抗压强度等级表见表 3.1.13。中国、美国混凝土强度转换流程图如图 3.1.4 所示。

按抗压强度划分的抗压强度等级表   表 3.1.13

混凝土强度级别		C12/15	C16/20	C20/25	C25/30	C30/35	C35/40	C40/45	C45/50	C50/55
混凝土强度标准值(MPa)	圆柱体试件 $\phi 150mm \times 300mm$	12	16	20	25	30	35	40	45	50
	立方体试件 $150mm \times 150mm \times 150mm$	15	20	25	30	35	40	45	50	55
转换系数		0.8	0.8	0.8	0.83	0.86	0.88	0.89	0.9	0.91

注:1. 表中数据源于 GB/T 50081—2002 附录 B 表4,由于表中没有给出 C55 以上混凝土的对比值,计算中均采用 C55 对应的转换系数 0.91。
2. ISO 指的是国际标准《硬化混凝土芯样的钻取、检查和抗压试验》(ISO/DID 7034)。

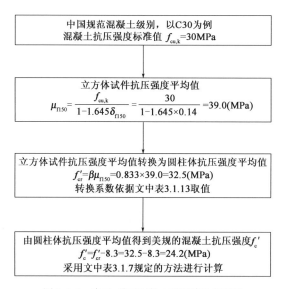

图 3.1.4 中国、美国混凝土强度转换流程图

将中国桥规中规定的 C15～C55 强度等级的混凝土转换为相应的美国桥规中对应的混凝土抗压强度 f'_c,具体计算结果在表 3.1.14 中列出。

中国、美国桥规混凝土强度转换   表 3.1.14

强度等级	抗压强度标准值 $f_{cu,k}$ (MPa)	立方体试件抗压强度平均值 μ_{f150} (MPa)	转换系数	圆柱体试件抗压强度平均值 f'_{cr} (MPa)	混凝土抗压强度 f'_c (MPa)	对应美国桥规的强度级别
C15	15	22.92	0.80	18.33	11.33	Grade 2500
C20	20	28.41	0.80	22.73	15.73	Grade 2500
C25	25	33.93	0.80	27.14	20.14	Grade 3000
C30	30	38.98	0.83	32.47	24.17	Grade 3500
C35	35	44.52	0.86	38.15	29.85	Grade 4000

续上表

强度等级	抗压强度标准值 $f_{cu,k}$ (MPa)	立方体试件抗压强度平均值 μ_{f150} (MPa)	转换系数	圆柱体试件抗压强度平均值 f'_{cr} (MPa)	混凝土抗压强度 f'_c (MPa)	对应美国桥规的强度级别
C40	40	49.84	0.88	43.61	35.10	Grade 5000
C45	45	56.07	0.89	49.84	40.77	Grade 6000
C50	50	61.05	0.90	54.94	45.40	Grade 6000
C55	55	67.15	0.91	61.04	50.95	Grade 7000
C60	60	71.81	0.91	65.28	54.80	Grade 8000
C65	65	77.80	0.91	70.72	59.74	Grade 9000
C70	70	83.78	0.91	76.16	64.69	Grade 9000
C75	75	89.77	0.91	81.60	69.63	Grade 10000
C80	80	95.75	0.91	87.04	74.58	Grade 11000

欧洲桥规中采用的立方体标准试件和中国桥规一致，均为 150mm×150mm×150mm 的立方体试件，且保证率均为 95%。可以直接建立两规范之间的对应关系。在进行材料转换之后，所得的强度指标和规范中规定的标准强度指标之间有所差异，选取抗压强度标准值最接近的混凝土强度级别进行对应。中国、美国、欧洲桥规中均有相应的材料指标体系，在对比分析之前，需要将三套规范之间的材料进行对应。中国、美国、欧洲桥规中混凝土强度级别对应关系见表 3.1.15。

中国、美国、欧洲桥规混凝土强度等级的对应关系　　　　表 3.1.15

中国桥规	美国桥规	欧洲桥规	中国桥规	美国桥规	欧洲桥规
C15	Grade 2500	C12/15	C50	Grade 6000	C40/50
C20	Grade 2500	C16/20	C55	Grade 7000	C45/55
C25	Grade 3000	C20/25	C60	Grade 8000	C50/60
C30	Grade 3500	C25/30	C65	Grade 9000	C55/67
C35	Grade 4000	C30/37	C70	Grade 9000	C55/67
C40	Grade 5000	C30/37	C75	Grade 10000	C60/75
C45	Grade 6000	C35/45	C80	Grade 11000	C70/85

注：欧洲桥规中建议用于桥梁设计的混凝土强度级别最小为 C30/37，在此参照 EN1992-1-1:2004 将低强度混凝土的对应关系也列出。

3.2 普通钢筋

一、钢筋种类

桥规中钢材的选用与规范所在国或地区的冶金工业水平、钢材牌号、经济水平及其力学性能有关，因此三套规范中采用的钢材种类均不相同。

中国《公路钢筋混凝土及预应力混凝土桥涵设计规范》(JTG D60—2004)中规定的普通钢筋有 R235、HRB335、HRB400 及 KL400 等四种钢筋;随着我国冶金工业的发展,在《公路钢筋混凝土及预应力混凝土桥涵设计规范》(JTG 3362—2018)中采用了 HPB300、HRB400、HRBF400、RRB400 和 HRB500 等牌号,钢筋的强度有了明显的提高。美国 ASTM A615/A615M-13 规范中规定了 Grade 280、Grade 340、Grade 420、Grade 520 和 Grade 550 五种钢筋级别。欧洲标准 prEN 10080-1999 规定了 Class A、Class B 和 Class C 三种钢筋级别,并分为 A、B 和 C 三种延性等级。

二、强度指标

中国桥规中普通钢筋抗拉强度标准值,取自现行国家标准的钢筋屈服点,并具有不小于 95% 的保证率。普通钢筋抗拉强度设计值由普通钢筋抗拉强度标准值除以钢筋材料分项系数 $\gamma_{fs} = 1.2$ 而得。

美国桥规规定,当有明显屈服点时,带肋钢筋和光圆钢筋的屈服强度按屈服应力确定;当没有明显屈服点时,取钢筋残余应变为 0.2% 处的应力作为钢筋的屈服强度,对于 Grade 420 和 Grade 520 级钢筋,应变为 0.0035 时钢筋的应力应不小于 420MPa、520MPa。美国桥规中钢筋的抗拉强度和抗压强度均取材料屈服强度 f_y,即不考虑材料安全系数,或认为钢筋的材料安全系数为 $\gamma_{fs} = 1.0$。

欧洲桥规(EN 1992-1-1:2004)中普通钢筋的屈服强度表示为 f_y,极限抗拉强度表示为 $f_t = kf_y$。普通钢筋的材料分项系数,对于持久状况和短暂状况取 1.15,偶然状况取 1.0,对于正常使用极限状态,取 1.0。欧美规范对受拉和受压钢筋的符号不做区分,其抗压强度设计值统一定为 f_{yd}。

各规范中的钢筋材料安全系数汇总于表 3.2.1 中。

中国、美国、欧洲桥规普通钢筋材料安全系数对比　　　　表 3.2.1

规　范	项　目	
	保证率(%)	材料分项系数
中国桥规	95	1.20
美国桥规	—	1.00
欧洲桥规	95	承载能力极限状态:持久状况　　1.15
		承载能力极限状态:短暂状况　　1.15
		偶然状况　　1.0
		正常使用极限状态　　1.0

中国桥规和欧洲桥规采用的均为钢材出厂时废品限值的保证率,其数值均为 95%,并作为钢筋强度标准值;中国桥规普通钢筋抗拉强度设计值由普通钢筋抗拉强度标准值除以钢筋材料分项系数 $\gamma_{fs} = 1.2$ 而得,欧洲桥规在承载能力极限状态的分项系数为 1.15。美国桥规不考虑材料分项系数,直接采用钢筋的屈服强度进行计算,最后采用综合的抗力折减系数 ϕ 来考虑抗力的折减效应。综合来看,中国桥规中普通钢筋的强度指标虽然最低,但钢筋的材料安全系数却是最大的。中国、美国、欧洲桥规中普通钢筋的规格见表 3.2.2。

中国、美国、欧洲桥规钢筋种类、等级划分、强度指标及弹性模量　　　表3.2.2

标　准	强度等级	直径 (mm)	$f_{sk}/f_y/f_{yk}$ (MPa)	$f_{sd}/f_y/f_{yd}$ (MPa)	$f'_{sd}/f'_y/f'_{yd}$ (MPa)	E_s (MPa)
《公路钢筋混凝土及预应力混凝土桥涵设计规范》（JTG 3362—2018）	HPB300	6~22	300	250	250	2.1×10^5
	HRB400 HRBF400 RRB400	6~50	400	330	330	2.0×10^5
	HRB500	6~50	500	415	400	
	R235	8~20	235	195	195	2.1×10^5
	HRB335	6~50	335	280	280	2.0×10^5
	HRB400	6~50	400	330	330	
	KL400	8~40	400	330	330	
美国桥规	Grade40	10~19	280	280	280	2.0×10^5
	Grade50	10~19	340	340	340	
	Grade60	10~25	420	420	420	
	Grade75	10~57	520	520	520	
	Grade80	10~57	550	550	550	
欧洲桥规	ClassA	4~16	400	350	350	2.0×10^5
	ClassB	6~40	500	435	435	
	ClassC		600	520	520	

注：1. $f_{sk}/f_y/f_{yk}$ 表示钢筋的抗压强度标准值/屈服强度。
　　2. $f_{sd}/f_y/f_{yd}$ 为钢筋的抗拉强度设计值。
　　3. $f'_{sd}/f'_y/f'_{yd}$ 为钢筋的抗压强度设计值。

表中数据表明，各规范中规定的普通钢筋在抗拉屈服强度（或抗拉强度标准值）上均不相等，这应与不同国家和地区钢铁工业生产中采用的钢筋牌号有关，也与其常用的混凝土强度等级有关。就普通钢筋的屈服强度而言，中国最低，美国居中，欧洲最高。我国规范 JTG D62—2004 相较于美欧规范而言，所采用的钢筋强度等级相对偏低，故在新颁 JTG 3362—2018 中已将低强度钢筋淘汰并引入高强度 HRB500 钢筋。美国采用高强度钢筋较多，大部分采用 Grade 60级钢筋，可以减少钢筋布置的碰撞，用量也较为经济。欧洲采用高强钢筋的趋势更为明显，较多使用的钢筋等级为 ClassB，其抗拉强度标准值为 500MPa。

三、钢筋的应力-应变关系

钢筋的应力-应变关系是荷载作用下钢筋应力随应变的变化规律。设计规范中一般采用简化的应力-应变关系。

1. 中国桥规

按照中国桥规，设计中采用的普通钢筋应力-应变采用弹塑性本构关系（图3.2.1）为：

$$f_s = \begin{cases} E_s \varepsilon_s & \varepsilon_s \leqslant \varepsilon_y \\ f_y & \varepsilon_y < \varepsilon_s \leqslant 0.01 \end{cases} \quad (3.2.1)$$

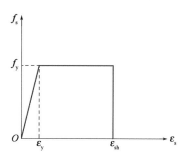

图 3.2.1 中国桥规钢筋应力-应变关系

式中:E_s——钢筋的弹性模量;
f_y——规定的钢筋强度;
ε_y——钢筋的屈服应变,$\varepsilon_s = f_y/E_s$。

2. 美国桥规

按美国桥规,设计中采用的钢筋应力-应变本构仍为弹塑性本构关系,即有:

$$f_s = \begin{cases} E_s \varepsilon_s & \varepsilon_s \leqslant \varepsilon_y \\ f_y & \varepsilon_s > \varepsilon_y \end{cases} \quad (3.2.2)$$

式中:E_s——钢筋的弹性模量;
f_y——规定的钢筋强度;
ε_y——钢筋的屈服应变,$\varepsilon_s = f_y/E_s$。

钢筋的应力-应变关系和中国桥规一致,只是对钢筋的极限应变不设上限而已。

3. 欧洲桥规

欧洲桥规(EN 1992-1-1:2004)中采用的钢筋应力-应变曲线如图3.2.2所示。对于一般的设计,可采用极限应变为ε_{uk}的斜坡段(即可以考虑一部分钢筋的强化作用),应变达到ε_{uk}时的最大应力为kf_{yk}/γ_s,其中$k = (f_t/f_y)_k$;也可直接采用水平线。其中:ε_{ud}的值由执行欧洲桥规国家的各国家附录规定,欧洲桥规的建议值为$0.9\varepsilon_{uk}$。对于直线和盘条钢筋,$k = (f_t/f_y)_k$的最小值见表3.2.3。

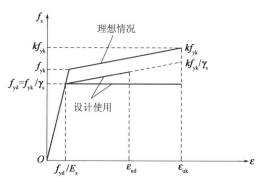

图 3.2.2 欧洲桥规普通钢筋的应力-应变关系

欧洲桥规规定的钢筋特性   表3.2.3

产品形式	直条或盘卷			保证率(%)
等级	A	B	C	—
特征屈服强度f_{yk}或$f_{0.2k}$(MPa)	400~600			95
$k = (f_t/f_y)_k$最小值	≥1.05	≥1.08	≥1.15 <1.36	90
最大拉应力时的特征应变ε_{uk}(%)	≥2.5	≥5.0	≥7.5	90

按欧洲桥规,设计中采用的钢筋应力-应变关系(设计值)为:

$$\sigma_s = \begin{cases} E_s \varepsilon_s & \varepsilon_s \leqslant \varepsilon_{yd} \\ f_{yd} + k(\varepsilon_s - \varepsilon_{yd}) & \varepsilon_{yd} < \varepsilon_s \leqslant \varepsilon_{ud} \end{cases} \quad (3.2.3)$$

或

$$\sigma_s = \begin{cases} E_s \varepsilon_s & \varepsilon_s \leqslant \varepsilon_{yd} \\ f_{yd} & \varepsilon_s > \varepsilon_{yd} \end{cases} \quad (3.2.4)$$

式中:E_s——钢筋弹性模量;
f_{yd}——钢筋屈服强度设计值;
ε_{yd}——钢筋屈服应变设计值,$\varepsilon_{sd} = f_{yd}/E_s$。

3.3 预应力钢筋

一、钢筋种类

1. 中国桥规

中国桥规 JTG 3362—2018 及 JTG D62—2004 规定:预应力混凝土构件中的预应力钢筋应选用钢绞线、高强钢丝,对于横向以及竖向预应力钢筋,可以采用精轧螺纹钢。两个规范中的钢筋种类见表3.3.1和表3.3.2。

JTG 3362—2018 预应力钢筋类型、等级和直径　　表3.3.1

钢筋种类		符号	f_{pk}(MPa)	f_{pd}(MPa)	f'_{pd}(MPa)	直径(mm)
钢绞线1×7(七股)		ϕ^S	1720	1170	390	9.5、12.7、15.2、17.8、21.6
			1860	1260		9.5、12.7、15.2、17.8、21.6
			1960	1330		9.5、12.7、15.2、17.8
消除应力钢丝	光面螺旋肋	ϕ^P ϕ^H	1470	1000	410	9
			1570	1070		5、7、9
			1770	1200		5
			1860	1260		5
预应力螺纹钢筋		ϕ^T	785	650	400	18、25、32、40、50
			930	770		
			1080	900		

JTG D62—2004 中预应力钢筋类型、等级和直径　　表3.3.2

钢筋种类		符号	f_{pk}(MPa)	f_{pd}(MPa)	f'_{pd}(MPa)	直径(mm)
钢绞线	1×2(两股)	ϕ^S	1470	1000	390	8、10、12
			1570	1070		
			1720	1170		
			1860	1260		8、10
	1×3(三股)		1470	1000		8.6、10.8、12.9
			1570	1070		
			1720	1170		
			1860	1260		8.6、10.8
	1×7(七股)		1720	1170		15.2
			1860	1260		9.5、11.1、12.7、15.2

续上表

钢筋种类		符号	f_{pk}(MPa)	f_{pd}(MPa)	f'_{pd}(MPa)	直径(mm)
消除应力钢丝	光面	ϕ^P	1470	1000	410	4、5、7、8、9
	螺旋肋	ϕ^H	1570	1070		4、5、6、7、8、9
			1670	1140		4、5、6
			1770	1200		4、5
	刻痕	ϕ^I	1470	1000	410	5、7
			1570	1070		
预应力螺纹钢筋		JL	540	450	400	18、25、32、40
			785	650		18、25、32
			930	770		

JTG 3362—2018 相较于 JTG D62—2004 增加了高强度(1960MPa)、大直径(21.6mm)钢绞线,淘汰了锚固性能较差的刻痕钢丝。在预应力螺纹钢筋方面,新增了直径50mm 的大直径预应力螺纹钢筋。在依据 JTG 3362—2018 进行混凝土桥梁设计时多采用高强钢绞线与钢丝,一般将预应力螺纹钢筋用作竖向、横向预应力钢筋(如混凝土箱梁顶板横向预应力筋、腹板竖向预应力筋等)。

在预应力钢筋的强度指标方面,我国先后两版规范对钢绞线与钢丝的抗拉强度标准值均以我国《预应力混凝土用钢绞线》(GB/T 5224—2014)、《预应力混凝土用钢丝》(GB/T 5223—2014)规定的极限抗拉强度为依据。高强钢绞线与钢丝的条件屈服强度均为抗拉强度的0.85倍。在确定抗拉强度设计值时,由于原规范钢丝与钢绞线的安全系数是在条件屈服强度的基础上取1.25,故钢绞线与钢丝的抗拉强度设计值 $f_{pd} = f_{pk} \times 0.85/1.25 = f_{pk}/1.47$,即高强钢绞线与钢丝的分项系数 $\gamma_{fs} = 1.47$。而对于预应力精轧螺纹钢的材料分项系数与普通钢筋一致,均取为 $\gamma_{fp} = 1.2$。在计算预应力钢筋的抗压强度设计值时,仍需保证其最大压应变不大于混凝土的极限压应变,故 $f'_{pd} = \min\{0.002E_p, f_{pd}\}$。

2. 美国标准

美国标准(ASTM A416/A416M-12a)规定了无涂层7股钢绞线的性能和要求,可用于先张和后张预应力混凝土结构。按强度等级可将其分为 Grade250[1725] 与 Grade270[1860],分别对应于抗拉强度250ksi(1725MPa)与270ksi(1860MPa)。按松弛程度可分为低松弛钢绞线与正常松弛钢绞线,这两类钢绞线在屈服强度上有所差异。对于低松弛钢绞线,屈服强度为抗拉强度的90%;对于正常松弛钢绞线,屈服强度为抗拉强度的85%。美国材料 ASTM A722/A722M 规定了用于预应力混凝土结构的高强钢筋,分为光圆钢筋和刻痕钢筋,两类高强钢筋的屈服强度分别为抗拉强度的85%与80%。预应力钢筋的类型、等级和直径见表3.3.3。

美国标准中预应力钢筋类型、等级和直径 表3.3.3

规范	类型	等级	抗拉强度 f_{pu}(MPa)	直径(mm)
ASTM A416/A416M-12a	七股钢绞线	Grade1725	1725	6.4、7.9、9.5、11.1、12.7、15.2
		Grade1860	1860	9.53、11.1、12.7、13.2、14.3、15.2、15.7、17.8

续上表

规 范	类 型		等 级	抗拉强度f_{pu}(MPa)	直径(mm)
ASTM A722/A722M-12	高强钢筋	光圆	Grade1035	1035	19、22、25、29、32、35
		刻痕		1035	15、20、26、32、36、46、65、75

注:高强刻痕钢筋的直径最大可取75mm,但在桥梁设计中直径取值一般不超过35mm。

3. 欧洲桥规

欧洲桥规中规定的预应力钢筋包括:预应力钢丝、预应力钢绞线和热轧及热处理钢筋。在采用 EN 1992 进行混凝土桥梁设计时,需要以欧洲规范《预应力钢材》(prEN 10138)对预应力钢筋的材料性能的相关规定作为依据。该规范共分为4册,分别为一般要求、钢丝、钢绞线、钢筋。预应力钢材的牌号命名为 Y-抗拉强度标准值-钢材类别,如 Y1860C 代表抗拉强度标准值为 1860MPa 的冷拔钢丝。

欧洲桥规的抗拉强度设计值与中国桥规取值方法相同,均由钢筋材料的抗拉强度标准值除以材料分项系数得到。对于持久设计状况与短暂设计状况下,欧洲桥规规定预应力钢筋材料分项系数取 1.15,在偶然设计状况下分项系数取 1.0。表3.3.4列出了欧洲桥规中预应力钢筋的强度与直径。

欧洲桥规中预应力钢筋种类和直径　　　表3.3.4

标 准		钢筋种类		f_{pk}(MPa)	直径(mm)
prEN 10318	第2部分:高强钢丝	Y1860C		1860	3.0、4.0、5.0
		Y1770C		1770	3.2、5.0、6.0
		Y1670C		1670	6.9、7.0、7.5、8.0
		Y1570C		1570	9.4、9.5、10.0
	第3部分:钢绞线	等级	钢材名称		
		A	Y1960S3	1960	5.2
			Y1860S3	1860	6.5、6.8、7.5
			Y1860S7	1860	7.0、9.0、11.0、12.5、13.0、15.2、16.0
			Y1770S7	1770	15.2、16.0、18.0
			Y1860S7G	1860	12.7
			Y1820S7G	1820	15.2
			Y1770S7G	1700	18.0
		B	Y2160S3	2160	5.2
			Y2060S3	2060	5.2
			Y1960S3	1960	6.5
			Y2160S7	2160	6.85
			Y2060S7	2060	7.0
			Y1960S7	1960	7.0

续上表

标准	钢筋种类		f_{pk}(MPa)	直径(mm)
	表面形状	钢材名称		
prEN 10318	R	Y1100H	1100	15、20、26.5、32、36、40
第4部分：热轧及热处理钢筋	P	Y1030H	1030	25.5、26、27、32、36、40、50
	P	Y1230H	1230	26、32、36、40
	R	Y1230H	1230	26.5、32、36、40

注：1. 钢筋符号说明：Y表示预应力钢筋，C表示冷拔钢丝，S表示钢绞线，G表示压缩钢绞线，H表示热轧钢筋。
2. 钢筋表面形状符号说明：R表示带肋钢筋，P表示光圆钢筋。

二、强度指标与弹性模量

1. 中国桥规

我国将预应力钢筋分为钢绞线、钢丝和精轧螺纹钢。对于预应力混凝土构件中的预应力钢筋应选用钢绞线、钢丝；中、小型构件或竖向、横向预应力钢筋可选用精轧螺纹钢。预应力钢筋的抗拉强度设计值 f_{pd} 和抗压强度设计值按表3.3.5和表3.3.6采用。钢绞线和钢丝的抗拉强度标准值，取自现行国家标准规定的极限抗拉强度。按照《预应力混凝土用钢绞线》（GB/T 5224—2014）的规定，钢绞线和钢丝的条件屈服点为其抗拉强度的0.85倍（相当于过去的 $\sigma_{0.2}$），考虑安全系数为1.25。抗拉强度的设计值为其抗拉强度标准值除以材料分项系数 $\gamma_{fs} = 1.47$ 而得。精轧螺纹钢筋的材料分项系数与普通钢筋的相同，取1.2。

JTG 3362—2018 预应力钢筋抗拉、抗压强度设计值（单位：MPa） 表3.3.5

钢筋种类	f_{pk}	f_{pd}	f'_{pd}
钢绞线 1×7（七股）	1720	1170	390
	1860	1260	
	1960	1330	
消除应力钢丝	1470	1000	410
	1570	1070	
	1770	1200	
	1860	1260	
预应力螺纹钢筋	785	650	400
	930	770	
	1080	900	

JTG D62—2004 预应力钢筋抗拉、抗压强度设计值（单位：MPa） 表3.3.6

钢筋种类	f_{pk}	f_{pd}	f'_{pd}
钢绞线 1×2（二股） 1×3（三股） 1×7（七股）	1470	1000	390
	1570	1070	
	1720	1170	
	1860	1260	

续上表

钢筋种类	f_{pk}	f_{pd}	f'_{pd}
消除应力光面钢丝和螺旋肋钢丝	1470	1000	410
	1570	1070	
	1670	1140	
	1770	1200	
消除应力刻痕钢丝	1470	1000	410
	1570	1070	
精轧螺纹钢	540	450	400
	785	650	
	930	770	

2. 美国桥规

美国桥规2017年版预应力钢筋的抗拉强度极限值f_{pu}和屈服强度f_{py}见表3.3.7。

美国桥规中预应力钢绞线和钢丝的特性　　　　表3.3.7

材料	类型	直径(mm)	抗拉强度f_{pu}(MPa)	屈服强度f_{py}(MPa)
钢绞线	1725MPa	6.35～15.24	1725	85%f_{pu}
	1860MPa	9.35～15.24	1860	对于低松弛钢绞线为90%f_{pu}
钢丝	类型1,光圆	19～35	—	85%f_{pu}
	类型2,带肋	16～35	—	80%f_{pu}

3. 欧洲桥规

欧洲桥规(prEN 10138-1)规定预应力筋的强度特征值为0.1%应变的检验应力,欧洲桥规(EN 1992-1-1:2004)的钢筋强度设计值取强度标准值除以钢筋材料分项系数:对持久和短暂状况取1.15,偶然状况取1.0。预应力钢筋强度取值见表3.3.8。

欧洲桥规中预应力钢筋强度取值(单位:MPa)　　　　表3.3.8

标准	钢筋种类			f_{pk}	f_{pd}
prEN 10318	第2部分 钢丝		Y1860C	1860	1617
			Y1770C	1770	1539
			Y1670C	1670	1452
			Y1570C	1570	1365
		等级	钢材名称	—	—
	第3部分 钢绞线	A	Y1960S3	1960	1704
			Y1860S3	1860	1617
			Y1860S7	1860	1617
			Y1770S7	1770	1539
			Y1860S7G	1860	1617
			Y1820S7G	1820	1583
			Y1770S7G	1700	1478

续上表

标准	钢筋种类		f_{pk}	f_{pd}
prEN 10318	第3部分 钢绞线	Y2160S3	2160	1878
		Y2060S3	2060	1791
	B	Y1960S3	1960	1704
		Y2160S7	2160	1878
		Y2060S7	2060	1791
		Y1960S7	1960	1704
	表面形状	钢材名称	—	—
	第4部分 热轧及热处理钢筋	R Y1100H	1100	956
		P Y1030H	1030	896
		P Y1230H	1230	1070
		R Y1230H	1230	1070

注:1. 钢筋表面形状符号说明:R 表示带肋钢筋,P 表示光圆钢筋。
2. 钢筋符号说明:Y 表示预应力钢筋,C 表示冷拔钢丝,S 表示钢绞线,G 表示压缩钢绞线,H 表示热轧钢筋。

中国、美国、欧洲桥规中规定的预应力钢筋的弹性模量见表 3.3.9。

中国、美国、欧洲桥规预应力钢筋的弹性模量(单位:MPa)   表 3.3.9

规范	钢筋种类	弹性模量 E_p
JTG D60—2004 JTG 3363—2018	削除应力钢丝(光面钢丝、螺旋肋钢丝、刻痕钢丝)	2.05×10^5
	钢绞线	1.95×10^5
	预应力螺纹钢筋	2.00×10^5
AASHTO LRFD 2017	钢丝	2.07×10^5
	钢绞线	1.97×10^5
prEN 10138-2/3/4	钢丝、高强钢筋	2.05×10^5
	钢绞线	1.95×10^5

综合来看,三套规范中规定的预应力钢筋在钢种、抗拉强度(或抗拉强度标准值)上均不相等。就预应力钢筋的种类来看,欧洲桥规的钢种最多,中国桥规次之,美国桥规最少;欧洲桥规中预应力钢筋的材料安全系数最小,而中国桥规中预应力钢筋的材料安全系数最大;因而欧洲桥规中预应力钢筋强度设计值最高,中国桥规则明显偏低。就预应力钢筋的弹性模量而言,中国桥规与欧洲桥规相同,美国桥规则与前两者相近而略高。

三、预应力钢筋的应力-应变关系

中国、美国桥规中对于预应力钢筋的应力-应变关系并无明确的说明。

欧洲桥规 EN 1992-1-1:2004 中采用的预应力钢筋的应力-应变曲线如图 3.3.1 所示。进行截面设计时,可采用极限应变为 ε_{ud} 的斜坡段,也可以采用无应变限制的水平直线段。ε_{ud} 由执行欧洲桥规国家的国家附录规定,欧洲桥规的建议值为 $0.9\varepsilon_{uk}$。当没有更精确的值时,建议取 $\varepsilon_{ud} = 0.02$,$f_{p0.1k} = 0.9f_{pk}$。

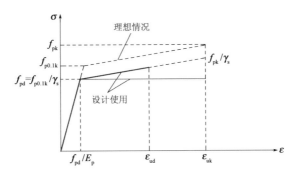

图 3.3.1 欧洲桥规中的预应力钢筋的应力-应变曲线

按欧洲桥规,设计中采用的预应力钢筋应力-应变关系(设计值)为:

$$\sigma_p = \begin{cases} E_p \varepsilon_p & \varepsilon_p \leqslant \varepsilon_{pd} \\ f_{pd} + k(\varepsilon_{ud} - \varepsilon_{pd}) & \varepsilon_{pd} < \varepsilon_s \leqslant \varepsilon_{ud} \end{cases} \quad (3.3.1)$$

或

$$\sigma_p = \begin{cases} E_p \varepsilon_p & \varepsilon_p \leqslant \varepsilon_{pd} \\ f_{pd} & \varepsilon_p > \varepsilon_{pd} \end{cases} \quad (3.3.2)$$

式中:E_p——钢筋弹性模量;

f_{pd}——钢筋屈服强度设计值;

ε_{pd}——钢筋屈服应变设计值,$\varepsilon_{pd} = f_{pd}/E_p$。

第4章
荷载及其作用效应组合

4.1 荷载分类

一、中国桥规

中国桥规中将所有引起结构反应的原因统称为"作用",而"荷载"仅限于施加于结构上的直接作用,而"作用"除了包含"直接作用"还包含"间接作用",如温度、支座沉降、基础变位等作用。中国桥规关于荷载部分的内容先后涉及以下两本规范。

《公路桥涵设计通用规范》(JTG D60—2004)依据作用持续时间以及作用强度,将桥梁设计采用的作用分为永久作用、可变作用和偶然作用。

《公路桥涵设计通用规范》(JTG D60—2015)未对永久作用做出修订;但在可变作用中增加了疲劳荷载及波浪力两项,偶然作用中增加了漂流物作用。由于地震作用与其他偶然作用相比具有可统计性,可根据历史记载资料计算地震作用的标准值,故 JTG D60—2015 将其单独列为一类作用。中国桥规对作用的分类见表4.1.1和表4.1.2。

JTG D60—2015 的作用分类　　　　　　　　　　表4.1.1

作 用 分 类	作 用 名 称	
永久作用	结构重力(包括结构附加重力)	预加力
	土的重力	土侧压力
	混凝土收缩、徐变作用	水的浮力
	基础变位作用	
可变作用	汽车荷载	汽车冲击力
	汽车离心力	汽车引起的土侧压力
	汽车制动力	人群荷载
	风荷载	流水压力
	冰压力	波浪力
	温度(均匀温度和梯度温度)作用	疲劳荷载
	支座摩阻力	

续上表

作 用 分 类	作 用 名 称	
偶然作用	船舶的撞击作用	漂流物的撞击作用
	汽车撞击作用	
地震作用	地震作用	

JTG D60—2004 的作用分类　　表 4.1.2

作 用 分 类	作 用 名 称	
永久作用	结构重力	预加力
	土的重力	土侧压力
	混凝土收缩、徐变作用	水的浮力
	基础变位作用	
可变作用	汽车荷载	汽车冲击力
	汽车离心力	汽车引起的土侧压力
	人群荷载	汽车制动力
	风荷载	流水压力
	冰压力	温度(均匀温度和梯度温度)作用
	支座摩阻力	
偶然作用	地震作用	船舶或漂流物的撞击作用
	汽车撞击作用	

二、美国桥规

美国桥规 2017 年版第 3.3.2 条将作用于桥梁上的直接作用与间接作用统称为荷载,将桥梁上的荷载分为永久荷载与短暂荷载,荷载的分类具体见表 4.1.3,并且还规定了各类作用的简称,用于规定的荷载组合等。

对于风荷载而言,美国桥规还将其分为作用于结构上的风荷载与汽车上的风荷载,这与中国桥规略有不同。对于预应力荷载,规定在强度极限状态仅计入预应力钢束的二次效应,而在正常使用极限状态时应计入钢束的总效应,这与中国桥规规定是一致的。

美国桥规的荷载分类　　表 4.1.3

作 用 分 类	荷 载 名 称	
永久荷载	DD:拖拽力(负摩阻力)	DC:构件和非结构性附件的恒载
	DW:铺装层和公共设施的恒载	EH:水平土压力荷载
	ES:土的压顶荷载	EV:来自填土恒载的竖向压力
	SH:收缩	CR:徐变
	EL:施工过程中产生的累积次内力,包括后张法产生的次内力	
	PS:强度极限状态下的钢束二次荷载;正常使用极限状态下的钢束总荷载	

续上表

作用分类	荷 载 名 称	
瞬变荷载	LL:车辆荷载	IM:汽车冲击荷载
	BR:车辆制动力	CE:车辆离心力
	SH:收缩	CR:徐变
	TG:温度梯度	TU:均匀温度
	FR:摩擦力	IC:冰荷载
	PL:人群荷载	LS:活载产生的压顶荷载
	CV:船撞荷载	SE:沉降
	WA:水荷载和流水压力	CT:车辆撞击荷载
	WL:活载上的风荷载	WS:结构上的风荷载
	EQ:地震荷载	

三、欧洲桥规

欧洲桥规(EN 1990:2002)对作用的分类与中国桥规 JTG D60—2015 相类似,同样也分为永久作用、可变作用与偶然作用,并给出了部分作用的分类,见表4.1.4。此外,欧洲桥规还规定:对于某些特定作用(如地震作用、雪荷载)应根据具体情况以及桥位决定其为偶然作用还是可变作用,例如位于地震区中的桥梁需将地震作用作为可变作用,对于遭受极端天气下的暴雪荷载也可作为偶然作用。

欧洲桥规的作用分类 表4.1.4

作用分类	作 用 名 称	
永久作用	自重、预加力	桥面铺装
	混凝土收缩、徐变	基础不均匀沉降作用
可变作用	汽车荷载	人群荷载
	风荷载	雪荷载
偶然作用	地震作用	爆炸
	汽车撞击作用	

综合来看,以上三套桥梁设计规范中考虑到的荷载或作用分类大致相同。中国桥规和欧洲桥规均分为永久作用、可变作用和偶然作用。美国桥规则将可变作用与偶然作用合在一起,称之为瞬变荷载。欧洲桥规在偶然作用中考虑了"爆炸"作用,这与中国、美国桥规明显不同。中国桥规在偶然作用中增加了独立的船舶撞击作用,并将地震作用从偶然作用中单独列出。

4.2 作用的代表值

一、中国桥规

JTG D60—2015 和 JTG D60—2004 规定在进行桥涵设计时应采用不同的代表值。由于永久作用是基本不变的,偶然作用是否发生也难以预估,故永久作用、偶然作用、地震作用的代表值均取其为标准值。我国 JTG D60—2004 规定的可变作用代表值包含了标准值、频遇值与准永久值;JTG D60—2015 在标准值、频遇值、准永久值的基础上增加了可变作用的代表值和地震作用,具体的作用分类及含义见表4.2.1。

中国桥规的作用代表值分类　　　　　　　　　　表4.2.1

代 表 值	含 义
标准值 Q_k	作用的主要代表值,一般按作用在设计基准期内指定概率分布(95%)的分位值确定
组合值 $\psi_c Q_k$	在主导可变作用(汽车荷载)出现时其他可变作用的量值,该量值小于或等于标准值
频遇值 $\psi_f Q_k$	结构上较频繁出现的且较大的作用取值,小于标准值
准永久值 $\psi_q Q_k$	结构上经常出现的作用取值,小于频遇值

二、美国桥规

美国桥规未对可变作用的代表值进行分类,而是直接针对不同的极限状态,规定了不同的荷载组合及荷载修正系数,参见本书第4.3章。

三、欧洲桥规

欧洲桥规(EN 1990:2002)规定永久作用与偶然作用均采用标准值作为代表值。对于永久作用而言还规定:若永久作用变化较小,则采用单个标准值 G_k 即可;若永久作用变化不可忽略,则应采用其上限值(Supremum)$G_{k,sup}$ 与下限值(Infimum)$G_{k,inf}$,分别取其概率密度分布的95%分位值与5%分位值(与混凝土材料抗拉强度的95%和5%分位值相类似),在作用对结构产生不利影响时,采用 $G_{k,sup}$;当作用对结构有利时,采用 $G_{k,inf}$。两者的适用范围见本书第4.3节。可变作用方面,同样也将其代表值分为标准值、组合值、频遇值、准永久值,各类代表值具体的适用情况见表4.2.2。

欧洲桥规的作用代表值分类　　　　　　　　　　表4.2.2

代 表 值	适 用 情 况
标准值 Q_k	弹性阶段应力验算
组合值 $\psi_0 Q_k$	承载能力极限状态、不可逆正常使用极限状态
频遇值 $\psi_1 Q_k$	偶然作用下的承载能力极限状态、可逆正常使用极限状态
准永久值 $\psi_2 Q_k$	偶然作用下的承载能力极限状态、可逆正常使用极限状态、长期作用效应的计算

4.3 作用效应组合

桥梁作用效应组合与其对应的极限状态有关。目前中国、美国、欧洲桥规关于极限状态的划分的数量及方法不尽相同,但大致上可分为承载能力(或强度)极限状态和正常使用极限状态两大类。以下分别叙述。

一、承载能力(强度)极限状态

1. 中国桥规

中国桥规 JTG 3362—2018 及 JTG D60—2004 均规定,在进行承载力极限状态验算时,应满足公式:

$$\gamma_0 S \leq R \tag{4.3.1}$$

式中:γ_0——结构重要性系数,具体取值参见表2.3.3;
S——作用效应设计值;
R——构件的承载力设计值。

JTG D60—2015、JTG D60—2004 均规定公路桥涵在进行持久状况与短暂状况下的承载能力极限状态设计时,应采用基本组合,偶然设计状况采用偶然组合,对于 JTG D60—2015 新增的地震设计状况采用地震组合。

1)基本组合

JTG D60—2015、JTG D60—2004 中基本组合的表达式见式(4.3.2)及式(4.3.3),其中 G_{ik} 和 S_{Gi} 分别代表第 i 个永久作用标准值及其作用效应标准值;Q_{1k} 和 S_{Q1k} 分别代表汽车荷载标准值与其产生的作用效应标准值;Q_{jk} 和 S_{Qjk} 分别为除汽车荷载外的第 j 个可变作用标准值与其作用效应标准值,其余各分项系数与组合系数见表4.3.1。

JTG D60—2015 相较于 JTG D60—2004 而言,将"作用效应组合"修订为"作用组合"。反映在组合公式中即 JTG D60—2015 采用了函数的形式,函数的自变量为"各作用的组合",强调作用叠加后产生的效应。对于各个作用的组合系数取值见表4.3.1及表4.3.2。

就整体而言,JTG D60—2015 相较 JTG D60—2004 已将汽车荷载中的车辆荷载的分项系数 γ_{Q1} 由 1.4 提高至 1.8,将原来随荷载数目变化的组合值系数修订为恒定不变的 0.75,其余方面未做调整。

JTG D60—2015:

$$\gamma_0 S_{ud} = \gamma_0 S\left(\sum_{i=1}^{m} \gamma_{Gi} G_{ik}, \gamma_{Q1} \gamma_L Q_{1k}, \psi_c \sum_{j=2}^{n} \gamma_{Lj} \gamma_{Qj} Q_{jk}\right) \tag{4.3.2}$$

JTG D60—2004:

$$\gamma_0 S_{ud} = \gamma_0 \left(\sum_{i=1}^{m} \gamma_{Gi} S_{Gik} + \gamma_{Q1} S_{Q1k} + \psi_c \sum_{j=1}^{n} \gamma_{Qj} S_{Qjk}\right) \tag{4.3.3}$$

中国桥规的基本组合中作用分项系数及组合系数　　　　表4.3.1

符号	符号含义	JTG D60—2015	JTG D60—2004
γ_0	结构重要性系数	对应设计安全等级一级、二级和三级分别取1.1、1.0和0.9	
γ_{Gi}	第i个永久作用的分项系数	根据表4.3.2取值	
γ_{Q1}	汽车荷载(计入冲击作用)的分项系数	车道荷载取1.4 车辆荷载取1.8	均为1.4
γ_{Qj}	除汽车荷载、风荷载外其他第j个可变作用的分项系数	取1.4,对于风荷载的分项系数取1.1	
ψ_c	除汽车荷载外的其他可变作用的组合值系数	0.75	可变作用数目 / 取值 1 / 0.8 2 / 0.7 3 / 0.6 4 / 0.5
γ_{Lj}	第j个可变作用的结构设计使用年限荷载调整系数	若桥梁设计使用年限按《公路工程技术标准》取值,则该调整系数取1.0	—

中国桥规的永久作用效应分项系数　　　　表4.3.2

编号	作用类别		永久作用效应分项系数	
			对结构的承载能力不利时	对结构的承载能力有利时
1	混凝土和圬工结构重力(含附加重力)		1.2	1.0
	钢结构重力(含附加重力)		1.1或1.2	
2	附加力		1.2	1.0
3	土的重力		1.2	1.0
4	混凝土的收缩及徐变作用		1.0	1.0
5	土侧压力		1.4	1.0
6	水的浮力		1.0	1.0
7	基础变位作用	混凝土和圬工结构	0.5	0.5
		钢结构	1.0	1.0

注:本表出自我国《公路桥涵设计通用规范》JTG D60—2015及JTG D60—2004。

2) 偶然组合与地震组合

JTG D60—2015及JTG D60—2004对偶然组合的规定具体见表4.3.3,其中JTG D60—2015所规定的地震组合根据《公路工程抗震设计规范》(JTG B02—2013)确定;JTG D60—2004所规定的在进行抗震设计时采用的组合根据《公路桥梁抗震设计细则》(JTG/T B02-01—2008)确定。

中国桥规中的偶然组合 表4.3.3

JTG D60—2015	偶然组合	偶然组合取永久作用标准值+可变作用代表值+一种偶然作用设计值;其中的可变作用代表值可取频遇值或准永久值。具体表达式如下: $$S_{ad} = S\left[\sum_{i=1}^{m} G_{ik}, A_d, (\psi_{f1} 或 \psi_{q1})Q_{1k}, \sum_{j=2}^{n} \psi_{qj}Q_{jk}\right] \quad (4.3.4)$$ 式中:S_{ad}——承载能力极限状态下作用偶然组合的效应设计值; A_d——偶然作用的设计值; ψ_{f1}——汽车荷载的频遇值系数,取0.7; ψ_{q1}、ψ_{qj}——第1个和第j个可变作用的准永久值系数,汽车荷载及人群荷载0.4,风荷载0.75,温度梯度作用0.8,其他作用1.0
	地震组合	$$\gamma_0\left(\sum_{i=1}^{m} \gamma_{Gi}S_{Gik} + \sum_{j=1}^{m} S_{Qjk} + Q_e\right) \quad (4.3.5)$$ 式中:γ_0——结构重要性系数; $\gamma_{Gi}S_{Gik}$——计入分项系数的永久作用效应; S_{Qjk}——可能与地震作用相同时作用的第j个可变作用的一定量级的效应; Q_e——地震作用效应
JTG D60—2004	偶然组合	永久作用标准值效应与可变作用某种代表值效应、一种偶然作用标准值相组合。偶然作用的效应分项系数取1.0。 在进行抗震设计时,作用效应组合应包括永久作用效应+地震作用效应,组合方式应包括各种效应的最不利组合

2. 美国桥规

美国桥规规定,对于所有结构构件在进行四类极限状态设计时都应满足式要求。

$$\sum \eta_i \gamma_i Q_i \leqslant \phi R_n = R_r \quad (4.3.6)$$

式中:ϕ——抗力系数;
γ_i——荷载系数;
η_i——荷载修正系数,与结构延性、结构冗余性、结构重要性相关;
Q_i——荷载名义作用效应;
R_n——名义抗力;
R_r——修正后的抗力。

抗力系数 ϕ 是美国桥规在抗力计算中的主要特征。其物理意义是考虑材料分项安全系数的影响对截面抗力的综合折减,可按表4.3.4取值。

受拉控制及受压控制截面抗力系数 ϕ 表4.3.4

适用情况	ϕ 取值	适用情况	ϕ 取值	
受拉控制的钢筋混凝土截面	0.90	受拉控制的预应力钢筋混凝土截面	有黏结	1.00
			无黏结	0.90
剪切、扭转普通钢筋混凝土构件	0.90	锚固区承压混凝土	0.80	
拉压杆模型中的压杆	0.70	配有螺旋筋、箍筋的受压控制截面	0.75	
支座上的混凝土	0.70			

荷载修正系数 η_i 和荷载系数 γ_i 是考虑荷载特征等因素对荷载名义作用效应进行修正的系数，η_i 与 γ 的乘积相当于荷载分项安全系数。

荷载修正系数 η_i 由结构延性系数 η_D，结构冗余性系数 η_R（某一构件的破坏不会造成全桥的垮塌，则认为该构件为非致命失效构件，并认为该构件是冗余的）和结构重要性系数 η_I 的乘积确定，各系数具体取值见表 4.3.5。

美国桥规荷载修正系数 η_i 取值   表 4.3.5

符号	含义	取值
η_D	结构延性系数	对于强度极限状态： 对于无延性的构件及连接构件 $\eta_D \geq 1.05$； 对于根据规范进行常规设计的构件，取 $\eta_D = 1.00$； 对于采取规范外其他方法增强延性的构件取 $\eta_D \geq 0.95$； 其他极限状态取 $\eta_D = 1.00$
η_R	结构冗余性系数	对于强度极限状态： 对于非冗余构件 $\eta_R = 1.05$； 普通水平冗余构件 $\eta_R = 1.00$； 对于冗余构件 $\eta_R \geq 0.95$； 其他极限状态取 $\eta_R = 1.00$
η_I	结构重要性系数	对于强度极限状态： 重要桥梁，$\eta_I \geq 1.05$； 普通桥梁，$\eta_I = 1.00$； 非重要桥梁，$\eta_I \geq 0.95$； 其他极限状态取 $\eta_I = 1.00$

根据 γ_i 的取值不同，美国桥规对荷载系数修正系数 η_i 给出了规定的限值如下：

当荷载系数 γ_i 取最大值时，$\eta_i = \eta_D \eta_R \eta_I \geq 0.95$；

当荷载系数 γ_i 取最小值时，$\eta_i = 1/\eta_D \eta_R \eta_I \leq 1.0$。

美国桥规规定了 5 类强度极限状态与 2 类极端事件极限状态的荷载组合，各类强度极限状态及极端事件极限状态荷载组合系数分别见表 4.3.6、表 4.3.7，分别与我国规范所规定的基本组合与偶然组合相对应。

美国桥规强度极限状态荷载系数   表 4.3.6

强度极限状态	永久荷载	汽车荷载 人群荷载	水荷载	结构上的风荷载	活载上的风荷载	摩擦力	均匀温度	温度梯度	沉降
Ⅰ	γ_p	1.75	1.00	—	—	1.00	0.50/1.20	γ_{TG}	γ_{SE}
Ⅱ		1.35	1.00	—	—	1.00	0.50/1.20	γ_{TG}	γ_{SE}
Ⅲ		—	1.00	1.00	—	1.00	0.50/1.20		
Ⅳ		—	1.00	—	—	1.00	0.50/1.20	—	—
Ⅴ		1.35	1.00	1.00	1.00	1.00	0.50/1.20	γ_{TG}	γ_{SE}

其中强度极限状态Ⅰ和Ⅱ分别对应无风情况下普通车辆和特殊设计车辆时的荷载组合;强度极限状态Ⅲ对应桥梁承受设计风速时的荷载组合;强度极限状态Ⅳ对应恒载占比活载较大时的荷载组合;强度极限状态Ⅴ对应风速低于130km/h时车辆正常行驶时的荷载组合,其中永久荷载的组合系数γ_p见表4.3.7和表4.3.8。

美国桥规极端事件极限状态荷载系数　　　　　　　表4.3.7

极端事件极限状态	永久荷载	汽车荷载人群荷载	水荷载	摩擦力	不得同时参与荷载组合				
					地震荷载	爆炸荷载	冰荷载	车辆撞击荷载	船撞荷载
Ⅰ	γ_p	γ_{EQ}	1.00	1.00	1.00	—	—	—	—
Ⅱ		0.50	1.00	1.00	—	1.00	1.00	1.00	1.00

美国桥规永久荷载系数　　　　　　　表4.3.8

荷载类型,基础类型以及计算下拉荷载采用的方法		荷载系数γ_P	
		最　大　值	最　小　值
DC:构件及其附属设施		1.25	0.90
DC:仅用于强度极限状态Ⅳ		1.50	0.90
DD:下拉荷载	桩:α Tomlinsons 方法	1.40	0.25
	桩:λ法	1.05	0.30
	钻孔桩:O'Neill 和 Reese 法	1.25	0.35
DW:磨耗层及公共设施		1.50	0.65
EH:水平土压力			
主动土压力		1.50	0.90
静止土压力		1.35	0.90
锚墙 AEP		1.35	N/A
EL:施工内应力		1.00	1.00
EV:竖向土压力			
总体稳定性		1.00	N/A
挡土墙和桥台		1.35	1.00
刚性埋置构造		1.30	0.90
刚构		1.35	0.90
柔性埋置构造(附金属箱涵)		1.95	0.90
柔性金属箱涵		1.50	0.90
ES:附加荷载		1.50	0.75

其中极端事件极限状态Ⅰ对应地震荷载下的荷载组合;极端事件极限状态Ⅱ代表冰荷载、车撞、船撞等荷载时的荷载组合(冰荷载、车撞、船撞不同时参与组合),这与中国桥规较为类似,即在进行偶然设计状况设计时,通常仅需考虑一类偶然作用,不应同时出现两种偶然作用同时作用于结构上。

美国桥规相较于中国桥规不仅给出了各类工况,并给出了各工况下的荷载系数,对荷载组合的规定更为具体。就荷载系数而言,美国桥规的荷载系数(如自重、汽车荷载等)大多比中国桥规偏大。

当进行桥梁结构变形计算时,需要考虑预应力、混凝土收缩、徐变的影响,这些因素均作为永久荷载考虑,其荷载系数 γ_P 应按表4.3.9取值。

由于变形叠加计算的永久荷载的荷载系数 γ_P 表4.3.9

桥　　型	PS	CR,SH
上部结构——节段施工 支承节段施工梁体的混凝土下部结构	1.0	见表4.3.8中的DC
混凝土上部结构——非节段施工	1.0	1.0
支承非节段施工梁体的下部结构: 　使用毛截面惯性矩 I_g 　使用有效截面惯性矩 $I_{effective}$	0.5 1.0	0.5 1.0
钢下部结构	1.0	1.0

注:表中"PS"为预应力,"CR"为混凝土徐变,"SH"为混凝土收缩。

此外,值得注意的是,美国桥规所规定的一期恒载与二期恒载的荷载组合系数在强度极限状态下的取值是不同的,对于结构构件自重荷载 DC 取 1.25,而对于桥面铺装等磨耗层荷载(二期荷载)DW 取 1.50。

3. 欧洲桥规

欧洲桥规(Eurocode0:EN 1990:2002)规定了应进行验算的四类承载能力极限状态,其相关极限状态内涵见本书表2.2.3。就混凝土桥梁而言,上部结构主要针对静力平衡极限状态(EQU)、强度极限状态(STR)进行设计。在进行结构 EQU 计算时,应满足式(4.3.7),式中 $E_{d,dst}$ 为不稳定作用效应设计值,$E_{d,stb}$ 为稳定作用效应设计值;在对结构某一构件、截面的强度进行验算时,STR 应满足:

EQU:
$$E_{d,dst} \leqslant E_{d,stb} \qquad (4.3.7)$$

STR:
$$E_d \leqslant R_d \qquad (4.3.8)$$

在作用组合方面,欧洲桥规对作用组合的分类与中国桥规 JTG D60—2015 相一致,同样分为基本组合(用于验算短暂状况以及持久状况下的承载能力极限状态)、偶然组合与地震组合。

1)持久或短暂设计状况作用组合(基本组合)
$$E_d = \gamma_{Sd} E\{\gamma_{g,j} G_{k,j}; \gamma_p P; \gamma_{q,1} Q_{k,1}; \gamma_{q,i} \psi_{0,i} Q_{k,i}\} \quad j \geqslant 1, i > 1 \qquad (4.3.9)$$

式中:E_d——作用效应设计值;

γ_{Sd}——作用或作用效应的不确定性分项系数;

$\gamma_{g,j}$——第 j 个永久作用分项系数;

γ_p——预应力分项系数;

$\gamma_{q,1}$——主导可变作用分项系数;

$\gamma_{q,i}$——第 i 个非主导可变作用分项系数;

$\psi_{0,i}$——第 i 个可变作用的组合系数,具体取值见表4.3.13;

$G_{k,j}$——第 j 个永久作用标准值；
P——预应力标准值；
$Q_{k,1}$——主导可变作用标准值；
$Q_{k,i}$——第 i 个非主导作用可变作用标准值。

将各类作用的分项系数与作用或作用效应的不确定性分项系数 γ_{Sd} 合并后，可写成：

$$E_d = E\{\gamma_{G,j}G_{k,j}; \gamma_p P; \gamma_{Q,1}Q_{k,1}; \gamma_{Q,i}\psi_{0,i}Q_{k,i}\} \quad j \geq 1, i > 1 \quad (4.3.10)$$

上式括号"{ }"所表示的作用也可写为：

$$\sum_{j\geq 1}\gamma_{G,j}G_{k,j} + \gamma_p P; \gamma_{Q,1}Q_{k,1} + \sum_{i>1}\gamma_{Q,i}\psi_{0,i}Q_{k,i} \quad (4.3.11)$$

式中：$\gamma_{G,j}$——$\gamma_{G,j} = \gamma_{sd} \times \gamma_{g,j}$，$\gamma_{Q,1} = \gamma_{sd} \times \gamma_{q,1}$，$\gamma_{Q,i} = \gamma_{sd} \times \gamma_{q,i}$。

在进行 STR 极限状态验算时，也可以采用以下两式较为不利的作用组合。

$$\begin{cases} \sum_{j\geq 1}\gamma_{G,j}G_{k,j} + \gamma_P P + \gamma_{Q,1}\psi_{0,1}Q_{k,1} + \sum_{i>1}\gamma_{Q,i}\psi_{0,i}Q_{k,i} & (a) \\ \sum_{j\geq 1}\xi_j\gamma_{G,j}G_{k,j} + \gamma_P P + \gamma_{Q,1}Q_{k,1} + \sum_{i>1}\gamma_{Q,i}\psi_{0,i}Q_{k,i} & (b) \end{cases} \quad (4.3.12)$$

式中：ξ_j——不利永久作用的折减系数。

欧洲桥规（Eurocode0：EN 1990：2002）附件 A2 规定：在计算持久设计状况和短暂设计状况下的作用设计值时，应根据表 4.3.10 与表 4.3.11 进行计算，当极限状态受永久作用的大小较为敏感时，应区分 $G_{k,\sup}$ 与 $G_{k,\inf}$（具体见本书第 4.2 节）。在验算不同类别的承载力极限状态时应采用不同的分项系数：①在计算桥梁 EQU 时，采用表 4.3.10 规定的作用设计值；②在验算不含岩土作用的结构构件 STR 时，采用表 4.3.11 规定的作用设计值。

欧洲桥规基本组合作用设计值（EQU） 表 4.3.10

持久与短暂设计状况	永久作用		预应力	主导可变作用	伴随可变作用	
	不利	有利			主要	其他
式(4.3.11)	$\gamma_{Gj,\sup}G_{kj,\sup}$	$\gamma_{Gj,\inf}G_{kj,\inf}$	$\gamma_P P$	$\gamma_{Q,1}Q_{k,1}$	—	$\gamma_{Q,i}\psi_{0,i}Q_{k,i}$
持久状况	$\gamma_{G,\sup} = 1.05$，$\gamma_{G,\inf} = 0.95$；当预应力对结构承载力不利时 γ_p 取 1.30，有利时取 1.00。当公路车辆荷载与人群荷载对结构产生不利效应时，$\gamma_Q = 1.35$（有利时取 0）；其他不利可变作用 $\gamma_Q = 1.50$；ψ_0 为可变作用组合系数，见表 4.3.14					
施工阶段	$\gamma_{G,\sup} = 1.05$，$\gamma_{G,\inf} = 0.95$；当预应力对结构承载力不利时 γ_p 取 1.30，有利时取 1.00。施工荷载不利时，相应的施工荷载 $\gamma_Q = 1.35$，有利时 $\gamma_Q = 0$；其他可变作用不利时 $\gamma_Q = 1.50$，有利时 $\gamma_Q = 0$					

欧洲桥规基本组合作用设计值（STR） 表 4.3.11

持久与短暂设计状况	永久作用		预应力	主导可变作用	伴随可变作用	
	不利	有利			主要	其他
式(4.3.12)	$\gamma_{Gj,\sup}G_{kj,\sup}$	$\gamma_{Gj,\inf}G_{kj,\inf}$	$\gamma_P P$	$\gamma_{Q,1}Q_{k,1}$	—	$\gamma_{Q,i}\psi_{0,i}Q_{k,i}$
					$\gamma_{Q,1}\psi_{0,1}Q_{k,1}$	$\gamma_{Q,i}\psi_{0,i}Q_{k,i}$

$\gamma_{G,\sup} = 1.35$，$\gamma_{G,\inf} = 1.00$；当预应力对结构承载力不利时 γ_p 取 1.30，有利时取 1.00。对于公路车辆荷载与人群荷载对结构产生不利效应时 $\gamma_Q = 1.35$（有利时取 0）；其他不利可变作用 $\gamma_Q = 1.50$

2)偶然组合与地震组合

欧洲桥规(Eurocode0:EN 1990:2002)对偶然设计状况与地震状况的作用效应组合与承载能力极限状态中的STR/GEO状态所规定的组合相类似,只是主导可变作用为偶然作用或地震作用。偶然作用与地震作用效应组合表达式见表4.3.12,组合作用设计值和相关组合系数见表4.3.13和表4.3.14。

欧洲桥规偶然组合与地震组合 表4.3.12

欧洲桥规	偶然组合	$E_d = E\{G_{k,j}; P; A_d; (\psi_{1,1} 或 \psi_{2,1})Q_{k,1}; \psi_{2,i}Q_{k,i}\}$ $j \geq 1, i > 1$ (4.3.13) 其中括号"{ }"内的作用组合表达式也可写为: $\sum_{j \geq 1} G_{k,j} + P + A_d + (\psi_{1,1} 或 \psi_{2,1})Q_{k,1} + \sum_{i>1} \psi_{2,i}Q_{k,i}$ (4.3.14) 式中:A_d——偶然作用设计值; $\psi_{1,1}、\psi_{2,1}$——可变作用频遇值、准永久值组合系数,取值见表4.3.14
	地震组合	$E_d = E\{G_{k,j}; P; A_{Ed}; \psi_{2,i}Q_{k,i}\}$ $j \geq 1, i \geq 1$ (4.3.15) 其中大括号"{ }"内的作用组合表达式也可写为: $E_d = \sum_{j \geq 1} G_{k,j} + P + A_d + (\psi_{1,1} 或 \psi_{2,1})Q_{k,1} + \sum_{i>1} \psi_{2,i}Q_{k,i}$ (4.3.16) 式中:A_{Ed}——地震作用设计值

欧洲桥规偶然与地震组合作用设计值 表4.3.13

设计状况	永久作用		预应力	偶然或地震作用	伴随可变作用	
	不利	有利			主要(如有)	其他
式(4.3.11)	$G_{kj,sup}$	$G_{kj,inf}$	P	A_d	$\psi_{1,1}Q_{k,1}$ 或 $\psi_{2,1}Q_{k,1}$	$\psi_{2,i}Q_{k,i}$
式(4.3.12)			P	$A_{Ed} = \gamma_I A_{Ek}$		

对于偶然设计状况,主要可变作用取频遇值,或采用准永久值进行组合。具体需根据国家附录确定。

欧洲桥规组合系数 ψ_i 取值 表4.3.14

作用	符 号		ψ_0	ψ_1	ψ_2
交通荷载	gr1a (LM1+行人或自行车道荷载)	TS	0.75	0.75	0
		UDL	0.4	0.4	0
		行人+自行车道荷载	0.4	0.4	0
	gr1b(LM2)		0	0.75	0
	gr2(LM1+制动力或惯性力+离心力)		0	0	0
	gr3(行人或自行车道荷载)		0	0	0
	gr4(LM4+行人或自行车道荷载)		0	0.75	0
	gr5(LM1+LM3)		0	0	0
风荷载	F_{Wk}	永久状况	0.6	0.2	0
		施工阶段	0.8	—	0
	F_W^*		1.0	—	—
温度	T_k		0.6	0.6	0.5
雪荷载	$Q_{Sn,k}$		0.8	—	—
施工荷载	Q_c		1.0	—	1.0

欧洲桥规与中国桥规对极限状态与设计状况的分类几乎完全一致。在作用组合方面,中国桥规JTG D60—2015与欧洲桥规较为接近,给出的作用效应都是函数的表达式,而不同于中国桥规JTG D60—2004的表达式中仅仅是作用效应线性累加的结果。基本组合方面,中国桥规为"1.2×恒载+1.4×活载",美国桥规为"1.25×一期恒载+1.50×二期恒载+1.75×活载",欧洲桥规为"1.35×恒载+1.35×活载"。就基本组合而言,中国桥规与欧洲桥规的基本组合系数较为接近;并且在当恒载为有利荷载时,其分项系数都取1.0,美国桥规中未见此规定。

二、正常使用极限状态

1. 中国桥规

JTG D60—2015规定,进行公路桥涵正常使用极限状态验算时,应根据不同设计要求采用作用的频遇组合与准永久组合,正常使用极限状态所采用的作用组合见表4.3.15。由表可知,JTG D60—2015将JTG D60—2004中的"作用短期效应组合"改为"频遇组合","作用长期效应组合"改称为"准永久组合";此外,将频遇组合中除汽车外的可变作用的组合系数改为准永久值系数。

中国桥规正常使用状态作用组合 表4.3.15

JTG D60—2015	频遇组合	$S_{fd} = S(\sum_{i=1}^{m} G_{ik}, \psi_{f1} Q_{1k}, \sum_{j=2}^{n} \psi_{qj} Q_{jk})$ (4.3.17) 式中:S_{fd}——作用频遇值的效应设计值; ψ_{f1}——汽车荷载频遇值系数; ψ_{qj}——准永久值系数,见表4.3.3
	准永久组合	$S_{qd} = S(\sum_{i=1}^{m} G_{ik}, \sum_{j=1}^{n} \psi_{qj} Q_{jk})$ (4.3.18) 式中:S_{qd}——作用准永久组合的效应设计值
JTG D60—2004	作用短期效应组合	$S_{sd} = \sum_{i=1}^{m} S_{Gik} + \sum_{j=1}^{n} \psi_{1j} S_{Qjk}$ (4.3.19) 式中:S_{sd}——作用频遇值的效应设计值; ψ_{1j}——第j个可变作用效应的频遇值系数,汽车荷载取0.7,人群荷载取1.0,风荷载0.75,温度梯度作用0.8,其他作用1.0
	作用长期效应组合	$S_{ld} = \sum_{i=1}^{m} S_{Gik} + \sum_{j=1}^{n} \psi_{2j} S_{Qjk}$ (4.3.20) 式中:S_{ld}——作用长期效应的组合设计值; ψ_{2j}——第j个可变作用的准永久值系数,汽车荷载取0.4,人群荷载取0.4,风荷载0.75,温度梯度作用0.8,其他作用1.0

注:上述组合中的汽车荷载均不计汽车冲击力。

中国桥规还规定在计算结构构件弹性阶段的截面应力时,各作用应采用标准值,分项系数取为1.0。

2. 美国桥规

如前所述,美国桥规在进行各类极限状态的验算时,均需满足式(4.3.6),而差异在于式(4.3.6)中各分项系数、组合系数的取值不同。对于正常使用极限状态,美国桥规规定了3类正常使用极限状态的荷载工况,各工况的具体荷载系数见表4.3.16。

美国桥规正常使用极限状态荷载系数 表4.3.16

正常使用极限状态	永久荷载	汽车荷载人群荷载	水荷载	结构上的风荷载	活载上的风荷载	摩擦力	收缩徐变、均匀温度	温度梯度	沉降
Ⅰ	1.00	1.00	1.00	1.00	1.00	1.00	1.00/1.20	γ_{TG}	γ_{SE}
Ⅱ	1.00	1.30	1.00	—	—	1.00	1.00/1.20	—	—
Ⅲ	1.00	γ_{LL}	1.00	—	—	1.00	1.00/1.20	γ_{TG}	γ_{SE}
Ⅳ	1.00	—	1.00	0.70	—	1.00	1.00/1.20	—	1.00

注:对于一般情况下 γ_{LL} 取 0.80。

其中正常使用极限状态Ⅰ代表在风速为90km/h时其他荷载取名义值时的荷载组合;正常使用极限状态Ⅱ代表在汽车荷载作用下,钢结构屈服,关键连接部位产生滑动时的荷载组合;正常使用极限状态Ⅲ用于预应力混凝土上部结构纵向拉应力分析,用于控制裂缝,混凝土腹板的主应力;正常使用极限状态Ⅳ用于预应力混凝土柱的裂缝控制。

3. 欧洲桥规

欧洲桥规(Eurocode0:EN 1990:2002)规定正常使用极限状态应满足式:

$$E_d \leq C_d \tag{4.3.21}$$

式中: C_d——相关正常使用极限状态的标准值或功能函数;

E_d——正常使用极限状态的作用效应设计值。

欧洲桥规在进行正常使用极限状态验算时常用的作用组合有标准组合、频遇组合、准永久组合,具体见表4.3.17。

欧洲桥规正常使用极限状态的作用组合 表4.3.17

标准组合	$E_d = E\{G_{k,j};P;Q_{k,1};\psi_{0,i}Q_{k,i}\} \quad j \geq 1;i > 1$ (4.3.22)
	上式中"{ }"可写为: $\sum_{j \geq 1} G_{k,j} + P + Q_{k,1} + \sum_{i>1} \psi_{0,i}Q_{k,i}$ (4.3.23)
频遇组合	$E_d = E\{G_{k,j};P;\psi_{1,1}Q_{k,1};\psi_{2,i}Q_{k,i}\} \quad j \geq 1;i > 1$ (4.3.24)
	上式中"{ }"可写为: $\sum_{j \geq 1} G_{k,j} + P + \psi_{1,1}Q_{k,1} + \sum_{i>1} \psi_{2,i}Q_{k,i}$ (4.3.25)
准永久组合	$E_d = E\{G_{k,j};P;\psi_{2,i}Q_{k,i}\} \quad j \geq 1;i \geq 1$ (4.3.26)
	上式中"{ }"可写为: $\sum_{j \geq 1} G_{k,j} + P + \sum_{i \geq 1} \psi_{2,i}Q_{k,i}$ (4.3.27)

注:1. 标准组合一般用于不可逆正常使用极限状态;频遇组合一般用于可逆正常使用极限状态;准永久组合一般用于长期效应和结构的外观。
2. 频遇值系数 ψ_1 与准永久值系数 ψ_2 见表4.3.14。

4.4 结构重力

结构自重及桥面铺装、附属设施等附加重力均属于结构重力。结构重力可按照结构物的设计尺寸或设计时所假设的体积及其材料的容重进行计算。中国、美国、欧洲桥规中规定的材料的重度见表4.4.1。

常用材料的重力密度　　　　　表4.4.1

规范	中国桥规	欧洲桥规	美国桥规		
材料种类	重力密度 (kN/m³)	重力密度 (kN/m³)	材料种类		密度 (kg/m³)
钢、铸钢	78.5	77.0~78.5	钢		7850
钢筋混凝土或预应力混凝土	25.0~26.0	25.0	混凝土	低密度	1775
				低密度砂	1925
混凝土或片石混凝土	24.0	24.0		普通混凝土 $f'_c \leq 35\text{MPa}$	2320
				普通混凝土 $35 < f'_c \leq 105\text{MPa}$	$2320 + 2.29f'_c$
沥青混凝土	23.0~24.0	24.0~25.0	沥青磨耗层		2250

从表中数据可以看出，中国桥规和欧洲桥规均采用重力密度来计算结构重力效应，美国桥规中采用密度来计算结构重力效应，两者的实质是一样的。中国、美国桥规中规定的钢材重力密度或重度取值相同且为定值78.5kN/m³。而欧洲桥规的取值则是可变动的，其上限值与中国、美国桥规一致，而下限可降为77.0kN/m³（铸铁）。中国桥规和欧洲桥规中规定的混凝土的重度基本一致；相比而言，美国桥规规定的混凝土重度略小。三者的重力加速度取值均为 $g = 9.807\text{m/s}^2$。

4.5 汽车荷载

一、设计车道数

1. 中国桥规

桥梁的设计车道数根据桥面宽度进行确定。JTG D60—2015 和 JTG D60—2004 中规定了不同的桥面宽度所对应的桥涵设计车道数，见表4.5.1。

桥涵设计车道数

表4.5.1

桥面宽度 W(m)		桥涵设计车道数
车辆单向行驶时	车辆双向行驶时	
W < 7.0		1
7.0 ≤ W < 10.5	6.0 ≤ W < 14.0	2
10.5 ≤ W < 14.0		3
14.0 ≤ W < 17.5	14.0 ≤ W < 21.0	4
17.5 ≤ W < 21.0		5
21.0 ≤ W < 24.5	21.0 ≤ W < 28.0	6
24.5 ≤ W < 28.0		7
28.0 ≤ W < 31.5	28.0 ≤ W < 35.0	8

2. 美国桥规

美国桥规中,设计车道数取 $w/3.6$ 的整数部分,w 是桥面净宽(单位:m),是指路面路缘石之间的距离,并且应考虑将来桥梁的拓宽。

如果行车道宽度小于3.6m,那么设计车道数与行车道数相同,而且设计车道宽度与行车道宽度相等。如果桥面宽度在6.0~7.2m范围内,应当有两个设计车道,车道宽度等于桥面宽度的一半。

3. 欧洲桥规

欧洲桥规的理论车道数是以行车道总宽除以3,然后舍去小数部分,剩下的整数部分就是桥梁的理论车道数,具体划分可见表4.5.2。从表中可以看出,当行车道宽度在5.4~6m时,是按双车道来划分的。

理论车道数和宽度

表4.5.2

行车道宽度 w	理论车道数	一个理论车道的宽度 w_1	剩余区域的宽度
w < 5.4m	$n_1 = 1$	3m	$w - 3$
5.4m ≤ w < 6m	$n_1 = 2$	w/2	0
w ≥ 6m	$n_1 = \text{Int}(w/3)$	3m	$w - 3 \times n_1$m

注:如对于行车道宽为11m的情况,$n_1 = \text{Int}(w/3) = 3$,剩余区域的宽度为 $11 - 3 \times 3 = 2$m。

在理论车道划分以后,依次对车道进行编号,产生最不利效应的车道的编号为车道1,产生第2不利效应的车道编号为车道2,依此类推。"理论车道"是为设计验算而定义的虚拟车道,并不是实际的行车道。影响理论车道数量的因素是桥宽,确定理论车道数后,根据横向分布影响线按最不利布载,例如:对左边梁,最不利布置方式为由左至右布置车道①、车道②、车道③等;对于中梁,则车道1布置在桥中央最为不利。车道划分示例如图4.5.1所示。

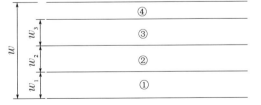

图4.5.1 车道划分示例

w-行车道宽度;w_1-理论车道宽;①、②、③-理论车道编号;④-剩余区域

欧洲桥规的车道宽度划分与中国桥规是不同的,中国桥规是根据车辆单双向行驶和行车道宽度共同决定设计车道数的。总得说来,对相同行车道宽的桥梁,中国桥规的设计车道数会小于欧洲桥规的理论车道数。

二、汽车荷载模式

1. 中国桥规

中国桥规JTG D60—2015、JTG D60—2004将汽车荷载分为公路—Ⅰ级和公路—Ⅱ级两个等级,在此仅选取公路—Ⅰ级荷载和美国桥规中的汽车荷载HL-93以及欧洲桥规中的交通荷载模式进行对比。

中国桥规中的汽车荷载由车道荷载和车辆荷载组成。车道荷载由均布荷载和集中荷载组成。桥梁结构的整体计算采用车道荷载;桥梁结构的局部加载、涵洞、桥台和挡土墙土压力等的计算采用车辆荷载。车辆荷载与车道荷载的作用不叠加。

(1)车道荷载

车道荷载的计算图式见图4.5.2。

JTG D60—2015、JTG D60—2004规定公路—Ⅰ级车道荷载的均布荷载标准值均为$q_k = 10.5 \text{kN/m}$;集中荷载标准值(kN)按照以下规定选取:

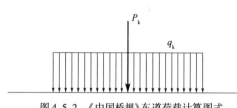

图4.5.2 《中国桥规》车道荷载计算图式

JTG D60—2015:

$$P_k = \begin{cases} 270 & L \leqslant 5\text{m} \\ 2L + 260 & 5\text{m} < L < 50\text{m} \\ 360 & L \geqslant 50\text{m} \end{cases} \quad (4.5.1)$$

JTG D60—2004:

$$P_k = \begin{cases} 180 & L \leqslant 5\text{m} \\ 4L + 160 & 5\text{m} < L < 50\text{m} \\ 360 & L \geqslant 50\text{m} \end{cases} \quad (4.5.2)$$

式中:L——桥梁的计算跨径。

在计算剪力效应时,上述集中荷载标准值P_k应乘以1.2的系数。公路—Ⅱ级车道荷载的均布荷载标准值q_k和集中荷载标准值P_k均按公路—Ⅰ级车道荷载的0.75倍采用。

由于我国中小跨径桥梁结构重力占比较低,汽车荷载的变异性对中小跨径桥梁的影响较大。此外,近年来发生重载车辆压垮桥梁的事故多为中小跨径桥梁,故JTG D60—2015相较于JTG D60—2004提高了跨径50m以内的集中荷载取值,而均布荷载保持不变。

(2)车辆荷载

公路—Ⅰ级和公路—Ⅱ级汽车荷载采用相同的车辆荷载标准值。主要技术指标规定见表4.5.3。

车辆荷载的立面、平面尺寸见图4.5.3。

中国桥规车辆荷载的主要技术指标　　　　　　　　表4.5.3

项　目	单位	技术指标	项　目	单位	技术指标
车辆重力标准值	kN	550	轮距	m	1.8
前轴重力标准值	kN	30	前轮着地宽度及长度	m	0.3×0.2
中轴重力标准值	kN	2×120	中、后轮着地宽度及长度	m	0.6×0.2
后轴重力标准值	kN	2×140	车辆外形尺寸(长×宽)	m	15×2.5
轴距	m	3+1.4+7+1.4			

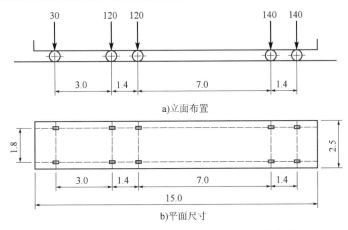

图4.5.3　车辆荷载的立面、平面尺寸(尺寸单位:m,荷载单位:kN)

JTG D60—2015第4.3.1条规定:车辆横向布置应满足车轮中心线到路缘最小距离为0.5m,横向布置的相邻两车轮距为1.3m。具体布置图见图4.5.4。

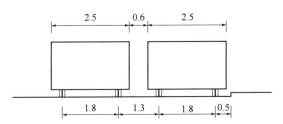

图4.5.4　车辆荷载横向布置(尺寸单位:m)

JTG D60—2015第4.3.1条第4款规定:车道荷载的均布荷载标准值应满布于使结构产生最不利效应的同号影响线上;集中荷载标准值只作用于相应影响线中一个最大影响线峰值处。

2. 美国桥规

美国桥规2017年版第3.6节规定作用在桥梁或其附属结构上的汽车荷载命名为HL-93,美国桥规中的汽车荷载由三种不同的形式组成,分别为设计货车、设计双轴和设计车道荷载,每种荷载形式分述如下:

1)设计货车

设计货车的重量、轴距和轮距见图4.5.5,相关技术参数见表4.5.4。除非特别说明,设计货车的中、后轴间距应当在4.3~9.0m的范围内变化,以取得最不利的荷载效应。同时,设计货车应计入冲击系数。

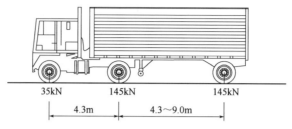

图 4.5.5 设计货车

美国桥规车辆荷载主要技术指标对比　　　　表 4.5.4

项　目	单位	取　值	项　目	单位	取　值
车辆重力标准值	kN	325	轴距	m	4.3+(4.3~9.0)
前轴重力标准值	kN	35	轮距	m	1.8
中轴重力标准值	kN	145	前轮着地宽度及长度	m	0.51×0.25
后轴重力标准值	kN	145	中、后轮着地宽度及长度	m	0.51×0.25

2) 设计双轴

设计双轴包含一对 110kN 的车轴,共计 220kN;两轴的轴距为 1.2m,车轮的横向距离为 1.8m。设计双轴应当计入冲击系数。设计双轴图式见图 4.5.6。

3) 设计车道荷载

设计车道荷载以均布力的形式体现,集度为 9.3kN/m,均匀分布在长度方向,假定车道荷载横向分布在 3.0m 的宽度范围内。车道荷载无须考虑冲击系数。车道荷载图式见图 4.5.7。

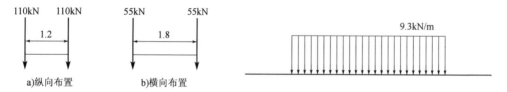

图 4.5.6 设计双轴图式　　　　图 4.5.7 设计车道荷载图式

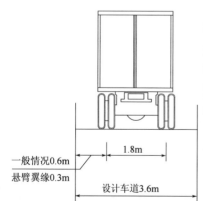

图 4.5.8 设计货车横向布置示意图

美国桥规 2017 年版第 3.6.1.3.1 项规定:设计车道和在每条车道内的 3.0m 加载宽度这两者的位置均应放在产生极值效应的地方。设计货车或设计双轴在横桥向应使得任一轮载的中心到下列各部分的距离不小于:①设计桥面悬臂部分,距离路缘石或护栏为 0.3m;②设计所有其他构件:距离设计车道边缘为 0.6m,如图 4.5.8 所示。

美国桥规规定:除非特别说明,极端荷载效应应取以下数值的最大值:

(1) 设计双轴和设计车道荷载效应组合。

(2) 设计货车(中后轴轴距在 4.3~9.0m 范围内变化)和设计车道荷载效应组合。

(3) 在全桥均布荷载作用下，对于两个反弯点之间的负弯矩区和中墩处，取用两辆设计车辆（前车后轴与后车前轴的最小轴距为 15m）作用效应的 90% 与 90% 的设计车道效应之和。对于每辆设计车辆，145kN 的双轴轴距应取 4.3m。对极端荷载效应没有贡献的轴载可以忽略不计。

3. 欧洲桥规

欧洲桥规（Eurocode1:EN 1991:2002）第 4.3 节规定了四个交通荷载模式（Load Model），即荷载模式 1(LM1)、荷载模式 2(LM2)、荷载模式 3(LM3)、荷载模式 4(LM4)。对任何设计状况，都应该考虑常用的荷载模式 1、2 和 3。其中荷载模型 1 适用于整体与局部验算，荷载模型 2 适用于加载长度 3~7m 的局部加载情况；荷载模型 3 为特殊车辆形成的车队，荷载模型 4 为荷载集度为 5 kN/m^2 的人群荷载，荷载模式 4 仅在某些短暂设计状况或业主有要求时采用。

1) 荷载模式 1

LM1 为能够覆盖大多数的小汽车和货车交通效应的集中荷载和均布荷载。这种荷载模式包含 2 个分项的系统，见图 4.5.9。

(1) 双轴集中荷载（TS），每一个轴的重量为 $\alpha_Q Q_k$，其中 α_Q 是调整系数。在整体验算时，假定每一个同步系统都是沿理论车道的中心轴线，对每一个车道只考虑一个双轴系统，同步系统的每一个轴都应考虑 2 个单独的车轮，故每一个车轮的荷载等于 $0.5\alpha_Q Q_k$。

(2) 均布荷载（UDL），理论车道每平方米的重量 $\alpha_q q_k$，α_q 是调整系数，均布荷载不管是纵向还是横向，均应作用在影响面的不利部位上。

调整系数 α_Q、α_{qi} 和 α_{qr}（α_{qr} 为剩余车道荷载的调整系数），应该根据预测的交通和公路等级的不同进行

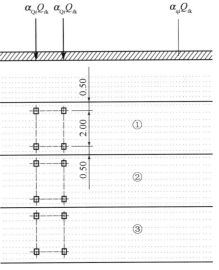

图 4.5.9 汽车荷载模式 1(尺寸单位:m)

选择。调整系数可以在各国家附录中查找，与交通等级相对应。当它们的系数取 1 时，代表着这种交通中很大一部分是重型车辆。对于常见的公路或高速公路，作用在车道 1 上的同步系统和均布荷载的系数 α 可能会适当地减小（10%~20%）。

值得注意的是，图中所示车道①~③应根据各主梁横向分布影响线按最不利情况进行布置，各标准值的取值方法见表 4.5.5。

荷载模式 1 的标准值　　　　表 4.5.5

位　置	同步系统	均布荷载
	轴载 Q_{ik}(kN)	q_{ik}（或 q_{rk}）（kN/m^2）
车道编号 1	300	9
车道编号 2	200	2.5
车道编号 3	100	2.5
其他车道	0	2.5
剩余区域(q_{rk})	0	2.5

这种荷载模式与中国桥规的车道荷载有相似之处，都由集中荷载和均布荷载组成。但是无论从大小还是分布上看都是不同的，它与理论车道的划分紧密联系，且根据车道不同，轴载及均布力皆有所不同。

荷载模式1用于局部验算时，将双轴系统布置在最不利位置，每一个车轮的轮压区域视为边长0.4m的正方形，相邻两个车道的两个轮轴的横向距离应不小于0.50m，参见图4.5.10。

2) 荷载模式2

荷载模式2包含了一个单轴荷载 $\beta_Q Q_{ak}$，Q_{ak} 取值为400kN，包含了动力放大系数，β_Q 为调整系数，即取荷载模式1中的 $\alpha_Q = \beta_Q$。荷载模式2可能作用在行车道的任何一个位置，每个车轮的轮压面积应按照矩形区域考虑，矩形的边长为0.35m和0.60m，参见图4.5.11。

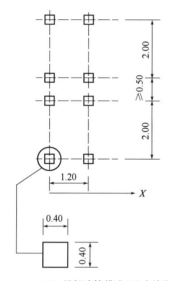

图4.5.10　LM1局部验算模式(尺寸单位：m)

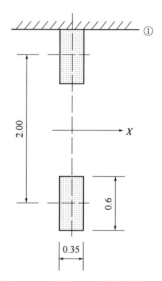

图4.5.11　汽车LM2(尺寸单位：m)
X-桥梁的纵向轴的方向；①-路缘石

LM2和LM1的局部轮压面积是不同的，对应不同的轮胎模型、布置以及压力分布，一般LM2应用于钢桥正交异性桥面板的局部分析。

中国桥规局部分析时需采用车辆荷载，其在轮距、车轮着地面积、荷载分布等方面与LM1及LM2的局部分析模式都不相同。

3) 荷载模式3

荷载模式3(LM3)是一系列的轴载的集合，见图4.5.12。图中的轴载代表了经过特殊荷载许可而允许在公路上行驶的特殊车辆(例如用于工业运输的特殊车辆)，这种荷载模式可用于整体验算和局部验算。LM3主要是应用于一些特殊车辆荷载，这些车辆在尺寸和重量上都与常规汽车荷载不一样。在欧洲桥规的附录中给出了这些特殊车辆荷载，车辆总重从600kN到3600kN，轴载则包括150kN、200kN和240kN三种，其轴载的横向布置见图4.5.13。如对600kN总重的车辆，由4个间距为1.5m、150kN的轴载组成；而对1800kN总重的车辆，可以由12个间距为1.5m、150kN的轴载组成，也可以由9个间距为1.5m、200kN的轴载组成。当车辆总重超过3600kN时，需对具体工程单独定义。

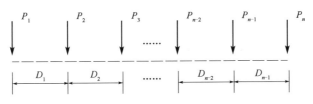

图 4.5.12　LM3

对 LM3，假设车辆以低速(不超过 5km/h)或正常速度(70km/h)行驶过桥。当以低速行驶时，车辆荷载不需要考虑动力放大系数；当以正常速度行驶时，需要考虑动力放大系数 φ，$\varphi = 1.40 - L/500$，$\varphi \geqslant 1$，其中 L 为桥面板长度。值得注意的是，当假设车辆以低速行驶时，在车道 1 上布置特殊车列(对 240kN 轴载的车轮须跨越车道 1 和车道 2)，在行车道的其余部位布置 LM1 的车辆荷载；即使在布置了特殊车队的车道上也要布置 LM1 的车辆荷载，但应布置在轴外边线不少于 25m 的区域(图 4.5.14)。当假设车辆以正常速度行驶时，只需在车道的其余部位布置 LM1 的车辆荷载，布置了特殊车队的车道上不再布置模式 1 的车辆。

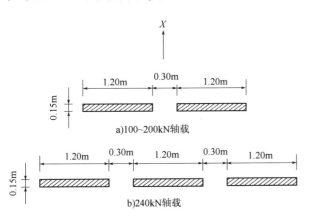

图 4.5.13　LM3 车轮布置
X-桥梁轴线方向

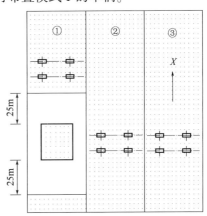

图 4.5.14　特殊车列(低速)与 LM1 同时布载
注：左为 150 或 200kN 轴载布置，右为 240kN 轴载布载。

4) 荷载模式 4

荷载模式 4(LM4)即人群荷载，它使用一个 $5kN/m^2$ 的均布荷载(包含了动力放大效应)组成的荷载模式来表示，见图 4.5.15。它应用于整体验算，并且只应用于短暂设计状态。这里的人群荷载与作用在人行道上的人群荷载不同，LM4 的人群荷载是作用在行车道上，只用于短暂设计状态的验算，它与上述的几个荷载模式是相斥的，不能互相组合。而欧洲桥规规定的作用在人行道上的人群荷载一般取为 $3kN/m^2$，可与 LM1 组合。

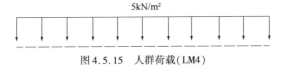

图 4.5.15　人群荷载(LM4)

三、纵横向折减

1. 横向折减

多车道横向折减的含义是在多车道桥梁上行驶的汽车荷载使桥梁构件的某一截面产生最

大效应时,其同时处于最不利位置的可能性大小。显然,这种可能性随车道数的增加而减小,而桥梁设计时各个车道上的汽车荷载都是按最不利的纵桥向位置布置的,因此,横桥向不同车道上的计算结果应根据上述可能性的大小进行折减。

我国的研究结果表明,JTG D60—2004 的横向折减系数能够较好地适用于现代的交通状况,故 JTG D60—2015 仍然沿用原来的多车道折减系数,而增加了单车道的横向车道布载系数,并将"横向车道折减系数"更名为"横向车道布载系数"。

美国桥规 2017 年版第 3.6 节同样规定了横向车道布载系数(Multiple Presence Factor),见表 4.5.6。

中美公路桥规横向车道布载系数　　　表 4.5.6

横向布置设计车道数	1	2	3	4	5	6	7	8
JTG D60—2015	1.20	1.00	0.78	0.67	0.60	0.55	0.52	0.50
JTG D60—2004	1.00	1.00	0.78	0.67	0.60	0.55	0.52	0.50
美国桥规	1.20	1.00	0.85	0.65	0.65	0.65	0.65	0.65

由表 4.5.6 可知,除了四车道美国桥规所规定横向车道布载系数略微小于中国桥规,对于其他车道情况而言,美国桥规所规定的横向车道布载系数总体大于中国桥规。美国桥规在规定了横向分布系数的同时,还给出了以下使用要点:

(1)不适用于疲劳极限状态下仅有一辆卡车的情况。

(2)除非特别说明,极端活荷载效应应当考虑所有的多车道的组合,并计入相应的多车道布载系数。

(3)应当考虑多车道布载系数的情况:

①研究一个车道的荷载效应应当考虑多车道布载系数。

②研究三个或者更多车道的作用效应应考虑多车道布载系数。

(4)人群荷载和一个或两个车道组合的情况,人群荷载可以看作一个车道荷载。

(5)本条款不适用于美国桥规 2017 年版第 4.6.2.2 款和第 4.6.2.3 款中规定的近似荷载横向分布系数计算方法,对梁板桥中的边梁应采用杠杆原理计算横向分布系数,且应考虑横向折减效应。

最后一条尤为重要,中国桥规单梁荷载效应是通过荷载横向分布计算得到的,并且同时计入相应的横向折减系数。但在美国桥规中,如果采用美国桥规 2017 年版第 4.6.2.2 和 4.6.2.3 款计算横向分布,则无须考虑横向折减系数。就这一点而言,按照中国桥规方法得到的单梁内力应小于美国桥规的计算结果。

欧洲桥规中的车道横向折减的概念并不是以车道折减系数的方式体现的,而是直接给出横向折减后的车道荷载和双轴轴载的模型,故不再单独考虑。

2. 纵向折减

JTG D60—2015 第 4.3.1 条第 8 款规定:当桥梁计算跨径大于 150m 时,应当按表 4.5.7 的规定进行纵向折减。当为多跨连续结构时,整个结构应按最大的计算跨径考虑汽车荷载效应的纵向折减。

中国桥规的纵向折减系数　　　　　表4.5.7

计算跨径 L_0(m)	纵向折减系数	计算跨径 L_0(m)	纵向折减系数
$150 < L_0 < 400$	0.97	$800 \leq L_0 < 1000$	0.94
$400 \leq L_0 < 600$	0.96	$L_0 \geq 1000$	0.93
$600 \leq L_0 < 800$	0.95		

美国桥规对纵向折减没有规定。而欧洲桥规已经将横向多车道折减反映到荷载的取值中去,且不需要考虑纵向折减问题。

在特大跨径桥梁工程实践中,我国桥梁的加载总量远大于美国、欧洲桥规的计算结果,以致在成桥试验中难以找到足够的加载车辆;而在小跨径桥梁设计中我国的加载量要小于美国、欧洲桥规的计算结果。

四、冲击系数

1. 中国桥规

汽车冲击力应按照下列规定计算:①钢桥、钢筋混凝土及预应力混凝土桥、圬工拱桥等上部构造和钢支座、板式橡胶支座、盆式橡胶支座及钢筋混凝土柱式墩台,应计算汽车的冲击作用;②填料厚度(包括路面厚度)等于或大于0.5m的拱桥、涵洞以及重力式墩台不计冲击力;③支座的冲击力,按相应的桥梁取用;④汽车荷载的冲击力标准值为汽车荷载标准值乘以冲击系数 μ;⑤汽车荷载在局部加载及在T梁、箱梁悬臂板上的冲击系数采用1.3。

JTG D60—2015仍然沿用JTG D60—2004对汽车荷载冲击系数的相关规定,规定冲击系数为结构基频的函数,冲击系数 μ 可按下式计算:

$$\begin{cases} \mu = 0.05 & f < 1.5\text{Hz} \\ \mu = 0.1767\ln f - 0.0157 & 1.5\text{Hz} \leq f \leq 14\text{Hz} \\ \mu = 0.45 & f > 14\text{Hz} \end{cases} \quad (4.5.3)$$

式中:f——结构基频(Hz)。

2. 美国桥规

美国桥规规定:除非特殊说明外,设计车辆和设计双轴(离心力和制动力除外)应当考虑冲击系数(Dynamic Load Allowance,IM)。考虑冲击系数后的效应为静态效应乘以(1+IM),其中的冲击系数IM按表4.5.8取值。人群荷载与设计车道荷载无须考虑动力效应。

美国桥规冲击系数IM　　　　　表4.5.8

构　　件		IM
桥面板连接处:所有极限状态		75%
其他构件	疲劳和断裂极限状态	15%
	其余极限状态	33%

对于未受到上部结构传递来的竖向力的挡土墙或者全部埋入地下的基础构件无须考虑动力效应。

3. 欧洲桥规

欧洲桥规的汽车荷载中已经包含了冲击放大作用,故不对冲击系数进行单独考虑。

对比中国、美国桥规的冲击系数计算方法可知,中国桥规认为影响桥梁冲击特性的主要因素是桥梁结构的振动基频,冲击系数的计算是基于结构基频得到的,并且在一定的基频范围内变化。美国桥规的冲击系数则是依据不同的构件类别以及极限状态,给出相应的冲击系数,是一个定值。中国桥规中的均布荷载和集中力均应计入冲击系数的影响,而美国桥规中的均布荷载无须考虑冲击效应,仅有设计货车和设计双轴需要考虑冲击效应。欧洲桥规则不单独考虑冲击作用。

五、汽车制动力

1. 中国桥规

中国桥规认为,汽车荷载制动力按同向行驶的汽车荷载(不计冲击力)计算,并对使桥梁墩台产生最不利纵向力的加载长度进行纵向折减。

JTG D60—2015 和 JTG D60—2004 中关于汽车制动力计算具有相同的规定,即一个设计车道上由汽车荷载产生的制动力标准值按车道荷载标准值在加载长度上计算的总重力的10%计算。但公路—Ⅰ级汽车荷载的制动力标准值不得小于165kN;公路—Ⅱ级汽车荷载的制动力标准值不得小于90kN。同向行驶双车道的汽车荷载制动力标准值为一个设计车道制动力标准值的2倍;考虑到车辆在桥上制动时间上的差异,同向行驶三车道为一个设计车道的2.34倍;同向行驶四车道为一个设计车道的2.68倍。

制动力的着力点在桥面以上1.2m处,计算墩台时可移至支座铰中心或支座底座面上。计算刚构桥、拱桥时,制动力的着力点可移至桥面上,但不计因此而产生的竖向力和力矩。

2. 美国桥规

美国桥规的制动力取以下规定的较大者:①设计车辆或设计双轴轴重的25%;②5%的设计车辆荷载加车道荷载;③5%的设计双轴荷载加车道荷载。

对于所有的设计车道均应当考虑制动力作用。制动力的着力点假定在桥面以上1.8m处。对于同向多车道的情况,还需考虑车道数并计入横向车道布载系数。

3. 欧洲桥规

欧洲桥规(Eurocode1:EN 1991:2002)第4.4.1节规定:制动力 Q_{lK} 应按照LM1中作用在编号1的车道上的最大竖向荷载的百分率来进行计算,具体公式如下:

$$Q_{1K} = 0.6\alpha_{Q1}(2Q_{1k}) + 0.10\alpha_{q1}q_{1k}w_lL \quad 180\alpha_{Q1} \leqslant Q_{1k} \leqslant 900\text{kN} \quad (4.5.4)$$

式中:L——桥面板长度;

其他参数见第4.5.2中对欧洲桥规LM1的说明。

从上面的表述可以看出,中国、美国桥规给出的是一个车道的制动力效应,然后乘以相应的车道数和横向布载系数。欧洲桥规中制动力并未考虑车道数的影响,也就是说,对于欧洲桥规而言,其他条件相等的情况下,不同车道数的桥梁得到的制动力是相等的。为了进一步比较中国、美国、欧洲桥规制动力之间的差异,选取跨径为10~350m的桥梁分别按照中国、美国、欧洲桥规计算桥梁的制动力,考虑1~4个车道的情况,结果如图4.5.16所示。

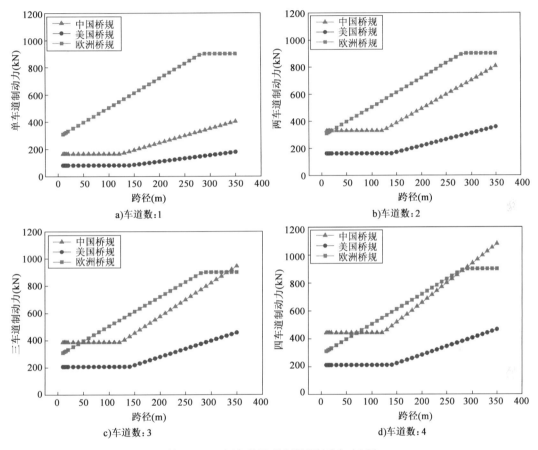

图4.5.16 中国、美国、欧洲桥规制动力对比图

从图4.5.16可以看出,对于中国桥规,当跨径小于130m时,各车道的制动力基本为定值;对于美国桥规,当跨径低于150m时,各车道的制动力也为定值;随着跨径的增大,制动力不断增加,中国、美国桥规中均未设置制动力的上限。对于欧洲桥规,制动力不随车道数的变化而变化,当跨径小于280m时,随着跨径的增加制动力不断增大,当跨径超过280m时,制动力恒为900kN。

总体而言,对于275m以下跨径的桥梁,针对1~4个车道的情况,三本规范中的制动力有欧洲桥规>中国桥规>美国桥规;当跨径超过275m时,中国桥规计算得到的制动力将会逐步超过欧洲桥规。对于车道数小于3的情况,欧洲桥规的制动力明显偏大,随车道数增加,中国桥规的制动力大小有超过欧洲桥规的趋势。制动力取值的差异会给桥梁下部结构的设计计算带来很大的影响,尤其是高墩及大跨径的桥梁。

六、汽车离心力

1. 中国桥规

JTG D60—2015 及 JTG D60—2004 对计算离心力的方法相同,均为离心力系数 C 乘以不计冲击力的汽车荷载标准值。离心力系数 C 具体计算见式(4.5.4)。JTG D60—2004 规定仅当弯桥曲线半径小于等于 250m 时需计算离心力,而中国桥规 JTG D60—2015 则未对曲线半径作出相关规定,这意味着在任意曲线半径下均需计算汽车荷载离心力,尤其是高墩情况下。在计算多车道汽车荷载的离心力时,需要考虑横向车道布载系数。

$$C = \frac{V^2}{127R} \tag{4.5.5}$$

式中:V——设计速度(km/h),按桥梁所在路线设计速度采用;
R——曲线半径(m)。

离心力的着力点在桥面以上 1.2m 处(为计算简便也可移至桥面上,不计由此引起的作用效应)。计算多车道桥梁的汽车荷载离心力时,应考虑车道的横向折减系数。

2. 美国桥规

美国桥规中为了考虑径向荷载或者轮载作用下倾覆作用,用设计车辆或设计双轴的轴重乘以系数 C 来考虑离心力(Centrifugal Forces)作用。

$$C = f\frac{v^2}{gR} \tag{4.5.6}$$

式中:v——道路设计速度(km/h);
f——针对不同荷载组合的参数,对除疲劳以外的荷载组合取 0.75,疲劳计算采用 1.0;
R——行车道的曲率半径(m)。

在计算汽车荷载所产生的离心力时,应当考虑多车道布载系数。离心力应当作用在桥面以上 1.8m 处,承载离心力的下部结构也应当进行计算。由于超高的作用,降低了离心力作用下车辆的倾覆效应,计算中也应当考虑此项因素。

3. 欧洲桥规

欧洲桥规(Eurocode1:EN 1991)规定离心力和行车道半径相关,并按照下式计算:

$$Q_{tk} = \begin{cases} 0.2Q_v & r < 200\text{m} \\ 40Q_v/r & 200\text{m} \leq r \leq 1500\text{m} \\ 0 & r > 1500\text{m} \end{cases} \tag{4.5.7}$$

式中:Q_v——LM1 中的竖向集中荷载的最大总重;
r——行车道的曲线半径(m)。有些情况下,还需要考虑由车辆斜向制动和滑动产生的横向力,横向制动力 Q_{trk} 等于纵向制动力 Q_{lk} 的 25%。

从上面的表述可以看出,JTG D60—2004 规定产生离心力的最大半径为 250m,欧洲桥规为 1500m,而 JTG D60—2015 及美国桥规中均无相应的规定。从计算表达式来看,中国、美国桥规中的表达形式比较相近,且均与行车速度和行车道的曲率半径有关。为了进一步了解各规范离心力的差异,选取 50~80km/h 的四种行车速度,假定行车道半径为 100m、125m、150m、175m、200m、225m 和 250m,分别依据中国、美国、欧洲桥规计算离心力,结果如图 4.5.17 所示。

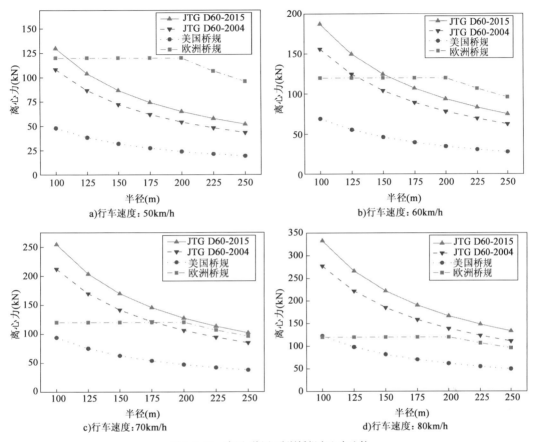

图 4.5.17　中国、美国、欧洲桥规离心力比较

从图 4.5.17 可以看出,中国桥规 JTG D60—2015 与 JTG D60—2004 之间离心力的差异主要为横向车道布载系数的差异;对于所选行车速度和跨径,美国桥规计算得到的离心力最小;对于行车速度在 50~70km/h 的区间,当曲线半径较小时,依据中国桥规计算得到的离心力要小于欧洲桥规;随着半径的增大,中国桥规将逐渐超过欧洲桥规的数值。当行车速度为 80km/h 时,依据中国桥规计算得到的离心力最大,而在不同车速条件下均有美国桥规得到的离心力最小。

4.6　温度荷载

一、均匀温度

考虑桥梁结构因均匀温度作用引起外加变形或约束变形时,应以受到约束时的结构温度为基点,并考虑最高和最低有效温度的作用效应。温度效应与桥梁所处的地理位置有很大关系,因而各国规范在定义温度效应时均是针对特定的区域而言的。

1. 中国桥规

JTG D60—2015 及 JTG D60—2004 中均将全国大致分为严寒地区、寒冷地区及温热地区三个温度区域。针对不同的气温分区,考虑桥梁结构的类型,给出了相应的温度变化范围,见表 4.6.1。

中国桥规中结构的有效温度标准值(单位:℃)　　　　表 4.6.1

气温分区	钢桥面板钢桥		混凝土桥面板钢桥		混凝土、石桥	
	最高	最低	最高	最低	最高	最低
严寒地区	46	−43	39	−32	34	−23
寒冷地区	46	−21	39	−15	34	−10
温热地区	46	−9(−3)	39	−6(−1)	34	−3(0)

注:表中括号内的数值适用于昆明、南宁、广州和福州地区。

2. 美国桥规

对于均匀温度,美国桥规中根据气候条件规定为温和、寒冷两个温度区域,同时规定了 A 和 B 两种模式。对于混凝土主梁或者钢主梁结构的桥梁,选取模式 A 或模式 B 均可,对于其他形式的结构,则应当选用模式 A 进行温度效应计算。

模式 A 依据每年寒冷天气的天数分为温和区域和寒冷区域,针对不同的材料,规定了相应的最低和最高温度,见表 4.6.2。

美国桥规的模式 A 规定的最低/最高温度(单位:℃)　　　　表 4.6.2

气　候	钢结构或铝结构	混　凝　土	木　结　构
温和	−18~50	−12~27	−12~24
寒冷	−35~50	−18~27	−18~24

相对于模式 A 而言,模式 B 对美国区域进行了更为细致的气候划分,对于每个气候区域,针对混凝土主梁和钢主梁均给出了相应的最低温度和最高温度,参见美国桥规 2017 年版第 3.12.2.2 款。

3. 欧洲桥规

欧洲桥规(Eurocode 1:EN 1991-1-5:2003)认为,对于均匀温度,其取值大小决定于桥梁可达到的最高或最低温度。在一个非受限结构中,均温分量引起的变化主要是构件长度的变化。桥梁均温分量最小值 $T_{e,min}$ 和最大值 $T_{e,max}$ 应通过遮阴处最低气温值 T_{min} 和遮阴处最高气温值 T_{max} 导出,有关现场位置的遮阴处最高和最低气温特性值应从国家标准等温线图中获得,参见图 4.6.1。图中 Type 1 为钢桥面(钢箱梁、钢桁架或钢板梁)均温分量线,Type 2 为组合桥面均温分量线,Type 3 为混凝土桥面板(混凝土板、混凝土梁、混凝土箱梁)均温分量线。

取得在结构受到约束时的桥梁初始温度 T_0,以便计算收缩至桥梁最小均温分量,并计算膨胀至桥梁最大均温分量。初始温度宜被视为结构构件在其受到限制(完工或合龙)时的温度。如果无法预知初始温度,则宜取施工期间的平均温度。可以在规范中的国家附录中查取

T_0 值。如果没有可用的相关信息,则 T_0 可取为 10℃。因此,桥梁均温分量最大降温范围的特征值 $\Delta T_{N,con}$ 和最大升温范围内的特性值 $\Delta T_{N,exp}$ 为:

$$\Delta T_{N,con} = T_0 - T_{e,min} \qquad (4.6.1)$$

$$\Delta T_{N,exp} = T_{e,max} - T_0 \qquad (4.6.2)$$

桥梁温分量的总体范围为:

$$\Delta T_N = T_{e,max} - T_{e,min} \qquad (4.6.3)$$

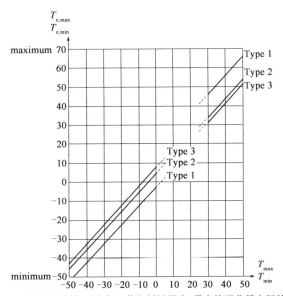

图 4.6.1　遮阴处最低/最高气温值与桥梁最小/最大均温分量之间的关系

注:1. 图中的值基于 10℃ 的日常温度范围。对于大多数成员国来说,这个温度范围都适用。
　　2. 对于钢桁架或板梁,给出的 Type 1 最大值可减去 3℃。

若无其他规定,则对于支座和伸缩装置,可采用规范中的国家附录中规定桥梁均温分量的最大升温范围和最大降温范围。推荐使用值为 $(\Delta T_{N,exp} + 20)$℃ 和 $(\Delta T_{N,con} + 20)$℃。如果规定了安装支座和伸缩接头时的温度,则推荐使用值为 $(\Delta T_{N,exp} + 10)$℃ 和 $(\Delta T_{N,con} + 10)$℃。

对于均匀温度,中国、美国桥规中均将全国划分为几个区域,然后对于每个区域,针对不同的结构形式规定了相应的最高和最低温度。欧洲桥规中的最低温度 $T_{e,min}$ 和最高温度 $T_{e,max}$ 是通过遮阴处最低气温值 T_{min} 和遮阴处最高气温值 T_{max} 导出的。

二、温度梯度

1. 中国桥规

中国桥规中温度梯度模式采用如图 4.6.2 所示的竖向梯度曲线,其桥面板表面的最高温度 T_1 规定见表 4.6.3。对混凝土结构,当梁高 H 小于 400mm 时,图中 $A = H - 100$mm;梁高 H 等于或大于 400mm 时, $A = 300$mm。对带混凝土桥面板的钢结构, $A = 300$mm,图 4.6.2 中的 t 为混凝土桥面板的厚度(mm)。

中国桥规竖向日照正温差计算的温度基数(单位:℃)　　　表4.6.3

结 构 类 型	T_1	T_2
混凝土铺装	25	6.7
50mm沥青混凝土铺装层	20	6.7
100mm沥青混凝土铺装层	14	5.5

考虑日照后梁体散热,在截面内降温不一,形成反温度梯度。混凝土上部结构和带混凝土桥面板的钢结构的竖向日照反温差为正温差乘以 -0.5。

2. 美国桥规

美国桥规根据全国各州太阳辐射条件将全国划分为四个区域来定义温度基数,温度梯度模式采用图4.6.3所示的竖向梯度曲线,正温度基数取值见表4.6.4;对于负温度基数的取值,对混凝土桥面用 -0.30 乘以表中数值,对沥青混凝土桥面用 -0.20 乘以表中数值。

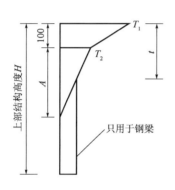

图4.6.2　中国桥规竖向梯度温度(尺寸单位:mm)

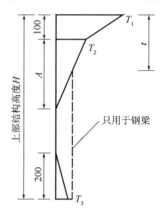

图4.6.3　美国桥规温度梯度模式(尺寸单位:mm)

美国桥规竖向日照正温差计算的温度基数(单位:℃)　　　表4.6.4

太阳辐射区域	T_1	T_2	太阳辐射区域	T_1	T_2
1	30	7.8	3	23	6.0
2	25	6.7	4	21	5.0

3. 欧洲桥规

欧洲桥规(Eurocode1:EN 1991-1-5:2003)分别规定了钢梁、钢-混凝土组合梁及混凝土梁的温度梯度。同时将混凝土梁的温度梯度分别按照板梁、I梁(T梁)及箱梁三种类型分别进行规定,采用折线形温度梯度模式,见表4.6.5。

我国在确定温度梯度模式时,曾对国外规范进行了多座实桥的应力计算比较。结果表明,新西兰和我国铁路规范中梯度温度作用产生的效应最大,中国桥规最小,英国BS 5400和美国桥规居中。考虑美国桥规的温度曲线比较简单,计算起来也比较简捷,中国桥规采用了该规范的温度梯度曲线,并作了适当的修正。

中国桥规针对不同的桥面铺装类型,给出了相应的温度基数。美国桥规则首先将全国划分为4个区域,在此基础上针对不同的结构类型,给出了相应的温度基数。欧洲桥规中升温模式和中国、美国桥规基本一致,对于降温的情况,规定了单独的温度梯度模式。中国、美国桥规中温度基数主要和桥梁的桥面铺装形式相关,并未考虑主梁的情况,欧洲桥规则是将混凝土梁的温度梯度分别按照板梁、I梁(T梁)及箱梁三种类型分别进行规定。

欧洲桥规混凝土梁温度梯度模式 表4.6.5

结构类型	升 温	降 温
(板梁，100mm面层)	(图示 $\Delta T_1, \Delta T_2, \Delta T_3$) $h_1 = 0.3h \leq 0.15\text{m}$ $0.10\text{m} \leq h_2 = 0.3h \leq 0.25\text{m}$ $h_3 = 0.3h \leq 0.10\text{m} + 表层厚度$ (对于薄板, $h_3 = h - h_1 - h_2$)	(图示 $\Delta T_1, \Delta T_2, \Delta T_3, \Delta T_4$) $h_1 = h_4 = 0.20h \leq 0.25\text{m}$ $h_2 = h_3 = 0.25h \geq 0.20\text{m}$
(I梁/T梁，100mm面层)		
(箱梁，100mm面层)		

升温温度表：

h(m)	ΔT_1(℃)	ΔT_2(℃)	ΔT_3(℃)
≤0.2	8.5	3.5	0.5
0.4	12.0	3.0	1.5
0.6	13.0	3.0	2.0
≥0.8	13.0	3.0	2.5

降温温度表：

h(m)	ΔT_1(℃)	ΔT_2(℃)	ΔT_3(℃)	ΔT_4(℃)
≤0.2	-2.0	-0.5	-0.5	-1.5
0.4	-4.5	-1.4	-1.0	-3.5
0.6	-6.5	-1.8	-1.5	-5.0
0.8	-7.6	-1.7	-1.5	-6.0
1.0	-8.0	-1.5	-1.5	-6.3
≥1.5	-8.4	-0.5	-1.0	-6.5

4.7 横向分布计算

一、中国桥规

中国桥规中对横向分布系数问题未给出明确的阐述和计算方法,需考虑桥梁主梁之间的构造形式,可参见《桥梁工程》教材和李国豪《公路桥梁荷载横向分布系数计算》的方法进行计算。

在计算横向分布系数时,需要根据主梁间的构造形式按不同的横向结构简化计算模型选用相应的计算方法。目前常用的方法包括:杠杆原理法、偏心压力法、铰接板(梁)法、刚接梁法和比拟正交异性板法,参见表4.7.1。上述各种方法的共同点是:从分析荷载在桥上的横向分布出发,求得各梁的横向分布影响线,进而通过横向最不利布载来计算荷载横向分布系数 m。

中国桥梁的横向分布系数计算方法　　　　　　　表 4.7.1

计 算 方 法	基 本 假 定
杠杆原理法	假定桥面板在主梁上断开,忽略主梁之间的横向联系,而当作沿横向支承在主梁上的简支梁或悬臂梁来考虑
偏心压力法	假定中间横隔梁的刚度无穷大,外部荷载作用下,主梁纵向变形一致
铰接板(梁)法	假定竖向荷载作用下,企口缝只传递竖向剪力。适用于采用现浇混凝土纵向企口缝连接的装配式板梁桥,板与板之间横向联系较弱,结构的受力状态接近于数根并列而相互之间横向铰接的狭长板
刚接梁法	假定相邻主梁之间为刚性连接,在竖向荷载作用下结合缝既可以传递剪力,也可以传递弯矩
比拟正交异性板	将主梁和横隔梁的刚度的刚度换算成双向不同的比拟弹性平板,并用曲线图表进行计算

杠杆原理法通常用于计算荷载位于支点处的横向分布系数,其他方法则适用于计算荷载位于跨中的横向分布系数,其中偏心压力法对桥梁的跨宽比有一定的限制条件,而另外三种方法则与主梁间的构造形式有关。对于全桥其余部分的横向分布系数,则近似按照下述规则采用:在计算跨中弯矩时,全桥采用不变的横向分布系数 m_c。在计算支点剪力时,其荷载横向分布系数在梁端采用按杠杆法计算得到的 m_c',在跨内从第一片横梁则近似采用跨中的荷载横向分布系数 m_c,从梁端到第一片中横梁之间采用从 m_c' 到 m_c 的直线过渡形式,当仅有一片中横梁时,则取用距支点 1/4 跨径的一段。

二、美国桥规

美国桥规中依据截面特点、连接方式将上部结构划分为 11 种典型截面形式,本书中仅摘录其中常用的三种模式,见表 4.7.2。美国桥规中对每种截面形式给出了相应的内梁弯矩、边梁弯矩、内梁剪力和边梁剪力的横向分布系数计算表达式,均为经验公式。相对于中国桥规而言,美国桥规的划分更为细致,但给出的表达式中均未考虑横隔梁(板)的影响。需要说明的是,各表达式中均已包含了相应的横向折减系数。

美国桥规中桥梁上部结构类型　　　　　　　表 4.7.2

支 撑 构 件	桥面板类型	截 面 形 式
预制空心板梁 混凝土箱形梁	现浇混凝土	
预制混凝土 T 形截面	整体式桥面板	
预制混凝土 I 型梁或 T 梁	现浇混凝土 预制混凝土	

以预制 T 梁和空心板梁为例,给出美国桥规中相应的横向分布系数计算表达式,见表 4.7.3 和表 4.7.4。表中各变量的物理意义如下:b 为梁宽(mm);d 为梁或纵梁的高度(mm);d_e 为外梁中心到路缘石或车辆护栏内边的距离(mm);e 为修正系数;I 为截面惯性矩(mm^4);J 为圣维南抗扭惯矩(mm^4);k 为不同形式结构常数;K_g 为纵向刚度参数(mm^4);L 为梁跨(mm);N_b 为梁、纵梁的片数;N_c 为混凝土箱梁的室数;S 为梁或腹板间距(mm);t_e 为钢板厚度(mm);t_s 为混凝土板厚度(mm)。

美国桥规中给出的表达式均需满足一定的前提条件,对于不满足这些条件的桥梁,则需采用其他精确的方法进行分析,此处不做讨论。

美国桥规 T 梁弯矩和剪力横向分布系数计算表 表 4.7.3

项 目	横向分布系数	适用条件
内梁弯矩	单车道加载: $mg_M^{SI} = 0.06 + \left(\dfrac{S}{4300}\right)^{0.4} \left(\dfrac{S}{L}\right)^{0.3} \left(\dfrac{K_g}{Lt_s^3}\right)^{0.1}$ 两车道或多车道加载: $mg_M^{MI} = 0.075 + \left(\dfrac{S}{2900}\right)^{0.6} \left(\dfrac{S}{L}\right)^{0.2} \left(\dfrac{K_g}{Lt_s^3}\right)^{0.1}$	$1100\text{mm} \leqslant S \leqslant 4900\text{mm}$ $110\text{mm} \leqslant t_s \leqslant 300\text{mm}$ $6000\text{mm} \leqslant L \leqslant 73000\text{mm}$ $N_b \geqslant 4$ $4 \times 10^9 \text{mm}^4 \leqslant K_g \leqslant 3 \times 10^{12} \text{mm}^4$
边梁弯矩	单车道加载 mg_M^{MI}:杠杆法 两车道或多车道加载:$mg_M^{ME} = e \cdot mg_M^{SE}$ 式中:$e = 0.77 + \dfrac{d_e}{2800}$	$-300\text{mm} \leqslant d_e \leqslant 1700\text{mm}$ $N_b \geqslant 4$
内梁剪力	单车道加载:$mg_V^{SI} = 0.36 + \dfrac{S}{3600}$ 两车道或多车道加载: $mg_V^{MI} = 0.2 + \dfrac{S}{3600} - \left(\dfrac{S}{10700}\right)^{2.0}$	$1100\text{mm} \leqslant S \leqslant 4900\text{mm}$ $110\text{mm} \leqslant t_s \leqslant 300\text{mm}$ $6000\text{mm} \leqslant L \leqslant 73000\text{mm}$ $N_b \geqslant 4$
边梁剪力	单车道加载 mg_V^{SE}:杠杆法 两车道或多车道加载:$mg_V^{ME} = e \cdot mg_V^{SE}$ 式中:$e = 0.6 + \dfrac{d_e}{3000}$	$-300\text{mm} \leqslant d_e \leqslant 1700\text{mm}$ $N_b \geqslant 4$

美国桥规空心板梁弯矩和剪力横向分布系数计算表 表 4.7.4

项 目	横向分布系数	适用条件
内梁弯矩	单车道加载:$mg_M^{SI} = k \left(\dfrac{b}{2.8L}\right)^{0.5} \left(\dfrac{I}{J}\right)^{0.25}$ 式中:$k = 2.5(N_b)^{-0.2} \geqslant 1.5$。 两车道或多车道加载: $mg_M^{MI} = k \left(\dfrac{b}{7600}\right)^{0.6} \left(\dfrac{b}{L}\right)^{0.2} \left(\dfrac{I}{J}\right)^{0.06}$	$900\text{mm} \leqslant b \leqslant 1500\text{mm}$ $6000\text{mm} \leqslant L \leqslant 37000\text{mm}$ $5 \leqslant N_b \leqslant 20$

续上表

项 目	横向分布系数	适用条件
边梁弯矩	单车道加载：$mg_M^{ME} = e \cdot mg_M^{SI}$ 式中：$e = 1.125 + \dfrac{d_e}{9100} \geq 1.0$。 两车道或多车道加载：$mg_M^{ME} = e \cdot mg_M^{SE}$ 式中：$e = 1.04 + \dfrac{d_e}{7600} \geq 1.0$	$d_e \leq 600\mathrm{mm}$
内梁剪力	单车道加载：$mg_V^{SI} = 0.70 \left(\dfrac{b}{L}\right)^{0.15} \left(\dfrac{I}{J}\right)^{0.05}$ 两车道或多车道加载： $mg_V^{MI} = \left(\dfrac{b}{4000}\right)^{0.4} \left(\dfrac{b}{L}\right)^{0.1} \left(\dfrac{I}{J}\right)^{0.05} \left(\dfrac{b}{1200}\right)$ 式中：$\dfrac{b}{1200} \geq 1.0$	$900\mathrm{mm} \leq b \leq 1500\mathrm{mm}$ $6000\mathrm{mm} \leq L \leq 37000\mathrm{mm}$ $5 \leq N_b \leq 20$ $1.7 \times 10^{10} \mathrm{mm}^4 \leq I \leq 2.5 \times 10^{11} \mathrm{mm}^4$ $1.0 \times 10^{10} \mathrm{mm}^4 \leq J \leq 2.5 \times 10^{11} \mathrm{mm}^4$
边梁剪力	单车道加载：$mg_V^{SE} = e \cdot mg_V^{SI}$ 式中：$e = 1.25 + \dfrac{d_e}{6100} \geq 1.0$。 两车道或多车道加载：$mg_V^{ME} = e \cdot mg_V^{SI} \left(\dfrac{1200}{b}\right)$ 式中：$\dfrac{1200}{b} \leq 1.0$； $e = 1 + \left(\dfrac{d_e + b - 610}{12200}\right)^{0.5} \geq 1.0$	$d_e \leq 600\mathrm{mm}$ $900\mathrm{mm} \leq b \leq 1500\mathrm{mm}$

三、欧洲桥规

欧洲桥规中没有直接给出横向分布系数的计算方法，国内的研究中均采用与我国相同的方法进行计算。但由于中国、欧洲桥规汽车荷载模式之间的差异性，对单梁进行加载时，欧洲桥规将荷载模式 1 中的各个车道的汽车荷载折算为第一车道的荷载，最终分别得到双轴荷载 TS 的横向分布系数和均布荷载 UDL 横向分布系数。

欧洲桥规中并未给出桥梁横向分布系数的计算方法，本书在进行单梁的内力计算时均基于中国桥规横向分布系数的计算方法，并考虑欧洲桥规汽车荷载的模式，将各个车道荷载统一折算为第一个车道荷载进行计算。

四、横向分布系数对比

为了定量比较中国、美国、欧洲桥规横向分布系数之间的差异，选取表 1.5.1 中的样本桥梁，分别运用三种规范计算横向分布系数。采用中国桥规和欧洲桥规计算荷载横向分布系数时，支点截面采用"杠杆原理法"计算，简支 T 梁跨中截面采用"刚接梁法"计算，简支空心板梁跨中截面采用"铰接板梁法"计算；采用美国桥规计算时，按美国桥规中给出的相应桥型的表达式进行计算。计算结果见表 4.7.5、表 4.7.6 和图 4.7.1。

等宽变跨径简支 T 梁边梁横向分布系数(桥宽:12m)　　　　　　表 4.7.5

标准跨径	中国桥规		美国桥规		欧洲桥规	
	跨中	支点	弯矩	剪力	TS	UDL
20m	0.785	0.708	0.800	0.800	0.597	0.497
25m	0.783	0.708	0.800	0.800	0.596	0.491
30m	0.784	0.708	0.800	0.800	0.598	0.490
35m	0.784	0.708	0.800	0.800	0.598	0.490
40m	0.769	0.708	0.800	0.800	0.589	0.481

等跨变宽度简支 T 梁边梁横向分布系数(跨径:30m)　　　　　　表 4.7.6

标准桥宽	中国桥规		美国桥规		欧洲桥规	
	跨中	支点	弯矩	剪力	TS	UDL
11.25m	0.742	0.648	0.733	0.733	0.559	0.463
12.00m	0.784	0.708	0.800	0.800	0.598	0.490
12.75m	0.683	0.581	0.642	0.642	0.530	0.432
13.50m	0.720	0.650	0.733	0.733	0.565	0.458
16.50m	0.707	0.700	0.791	0.791	0.571	0.472
16.75m	0.708	0.693	0.788	0.788	0.574	0.474

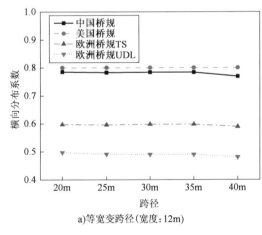
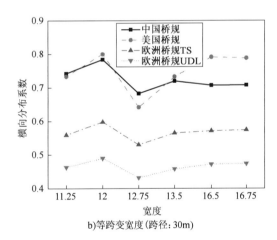

a) 等宽变跨径(宽度:12m)　　　　　　b) 等跨变宽度(跨径:30m)

图 4.7.1　简支 T 梁横向分布系数对比

从图 4.7.1 可以看出,对于简支 T 梁,中国、美国桥规计算得到的边梁横向分布系数相差不大,而欧洲桥规计算的 TS 和 UDL 的横向分布系数均小于按中国、美国桥规计算得到的数值。分析其主要原因是欧洲桥规计算横向分布系数时,是将各个车道统一折算为第一个车道的荷载,而欧洲桥规中第一个车道的荷载是所有车道荷载中的最大值,从而导致计算得到的横向分布系数较小。换句话说,虽然横向分布系数较小,单车道上的活载是很大的,因而最终得到的 1 号梁控制截面的汽车活载内力是最大的。

对于简支空心板梁桥的计算结果见表 4.7.7 和表 4.7.8,将表中的计算结果绘入图 4.7.2。

等宽变跨径简支空心板边梁横向分布系数(桥宽:12m)　　　表4.7.7

标准跨径	中国桥规		美国桥规		欧洲桥规	
	跨中	支点	弯矩	剪力	TS	UDL
10m	0.354	0.500	0.288	0.600	0.330	0.240
13m	0.337	0.500	0.274	0.579	0.315	0.226
16m	0.322	0.500	0.265	0.564	0.302	0.215
20m	0.308	0.500	0.255	0.549	0.291	0.205

等跨变宽度简支空心板边梁横向分布系数(跨径:20m)　　　表4.7.8

标准桥宽	中国桥规		美国桥规		欧洲桥规	
	跨中	支点	弯矩	剪力	TS	UDL
11.25m	0.328	0.563	0.264	0.558	0.311	0.219
12.00m	0.308	0.500	0.255	0.549	0.291	0.205
12.75m	0.289	0.438	0.247	0.540	0.272	0.192
13.50m	0.271	0.375	0.239	0.531	0.255	0.180
16.50m	0.268	0.375	0.229	0.531	0.251	0.177
16.75m	0.283	0.438	0.233	0.540	0.265	0.187

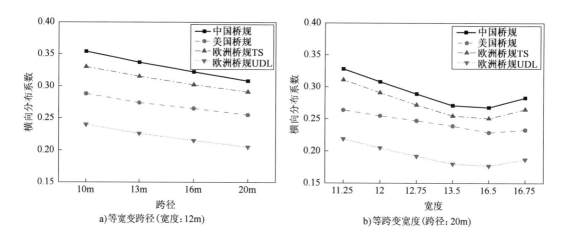

图4.7.2　简支空心板横向分布系数对比

从图4.7.2可以看出,对于简支空心板梁按中国桥规计算得到的横向分布系数最大,按欧洲桥规计算得到的TS的横向分布系数高于美国桥规的横向分布系数,欧洲桥规的UDL的横向分布系数最小。

横向分布系数的计算结果不仅和各国规范规定的计算方法有关,还与汽车荷载的计算模式有关。单纯比较各规范计算得到的横向分布系数意义不大,横向分布的计算主要是为了后期汽车荷载内力的比较。

4.8 主梁内力计算与对比

本次研究采用 MIDAS/Civil 建立单梁模型,以横桥向最不利单梁作为跨中弯矩和支点剪力的研究对象,将各规范要求的汽车荷载以最不利方式作用在单梁上,得到中国、美国、欧洲桥规在不同样本桥梁上的荷载效应值,并将美国、欧洲桥规荷载效应与中国桥规的荷载效应值进行对比分析。

一、活载作用效应对比

依据中国、美国桥规分别计算主梁的横向分布系数,从计算结果可知,边梁的横向分布系数较大,在活载内力计算时,均采用边梁的横向分布系数。JTG D60—2015 及 JTG D60—2004 均采用公路—Ⅰ级荷载,美国桥规采用 HL-93 汽车荷载,欧洲桥规采用规范中给定的 TS 和 UDL 汽车荷载。计算中均按规定考虑冲击系数。依据中国、美国、欧洲桥规计算得到的汽车荷载作用下的跨中弯矩和支点剪力结果如下。

1. 简支 T 梁桥

将桥宽 12m 的不同跨径简支 T 梁桥的活载内力的部分计算结果汇于图 4.8.1 中,以便进行对比。

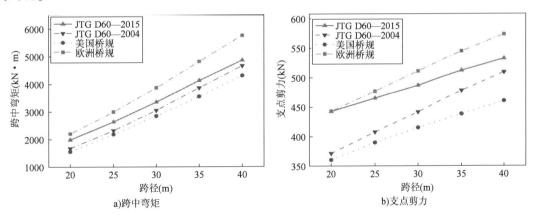

图 4.8.1 简支 T 梁活载作用效应对比(跨径变化,桥宽 = 12m)

从图 4.8.1 可以看出,对于桥宽为 12m 的简支 T 梁,在汽车荷载作用下的跨中弯矩与支点剪力效应随跨径增大而增大,计算结果呈现出欧洲桥规 > JTG D60—2015 > JTG D60—2004 > 美国桥规的趋势。对于跨径较小的桥梁,JTG D60—2015 与欧洲桥规的作用效应差距较小,两者弯矩效应之比为 1.10 ~ 1.18,剪力效应之比为 1.00 ~ 1.06;美国桥规与 JTG D60—2015 在活载作用下的弯矩效应、剪力效应之比为 0.75 ~ 0.90 之间。我国在对通用规范的汽车进行修订后,对于小跨径桥梁在汽车荷载作用下,依据 JTG D60—2015 与 JTG D60—2004 计算所得的作用效应之比可达 1.20 倍左右,该差异随跨径增大而略有减小。

将桥跨 30m 的不同桥宽简支 T 梁桥的活载内力的部分计算结果汇于图 4.8.2 中,以便进行对比。由图 4.8.2 可知,对于跨径为 30m 的简支 T 梁,桥宽的变化对作用效应的影响并不显著。除了桥宽不同导致荷载横向分布系数之间的差异外,主梁片数是影响作用效应的主要原因。在跨中弯矩方面,美国桥规的效应值比中国桥规小,但随桥宽的增加,两者差异略有减小。而欧洲桥规的跨中弯矩值比中国桥规大,并随桥宽的增加有逐渐增大的趋势。表中的计算结果还表明,对于跨径为 30m 的简支 T 梁,在桥宽为 12m 时活载作用效应最大,桥宽为 12.75m 时活载效应最小。

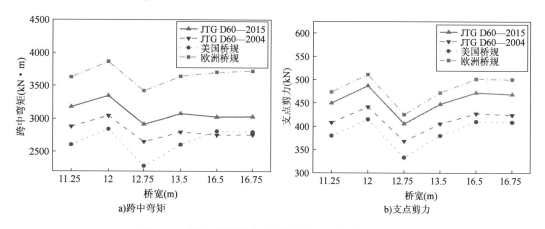

图 4.8.2 简支 T 梁等跨变宽度活载内力汇总(跨径 =30m)

2. 简支空心板梁桥

将桥宽跨 12m 的不同跨径简支空心板梁桥的活载内力的部分计算结果汇于图 4.8.3 中,以便进行对比。

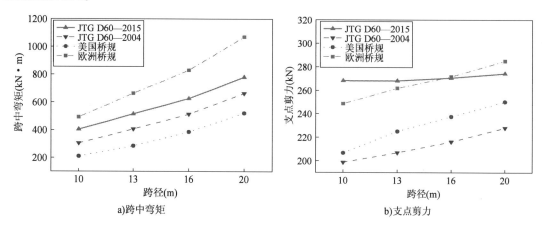

图 4.8.3 简支空心板等宽变跨径活载内力汇总(桥宽 =12m)

从图 4.8.3 可知,按欧洲桥规计算的跨中弯矩是按 JTG D60—2015 计算结果的 1.3 倍左右,按美国桥规计算的跨中弯矩最小,仅为 JTG D60—2015 的 0.5~0.7 倍。剪力效应方面,根据 JTG D60—2004 计算所得剪力效应最小,欧洲桥规与 JTG D60—2015 计算所得剪力效应最大。但 JTG D60—2015 的剪力效应随跨径增加变化并不大,这主要是由于我国汽车荷载冲击系数受结构刚度影响,跨径越大,刚度越小,汽车荷载冲击系数也将减小,且汽车荷载中的集中荷载随跨径的增速仅为 JTG D60—2004 的 1/2。

将桥跨 20m 的不同桥宽简支空心板桥的活载内力的部分计算结果汇于图 4.8.4 中,以便进行对比。

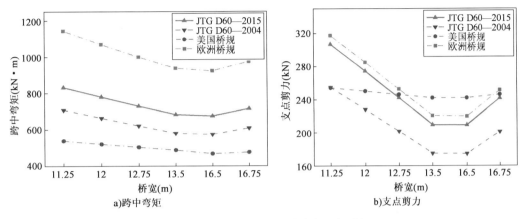

图 4.8.4　简支空心板等跨变宽度活载内力汇总(跨径 = 20m)

从图 4.8.4 可以看出,对于桥宽为 20m 的简支空心板梁,桥宽变化对作用效用的影响并不大。跨中弯矩方面,按美国桥规计算的效应值为 JTG D60—2015 的 0.65～0.72 倍;而按欧洲桥规计算的跨中弯矩值比按中国桥规计算结果较大,为 JTG D60—2015 的 1.37～1.40 倍。对于支点剪力,美国桥规计算的效应值与 JTG D60—2015、欧洲桥规呈现交替的趋势,JTG D60—2004 计算所得剪力效应最小。美国桥规支点剪力的变化较小,这是荷载横向分布系数方法差异引起的:中国桥规、欧洲桥规采用同样的荷载横向分布系数计算方法,故结果变化情况较为一致,而与美国桥规有所差异。

从某种意义上讲,上述计算结果可以说明三种规范之间的汽车荷载等级及其在中小跨径桥梁中产生内力效应的差别。

二、荷载组合效应对比

根据中国、美国、欧洲桥规,将恒载效应(按各自的重度),包括一期恒载 S_{G1} 和二期恒载 S_{G2} 和活载效应 S_{Q1} 进行组合,对于活载效应均考虑相应的冲击系数,最终组合中考虑结构的重要性系数,按照中国桥规的符号系统表述的中美桥梁规范的承载能力极限状态(强度极限状态)组合方法如下:

中国桥规:　　　　　$1.1 \times [1.2(S_{G1} + S_{G2}) + 1.4 S_{Q1}]$
美国桥规:　　　　　$1.05 \times (1.25 S_{G1} + 1.5 S_{G2} + 1.75 S_{Q1})$
欧洲桥规:　　　　　$1.1 \times [1.35(S_{G1} + S_{G2}) + 1.35 S_{Q1}]$

依据上述组合对所选的简支 T 梁桥和简支空心板梁桥进行计算,计算结果如下。

1. 简支 T 梁桥

将桥宽 12m 的不同跨径简支 T 梁桥的基本组合内力的部分计算结果汇于图 4.8.5 中,以便进行对比。

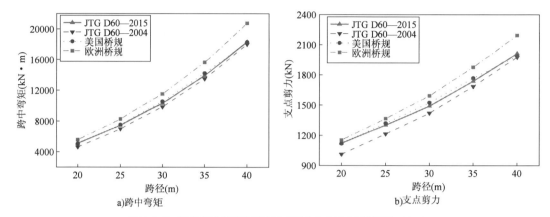

图 4.8.5 简支 T 梁等宽变跨径基本组合内力对比图(桥宽=12m)

从图 4.8.5 的数据可以看出,对于 12m 桥宽的简支 T 梁桥,随着跨径的增加按三种桥规计算的恒载和汽车荷载在 T 梁上产生的承载能力极限状态下基本组合效应的总体趋势相同。就跨中弯矩而言,欧洲桥规的组合结果最大,美国桥规次之,JTG D60—2015 略大于 JTG D60—2004 的计算结果。欧洲桥规基本组合后的跨中弯矩比 JTG D60—2015 计算结果大 1.08 ~ 1.13 倍,支点剪力比 JTG D60—2015 计算结果大 1.01 ~ 1.08 倍;美国桥规较我国 JTG D60—2015 计算结果的跨中弯矩组合值大 0.97 ~ 1.03 倍,支点剪力组合值与跨径大小有关,相差 0.94 ~ 1.00 倍。随着跨径增大,欧洲桥规与中国桥规的组合效应差值有增大的趋势,而美国桥规与中国桥规的组合效应差值有减小的趋势。

将桥跨 30m 的不同桥宽简支 T 梁桥的基本组合内力的部分计算结果汇于图 4.8.6 中,以便进行对比。

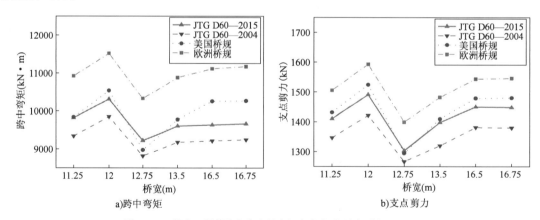

图 4.8.6 简支 T 梁等跨变宽度基本组合内力对比图(跨径=30m)

从图 4.8.6 的数据可以看出,对于 30m 简支 T 梁桥,随着桥宽的增加,荷载效应的基本组合值变化均不大,且总体趋势也相同。就跨中弯矩而言,美国桥规荷载组合后的效应值与 JTG D60—2015 之比为 0.96 ~ 1.06;而欧洲桥规的效应组合与 JTG D60—2015 之比为 1.05 ~ 1.15。对于支点剪力而言,美国桥规效应组合与 JTG D60—2015 效应组合之比为 0.94 ~ 1.03;而欧洲桥规的效应组合与 JTG D60—2015 之比为 1.05 ~ 1.10。随桥宽的增加,各规范间的基本效应组合之间的差值变化不大。由图4.8.6的数据还可看出,在30m标准跨径的情况下,《通用图》中桥宽为12.75m时,基本组合下主梁的跨中弯矩和支点剪力均为最小。

2. 简支空心板梁桥

将桥宽12m的不同跨径简支空心板桥的基本组合内力的部分计算结果汇于图4.8.7中,以便进行对比。

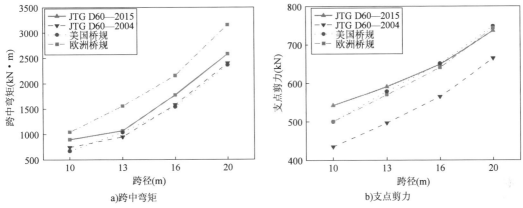

图4.8.7　简支空心板等宽变跨径基本组合内力对比图(桥宽=12m)

从图4.8.7的数据可以看出,对于12m桥宽的简支空心板梁桥,就跨中弯矩而言,欧洲桥规的组合结果最大,其次为JTG D60—2015,JTG D60—2004组合结果小于JTG D60—2015,美国桥规的组合结果最小;欧洲桥规的效应组合与JTG D60—2015的效应组合之比为1.15~1.22,美国桥规与JTG D60—2015之比为0.74~0.92。对于支点剪力而言,在跨径较小时,JTG D60—2015的效应组合最大,随着跨径变大,美国桥规的组合结果最大,其次为JTG D60—2015,欧洲桥规次之,JTG D60—2004的效应组合结果最小;美国桥规与JTG D60—2015之比为0.94~1.06,欧洲桥规与JTG D60—2015之比为0.85~0.93。

基于中国、美国、欧洲三种桥梁规范在20m跨径简支空心板桥,计算得到不同桥宽时基本组合内力,见图4.8.8。

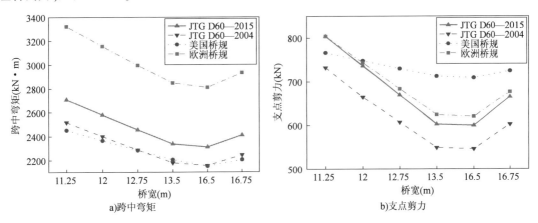

图4.8.8　简支空心板桥等跨变宽度基本组合内力对比图(跨径=20m)

从图 4.8.8 可以看出,对于 20m 跨径的简支空心板梁桥,随着宽度的增加,跨中弯矩和支点剪力均是先减后增。对于跨中弯矩而言,欧洲桥规效应组合结果最大,JTG D60—2004 和美国桥规的组合结果十分接近,但均小于 JTG D60—2015;欧洲桥规效应组合与 JTG D60—2015 效应组合之比为 1.2~1.3,美国桥规效应组合与 JTG D60—2015 效应组合之比为 0.90~0.95。对于支点剪力,美国桥规的效应组合结果最大,其次为 JTG D60—2015,欧洲桥规略小于 JTG D60—2015 和 JTG D60—2004 最小;美国桥规与中国桥规之比为 1.00~1.22,欧洲桥规与 JTG D60—2015 之比为 0.90~1.00 倍。图 4.8.8 的数据还可看出,在 20m 标准跨径的情况下,《通用图》中桥宽为 13.5m 和 16.5m 时,基本组合下简支空心板的跨中弯矩和支点剪力均为最小。

第5章

承载能力极限状态对比分析

桥梁结构中常用的基本构件包括:受弯构件、轴心受压构件、偏心受压构件、深受弯构件以及局部承压构件。

桥梁结构中的受弯构件主要指主梁(包括板梁)。在弯矩作用下,随着荷载的增大,适筋梁受拉钢筋首先屈服,受压区混凝土的应力逐渐增大至抗压强度极限值,并导致梁体破坏。在工程设计中需对梁(板)结构进行正截面抗弯承载力验算。钢筋混凝土和预应力混凝土构件还可能在剪力和弯矩共同作用下,沿着斜向裂缝发生截面受剪破坏,故需进行斜截面抗剪承载力计算。

桥梁中的受压构件主要指桥墩及基础。在上部荷载作用下,桥墩、基础一般是作为偏心受压构件进行分析计算的,需要验算截面的轴向抗压承载力、抗弯承载力及其稳定性。

桥梁中的深受弯构件主要是指盖梁。由于深梁的梁高和计算跨径相差不大,在荷载作用下其受力性能与普通钢筋混凝土梁有较大差异,深梁的正截面应变分布不符合平截面假定,应力分布也不能看作线性关系。对于深受弯构件,需要验算截面的抗弯承载力和抗剪承载能力。

对于预应力钢筋的锚固区和主梁的支座区域,应按照局部承压构件进行计算,主要验算局部承压能力。此外,局部承压区的钢筋构造也是设计中很重要的一个方面。

5.1 受弯构件截面抗弯承载力

本节主要从受弯构件的基本假定、受压混凝土应力图形简化、相对界限受压区高度、截面最小/最大配筋率和计算图式等方面对中国、美国、欧洲桥规中的截面抗弯承载力计算方法进行对比分析。

一、基本假定

中国、美国、欧洲桥规在构件截面抗弯承载力计算时采用的基本假定是一致的,只是在计算参数、材料强度及控制指标取值上有所不同。截面抗弯计算的基本假定如下:①构件弯曲后,其截面仍保持为平面;②构件受压区混凝土的应力图形均简化为矩形,只是三种规范规定的矩形应力块的高度和相应的混凝土强度指标取值有所不同;③忽略混凝土的抗拉强度;④在承载能力极限状态下普通钢筋和预应力钢筋的应力按表5.1.1规定取值。

中国、美国、欧洲桥规普通钢筋应力取值　　　　　表5.1.1

规　范	钢筋应力取值
中国桥规	受拉区钢筋应力应取其抗拉强度设计值f_{sd}和f_{pd}(小偏心构件除外);受压区或受压较大边钢筋应力应取其抗压强度设计值f'_{sd}和f'_{pd}
美国桥规	在抗弯承载力计算中,在下列情况下f_y和f'_y可能会替代f_s和f'_s: (1)当采用f_y计算得到$c/d_s \leqslant 0.6$时,应当用f_y替代f_s;如果$c/d_s > 0.6$,用应变协调条件计算普通钢筋的应力; (2)当采用f'_y计算得到$c \geqslant 3d'_s$时,应当用f'_y代替f'_s;如果$c < 3d'_s$,用变形协调条件计算普通钢筋的应力。有时也忽略受压钢筋的作用效应,取$A'_s = 0$
欧洲桥规	受拉区和受压区的钢筋均取其强度设计值f_{yd}

有关材料的应力-应变关系在第3章中已有详细的介绍。混凝土的应力-应变关系参照3.1节,普通钢筋的应力-应变曲线参照3.2节,预应力钢筋的应力-应变曲线参照3.3节。

二、受压区混凝土应力图形的简化方法

按积分确定受压区混凝土实际应力图得到的构件承载力计算公式比较复杂,不便于工程应用。所以,设计规范中都将曲线分布的受压混凝土应力等效为矩形应力分布。等效的条件是:曲线应力图的合力和矩形应力图的合力相等;曲线应力图的合力作用点和矩形应力图的合力作用点一致。

中国、美国、欧洲桥规中均将受压混凝土的应力图简化为矩形应力图,各规范中应力图形简化如图5.1.1~图5.1.3所示。各规范简化的矩形应力块高度和等效应力汇总在表5.1.2中。

中国、美国、欧洲桥规中矩形应力块高度和等效应力　　　　表5.1.2

项　目	规　范		
	中国桥规	美国桥规	欧洲桥规
矩形应力块高度	βx_c	$\beta_1 c$	λx
等效应力	f_{cd}	$0.85 f'_c$	ηf_{cd}

注:表中中国、美国、欧洲桥规相应的参数分别见图5.1.1~图5.1.3。

1. 中国桥规

《公路钢筋混凝土及预应力混凝土桥涵设计规范》(JTG 3352—2018)和《公路钢筋混凝土及预应力混凝土桥涵设计规范》(JTG D62—2004)中矩形应力图的应力取混凝土的抗压强度设计值f_{cd},矩形应力块高度为$x = \beta x_c$,混凝土极限压应变ε_{cu}和参数β是与混凝土强度等级有关的参数见表5.1.3,计算图式见图5.1.1。

中国桥规混凝土应力图高度系数及极限压应变　　　　表5.1.3

混凝土强度等级	C50及以下	C55	C60	C65	C70	C75	C80
ε_{cu}	0.0033	0.00325	0.0032	0.00315	0.0031	0.00305	0.003
β	0.80	0.79	0.78	0.77	0.76	0.75	0.74

2. 美国桥规

美国桥规基于上述基本假设得到的截面抗弯承载力计算图式见图5.1.2。

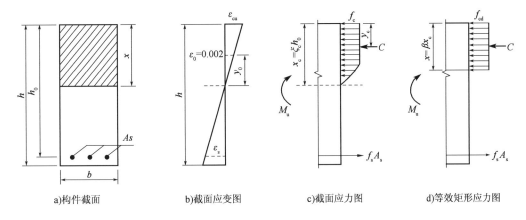

图 5.1.1 《中国桥规》受压区混凝土的等效矩形应力图

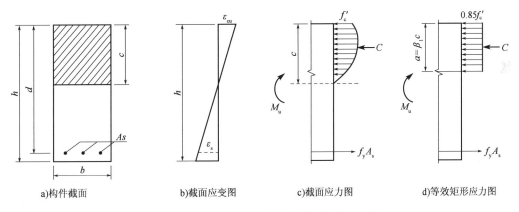

图 5.1.2 美国桥规受压区混凝土的等效矩形应力图

美国桥规中矩形应力块的应力大小为 $0.85f'_c$，应力块高度 $a = \beta_1 c$。β_1 是和混凝土强度有关的参数，按下式计算：

$$\beta_1 = \begin{cases} 0.85 & f'_c \leqslant 28\text{MPa} \\ 0.85 - 0.05 \times \dfrac{f'_c - 28}{7} & 28\text{MPa} < f'_c < 56\text{MPa} \\ 0.65 & f'_c \geqslant 56\text{MPa} \end{cases} \quad (5.1.1)$$

3. 欧洲桥规

根据欧洲桥规（Eurocode2：EN 1992 Part 1-1：2004）中的基本假设给出的极限状态下受弯构件截面抗弯承载力的计算图式见图 5.1.3。

其中矩形应力块的应力大小为 ηf_{cd}，应力块高度为 λx。η 和 λ 是与混凝土强度有关的参数，分别按照式（5.1.2）和式（5.1.3）取值。

$$\eta = \begin{cases} 1.0 & f_{ck} \leqslant 50\text{MPa} \\ 1.0 - \dfrac{f_{ck} - 50}{200} & 50\text{MPa} < f_{ck} \leqslant 90\text{MPa} \end{cases} \quad (5.1.2)$$

$$\lambda = \begin{cases} 0.8 & f_{ck} \leq 50\text{MPa} \\ 0.8 - \dfrac{f_{ck} - 50}{400} & 50\text{MPa} < f_{ck} \leq 90\text{MPa} \end{cases} \quad (5.1.3)$$

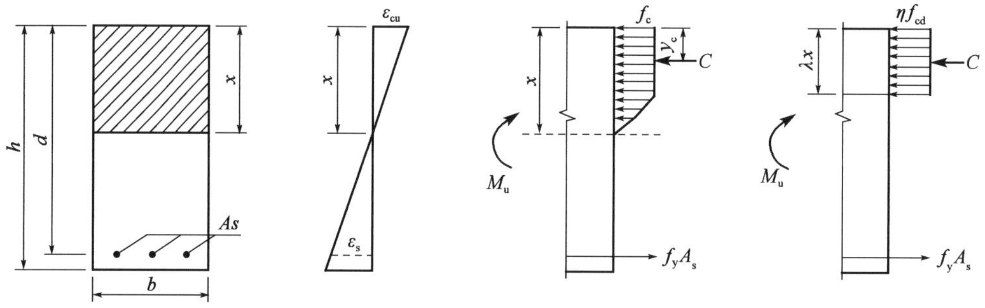

a)构件截面　　b)截面应变图　　c)截面应力图　　d)等效矩形应力图

图 5.1.3　欧洲桥规受压区混凝土等效矩形应力图

依据本书第 3.1 节建立的中国、美国混凝土材料之间的对应关系,给出混凝土强度级别 C30～C80 的矩形应力块高度和相应的参数 β(美国桥规中对应的是 β_1),见表 5.1.4。

中国、美国、欧洲桥规混凝土矩形应力块参数对比　　　表 5.1.4

混凝土强度级别	中国桥规		美国桥规		欧洲桥规	
	等效应力 f_{cd} (MPa)	β	等效应力 $0.85f'_c$ (MPa)	β_1	等效应力 ηf_{cd} (MPa)	λ
C30	13.8	0.80	23.5	0.850	16.67	0.800
C35	16.1	0.80	26.4	0.829	18.67	0.800
C40	18.4	0.80	29.3	0.804	21.33	0.800
C45	20.5	0.80	35.2	0.754	23.33	0.800
C50	22.4	0.80	41.1	0.754	26.67	0.800
C55	24.4	0.79	41.1	0.705	30.00	0.800
C60	26.5	0.78	46.9	0.656	32.00	0.800
C65	28.5	0.77	52.7	0.65	34.32	0.795
C70	30.5	0.76	58.6	0.65	35.75	0.788
C75	32.4	0.75	58.6	0.65	38.00	0.775
C80	34.6	0.74	64.4	0.65	40.08	0.763

将表 5.1.4 中的参数绘入图 5.1.4 中,由其中图 5.1.4a)可以看出,对于相应强度级别的混凝土,等效矩形应力块的应力值有美国桥规 > 欧洲桥规 > 中国桥规。中国、欧洲桥规中采用的混凝土强度设计值考虑了材料分项系数,且中国、欧洲的材料分项系数相差不大。而美国桥规直接采用材料抗压强度进行计算,美国桥规中虽然考虑了 0.85 的换算系数但尚没有计入材料安全系数,故其结果仍大于中国、欧洲桥规。

从图 5.1.4b)可以看出,对于矩形应力块高度和实际受压区高度比值 β(美国桥规中是 β_1,欧洲桥规中是 λ)。当混凝土强度级别较低时,中国、欧洲桥规均为 0.80,而美国桥规则为

0.85;当混凝土强度低于 C50 时,中国、欧洲桥规的高度换算系数恒为 0.80,而美国桥规随着混凝土强度的增加,换算系数逐渐减小;当混凝土强度级别超过 C50 时,中国、欧洲桥规才开始减小,且欧洲桥规系数始终大于中国桥规。当混凝土强度级别达到规范中规定的最大的 C80 时,中国桥规为 0.74,欧洲桥规为 0.75,两者相差很小。美国桥规规定当混凝土抗压强度 f'_c 超过 28MPa 时,该系数即开始折减,折减幅度远大于中国桥规;当 f'_c 达到 55MPa 时,该系数已经降低至 0.65,即相当于混凝土强度等级大于 C40~C60 以后矩形应力图的高度换算系数差异增加,直至降为 0.65 为止。

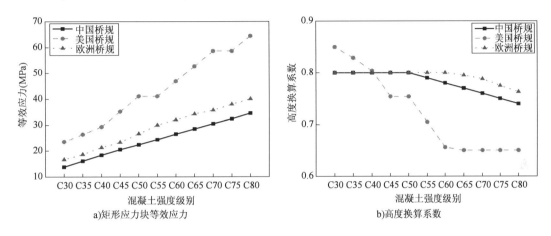

图 5.1.4 中国、美国、欧洲桥规矩形应力块参数对比图

三、相对界限受压区高度

构件截面达到界限破坏是指纵向受拉钢筋达到屈服的同时,受压区混凝土恰好达到其抗压强度,相应的混凝土受压区高度称为界限受压区高度,欧洲桥规称之为平衡受压区高度。界限受压区高度与截面有效高度之比称为相对界限受压区高度。相对界限受压区高度是判断钢筋混凝土受弯构件截面发生适筋破坏和超筋破坏的依据。

1. 中国桥规

中国桥规中规定,受弯构件的纵向受拉钢筋和截面受压区混凝土同时达到其强度设计值时,构件的正截面相对界限受压区高度 ξ_b 可依据平截面假定按照下列公式求得:

1)对热轧普通钢筋

$$\xi_b = \frac{\beta}{1 + \dfrac{f_{sd}}{\varepsilon_{cu} E_s}} \tag{5.1.4}$$

2)对钢绞线和钢丝

$$\xi_b = \frac{\beta}{1 + \dfrac{0.002}{\varepsilon_{cu}} + \dfrac{f_{pd} - \sigma_{p0}}{\varepsilon_{cu} E_p}} \tag{5.1.5}$$

3)对精轧螺纹钢筋

$$\xi_b = \frac{\beta}{1 + \dfrac{f_{pd} - \sigma_{p0}}{\varepsilon_{cu} E_p}} \tag{5.1.6}$$

式(5.1.4)~式(5.1.6)中的计算参数参见我国《公路钢筋混凝土及预应力混凝土桥涵设计规范》(JTG 3362—2018)。JTG 3362—2018 相较于 JTG D60—2004 调整钢筋等级,新增了 HPB300、HRBF400、RRB400、HRB500 等钢筋牌号,取消了 R235、HRB335 和 KL400 钢筋牌号,并给出了的不同配筋的混凝土受压区高度界限系数 ξ_b,如表5.1.5和表5.1.6所示。

JTG 3362—2018 相对界限受压区高度 ξ_b　　　　　表5.1.5

钢筋种类		混凝土强度等级			
		C50 以下	C55、C60	C65、C70	C75、C80
普通钢筋	HPB300	0.58	0.56	0.54	—
	HRB400、HRBF400、RRB400	0.53	0.51	0.49	—
	HRB500	0.49	0.47	0.46	—
预应力钢筋	钢绞线、钢丝	0.40	0.38	0.36	0.35
	精轧螺纹钢	0.40	0.38	0.36	—

注:1. 截面受拉区内配置不同种类钢筋的受弯构件,其 ξ_b 值应选用相应于各种钢筋的较小者。
　2. $\varepsilon_b = x_b/h_0$,x_b 为纵向受拉钢筋和受压区混凝土同时达到其强度设计值时的受压区高度。

JTG D62—2004 相对界限受压区高度 ξ_b　　　　　表5.1.6

钢筋种类		混凝土强度等级			
		C50 以下	C55、C60	C65、C70	C75、C80
普通钢筋	R235	0.62	0.60	0.58	—
	HRB335	0.58	0.54	0.52	—
	HRB400、KL400	0.53	0.51	0.49	—
预应力钢筋	钢绞线、钢丝	0.40	0.38	0.36	0.35
	精轧螺纹钢	0.40	0.38	0.36	—

2. 美国桥规

美国桥规对于普通钢筋混凝土结构和预应力钢筋混凝土结构并非采用相对界限受压高度来进行超筋控制,而是依据钢筋的应变将截面划分为受拉控制截面、受压控制截面以及过渡截面。

(1)假定受压区混凝土的最大应变为0.003时,最外侧受拉钢筋还未屈服,则为抗压控制截面。此时,普通钢筋中的应变通过变形协调条件得到,预应力钢筋的应变取0.002计算。

(2)假定受压区混凝土的最大应变为0.003时,最外侧受拉钢筋的应变大于或等于0.005,则为受拉控制截面。

(3)假定受压区混凝土的最大应变为0.003时,最外侧钢筋的应力在受压控制截面计算得到的钢筋应变值和0.005之间,则截面为受压控制和受拉控制之间的过渡截面。

美国桥规中的上述假设即意味着容许受拉钢筋未屈服之前,受压区混凝土先行压碎,即容许受弯构件出现具有脆性特征的超筋梁破坏。

3. 欧洲桥规

欧洲桥规(Eurocode2:EN 1992:2005)中规定的平衡相对受压区高度为:

$$\frac{x_b}{d} = \frac{1}{(\varepsilon_{yd}/\varepsilon_{cu2}) + 1} \tag{5.1.7}$$

钢筋屈服时的设计应变为:

$$\varepsilon_{yd} = \frac{f_{yk}}{E_s \gamma_s} = \frac{f_{yk}}{2.0 \times 10^5 \times 1.15} = \frac{f_{yk}}{2.3 \times 10^5} \tag{5.1.8}$$

对于强度等级小于 C50 的混凝土,$\varepsilon_{cu2} = 0.0035$,对于强度大于或等于 C50 的混凝土:

$$\varepsilon_{cu2} = \left[2.6 + 35\left(\frac{90 - f_{ck}}{100}\right)^4\right] \times 10^{-3} \tag{5.1.9}$$

欧洲桥规中的相对受压区高度与中国桥规的概念有所不同,其定义的相对受压区高度为混凝土实际受压区高度与截面有效高度之比,而中国桥规为等效受压区高度与截面有效高度之比。从概念上讲,欧洲桥规的 $\lambda x_b/d$ 相当于中国桥规的 ξ_b。表 5.1.7 给出了不同混凝土和钢筋等级时按式(5.1.7)计算的平衡相对受压区高度 x_b/d。对比表 5.1.7 和表 5.1.6,不难发现欧洲桥规规定的相对受压区高度数值略大于中国桥规的取值,这主要是定义上的差别所致。

欧洲桥规的平衡相对受压区高度　　　　表 5.1.7

钢筋种类	混凝土等级					
	≤C50/60	C55/67	C60/75	C70/85	C80/95	C90/105
B400	0.668	0.642	0.624	0.604	0.600	0.599
B500	0.617	0.590	0.570	0.550	0.545	0.545
B600	0.573	0.545	0.525	0.504	0.500	0.499

四、最小配筋率和最大配筋率

各规范中给出的截面抗弯承载力是针对正常配筋的适筋梁的破坏状态导出的,因而截面配筋率需满足下列要求:

$$\rho_{min} \leqslant \rho \leqslant \rho_{max} \tag{5.1.10}$$

1. 最小配筋率

为了防止受弯构件发生少筋破坏(即混凝土受拉边缘一旦开裂,受拉钢筋随即屈服),设计中要对构件的纵向受拉钢筋的最小面积进行限制,相应的配筋率称为最小配筋率。规范中给出的最小配筋率限值是根据受弯构件破坏时,截面所能承受的弯矩不小于同一截面的素混凝土构件所承受的弯矩的原则确定的。其目的是保证混凝土受拉边缘出现裂缝时,梁不致因配筋过少而发生脆性破坏。中国、美国、欧洲桥规给出的受弯构件截面最小配筋率参见表 5.1.8。

中国、美国、欧洲桥规的截面最小配筋率要求　　　　表5.1.8

	钢筋混凝土构件	$\rho = \dfrac{A_s}{bh_0} \geq \rho_{\min} = 0.45 \dfrac{f_{td}}{f_{sd}}$,且不小于0.2%	(5.1.11)
中国桥规	预应力混凝土构件	$\dfrac{M_{ud}}{M_{cr}} \geq 1.0$	(5.1.12)
	式中：M_{ud}——受弯构件正截面抗弯承载力设计值； M_{cr}——受弯构件正截面的开裂弯矩，$M_{cr} = (\sigma_{pc} + \gamma f_{tk})W_0$。其中，$\sigma_{pc}$为扣除全部预应力损失预应力钢筋和普通钢筋合力在构件抗裂边缘产生的预压应力；$\gamma = 2S_0/W_0$；S_0为全截面换算截面重心轴以上部分面积对重心轴的面积矩；W_0为换算截面抗裂边缘的弹性抵抗矩		
	钢筋混凝土构件	$\phi M_n \geq 1.2 M_{cr}$	(5.1.13)
美国桥规	预应力混凝土构件	且　　　$\phi M_n \geq 1.33 M_u$	(5.1.14)
	式中：M_n——截面的名义抗弯承载能力； M_u——截面的内力组合极限值； M_{cr}——截面的开裂弯矩，$M_{cr} = S_c(f_r + f_{cpe}) - M_{dnc}(S_c/S_{nc} - 1) \geq S_c f_r$；$f_r$为混凝土的剪切模量；$f_{cpe}$有效预应力作用下截面下缘产生的压应力；$M_{dnc}$是恒荷载在整体截面上产生的弯矩；$S_c$是极限荷载组合作用下复合截面拉应力边缘的截面抵抗矩；S_{nc}是极限荷载作用下整体截面拉应力边缘的截面抵抗矩；如果设计中采用整体截面承受所有荷载，则上式中应用S_{nc}代替S_c		
	钢筋混凝土构件	$\rho_{\min} = \dfrac{A_{s,\min}}{b_t d} = 0.26 \dfrac{f_{ctm}}{f_{yk}} = 0.078 \dfrac{f_{yk}^{2/3}}{f_{yk}} \geq 0.0013$	(5.1.15)
欧洲桥规	预应力混凝土构件		
	式中：f_{ctm}——混凝土抗拉强度平均值； f_{yk}——钢筋抗拉强度特征值； b_t——受拉区平均宽度，对于有翼缘的T形梁，计算b_t时仅考虑腹板的宽度。 对于允许发生脆性破坏的次要构件，$A_{s,\min}$可取上述计算结果的1.2倍，即$\rho_{\min} \geq 0.00156$		

对于普通钢筋混凝土构件，中国、欧洲桥规在给定截面材料之后，可以明确截面的最小配筋率，而美国桥规需要按照式(5.1.12)和式(5.1.13)计算确定。不考虑构件所受外荷载的影响，根据构件尺寸由式(5.1.12)可得到美国桥规最小配筋率的显式表示。

假定矩形截面的钢筋混凝土梁，截面尺寸为 $b \times h$，混凝土抗压强度为 f'_c，普通钢筋的抗拉强度为 f_y，计算最小配筋率时，混凝土剪切模量 $f_r = 0.97\sqrt{f'_c}$。其截面的抗弯承载能力需满足式(5.1.16)的要求：

$$\phi M_n = \phi A_s f_s \left(d_s - \dfrac{1}{2} \dfrac{A_s f_s}{0.85 f'_c b} \right) \geq 1.2 M_{cr} = 1.2 S_r f_r \qquad (5.1.16)$$

式中：ϕ——构件的综合抗力系数，对于普通钢筋混凝土构件，参见式(4.3.6)，当截面配筋率较低时，属于受拉控制截面，取 $\phi = 0.9$；

d_s——受拉钢筋合力点至受压边缘的距离，近似取矩形截面高度 h 替代；

S_r——截面拉应力边缘的截面抵抗拒，$S_r = bh^2/6$；截面的最小配筋率 $\rho_{\min} = A_s/bh$。

解方程并整理可得截面最小配筋率：

$$\rho_{\min} = \frac{0.85f'_c - \sqrt{0.7225f'^2_c - 0.3664f'^{3/2}_c}}{f_y} \quad (5.1.17)$$

参照中国桥规,采用 C25～C55 混凝土,HRB335 级钢筋,参考本书第 3.1 节进行中国、美国的材料强度转换,可计算得到的截面最小配筋率汇总,见图 5.1.5。

从图 5.1.5 可以看出,对于强度级别为 C25～C55 的混凝土,受弯构件的最小配筋率均有美国桥规>中国桥规>欧洲桥规。随着混凝土强度的提高,截面最小配筋率也不断增大。对于预应力混凝土结构,中国、美国桥规均针对开裂弯矩提出了最小配筋率的要求,而欧洲桥规对此无明确要求。但美国桥规要求截面抗力大于开裂弯矩的 1.2 倍,比中国桥规的规定更为严格。

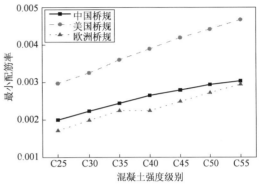

图 5.1.5 中国、美国、欧洲桥规截面最小配筋率对比

2. 最大配筋率

在配筋混凝土结构中,除了限制混凝土受弯构件的最小配筋率,以避免构件开裂后立即丧失承载力及保持一定的延性外,还要限制构件的最大配筋率,以防止构件受压区混凝土在纵向受拉钢筋屈服前压碎发生超筋破坏,即脆性破坏。

1) 中国桥规

JTG 3362—2018 和 JTG D62—2004 中最大配筋率的限制是通过混凝土受压区高度来进行控制的。

从图 5.1.6 可以看出,限制配筋率 $\rho \leqslant \rho_{\max}$ 可以转换为限制应力图变形零点至截面受压边缘的距离(即混凝土受压区曲线形应力图的高度)$x_0 \leqslant x_{0b}$,进一步转化为限制混凝土受压区等效矩形应力图的高度(即混凝土受压区高度):

$$x \leqslant x_b = \xi_b h_0 \quad (5.1.18)$$

式中:x_b——相对于"界限破坏"时的混凝土受压区高度;

ξ_b——相对界限受压区高度,其数值按表 5.1.5 采用。

可见控制相对界限受压区高度 ξ_b 就等于控制了截面最大配筋率,两者是等效的。

2) 美国桥规

美国桥规自 2005 年之后,已经删除了最大配筋率限制的条款。现行桥规在进行预应力混凝土和钢筋混凝土结构设计时,将截面划分为受拉控制、受压控制和两者间的过渡阶段。对于不同的截面类型,规定了相应的综合抗力系数。这实质上是

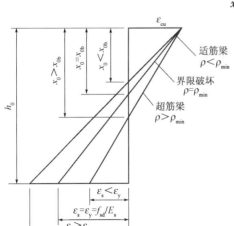

图 5.1.6 适筋梁和超筋梁"界限破坏"的截面应变

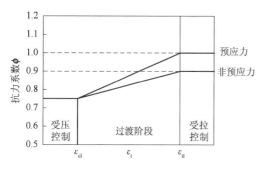

图 5.1.7 美国桥规抗力系数 ϕ 取值示意图

容许采用受压控制的超筋截面,但要对其抗力进行折减。

普通钢筋混凝土结构和预应力混凝土结构受拉控制截面的综合抗力系数 ϕ 可按表 4.3.4 取用,对于受压截面和过渡阶段可参照图 5.1.7 内插确定。

3)欧洲桥规

欧洲桥规(Eurocode 2 EN 1992:2005)中规定,当混凝土强度等级小于或等于 C50/60 时,$x_u/d \leqslant 0.45$;当混凝土强度等级大于或等于 C55/67 时,$x_u/d \leqslant 0.35$。所以,单筋矩形截面构件的最大配筋率为:

$$\rho_{\max} = \frac{x_u}{d} \frac{\eta \lambda f_{cd}}{f_{yd}} = \begin{cases} 0.45 \dfrac{\eta \lambda f_{cd}}{f_{yd}} & \leqslant C50/60 \\ 0.35 \dfrac{\eta \lambda f_{cd}}{f_{yd}} & \geqslant C55/67 \end{cases} \quad (5.1.19)$$

欧洲桥规还规定,除钢筋搭接区外,受拉钢筋或受压钢筋的截面面积不大于 $A_{s,\max}$,该值具体由执行欧洲桥梁规范国家的"国家附录"规定,欧洲桥梁规范的建议值为 $0.04A_c$,即最大配筋率 $\rho_{\max} = 0.04$。

五、抗弯计算图式和计算表达式

1. 中国桥规

JTG 3362—2018 与 JTG D62—2004 具有相同的计算方法。T 形截面混凝土受弯构件正截面承载能力计算,按中性轴所在位置不同分为以下两种类型:第一类 T 形截面和第二类 T 形截面,参见图 5.1.8。

1)第一类 T 形截面

中性轴位于翼缘内,即 $x \leqslant h'_f$,混凝土受压区为矩形,如图 5.1.6a)所示,并满足式(5.1.20)要求:

$$f_{sd}A_s + f_{pd}A_p \leqslant f_{cd}b'_f h'_f + f'_{sd}A'_s \quad (5.1.20)$$

截面受压区高度:

$$x = \frac{f_{sd}A_s + f_{pd}A_p - f'_{sd}A'_s}{f_{cd}b'_f} \quad (5.1.21)$$

截面抗弯承载力按照下式计算:

$$\gamma_0 M_d \leqslant M_u = f_{cd} b'_f x \left(h_0 - \frac{x}{2} \right) + f'_{sd} A'_s (h_0 - a'_s) \quad (5.1.22)$$

应用上述公式时,截面受压区高度也应当满足式(5.1.23)和式(5.1.24)的规定:

$$x \leqslant \xi_b h_0 \quad (5.1.23)$$

$$x \geqslant 2a' (或 2a'_s) \quad (5.1.24)$$

式(5.1.23)是为了保证构件不发生超筋破坏,式(5.1.24)是对混凝土受压区高度最小值的规定。

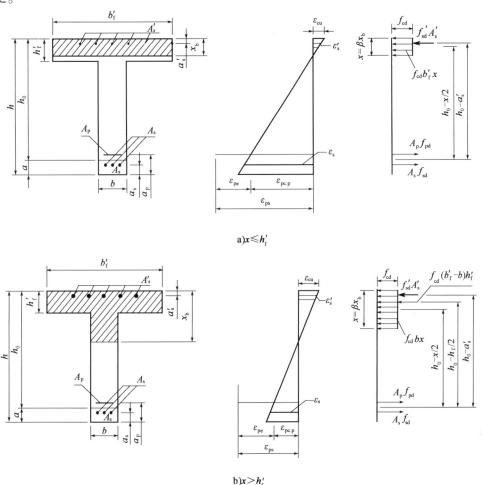

图 5.1.8 预应力混凝土 T 形截面受弯构件截面承载力计算图式

2) 第二类 T 形截面

中性轴位于腹板内,即 $x > h'_f$,混凝土受压区为 T 形,如图 5.1.6b) 所示,并满足式(5.1.25)要求:

$$f_{sd}A_s + f_{pd}A_p > f_{cd}b'_f h'_f + f'_{sd}A'_s \tag{5.1.25}$$

截面受压区高度:

$$x = \frac{f_{sd}A_s + f_{pd}A_p - f_{cd}(b'_f - b)h'_f - f'_{sd}A'_s}{f_{cd}b} \tag{5.1.26}$$

截面抗弯承载力按照下式计算:

$$\gamma_0 M_d \leqslant M_u = f_{cd}\left[bx\left(h_0 - \frac{x}{2}\right) + (b'_f - b)h'_f\left(h_0 - \frac{h'_f}{2}\right)\right] + f'_{sd}A'_s(h_0 - a'_s) \tag{5.1.27}$$

应用上述公式时,同样需要满足式(5.1.23)和式(5.1.24)的要求,但对于 $x > h'_f$ 的情况,$x \geqslant 2a'$(或 $x \geqslant 2a'_s$)的限制条件一般均能满足,可不进行验算。

2. 美国桥规

美国桥规中规定考虑抗力系数的截面抗弯承载力为：

$$M_r = \phi M_n \tag{5.1.28}$$

式中：ϕ——抗力系数，取值方法同前；

M_n——截面的名义抗力。

以图 5.1.9 中的 T 形截面为例，推导截面抗弯承载力计算公式。截面应变呈线性变化，预应力钢筋重心处混凝土的应变按照式(5.1.29)计算：

$$\varepsilon_{cp} = -\varepsilon_{cu} \frac{d_p - c}{c} = -\varepsilon_{cu} \left(\frac{d_p}{c} - 1 \right) \tag{5.1.29}$$

计入有效预应力产生的应变 $\Delta\varepsilon_{pe}$，预应力筋中总的应变为：

$$\varepsilon_{ps} = -\varepsilon_{cu} \left(\frac{d_p}{c} - 1 \right) + \Delta\varepsilon_{pe} \tag{5.1.30}$$

对于主要承受弯矩的矩形或者 T 形截面，应力块近似为矩形，当 $f_{pe} \geq 0.5 f_{pu}$ 时，预应力钢筋中的平均应力 f_{ps} 按照下列规定取值：

$$f_{ps} = f_{pu} \left(1 - k \frac{c}{d_p} \right) \tag{5.1.31}$$

$$k = 2 \left(1.04 - \frac{f_{py}}{f_{pu}} \right) \tag{5.1.32}$$

式中：f_{pu}——规定的预应力钢筋强度；

f_{py}——预应力钢筋的屈服强度。

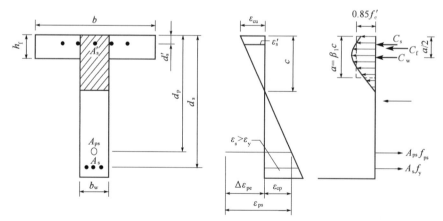

图 5.1.9 钢筋混凝土及预应力混凝土 T 形截面受弯承载力计算图式

有关截面特性的参数见表 5.1.9。

不同钢筋对应的参数 k 取值 表 5.1.9

钢筋类别	f_{py}/f_{pu}	k
低松弛钢绞线	0.90	0.28
消除应力钢绞线和 I 类高强钢筋	0.85	0.38
II 类高强钢筋	0.80	0.48

截面平衡方程为：

$$C_n = T_n \tag{5.1.33}$$

式中：C_n——截面所有压力的合力；

T_n——截面所有拉力的合力。其中：

$$C_n = C_w + C_f + C_s \tag{5.1.34}$$

$$T_n = A_{ps}f_{ps} + A_s f_y \tag{5.1.35}$$

式中：C_w——腹板混凝土提供的压力 $C_w = 0.85f'_c ab_w = 0.85\beta_1 f'_c cb_w$；

C_f——翼缘混凝土提供的压力 $C_f = 0.85f'_c(b-b_w)h_f$；

C_s——受压区钢筋提供的压力 $C_s = A'_s f'_y$；

A_{ps}——预应力钢筋的截面面积；

f_{ps}——截面抗弯承载力计算中预应力钢筋的平均应力，按照式(5.1.31)计算；

A_s——普通受拉钢筋的截面面积；

f_y——普通受拉钢筋的屈服强度。

$$C_n = 0.85\beta_1 f'_c cb_w + 0.85f'_c(b-b_w)h_f + A'_s f'_y \tag{5.1.36}$$

$$T_n = A_{ps}f_{ps} + A_s f_y = A_{ps}f_{pu}\left(1 - k\frac{c}{d_p}\right) + A_s f_y \tag{5.1.37}$$

将上述两式带入式(5.1.33)，可得到受压区混凝土的高度 c：

$$c = \frac{A_{ps}f_{pu} + A_s f_s - A'_s f'_s - 0.85f'_c(b-b_w)h_f}{0.85f'_c\beta_1 b_w + kA_{ps}\dfrac{f_{pu}}{d_p}} \tag{5.1.38}$$

按照式(5.1.36)计算得到的 c 小于 T 形截面翼缘高度 h_f 时，可以按照矩形截面进行计算，此时，只需将上式中的 b_w 替换为 b 即可，得到的受压区混凝土高度 c 为：

$$c = \frac{A_{ps}f_{pu} + A_s f_s - A'_s f'_s}{0.85f'_c\beta_1 b + kA_{ps}\dfrac{f_{pu}}{d_p}} \tag{5.1.39}$$

对于 T 形截面，其名义抗弯承载力为：

$$M_n = A_{ps}f_{ps}\left(d_p - \frac{a}{2}\right) + A_s f_s\left(d_s - \frac{a}{2}\right) - A'_s f'_s\left(d'_s - \frac{a}{2}\right) + 0.85f'_c(b-b_w)h_f\left(\frac{a}{2} - \frac{h_f}{2}\right)$$

$$\tag{5.1.40}$$

计算矩形截面的名义抗弯承载力时，只需将上式中的 b_w 用 b 替代即可。

3. 欧洲桥规

欧洲桥规中对于翼缘位于受压边的 T 形截面受弯构件，当 $x < h_f$ 时，按矩形截面计算即可；当 $x > h_f$ 时，欧洲桥规偏安全地忽略腹板受压区混凝土的面积，而直接按全部压应力由受压翼缘承担进行计算，这与中国桥规采用的方法有较大差别。在此假定下，取 $x = h_f$，则受弯承载力为：

$$M_{Rd} = A_p f_{pd} \left(h - \frac{h_f}{2} - a_p \right) + A_s f_{yd} \left(h - \frac{h_f}{2} - a_s \right) \qquad (5.1.41)$$

式中：A_p——预应力钢筋的截面面积；

A_s——普通钢筋的截面面积；

f_{pd}——预应力钢筋的抗拉强度设计值；

f_{yd}——普通钢筋的抗拉强度设计值；

h_f——T形受压翼缘的高度；

a_p——预应力钢筋截面形心至截面受压边缘的距离；

a_s——普通钢筋形心至截面受压边缘的距离。

六、《通用图》抗弯承载力计算结果对比分析

本例中采用本书表1.2.2《通用图》中的简支T梁和简支空心板梁桥上部结构作为样本。选取简支T梁桥等宽（桥宽12m）变跨径（20~40m）的跨中截面，简支T梁桥等跨（跨径30m）变宽度（11.25~16.75m）的跨中截面；简支空心板梁桥等宽（桥宽12m）变跨径（10~20m）的跨中截面和简支空心板梁桥等跨（跨径20m）变宽度（11.25~16.75m）的跨中截面共计19个样本进行对比计算。所选样本的其他结构设计参数参见本书表1.2.2。

由于JTG 3362—2018已经废除了《通用图》中的主筋与箍筋所使用的HRB335级别钢筋，根据交通运输部2013年所颁布的《关于做好淘汰低强度钢筋过渡期相关技术措施研究工作的通知与建议》，本书采用HPB300钢筋代替R235钢筋、HRB400钢筋代替HRB335钢筋，因此按JTG 3362—2018计算时，钢筋强度略有提高。各规范具体所采用的材料见表5.1.10。

各规范材料所选用强度等级 表5.1.10

规范	材料			
	混凝土	普通钢筋		预应力钢筋
		纵向主筋	抗剪钢筋	
JTG 3362—2018	C50	HRB400	HRB400	f_{pk} = 1860MPa 钢绞线
JTG D62—2004		HRB335	HRB335	
美国桥规	Grade 6000	Grade 50	Grade 50	Grade 270[1860], f_{pu} = 1860MPa
欧洲桥规	C40/50	Class A	Class A	Y1860S7

依据本书第3章对混凝土材料进行等强度转换，分别按照中国、美国、欧洲桥规采用Midas/Civil（国际版）计算结构跨中截面的抗弯承载力，得到的相关计算结果汇总在下列各图、表中。依据美国桥规计算所得的承载力中均已计入抗力系数 ϕ。

1. 简支T梁桥

根据中国、美国、欧洲各规范计算所得样本桥梁中简支T梁跨中截面抗弯承载力见图5.1.10。

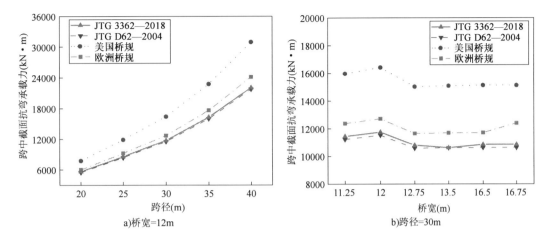

图 5.1.10　预应力混凝土简支 T 梁跨中截面抗弯承载力

由图 5.1.10a)可知,对于所选取样本桥梁中的预应力混凝土简支 T 梁,其跨中截面抗弯承载力均有美国桥规>欧洲桥规>JTG 3362—2018>JTG D62—2004。在桥宽不变时,抗弯承载力随跨径增大而增大;在跨径不变时,抗弯承载力随桥宽变化不明显,见图 5.1.10。

由图 5.1.11 可知,随着跨径增大,JTG D62—2004、美国桥规、欧洲桥规与 JTG 3362—2018 的比值均呈现出增大的趋势,但变化幅度较小;而桥宽变化对抗弯承载力的比值影响也很小。总体而言,美国桥规与 JTG 3362—2018 抗弯承载力的比值约为 1.4;欧洲桥规与 JTG 3362—2018 的比值约为 1.1;JTG D62—2004 的抗弯承载力基本是一样的。

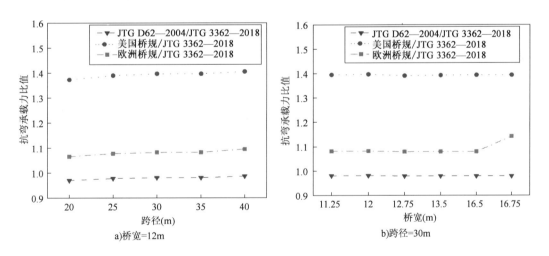

图 5.1.11　预应力混凝土简支 T 梁抗弯承载力比值

2. 简支空心板梁桥

根据各国规范体系计算所得样本桥梁中简支空心板梁跨中截面抗剪承载力见图 5.1.12,简支空心板梁的抗弯承载力与简支 T 梁类似,同样也呈现出美国桥规>欧洲桥规>JTG 3362—2018>JTG D62—2004。

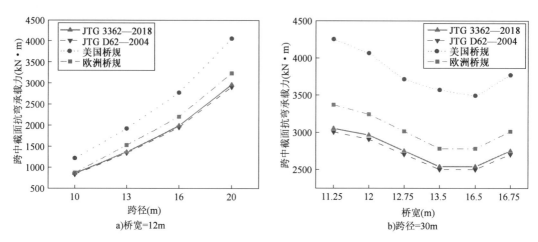

图 5.1.12　预应力混凝土简支空心板梁跨中截面抗弯承载力

由图 5.1.13 可知,美国桥规抗弯承载力与 JTG 3362—2018 的比值约为 1.40,欧洲桥规与 JTG 3362—2018 的比值约为 1.15,JTG D62—2004 的抗弯承载力基本相同。

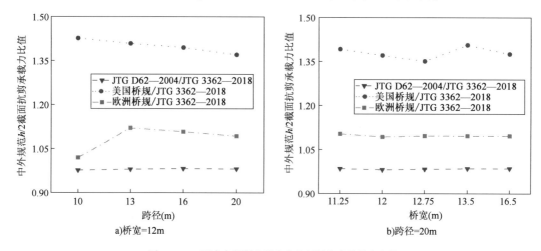

图 5.1.13　预应力混凝土简支空心板梁抗弯承载力比值

就整体来看,依据美国桥规计算所得正截面抗弯承载力最大,其次为欧洲桥规,中国桥规。由于 JTG 3362—2018 计算所选用的钢筋抗拉强度比 JTG D62—2004 所选用的钢筋抗拉强度高,故根据 JTG 3362—2018 计算所得的截面抗弯承载力会略大于 JTG D62—2004 计算所得抗弯承载力。

5.2 受弯构件截面抗剪承载力

钢筋混凝土和预应力混凝土受弯构件除会发生截面受弯破坏以外,还可能在剪力和弯矩共同作用的支座附近梁段内发生斜截面受剪破坏。混凝土受弯构件剪切破坏的影响因素众多,破坏形态复杂。中国、美国、欧洲桥规在抗剪计算截面选择,抗剪上限取值方面没有统一的规则,也没有统一的截面抗剪承载力计算方法。

根据我国的试验研究成果,混凝土梁的剪切破坏主要有斜压破坏、剪压破坏、斜拉破坏三种形态,参见图5.2.1。这三种破坏形态与构件的剪跨比 λ 密切相关:当 $\lambda \leq 1$ 时发生斜压破坏,此时箍筋应力达不到相应的屈服强度,承载力主要取决于混凝土的抗压强度,属于脆性破坏,见图5.2.1a);当 $1 < \lambda < 3$ 时发生剪压破坏,此时腹筋达到屈服强度的同时剪压区混凝土在剪应力和压应力的共同作用下达到极限强度,属于相对延性的破坏,见图5.2.1b);当 $\lambda \geq 3$ 时发生斜拉破坏,极限状态时斜拉破坏与临界斜裂缝的形成几乎同时发生,破坏过程很快,属于脆性破坏,见图5.2.1c)。

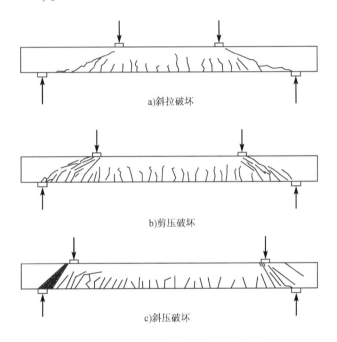

图 5.2.1　混凝土梁的斜截面剪切破坏形态

一、计算截面的选择

在计算截面抗剪承载力时首先要确定计算截面的位置。计算截面一般选择较易发生斜截面破坏的位置,且与箍筋和弯起钢筋的布置方式及截面尺寸变化有关。三种规范选择计算截面的相关规定不尽相同且差异较大。

1. 中国桥规

JTG 3362—2018 和 JTG D62—2004 中均规定,对于简支梁和连续梁近支点梁段,计算位置包括距支座中心 $h/2$ 处截面[图5.2.2a)截面1-1];受拉区弯起钢筋弯起点处截面[图5.2.2a)截面2-2];锚于受拉区的纵向钢筋开始不受力处的截面[图5.2.2a)截面3-3];箍筋数量或间距改变处的截面[图5.2.2a)截面4-4];构件腹板宽度变化处的截面[图5.2.2a)截面5-5]。

对于连续梁和悬臂梁近中间支点梁段,计算位置包括支点横隔梁边缘处截面[图5.2.2b)截面6-6];变高度梁高度突变处截面[图5.2.2b)截面7-7];参照简支梁的要求,需要进行验算的截面。

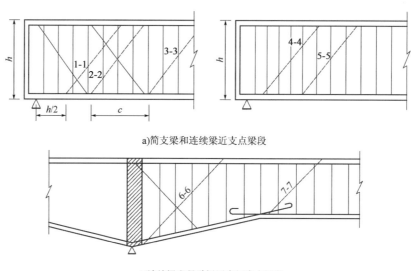

a)简支梁和连续梁近支点梁段

b)连续梁和悬臂梁近中间支点梁段

图5.2.2 斜截面抗剪承载力验算位置示意图

2. 美国桥规

美国桥规中通常对支点和加载点附近不满足平截面假设的区域,或距离支座内边缘为d_v的截面进行抗剪承载力验算,其中d_v是截面拉、压力合力间的力臂,其数值不小于梁的有效高度的0.9倍。

3. 欧洲桥规

欧洲桥规(EN 1992-1-1:2004)中无腹筋构件抗剪承载力验算截面的位置,与受拉钢筋的锚固长度有关。对主要承受均布荷载的构件,欧洲桥规要求只验算与支座表面距离为d(截面有效高度)的斜截面的设计剪力,参见图5.2.3。

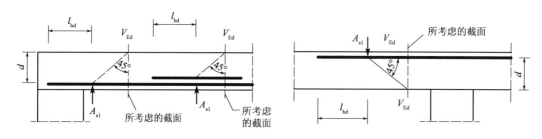

图5.2.3 EN 1992-1-1受剪承载力的验算截面

从上面的表述可以看出,中国桥规在抗剪截面选取时主要是针对特殊截面进行的,美国桥规则直接选取桥跨的十等分点,而欧洲桥规主要验算距离支座表面距离为d的截面,对其他截面并未提出要求。相比而言,中国、美国桥规对于桥跨抗剪验算截面的选择较为具体,欧洲桥规则主要针对距支座d的一个截面进行验算,并未明确提出其他截面的验算要求。中国、美国桥规相比而言,美国桥规直接采用桥跨等分点,比中国桥规的抗剪截面选择更为便捷。

二、无腹筋构件的抗剪承载力计算方法

1. 中国桥规

JTG 3362—2018、JTG D62—2004 的抗剪计算方法基本一致,其第 5.2 节规定:对于矩形、T 形和 I 形截面的受弯构件,当符合式(5.2.1)的条件时可不进行斜截面抗剪承载力的验算,仅需按规范构造要求配置箍筋。

$$\gamma_0 V_d \leq 0.50 \times 10^{-3} \alpha_2 f_{td} b h_0 \quad (kN) \tag{5.2.1}$$

式中:b、h_0——单位为 mm;

α_2——预应力提高系数,对钢筋混凝土受弯构件,$\alpha_2 = 1.0$;对预应力混凝土受弯构件,$\alpha_2 = 1.25$。

但当由钢筋合力引起的截面弯矩与外弯矩的方向相同时,或允许出现裂缝的预应力混凝土受弯构件,取 $\alpha_2 = 1.0$。对于板式受弯构件,式(5.2.1)的计算值应乘以 1.25 的提高系数。

2. 美国桥规

美国桥规中并未将无腹筋构件单独列出,而是采用统一的表达式进行计算,具体计算表达式与有腹筋构件的抗剪承载力计算相同。其中 2017 年版第 5.7.2.3 条规定,当满足式(5.2.2)时,无须配置箍筋。

$$V_u \leq 0.5\phi(V_c + V_p) \tag{5.2.2}$$

式中:V_u——考虑了荷载系数的剪力效应;

ϕ——抗力系数;

V_c——混凝土提供的抗剪承载力;

V_p——预应力钢筋提供的抗剪承载力。

3. 欧洲桥规

欧洲桥规(EN 1992-1-1:2004)规定:无腹筋受弯构件截面抗剪承载力的设计值 $V_{Rd,c}$ 按下式计算:

$$V_{Rd,c} = [C_{Rd,c} k (100\rho_1 f_{ck})^{1/3} + k_1 \sigma_{cp}] b_w d \geq (v_{min} + k_1 \sigma_{cp}) b_w d \tag{5.2.3}$$

$$k = 1 + \sqrt{\frac{200}{d}} \leq 2.0 \tag{5.2.4}$$

$$\rho_1 = \frac{A_{sl}}{b_w d} \leq 0.02 \tag{5.2.5}$$

$$\sigma_{cp} = \frac{N_{Ed}}{A_c} < 0.2 f_{cd} \tag{5.2.6}$$

式中: f_{ck}——混凝土抗压强度特征值;

A_{sl}——延伸超出所考虑截面的受拉钢筋的截面面积;

b_w——受拉区截面的最小宽度;

d——截面有效高度;

N_{Ed}——由荷载或预应力产生的轴力;

A_c——混凝土截面面积。

$C_{Rd,c}$、v_{min}、k_1——由执行欧洲桥规国家的国家附录规定,欧洲桥规对$C_{Rd,c}$的建议值为$0.18/\gamma_c$; k_1的建议值为0.15;$v_{min}=0.035k^{3/2}\sqrt{f_{ck}}$(MPa)。

三、有腹筋构件的抗剪承载力计算方法

1. 中国桥规

中国桥规中配置腹筋的受弯构件的截面抗剪承载能力计算是以剪压破坏的受力特征为基础的,即构件剪切破坏时与斜裂缝相交的箍筋、弯起钢筋和预应力筋的应力可以达到各自的屈服强度,同时斜裂缝末端受压区的混凝土在剪应力和法向应力的共同作用下达到其强度极限值而破坏。图5.2.4为我国钢筋混凝土及预应力混凝土受弯构件的截面抗剪承载力计算的图式。由此图可以看出,斜截面所承受的剪力由斜裂缝顶端未开裂的混凝土、与斜截面相交的箍筋、弯起钢筋和预应力钢筋四者共同承担,规范中将混凝土和箍筋的抗剪承载力合并为一项(并取其最小值),得到的截面抗剪承载力计算的一般表达式。

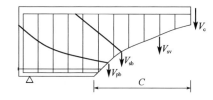
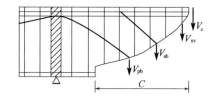

a)简支梁和连续梁近边支点梁段　　　　b)连续梁和悬臂梁近中间支点梁段

图5.2.4　斜截面抗剪承载力验算

JTG 3362—2018与JTG D62—2004所规定的斜截面抗剪承载力计算方法分别见下列公式。

JTG 3362—2018:

$$V_u = \gamma_0 V_d \leqslant V_{cs} + V_{sb} + V_{pb} + V_{pb,ex} \tag{5.2.7}$$

JTG D62—2004:

$$V_u = \gamma_0 V_d \leqslant V_{cs} + V_{sb} + V_{pb}$$

JTG 3362—2018:

$$V_{cs} = 0.45 \times 10^{-3} \alpha_1 \alpha_2 \alpha_3 bh_0 \sqrt{(2+0.6P)} \sqrt{f_{cu,k}(\rho_{sv} f_{sv} + 0.6\rho_{pv} f_{pv})} \tag{5.2.8}$$

JTG D62—2004:

$$V_{cs} = \alpha_1 \alpha_2 \alpha_3 0.45 \times 10^{-3} bh_0 \sqrt{(2+0.6P)\sqrt{f_{cu,k}}\rho_{sv} f_{sv}} \tag{5.2.9}$$

$$V_{sb} = 0.75 \times 10^{-3} f_{sd} \sum A_{sb} \sin\theta_s \tag{5.2.10}$$

$$V_{pb} = 0.75 \times 10^{-3} f_{pd} \sum A_{pb} \sin\theta_p \tag{5.2.11}$$

$$V_{pb,ex} = 0.75 \times 10^{-3} \sum \sigma_{pe,ex} A_{ex} \sin\theta_{ex} \tag{5.2.12}$$

式中： V_d——斜截面受压端上由作用(或荷载)效应所产生的最大剪力组合设计值；

V_{cs}——斜截面内混凝土和箍筋共同的抗剪承载力设计值；

V_{sb}——与斜截面相交的普通弯起钢筋抗剪承载力设计值；

V_{pb}——与斜截面相交的预应力弯起钢筋抗剪承载力设计值；

$V_{pb,ex}$——与斜截面相交的体外预应力弯起钢筋抗剪承载力设计值；

α_1——异号弯矩影响系数；

α_2——预应力提高系数；

α_3——受压翼缘的影响系数；

b——斜截面受压端正截面处矩形截面宽度，或T形和I形截面腹板宽度；

h_0——斜截面受压端正截面的有效高度；

P——斜截面内纵向受拉钢筋的配筋百分率，JTG 3362—2018 规定 $P=100\rho, \rho=(A_p+A_s)/bh_0$，JTG D62—2004 规定 $P=100\rho, \rho=(A_p+A_{pb}+A_s)/bh_0$；

$\rho_{sv}、\rho_{pv}$——斜截面内箍筋、竖向预应力钢筋配筋率；

$f_{sv}、f_{pv}$——箍筋、竖向预应力钢筋的抗拉强度设计值；

$A_{sb}、A_{pb}、A_{ex}$——斜截面内在同一弯起平面的普通弯起钢筋、体内预应力弯起钢筋和体外预应力弯起钢筋的截面面积；

$\theta_s、\theta_p、\theta_{ex}$——普通弯起钢筋、体内预应力弯起钢筋和体外预应力弯起钢筋的切线和水平线的夹角，按斜截面剪压区对应正截面处取值。

进行截面抗剪承载力验算时，斜截面水平投影长度 C 应按下式计算：

$$C = 0.6mh_0 \tag{5.2.12}$$

式中：m——斜截面受压端正截面处的广义剪跨比，$m=M_d/V_d h_0$，当 $m>3.0$ 时，取 $m=3.0$；

M_d——相应于最大剪力组合设计值的弯矩组合设计值。

在抗剪承载力的计算时，JTG 3362—2018 相较于 JTG D62—2004 增加了一项体外预应力对承载力的贡献 $V_{pb,ex}$。此外，修订了混凝土与箍筋共同的抗剪承载力 V_{cs} 的计算表达式，JTG D62—2004 中箍筋与竖向预应力钢筋的抗剪贡献是分开计算的，当采用竖向预应力钢筋时，ρ_{sv} 和 f_{sv} 应换为 ρ_{pv} 和 f_{pd}，分别为竖向预应力钢筋的配筋率和抗拉强度设计值；JTG 3362—2018 规定，箍筋与竖向预应力钢筋联合抗剪，极限状态竖向预应力钢筋的应力取 0.6 倍预应力钢筋的抗拉强度设计值，表达式见式(5.2.8)。此外，在计算纵向受拉钢筋配筋率 P 时，JTG D62—2004 计入了弯起预应力钢筋的面积，JTG 3362—2018 对此进行了修正，去掉了弯起预应力钢筋的面积 A_{pb}。对于 V_{sb} 与 V_{pb} 仍沿用 JTG D62—2004 版的规定，具体见式(5.2.10)与式(5.2.11)。

2. 美国桥规

美国桥规中提供了两种受弯构件抗剪承载力的计算模型：对于截面应变分布基本符合平截面假定的结构区域(B区)，采用截面模型；对于截面应变分布呈现非线性的结构区域(D区)，采用拉-压杆模型。拉-压杆模型详见本书第5.7节，这里仅对截面模型进行介绍。

截面模型基于修正压力场理论，把混凝土构件的抗剪承载力看作由三部分组成：混凝土中

的拉应力 V_c、横向钢筋的拉应力 V_s 以及预应力钢筋的竖向分力 V_p。V_c 和 V_s 的表达式对于预应力混凝土和非预应力混凝土两种截面均适用。

$$V_r = \phi V_n = \phi(V_c + V_s + V_p) \leqslant 0.25 f'_c b_v d_v + V_p \qquad (5.2.14)$$

$$V_c = 0.083\beta \sqrt{f'_c} b_v d_v \qquad (5.2.15)$$

$$V_s = \frac{A_v f_y d_v (\cot\theta + \cot\alpha)\sin\alpha}{s} \qquad (5.2.16)$$

式中：V_r——截面抗剪承载力；

V_n——截面名义抗力；

ϕ——结构的抗力系数；

V_p——预应力钢筋竖向分力提供的抗剪承载力；

b_v——截面有效腹板宽度；

d_v——截面有效抗剪高度；

s——箍筋间距；

β——纵向应力对混凝土抗剪能力的影响系数，$\beta = 2.0$；

θ——斜压应力的倾斜角，$\theta = 45°$；

α——横向钢筋对纵轴的斜角；

A_v——距离 s 内抗剪钢筋的面积。

3. 欧洲桥规

对于有腹筋钢筋混凝土构件的抗剪承载力，欧洲桥规（EN 1992-1-1:2004）的计算方法是以桁架模型为基础的，如图 5.2.5 和图 5.2.6 为桁架模型的受力形式。桁架由与 AC 角为 α 的拉杆 BC 和角为 θ 的混凝土压杆 AB 以及纵向受拉钢筋和受压钢筋组成。

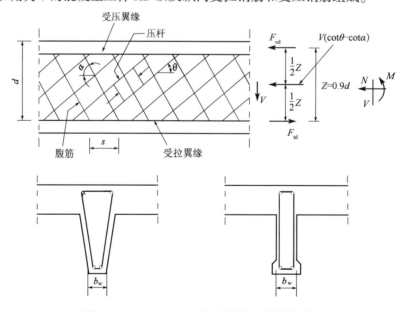

图 5.2.5　EN 1992-2-2 中的钢筋混凝土构件桁架模型

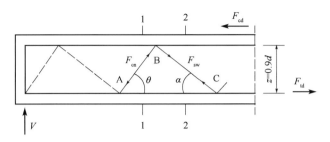

图 5.2.6 桁架模型的受力状态

对于图 5.2.6 中的截面 1-1，$AC = z(\cot\theta + \cot\alpha)$，所以箍筋屈服时的抗剪承载力为：

$$V_{Rd,s} = F_{sw}\sin\alpha = A_{sw}f_{ywd}\frac{AC}{s}\sin\alpha = \frac{A_{sw}}{s}zf_{ywd}(\cot\theta + \cot\alpha)\sin\alpha \quad (5.2.17)$$

式中：A_{sw}——箍筋的截面面积；

s——箍筋间距；

z——所考虑单元最大弯矩的内力臂，近似取 $0.9d$；

f_{ywd}——箍筋屈服强度设计值。

当 $\cot\theta = 1$ 时，有效箍筋面积的最大值 $A_{sw,max}$ 应满足下式的要求：

$$\frac{A_{sw,max}f_{ywd}}{b_w s} \leq \frac{\frac{1}{2}\alpha_{cw}v_1 f_{cd}}{\sin\alpha} \quad (5.2.18)$$

对于截面 2-2，混凝土压杆压碎时的抗剪承载力为：

$$V_{Rd,max} = F_{cn}\sin\theta = \alpha_{cw}v_1 f_{cd}b_w(AC\sin\theta)\sin\theta = \alpha_{cw}v_1 f_{cd}b_w z\frac{\cot\theta + \cot\alpha}{1 + \cot^2\theta} \quad (5.2.19)$$

式中：α_{cw}——由执行欧洲桥规国家的国家附录规定，对于钢筋混凝土结构，欧洲桥规的建议值是 1.0，对于预应力混凝土结构，按下式计算取值：

$$\alpha_{cw} = \begin{cases} 1 + \dfrac{\sigma_{cp}}{f_{cd}} & 0 < \sigma_{cp} \leq 0.25f_{cd} \\ 1.25 & 0.25f_{cd} < \sigma_{cp} \leq 0.5f_{cd} \\ 2.5\left(1 - \dfrac{\sigma_{cp}}{f_{cd}}\right) & 0.5f_{cd} < \sigma_{cp} < f_{cd} \end{cases} \quad (5.2.20)$$

式中：σ_{cp}——由设计轴力产生的混凝土平均压应力，受压为正，考虑钢筋作用对混凝土截面取平均得到，且不需要计算距支座边缘小于 $0.5d\cot\theta$ 截面的 σ_{cp} 值。

系数 v_1 按照式(5.2.21)计算：

$$v_1 = 0.6\left(1 - \frac{f_{ck}}{250}\right) \quad (5.2.21)$$

对于钢筋混凝土和预应力混凝土构件，当抗剪钢筋的设计应力低于屈服强度特征值 f_{yk} 的 80% 时，v_1 可按下式取值：

$$v_1 = \begin{cases} 0.6 & f_{ck} \leq 60\text{MPa} \\ 0.9 - \dfrac{f_{ck}}{200} > 0.5 & f_{ck} > 60\text{MPa} \end{cases} \quad (5.2.22)$$

四、抗剪构造要点

1. 中国桥规

JTG 3362—2018、JTG D62—2004 均规定,矩形、T 形和 I 形截面的受弯构件,其抗剪截面应符合下列要求:

$$\gamma_0 V_d \leq 0.51 \times 10^{-3} \sqrt{f_{cu,k}} b h_0 \qquad (5.2.23)$$

式中:V_d——验算截面处由作用(或荷载)产生的剪力组合设计值;
b——相应于剪力组合设计值处的矩形截面宽度或 T 形和 I 形截面腹板宽度;
h_0——相应于剪力组合设计值处的截面有效高度,即自纵向受拉钢筋合力点至受压边缘的距离。

若不满足截面抗剪上限的要求,应当增大截面尺寸,重新进行计算。

2. 美国桥规

美国桥规主要对横向钢筋的布置区域、最小钢筋用量以及横向钢筋的最大间距提出了抗剪构造要求。

1)需要配置横向钢筋的区域

在剪力设计值 V_u 超出下式的区段应配置横向钢筋:

$$V_u > 0.5\phi(V_c + V_p) \qquad (5.2.24)$$

式中:V_u——带系数的剪力;
V_c——混凝土的名义抗剪承载力;
V_p——预应力筋在剪力方向上的分力;
ϕ——结构的抗力系数。

2)最少横向钢筋需求量

除节段后张预应力混凝土箱形梁以外,构件的横向钢筋应满足下式要求:

$$A_v \geq 0.083\sqrt{f'_c}\frac{b_v s}{f_y} \qquad (5.2.25)$$

对于节段后张预应力混凝土箱形梁,其横向钢筋应满足:

$$A_v \geq 0.35 \frac{b_w s}{f_y} \qquad (5.2.26)$$

式中:A_v——距离 s 内横向钢筋的面积;
b_v——腹板宽度;
s——横向钢筋的间距;
f_y——横向钢筋的屈服强度。

3)横向钢筋的最大间距

横向钢筋的间距不应当超过规定的最大允许范围 s_{max}:

如果 $v_u < 0.125 f'_c$,则 $s_{max} = 0.8 d_v \leq 600 \text{mm}$;

如果 $v_u \geq 0.125 f'_c$,则 $s_{max} = 0.4 d_v \leq 300 \text{mm}$。

式中：v_u——混凝土中的剪应力，$v_u = \dfrac{|V_u - \phi V_p|}{\phi b_v d_v}$；

d_v——有效抗剪高度。

对于所有截面而言，位于受拉一侧的纵向受力钢筋应满足式(5.2.27)的要求：

$$A_{ps}f_{ps} + A_s f_y \geq \dfrac{|M_u|}{d_v \phi_f} + 0.5 \dfrac{N_u}{\phi_c} + \left(\left|\dfrac{V_u}{\phi_v} - V_p\right| - 0.5 V_s\right)\cot\theta \quad (5.2.27)$$

3. 欧洲桥规

欧洲桥规(EN 1992-1-1:2004)规定，钢筋混凝土构件受剪承载力的计算是以桁架模型为基础的，式(5.2.19)表示斜裂缝间的混凝土压杆控制的强度。为使构件不会因混凝土压杆压碎而破坏，则由式(5.2.19)控制的抗剪承载力应对应于构件的最小截面尺寸。

另外，为使构件受剪破坏时箍筋屈服发生在混凝土压杆压碎之前，以使破坏具有一定的延性，应使 $V_{Rd,s} \leq V_{Rd,max}$。这一条件决定了构件箍筋的最大配筋率，由此得到：

$$\dfrac{A_{sw}f_{ywd}}{s}z(\cot\theta + \cot\alpha)\sin\alpha \leq a_{cw}v_1 f_{cd} b_w z \dfrac{\cot\theta + \cot\alpha}{1 + \cot^2\theta} \quad (5.2.28)$$

即

$$\dfrac{A_{sw}f_{ywd}z}{b_w s} \leq \dfrac{a_{cw}v_1 f_{cd}}{(1 + \cos^2\theta)\sin\alpha} \quad (5.2.29)$$

由于 $1 \leq \cot\theta \leq 2.5$，上式变为：

$$\dfrac{A_{sw}f_{ywd}z}{b_w s} \leq \dfrac{1}{2}\dfrac{a_{cw}v_1 f_{cd}}{\sin\alpha} \quad (5.2.30)$$

式(5.2.30)即欧洲桥规规定的间距为 s 时的最大箍筋面积，用箍筋配筋率表示为：

$$\rho_{sw,max} = \dfrac{A_{sw}}{b_w s} = \dfrac{1}{2}\dfrac{a_{cv}v_1 f_{cd}}{\sin\alpha f_{ywd}} \quad (5.2.31)$$

欧洲桥规(EN 1992-1-1:2004)规定的箍筋的最小面积及最大间距要求如下：

(1) 箍筋的最小配筋率为：

$$\rho_{w,min} = \dfrac{0.08\sqrt{f_{ck}}}{f_{yk}} \quad (5.2.32)$$

(2) 箍筋的最大间距不超过 $s_{l,max}$，$s_{l,max}$ 的值由执行欧洲桥规国家的国家附录规定，欧洲桥规建议按下式计算：

$$s_{l,max} = 0.75d(1 + \cot\alpha) \quad (5.2.33)$$

式中：α——箍筋与梁纵轴的夹角。

(3) 箍筋肢和肢间的横向间距不应超过 $s_{t,max}$，$s_{t,max}$ 的值由执行欧洲桥规国家的国家附录规定，欧洲桥规建议按下式计算：

$$s_{t,max} = 0.6d(1 + \cot\alpha) \quad (5.2.34)$$

(4) 当构件中使用弯起钢筋抗剪时，至少有 β_3 倍的抗剪钢筋为箍筋。β_3 的值由执行欧洲桥规国家的国家附录规定，欧洲桥规的建议值为 0.5。

在抗剪验算中，箍筋的配筋率和箍筋间距是两项重要的指标。现将中国、美国、欧洲桥规的相应规定汇总在表5.2.1中。

中国、美国、欧洲桥规箍筋配筋率及最大间距　　表5.2.1

规范	中国桥规	美国桥规	欧洲桥规
箍筋最小配筋率	JTG D62—2004:R235钢筋:0.18% HRB335钢筋:0.12% JTG 3362—2018:HPB300钢筋:0.14% HRB400钢筋:0.11%	$0.083\dfrac{\sqrt{f_c'}}{f_y}$	$\rho_{w,\min}=\dfrac{0.08\sqrt{f_{ck}}}{f_{yk}}$
最大间距	(1) 不大于梁高的1/2且不大于400mm； (2) 所箍钢筋为受压钢筋时，不大于所箍钢筋直径的15倍，且不大于400mm； (3) 支座中心向跨径方向相当一倍梁高范围内，不大于100mm	$v_u<0.125f_c'$时， $s_{\max}=0.8d_v\leqslant 600\text{mm}$ $v_u\geqslant 0.125f_c'$时， $s_{\max}=0.4d_v\leqslant 300\text{mm}$ 式中：v_u——混凝土中的剪应力； $v_u=\dfrac{\lvert V_u-\phi V_p\rvert}{\phi b_v d_v}$； d_v——有效抗剪高度	$s_{l,\max}=0.75d(1+\cot\alpha)$ 式中：d——截面的有效高度； α——箍筋与梁纵轴的夹角

对于箍筋最小配筋率而言，中国桥规分别针对HPB300和HRB400（或R235和HRB335）钢筋均给出了相应最小配筋率，而美国桥规和欧洲桥规均针对不同强度等级的混凝土和钢筋给出了计算表达式，两者从表达形式上来看基本一致，并且均采用强度标准值，两式的系数也非常接近。

为了进一步对比中国、美国、欧洲桥规中关于箍筋配筋率的要求，选取美国桥规中Grade3000～Grade7000级混凝土，分别计算Grade280、Grade420和Grade520级钢筋的最小配筋率；选取欧洲桥规的C20/25～C50/60级混凝土，分别计算B500A、B500B和B500C级钢筋的最小配筋率，并和中国桥规中规定的R235和HRB335级钢筋的最小配筋率进行对比，见图5.2.7。

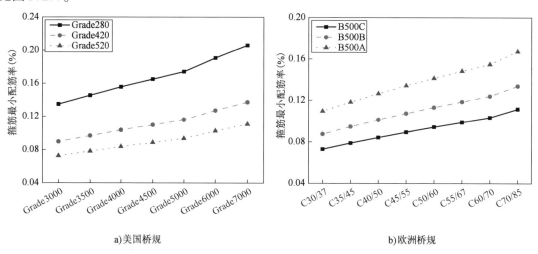

a) 美国桥规　　　　　　　　　　b) 欧洲桥规

图5.2.7　箍筋最小配筋率和混凝土强度及钢筋级别的关系

从图5.2.7a)可以看出,箍筋强度不变的情况下,随着混凝土强度的增加,箍筋的最小配筋率相应增加。对于美国桥规中的 Grade280 级钢筋,当混凝土强度级别小于 Grade5000 级时,箍筋的最小配筋率小于中国桥规中 R235 级钢筋的 0.18%;对于美国桥规中的 Grade420 级钢筋,当混凝土级别小于 Grade5000 级时,箍筋最小配筋率均小于中国桥规相应 HRB335 级钢筋的 0.12%。

从图5.2.7b)可以看出,箍筋强度不变的情况下,随着混凝土强度的增加,箍筋的最小配筋率相应增加。欧洲桥规中各级别的钢筋,箍筋的最小配筋率均小于 0.18%;对于 ClassA400 级钢筋,当混凝土强度级别超过 C35/40 时,箍筋最小配筋率在 0.12%~0.18% 区间。

中国桥规中规定的箍筋最小配筋率是依据箍筋的强度给出的定值,并未考虑混凝土强度的影响,而美国、欧洲桥规则建立了配筋率与箍筋和混凝土强度之间的关系。随着钢筋强度的增加,最小配筋率呈现递减趋势。相比而言,美国、欧洲桥规的规定更为细致合理。

五、《通用图》抗剪计算结果对比分析

本例计算中仍采用《通用图》中的简支T梁和简支空心板梁作为样本。选取PC简支T梁等宽(桥宽12m)变跨径(20~40m)跨中截面,PC简支T梁等跨(跨径30m)变宽度(11.25~16.75m)跨中截面,PC简支空心板等宽(桥宽12m)变跨径(10~20m)跨中截面和PC简支空心板等跨(跨径20m)变宽度(11.25~16.75m)跨中截面共19个样本进行计算。依据本书第3章对材料进行等强度转换,分别按照中国、美国、欧洲桥规用 MIDAS/Civil 计算结构距支点 $h/2$ 斜截面的抗剪承载力。

1. 简支T梁桥

《通用图》中不同跨径和不同桥宽的 PC 简支 T 梁桥距支点 $h/2$ 斜截面抗剪承载力汇总见图5.2.8。

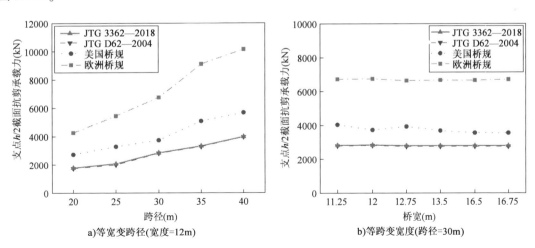

图 5.2.8 PC 简支 T 梁距支点 $h/2$ 斜截面抗剪承载力

从图5.2.8可以看出,对于所选跨径和宽度的简支T梁桥,距支点 $h/2$ 斜截面抗剪承载力均有欧洲桥规>美国桥规>中国桥规的规律。这与跨中截面抗弯承载力美国桥规>欧洲桥

规>中国桥规的规律有所不同。当桥宽相等时,随着跨径的增加,距支点 $h/2$ 斜截面的抗剪承载力逐渐增大。当跨径相等时,随着桥宽的变化,中美和中欧桥规计算得到的距支点 $h/2$ 斜截面抗剪承载力的差值基本相等。

此外,JTG 3362—2018 的抗剪承载力仅略微大于 JTG D62—2004。其主要原因在于,当采用 JTG 3362—2018 计算时,虽将钢筋 HRB335 替换为 HRB400,截面承载力将变大,但是 JTG D62—2004 在计算斜截面内混凝土与箍筋共同抗剪承载能力 V_{cs} 一项时,斜截面内纵向受拉钢筋的配筋率需要计入预应力弯起钢筋的面积,即 $P = 100\rho = 100(A_p + A_{pb} + A_s)/bh_0$,而 JTG 3362—2018 在计算该项时无须计入预应力弯起钢筋的面积:$P = 100\rho = 100(A_p + A_s)/bh_0$。由于 JTG 3362—2018 以及 JTG D62—2004 的抗剪承载能力计算方法中均已经计入预应力弯起钢筋的抗弯贡献 V_{pb},因此 JTG D62—2004 似重复考虑了预应力弯起钢筋的抗剪贡献,而 JTG 3362—2018 的抗剪计算规定似更为合理。

为了更明确地比较中国、美国和中国、欧洲桥规之间差异性,将 JTG D62—2004、美国桥规和欧洲桥规计算得到的抗剪承载力分别除以现行 JTG 3362—2018 的抗剪承载力,得到比值汇总如图 5.2.9 所示。

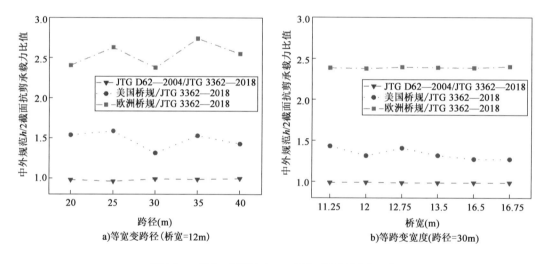

图 5.2.9 简支 T 梁距支点 $h/2$ 斜截面抗剪承载力比较

从图 5.2.9 可以看出,简支 T 梁距支点 $h/2$ 斜截面抗剪承载力中依据美国桥规计算所得到的抗剪承载力约为 JTG 3362—2018 的 1.3 ~ 1.4 倍,依据欧洲桥规计算所得抗剪承载力约为中国桥规的 2.5 倍,总体呈现出欧洲桥规>美国桥规>中国桥规的分布。

相比抗弯承载力的比值而言,抗剪承载力具有更大的变异性。这主要是由于各规范中的抗剪承载力计算理论差别较大,并且有很多的经验系数。中国桥规中的抗剪承载力是在临界剪跨比的基础上得到的,因而得到的截面抗剪承载力总体偏小,抗剪设计最为保守。美国桥规的抗剪承载力计算计算结果明显大于中国桥规的计算结果,主要是由于其采用基于修正压力场理论的截面模型或拉压杆模型决定的;欧洲桥规抗剪承载力计算结果最大的原因主要是其桁架模型决定的,相较中国桥规的抗剪承载力计算结果而言两者均明显偏大。

2. 简支空心板梁桥

《通用图》中不同跨径和不同桥宽的 PC 空心板梁桥距支点 $h/2$ 斜截面抗剪承载力汇总到图 5.2.10 中。

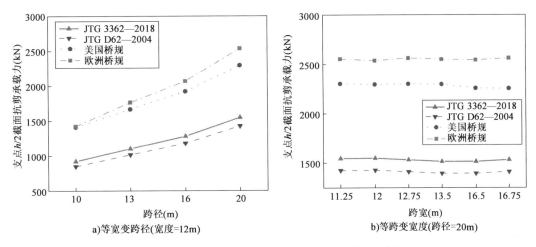

图 5.2.10　PC 简支空心板梁距支点 $h/2$ 斜截面抗剪承载力

从图 5.2.10 可以看出,对于通用图中所有的简支空心板梁桥,边主梁距支点 $h/2$ 斜截面抗剪承载力均有欧洲桥规 > 美国桥规 > JTG 3362—2018 > JTG D62—2004 的规律,这与跨中截面抗弯承载力美国桥规 > 欧洲桥规 > 中国桥规的规律也有所不同。当桥宽相等时,随着跨径的增加,距支点 $h/2$ 斜截面抗剪承载力逐渐增大。当跨径相等时,随着桥宽的变化,中国、美国和中国、欧洲桥规计算得到的距支点 $h/2$ 斜截面抗剪承载力的差值基本相等。为了更明确地比较中国、美国和中国、欧洲桥规之间差异性,将美国桥规、欧洲桥规和 JTG D62—2004 计算得到的抗剪承载力分别除以 JTG 3362—2018 的抗剪承载力,得到比值汇总如图 5.2.11 所示。

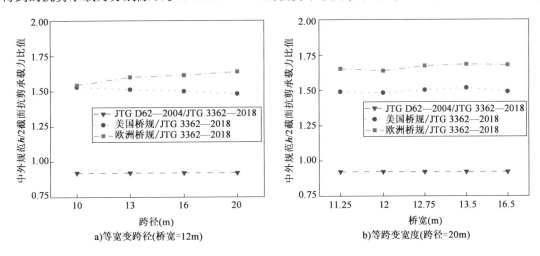

图 5.2.11　PC 简支空心板距支点 $h/2$ 斜截面抗剪承载力

从图 5.2.11 可以看出,对于等宽变跨径简支空心板梁,距支点 $h/2$ 斜截面抗剪承载力美国和 JTG 3362—2018 的比值约为 1.5 倍,欧洲桥规和 JTG 3362—2018 的比值为 1.5~1.6 倍;

对于等跨变宽度简支空心板梁,距支点 $h/2$ 截面抗剪承载力美国桥规和中国桥规的比值约为 1.5,欧洲桥规和中国桥规的比值为 1.6~1.7;JTG D62—2004 约为 JTG 3362—2018 的 0.9 倍。

根据上述计算结果可知,对于预应力混凝土 T 梁及预应力混凝土空心板梁的斜截面抗剪承载力均有欧洲桥规 > 美国桥规 > JTG 3362—2018 > JTG D62—2004。由此可见,JTG 3362—2018 比 JTG D62—2004 在抗剪承载力上略有提高,这其中包括了计算方法微调和钢筋等级提高的影响。若选取相同材料,依据 JTG D62—2004 计算的抗剪承载力仍会小于 JTG 3362—2018 的计算结果。中国桥规计算的抗剪承载力较小于欧洲、美国桥规的计算结果,这与我国"强剪弱弯"的设计理念有关,其主要原因与我国桥规在抗剪承载力计算时采用的临界剪跨比有关。

5.3 轴心受压构件承载力

受压构件包括轴心受压构件和偏心受压构件,其中偏心受压构件又分为大偏心和小偏心受压构件。本节着重对比分析轴心受压的承载力计算方法和构造要求。

轴心受压构件按其配筋形式不同可分为两种形式:一种为配有纵向钢筋及普通箍筋的构件,称为普通箍筋柱(直接配筋柱),如图 5.3.1a)所示;另一种为配有纵向钢筋和密集的螺旋箍筋或焊接环形箍筋的构件,称为螺旋箍筋柱(或间接配筋柱),如图 5.3.1b)所示。在一般情况下,承受同一荷载时,螺旋箍筋柱所需截面尺寸相对较小,但施工较复杂,用钢量较多,仅在承受荷载较大、长细比较小的短柱时才采用。

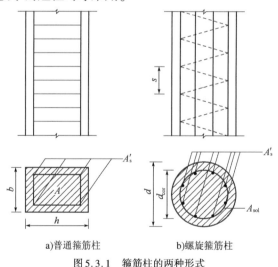

a)普通箍筋柱   b)螺旋箍筋柱

图 5.3.1 箍筋柱的两种形式

一、普通箍筋柱

1. 中国桥规

JTG 3362—2018 沿用了 JTG D62—2004 的规定:对于配有纵向钢筋和普通箍筋的轴心受

压构件,其正截面抗压承载力均按照下列公式计算:

$$N_u = 0.90\varphi(f_{cd}A + f'_{sd}A'_s)$$ (5.3.1)

式中:φ——轴压构件稳定系数,按表5.3.1取值;
f_{cd}——混凝土轴心抗压强度设计值;
A——构件毛截面面积,当纵向钢筋配筋率大于3%时,应扣除钢筋所占的混凝土的面积,即A应改为$A_n = A - A'_s$;
A'_s——全部纵向钢筋的截面面积。

钢筋混凝土轴心受压构件的稳定系数　　表5.3.1

l_0/b	≤8	10	12	14	16	18	20	22	24	26	28
$l_0/2r$	≤7	8.5	10.5	12	14	15.5	17	19	21	22.5	24
l_0/i	≤28	35	42	48	55	62	69	76	83	90	97
φ	1.0	0.98	0.95	0.92	0.87	0.81	0.75	0.70	0.65	0.60	0.56
l_0/b	30	32	34	36	38	40	42	44	46	48	50
$l_0/2r$	26	28	29.5	31	33	34.5	36.5	38	40	41.5	43
l_0/i	104	111	118	125	132	139	146	153	160	167	174
φ	0.52	0.48	0.44	0.40	0.36	0.32	0.29	0.26	0.23	0.21	0.19

注:1. l_0 为构件计算长度;b 为矩形截面的短边尺寸;r 为圆形截面的半径;i 为截面最小回转半径。
2. 构件计算长度 l_0,当构件两端固定时取 $0.5l$;当一端固定一端为不移动的铰时取 $0.7l$。当两端均为不移动的铰时取 l,当一端固定一端自由时取 $2l$;l 为构件支点间长度。

在轴心受压构件极限承载力计算时,通常认为混凝土的极限压应变仅为0.002。但JTG 3362—2018中采用的钢筋强度有所提高。

2.美国桥规

美国桥规2017年版第5.7.4.4项规定:配有纵向钢筋和普通箍筋的轴心受压构件,其正截面抗压承载力计算式为:

$$P_r = \phi P_n = 0.80\phi[k_c f'_c(A_g - A_{st} - A_{ps}) + f_y A_{st} - A_{ps}(f_{pe} - E_p \varepsilon_{cu})]$$ (5.3.2)

式中:ϕ——结构抗力系数,对于普通受压构件,取 $\phi = 0.75$;
f'_c——混凝土28d抗压强度;
k_c——系数,当抗压强度小于69MPa时取0.85,抗压强度大于103MPa时取0.75,中间线性内插取值;
A_g——构件毛截面面积;
A_{st}——纵向普通钢筋的总的截面面积;
A_{ps}——纵向预应力钢筋的截面面积;
f_y——钢筋的屈服强度;
E_p——预应力钢筋的弹性模量;
f_{pe}——预应力钢筋中扣除预应力损失后的有效预应力;
ε_{cu}——抗压混凝土的极限应变,一般取 $\varepsilon_{cu} = 0.003$。

3. 欧洲桥规

对于承受轴向荷载的构件,只有当 $l_0/h < 12$ 按短柱考虑时,才将受压构件视为轴心受压构件。由于欧洲桥规采用的钢筋强度较高,钢筋屈服时混凝土有可能超过其峰值应力,所以不能直接将钢筋屈服时承受的力与混凝土达到强度时承受的力进行叠加。考虑到这一点,欧洲混凝土轴心受压构件承载力计算的公式为:

$$N_d = \lambda \eta f_{cd} A_c + f_{yd} A_s \tag{5.3.3}$$

式中:λ——矩形应力块折减系数,当 $f_{ck} \leq 50\text{MPa}$,取 0.8;当 $f_{ck} > 90\text{MPa}$,取 0.7;中间部分线性内插;

η——混凝土应力折减系数,当 $f_{ck} \leq 50\text{MPa}$,取 1.0;当 $f_{ck} > 90\text{MPa}$,取 0.8;中间部分线性内插;

f_{cd}——混凝土抗压强度设计值;

f_{yd}——钢筋抗压强度设计值;

A_c——混凝土净截面面积;

A_s——纵向钢筋的总面积。

二、螺旋箍筋柱

1. 中国桥规

JTG 3362—2018 及 JTG D62—2004 规定:配有螺旋式或焊接式间接钢筋的轴心受压构件,且间接钢筋的换算面积 A_{so} 不小于全部纵向钢筋截面面积的 25%;间距不大于 80mm 或 $d_{cor}/5$,构件长细比 $l_0/i \leq 48$ 时,其正截面抗压承载力按照下列规定计算:

$$N_u \leq 0.9(f_{cd} A_{cor} + f'_{sd} A_s + k f_{sd} A_{so}) \tag{5.3.4}$$

$$A_{so} = \frac{\pi d_{cor} A_{so1}}{S} \tag{5.3.5}$$

式中:A_{cor}——构件核心截面面积;

A_{so}——螺旋式或焊接环式间接钢筋的换算截面面积;

d_{cor}——构件截面的核心直径;

k——间接钢筋影响系数,混凝土等级 C50 及以下时,取 $k = 2.0$,C50~C80 取 $k = 2.0 \sim 1.70$,中间值按直线内插取用;

A_{so1}——单根间接钢筋的截面面积;

S——沿构件轴线方向间接钢筋的螺距或间距。

若间接钢筋的换算截面面积、间距及构件长细比不符合上述要求,或按式(5.3.4)算得的抗压承载力小于按式(5.3.1)算得的抗压承载力时,不应考虑间接钢筋的套箍作用,截面抗压承载力应按式(5.3.1)计算。按式(5.3.4)计算的抗压承载力设计值不应大于按式(5.3.1)计算的抗压承载力设计值的 1.5 倍。

2. 美国桥规

美国桥规 2017 年版第 5.7.4.4 款规定:配有螺旋箍筋的轴心受压构件,其正截面抗压承载力计算式为：
$$P_r = \phi P_n = 0.85\phi[k_c f'_c(A_g - A_{st} - A_{ps}) + f_y A_{st} - A_{ps}(f_{pe} - E_p \varepsilon_{cu})] \quad (5.3.6)$$
式中各项参数的取值参照式(5.3.2)中的各参数取值。

3. 欧洲桥规

欧洲桥规中并未给出螺旋箍筋柱的相关分类和计算表达式，即不考虑螺旋箍筋对核心混凝土的约束作用，当作普通箍筋柱进行验算。

三、中国、美国、欧洲桥规轴心受压承载能力对比

将中国、美国、欧洲桥规中对于轴心受压构件的计算式汇总在表5.3.2中。

中国、美国、欧洲桥规轴心受压承载力计算公式汇总表　　表5.3.2

规　范	类　型	
	普通箍筋柱	螺旋箍筋柱
中国桥规	$N_u = 0.90\varphi(f_{cd}A + f'_{sd}A')$ (5.3.7)	$N_u \leq 0.9(f_{cd}A_{cor} + f'_{sd}A_s + kf_{sd}A_{so})$ (5.3.8)
美国桥规	$P_r = \phi P_n = 0.80\phi\begin{bmatrix}0.85f'_c(A_g - A_{st} - A_{ps}) + \\ f_y A_{st} - A_{ps}(f_{pe} - E_p \varepsilon_{cu})\end{bmatrix}$ (5.3.9)	$P_r = \phi P_n = 0.85\phi\begin{bmatrix}0.85f'_c(A_g - A_{st} - A_{ps}) + \\ f_y A_{st} - A_{ps}(f_{pe} - E_p \varepsilon_{cu})\end{bmatrix}$ (5.3.10)
欧洲桥规	$N_d = \lambda \eta f_{cd}A_c + f_{yd}A_s$ (5.3.11)	—

从式(5.3.7)~式(5.3.11)可以看出，中国桥规和欧洲桥规只考虑了混凝土和普通钢筋，而美国桥规的计算式中还考虑了配置预应力筋的效应。本节进行算例对比分析时不考虑预应力效应的影响。算例结构的截面尺寸选取500mm×500mm的正方形截面，各规范选用的混凝土和钢筋参数如表5.3.3所示，将构件的长细比均限制在短柱范围内。

轴心受压构件承载力对比所选材料参数　　表5.3.3

规　范	材　料	
	混凝土	钢筋
JTG 3362—2018	C40 $f_{cd} = 18.4$MPa	HRB400 $f'_{sd} = 330$MPa
JTG D62—2004	C40 $f_{cd} = 18.4$MPa	HRB335 $f'_{sd} = 280$MPa
美国桥规	Grade5000 $f'_c = 34.5$MPa	Grade420 $f_y = 420$MPa
欧洲桥规	C30/37 $f_{cd} = 30/1.5 = 20$MPa	Class A400 $f_{yd} = 350$MPa

注：表中混凝土为按照第3章等强度转换的混凝土，美欧桥规的钢筋均取用和中国桥规相近的数值。

考虑算例中的截面配筋率范围为0.5%~5.0%，分别按照中国、美国、欧洲桥规计算截面的轴心受压承载力，并在图5.3.2中示出。

中国、美国、欧洲桥规中，随着配筋率的增加，轴压承载力均呈上升趋势。但对于中国桥规而言，当配筋率为3.0%，轴压承载力有突变。这主要是由于其中规定了截面配筋率小于3.0%时，按照全截面进行计算；配筋率大于3.0%时，截面面积要扣除钢筋的面积，按净截面进行计算，因此导致突变。如图5.3.3所示。

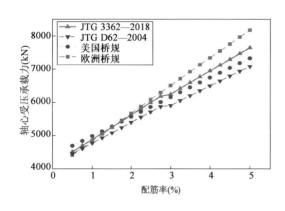
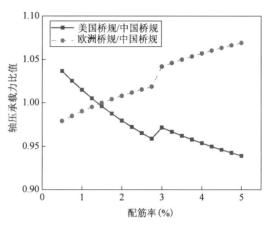

图5.3.2 中国、美国、欧洲桥规轴心受压承载力计算比较　　图5.3.3 中国、美国、欧洲轴压承载力比值

当配筋率在0.5%~1.5%的范围时,美国桥规计算得到的轴压承载力略大于JTG D62—2004的计算结果。配筋率为0.5%时,差距最大,美国桥规得到的轴压承载力比JTG D62—2004的值大约4.0%;随着配筋率的增加,两者之间的差距在不断减小,直至相等;当配筋率超过1.5%时,JTG D62—2004计算得到的轴压承载力开始超过美国桥规的计算结果,且随着配筋率的增大,两者的差距越来越大。当配筋率为5%时,JTG D62—2004得到的轴压承载力要超过美国桥规计算结果约4.3%。

欧洲桥规与JTG D62—2004计算结果的比值变化规律恰与上述相反。当配筋率在0.5%~1.5%的区间时,欧洲桥规计算得到的轴压承载力小于中国桥规的计算结果;配筋率为0.5%时,差距最大,大约要小2.1%;随着配筋率的增加,两者之间的差距在不断减小,直至相等;当配筋率超过1.5%时,欧洲桥规计算得到的轴压承载力开始超过JTG D62—2004的计算结果,且随着配筋率的增大,两者的差距越来越大;当配筋率为5%时,欧洲桥规得到的轴压承载力要超过JTG D62—2004约6.9%。

中国桥规和欧洲桥规的轴压承载力计算中均采用材料分项系数来考虑安全储备,而美国桥规则采用统一的抗力系数ϕ来考虑安全储备。美国桥规公式中的结构抗力系数ϕ相当于中国桥规和欧洲桥规中的混凝土材料分项系数和钢筋材料分项系数的抗力综合折减效果。但由式(5.3.1)和式(5.3.3)中很难提取出相当于美国桥规结构抗力系数ϕ的显式表示,为此通过算例来比较式(5.3.1)、式(5.3.2)和式(5.3.3)中轴心受压承载力的安全储备之差别(不考虑荷载项的安全储备差别)。

根据美国桥规抗力系数ϕ的概念,中国桥规和欧洲桥规的综合抗力系数ϕ_c按式(5.3.7)确定:

$$\phi_c = \frac{N_u}{N_k} \tag{5.3.12}$$

式中:N_k——采用材料强度标准值按中国桥规式(5.3.1)或欧洲桥规式(5.3.3)计算得到的抗压承载力。

依旧采用上述算例,混凝土强度级别取C30、C35、C40、C45四种,对比按照式(5.3.1)得到的JTG D62—2004综合抗力系数、美国桥规结构抗力系数(常数$\phi=0.75$)以及按照式(5.3.3)得到的欧洲桥规综合抗力折减系数,见图5.3.4。

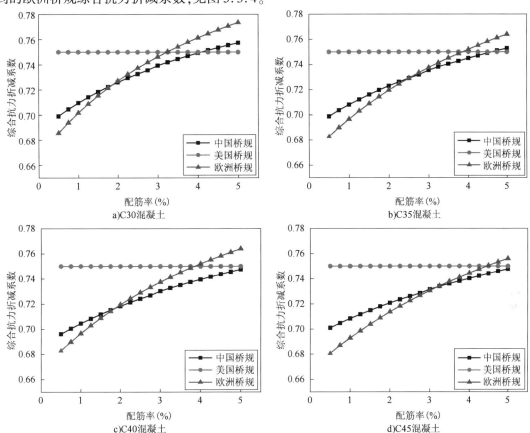

图5.3.4 中国、美国、欧洲桥规综合抗力折减系数对比

由图5.3.4可见,JTG D62—2004和欧洲桥规的综合抗力折减系数 ϕ_c 均随着配筋率的增大而增大。这是因为当配筋率较小时,抗压贡献中混凝土占主导地位;而随着配筋率的增加,钢筋抗压贡献逐渐增大,钢筋材料分项系数(中国桥规 $\gamma_s = 1.2$,欧洲桥规 $\gamma_s = 1.15$)均小于混凝土材料分项系数(中国桥规 $\gamma_c = 1.45$,欧洲桥规 $\gamma_c = 1.5$),导致了JTG D62—2004和欧洲桥规的综合折减系数 ϕ_c 随着配筋率的增大而逐渐增大,受压脆性破坏特征有所减缓,承载力储备程度相应有所减小,这在概念上有一定的合理性。而美国桥规则认为轴心受压构件的破坏都是受压脆性破坏,故按受压脆性破坏特征统一取相同的抗力系数0.75。事实上,当截面配筋率增大时,轴压构件短柱的破坏属性也会某种程度地由脆性向塑性转化,而美国桥规中恰恰是忽略了这一点。

当配筋率较小时,JTG D62—2004和欧洲桥规的综合抗力折减系数均小于0.75,且中国桥规比欧洲桥规的综合抗力折减系数略高,即三者的大小关系为:美国桥规>中国桥规>欧洲桥规。随着配筋率的增加,中国桥规和欧洲桥规的综合抗力折减系数持续增大,直至美国桥规的抗力系数0.75。

对中国、美国桥规而言,当截面配筋率较小时,JTG D62—2004的综合抗力折减系数均小于0.75,也就是说,JTG D62—2004比美国桥规而言更为保守。对中国、欧洲桥规而言,配筋率较小时,中国桥规的综合抗力折减系数相对较大,此时欧洲桥规更显保守;配筋率较大时,欧洲桥规的综合抗力折减系数较大,而中国桥规则相对保守。

在截面配筋率不变、混凝土强度等级提高的情况下,混凝土的抗压贡献占总承载力的比例增大,因此 JTG D62—2004 和欧洲桥梁规范的综合抗力折减系数 ϕ_c 均随混凝土强度等级的提高而减小,参见图 5.3.5。

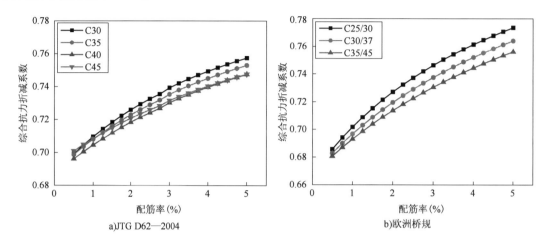

图 5.3.5 中欧桥规综合抗力折减系数和混凝土强度的关系

综合来看,当截面配筋率较低时,依据三本规范计算得到的轴压承载力有美国桥规 > 中国桥规 > 欧洲桥规;随着配筋率的增加,三者之间的差距不断缩小,当配筋率达到 1.5% 时,中国、美国、欧洲桥规的轴压承载力基本相等;当配筋率继续增大时,三者之间的差距也不断增大,并且始终有欧洲桥规 > 中国桥规 > 美国桥规。对于综合抗力折减系数,当混凝土强度较低时,欧洲桥规最小,美国桥规最大;随着混凝土等级的增加,中国、欧洲桥规的综合抗力系数逐渐增大,并逐渐超过美国桥规中的 0.75。

5.4 偏心受压构件承载力

一、构件类别划分

中国桥规和欧洲桥规均根据偏心距大小以及钢筋的配置情况,按截面的破坏形态将偏心受压构件分为大偏心和小偏心:当 $x \leqslant \xi_b h_0$ 时,属于大偏心受压构件,其截面承载力主要由受拉钢筋控制;当 $x > \xi_b h_0$ 时,属于小偏压受压构件,其截面承载力主要取决于受压区混凝土强度。中国桥规中的相对界限受压区高度 ξ_b 按照表 5.1.5 取值,欧洲桥规中的相对界限受压区高度 ξ_b 按表 5.1.7 取值,两者均与钢筋种类和混凝土强度等级有关。

美国桥规则按照最外侧受拉钢筋的应变分为三种状况考虑,当最外侧受拉钢筋的应变 $\varepsilon_t < 0.002$ 时,属于受压破坏;当 $0.002 \leqslant \varepsilon_t < 0.005$ 时,属于过渡形式;当 $\varepsilon_t \geqslant 0.005$ 时,为受拉破坏,这一点与美国桥规在受弯构件承载力计算中采用的方法是一致的。

二、构件长细比的影响

1. 中国桥规

中国桥规 JTG 3362—2018 与 JTG D62—2004 规定构件长细比根据计算长度 l_0 与回转半径 i 之比确定,构件的长细比 λ 按照下式计算:

$$\lambda = \frac{L_0}{i} \tag{5.4.1}$$

其中,构件计算长度 L_0 的取值方法如下:当构件两端固定时取 $0.5L$;当一端固定一端为不移动的铰时取 $0.7L$;当两端均为不移动的铰时取 L,当一端固定一端自由时取 $2L$;L 为构件支点间长度。i 为截面的回转半径,$i = \sqrt{I/A}$。

JTG D62—2004 仅给出了几种简单情况下的计算长度公式,而实际情况大多数为一端固定,另一端为弹性支承,无法满足实际需求。JTG 3362—2018 附录 E 新增了一端固定,另一端受弹性支承(平动、转动)情况下[见图 5.4.1a)]的计算长度系数 k 的计算方法,具体见式(5.4.2)。

$$k = 0.5\exp\left[\frac{0.35}{1 + 0.6k_\theta} + \frac{0.7}{1 + 0.01k_F} + \frac{0.35}{(1 + 0.75k_\theta)(1 + 1.15k_F)}\right] \tag{5.4.2}$$

$$k_\theta = K_\theta \frac{l}{EI} \tag{5.4.3}$$

$$k_F = K_F \frac{l^3}{EI} \tag{5.4.4}$$

式中:k_θ——构件转动和水平弹性约束端的相对转动约束刚度系数;

K_θ——构件转动和水平弹性约束端的转动约束刚度;

k_F——构件转动和水平弹性约束端的相对水平约束刚度系数;

K_F——构件转动和水平弹性约束端的水平约束刚度;

l——构件支点间长度;

EI——抗弯刚度。

对于一端固定、一端仅有水平弹性约束的构件,见图 5.4.1b)和式(5.4.5)。

$$k = 2 - \frac{1.3k_F^{1.5}}{9.5 + k_F^{1.5}} \tag{5.4.5}$$

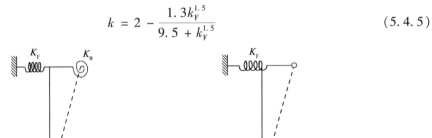

a)一端固定、另一端有转动和水平弹性支承的构件   b)一端固定、一端仅有水平弹性约束的构件

图 5.4.1 一端固定、一端弹性支承的构件

2. 美国桥规

美国桥规2017年版第5.7.4.条规定:构件的长细比 λ 按照下式计算:

$$\lambda = \frac{Kl_u}{r} \tag{5.4.6}$$

式中: K ——构件的有效长度系数(Effective Length Factor),对于两端固支时取0.75,一端固支一端铰支时取0.8,两端铰支时取1.2,一端固支一端可平动时取1.0,一端固支一端自由时取2.1,一端铰支一端可平动时取2.0,或按表C4.6.2.5-1取值;

l_u ——构件的无支撑长度;

r ——毛截面回转半径。

在计算截面长细比时,应当按照式(5.4.7)计算:

$$r = ql_s \tag{5.4.7}$$

式中: q ——对于矩形截面,取 $q = 0.30$;对于圆形截面,取 $q = 0.25$;

l_s ——截面弯曲方向的最大尺寸。

美国桥规中所给的有效长度系数 K 相较于欧拉公式中的理论值偏大。考虑到实际状况中的约束条件较少符合理想条件,故采用的设计计算长度系数 K 较大。此外,对于其他弹性支承的计算长度系数按式(5.4.8)或式(5.4.9)进行迭代计算。

有支撑构件(无侧移):

$$\frac{G_A G_B}{4}(\pi/K)^2 + \left(\frac{G_A + G_B}{2}\right)\left(1 - \frac{\pi/K}{\tan(\pi/K)}\right) + \frac{2\tan(\pi/2K)}{\pi/K} - 1 = 0 \tag{5.4.8}$$

无支撑构件(有侧移):

$$\frac{G_A G_B(\pi/K)^2 - 36^2}{6(G_A + G_B)} - \frac{\pi/K}{\tan(\pi/K)} = 0 \tag{5.4.9}$$

式中: G_A、G_B ——柱在两端点处的刚度比,根据式(5.4.10)、式(5.4.11)进行计算:

$$G_A = \frac{\sum_A (E_c I_c / L_c)}{\sum_A (E_g I_g / L_g)} \tag{5.4.10}$$

$$G_B = \frac{\sum_B (E_c I_c / L_c)}{\sum_B (E_g I_g / L_g)} \tag{5.4.11}$$

式中: E_c、I_c ——柱的弹性模量、抗弯惯性矩;

L_c ——构件两端部约束的距离;

E_g、I_g ——提供弹性支承的梁或其他构件的弹性模量、抗弯惯性矩;

L_g ——梁或其他构件的长度。

考虑到迭代求解的烦琐性,美国桥规2017年版第4.6.2.5的说明中也给出了图解法,参见图5.4.2,在求解 G_A 与 G_B 后,在图5.4.2中标注出 G_A 与 G_B 的位置进行连线,与中间直线的交点即所求的有效长度系数 K。

3. 欧洲桥规

欧洲桥规(EN 1992-1-1:2004)第5.8.3条给出了构件长细比以及有效长度(Effective Length)的计算方法,长细比 λ 的计算方法参见式(5.4.12):

$$\lambda = \frac{l_0}{i} \tag{5.4.12}$$

其中,l_0 为构件的有效长度;i 为截面的回转半径,$i = \sqrt{I/A}$。

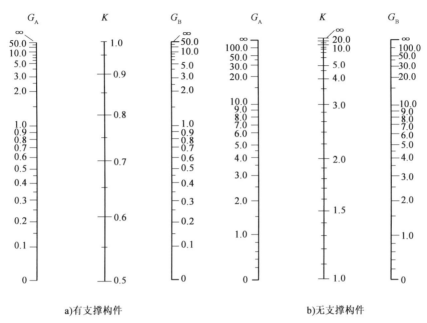

a)有支撑构件   b)无支撑构件

图 5.4.2　受压构件有效长度计算图式

图 5.4.3 中的 a)~e)的适用条件为基础提供的转动刚度为绝对刚性,而实际情况下并非如此,从而导致实际情况下的有效长度总会大于绝对刚性支承的理论长度,如欧洲桥规的国家附录规定 b)类情况取 $l_0 = 2.3l$。对于转角非完全刚性支承的情况,欧洲桥规给出了有效长度具体的表达式。

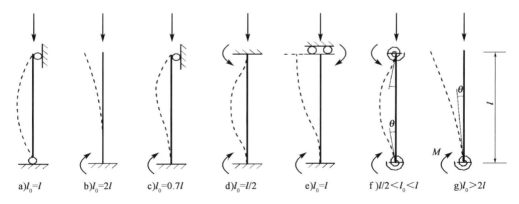

a)$l_0=l$　b)$l_0=2l$　c)$l_0=0.7l$　d)$l_0=l/2$　e)$l_0=l$　f)$l/2<l_0<l$　g)$l_0>2l$

图 5.4.3　不同支承条件下的有效长度

对于有支撑构件:

$$l_0 = 0.5l \sqrt{\left(1 + \frac{k_1}{0.45 + k_1}\right)\left(1 + \frac{k_2}{0.45 + k_2}\right)} \tag{5.4.13}$$

对于无支撑构件：

$$l_0 = l \cdot \max\left\{\sqrt{1 + 10\frac{k_1 k_2}{k_1 + k_2}}; \left(1 + \frac{k_1}{1+k_1}\right)\left(1 + \frac{k_2}{1+k_2}\right)\right\} \quad (5.4.14)$$

其中，k_1、k_2 为端部 1 和 2 转动约束的相对刚度，

$$k = \frac{\theta}{M} \cdot \frac{EI}{l} \quad (5.4.15)$$

式中：θ——弯矩作用下有约束构件在弯矩 M 作用时的转角；

EI——弯曲刚度；

l——受压构件的净高度。

理论上对于刚性约束 $k=0$，对于无约束情况取 $k=\infty$，由于实践中很少出现完全刚性限制，规范中规定 k_1、k_2 的最小值为 0.1。

从上面的表述可以看出，中国桥规的有效长度系数采用的是理论值，而美国桥规中考虑到实际的约束情况不可能完全理想，推荐的有效长度系数均大于理论值。在计算截面回转半径时，中国桥规中采用的是材料力学中的经典方法，而美国桥规中则将理论值进行了适当的简化，圆形截面和理论解保持一致，矩形截面的回转半径略高于理论值。

对于理想支承的情况，JTG 3362—2018、JTG D62—2004 与欧洲桥规对受压构件的计算长度系数均采用欧拉公式中的计算长度系数，美国桥规考虑到不存在绝对理想支承的情况，给出的有效长度系数设计值略大于欧拉理论值。

对于非理想支承的情况，JTG 3362—2018 较 JTG D62—2004 新增了受压构件一端固定、另一端弹性支承（平动、转动）的计算方法。美国桥规的适用范围更为广泛，适用于各类情况的顶部与底部支承条件。实际上，JTG 3362—2018 与美国桥规对一般弹性支承的计算长度系数公式推导时所采用的基本方法是一致的，但是 JTG 3362—2018 考虑到大部分桥梁墩柱是有侧移的，而底端支承是完全刚性的，故将原本需要进行迭代求解的方程代入边界条件，并进行简化得到了一端固支、一端弹性支承的计算公式。而欧洲桥规仅给出了受压构件底端转角受弹性支承，顶端有侧移或无侧移的情况。

总体来说，依据美国桥规计算得到的构件长细比大于中国桥规。欧洲桥规和中国桥规对计算长细比的总体思路相近，均强调的是杆端约束条件，与构件的材料种类无关。但中国桥规关于构件计算长度的约束系数取值更加简捷实用，而欧洲桥规的相应系数须经计算确定，相对准确，却也更加烦琐。

三、二阶弯矩的考虑及计算方法

二阶效应包括结构整体变形的 $P\text{-}\Delta$ 效应与受压构件的挠曲的 $P\text{-}\delta$ 效应。$P\text{-}\delta$ 效应通常会增大杆件跨中区段的弯矩效应，尤其是对于梁端弯矩同号且大小较为接近时，该效应更为显著。

对于长细比较大的构件，在竖向荷载下产生的二阶效应，目前没有较为简便的方法进行计算，中国桥规、美国桥规和欧洲桥规都采用偏心距（弯矩）增大系数的方法，并结合构件的计算长度 l_0 来考虑二阶弯矩对截面荷载效应的影响。

1. 中国桥规

JTG 3362—2018 中依据偏心受压构件长细比的不同,将柱分为短柱和长柱,长柱在受偏心力作用时会产生附加偏心距,且二阶弯矩的影响不能忽略。

JTG 3362—2018 第 5.3.9 条规定:计算偏心受压构件正截面承载力时,对长细比 $l_0/i >$ 17.5(相当于矩形截面 $l_0/h > 5$ 或圆形截面 $l_0/d > 4.4$)的构件,应考虑构件在弯矩作用平面内的挠曲对轴向力偏心距的影响。此时,应将轴向力对截面重心轴的偏心距 e_0 乘以偏心距增大系数 η。

矩形、T 形、I 形和圆形截面偏心受压构件的偏心距增大系数可按下列公式计算:

JTG 3362—2018:

$$\eta = 1 + \frac{1}{1300 e_0/h_0} \left(\frac{l_0}{h}\right)^2 \zeta_1 \zeta_2 \tag{5.4.16}$$

JTG D62—2004:

$$\eta = 1 + \frac{1}{1400 e_0/h_0} \left(\frac{l_0}{h}\right)^2 \zeta_1 \zeta_2 \tag{5.4.17}$$

$$\zeta_1 = 0.2 + 2.7 \frac{e_0}{h_0} \leqslant 1.0 \tag{5.4.18}$$

$$\zeta_2 = 1.15 + 0.01 \frac{l_0}{h} \leqslant 1.0 \tag{5.4.19}$$

式中:l_0——构件的计算长度;

e_0——轴向力对截面重心轴的偏心距;

h_0——截面的有效高度,对圆形截面取 $h_0 = r + r_s$;

r_s——普通钢筋的半径;

h——截面高度,对圆形截面取 $h = 2r$;

ζ_1——荷载偏心率对截面曲率的影响系数;

ζ_2——构件长细比对截面曲率的影响系数。

中国桥规对偏心距增大系数的规定采用极限曲率的分析方法,以两端铰支的受压构件为标准构件,试验分析得到构件 1/2 截面处的偏心距增大系数 η 后,再通过计入长度 l_0 来考虑不同支承条件下的偏心距增大系数。式(5.4.16)与式(5.4.17)差异并不大,仅在分数部分的分母有所差异,造成该差异的主要原因是钢筋牌号的调整,将 JTG D62—2004 常用的 HRB335 钢筋替换为 JTG 3362—2018 中的 HRB400 时,这两种钢筋牌号的屈服应变 ε_y 分别为 0.0017 与 0.002,将 ε_y 与混凝土极限压应变 ε_{cu} 代入式(5.4.20)时,JTG D62—2004 计算所得结果为 1400,而 JTG 3362—2018 计算所得结果为 1300。

$$\eta = 1 + \frac{1}{e_0} \left(\frac{\phi \varepsilon_{cu} + \varepsilon_y}{h_0} \cdot \frac{l_0^2}{\beta}\right) \zeta_1 \zeta_2 \tag{5.4.20}$$

此外,JTG 3362—2018 及 JTG D62—2004 还给出了正常使用极限状态下的偏心距增大系数的计算公式(5.4.21),相较于承载能力极限状态下的公式而言,忽略了构件的偏心率及长细比对截面曲率的影响。

$$\eta_s = 1 + \frac{1}{4000e_0/h_0}\left(\frac{l_0}{h}\right)^2 \tag{5.4.21}$$

2. 美国桥规

美国桥规2017年版第5.7.4.3款规定：对于无侧向支撑的构件，当长细比满足式(5.4.22)的构件，需要按下式考虑二次弯矩效应：

$$\frac{Kl_u}{r} \geq 22 \tag{5.4.22}$$

对于有侧向支撑的构件，当长细比满足式(5.4.23)时，需要考虑二次弯矩效应：

$$\frac{Kl_u}{r} \geq 34 - 12\frac{M_1}{M_2} \tag{5.4.23}$$

式中：M_1——杆端最小弯矩；

M_2——杆端最大弯矩。

对于单向弯曲的构件，M_1/M_2 为正，对于双向弯曲的构件，M_1/M_2 为负；其他符号参见式(5.4.6)。

美国桥规同样采用弯矩增大系数法来考虑二阶效应，考虑二阶弯矩效应后的截面弯矩和应力需按式(5.4.24)和式(5.4.25)进行计算：

$$M_c = \delta_b M_{2b} + \delta_s M_{2s} \tag{5.4.24}$$

$$f_c = \delta_b f_{2b} + \delta_s f_{2s} \tag{5.4.25}$$

其中：

$$\delta_b = \frac{C_m}{1 - \frac{P_u}{\phi_K P_e}} \geq 1.0 \tag{5.4.26}$$

$$\delta_s = \frac{1}{1 - \frac{\sum P_u}{\phi_K \sum P_e}} \tag{5.4.27}$$

式中：M_{2b}——由不产生较大侧倾的、乘有系数的重力荷载在受压构件上引起的弯矩，该侧倾是按一阶弹性框架分析得到的；

f_{2b}——相应于 M_{2b} 的应力；

M_{2s}——由产生侧倾 $\Delta(\Delta \geq l_u/1500)$ 的乘有系数的侧向或重力荷载在受压构件上引起的弯矩，Δ 是按一阶弹性框架分析得到的；

f_{2s}——相应于 M_{2s} 的应力。

当有侧向支撑时，$C_m = 0.6 + 0.4\frac{M_{1b}}{M_{2b}}$；无侧向支撑时，$C_m = 1.0$。

P_u 为乘系数的轴向荷载；ϕ_K 为刚度折减系数，对于混凝土构件，取 $\phi_K = 0.75$；P_e 为欧拉压屈荷载，按照公式(5.4.28)计算：

$$P_e = \frac{\pi^2 EI}{(Kl_u)^2} \tag{5.4.28}$$

除非需要进行更精确的分析，EI 应取下面两式计算结果的较大值：

$$\text{EI} = \frac{\dfrac{E_c I_g}{5} + E_s I_s}{1 + \beta_d} \tag{5.4.29}$$

$$\text{EI} = \frac{\dfrac{E_c I_g}{2.5}}{1 + \beta_d} \tag{5.4.30}$$

式中：E_c——混凝土的弹性模量；

I_g——混凝土截面相对重心轴的抗弯惯性矩；

E_s——纵向钢筋的弹性模量；

I_s——纵向钢筋对截面重心轴的惯性矩；

β_d——永久荷载产生的弯矩和所有荷载产生的弯矩之比，通常为正值。

此外，美国桥规还规定，如果根据美国桥规计算所得的弯矩放大系数大于1.4，则采用非线性有限元分析更为合适。

3. 欧洲桥规

欧洲桥规（EN 1992-1-1:2004）第5.8.3.1款规定：若二阶效应（Second order effects）小于一阶效应的10%，则可以忽略二阶效应，反之，则需考虑二阶弯矩效应的影响。此外，欧洲桥规也给出了判断是否需要考虑二阶效应的简便方法，若长细比 $\lambda < \lambda_{\min}$，则可忽略二阶效应。$\lambda_{\min}$ 取值可以参见各国的国家附录，欧洲桥规给出了 $\lambda_{\lim}$ 的建议算法：

$$\lambda_{\lim} = \frac{20ABC}{\sqrt{n}} \tag{5.4.31}$$

其中，A、B、C、n 分别按照下列公式进行计算：

$$A = \frac{1}{1 + 0.2\varphi_e} \quad (若 \varphi_e 未知，则取 A = 0.7) \tag{5.4.32}$$

式中：φ_e——有效徐变比。

$$B = \sqrt{1 + 2\omega} \quad (若 \omega 未知，则取 B = 1.1) \tag{5.4.33}$$

式中：ω——钢筋受力比，$\omega = A_s f_{yd}/(A_c f_{cd})$。

$$C = 1.7 - r_m \quad (若 r_m 未知，则取 C = 0.7) \tag{5.4.34}$$

式中：r_m——$r_m = M_{01}/M_{02}$，M_{01} 和 M_{02} 是一阶杆端弯矩，且满足 $|M_{02}| \geq |M_{01}|$，如果端部弯矩 M_{01} 和 M_{02} 在同一侧施加拉力，则 r_m 为正，否则 r_m 为负。对于无支撑构件，一般取 $C = 0.7$。

$$n = \frac{N_{Ed}}{A_c f_{cd}} \tag{5.4.35}$$

其他符号意义同前。

欧洲桥规（EN 1992-1-1:2004）中有还给出了两种分析结构二阶效应的简化方法，即基于名义刚度的方法和基于名义曲率的方法。其中，名义刚度法考虑了在材料非线性、裂缝、徐变等影响下的构件名义抗弯刚度。名义曲率法则根据受压构件的有效长度以及最大侧向位移，给出了1/2截面的二阶弯矩。具体分析方法如下。

1) 基于名义刚度的分析方法

(1) 名义刚度

在基于刚度的二阶分析中,考虑裂缝、材料非线性和混凝土徐变对全部性能的影响,使用抗弯刚度的名义值。任意截面细长受压构件的名义刚度按下式计算:

$$EI = K_c E_{cd} I_c + K_s E_s I_s \tag{5.4.36}$$

式中:I_c——混凝土截面惯性矩;

I_s——钢筋面积对混凝土面积中心的二阶矩;

K_c——裂缝、徐变等的影响系数;

K_s——钢筋影响系数。

当 $\rho \geq 0.002$ 时,取:

$$K_c = \frac{k_1 k_2}{1 + \varphi_{ef}}; K_s = 1 \tag{5.4.37}$$

当 $\rho \geq 0.01$ 时,可取:

$$K_c = \frac{0.3}{1 + 0.5 \varphi_{ef}}; K_s = 0 \tag{5.4.38}$$

式中:φ_{ef}——有效徐变率;

k_1——$k_1 = \sqrt{\dfrac{f_{ck}}{20}}$;

k_2——$k_2 = n \dfrac{\lambda}{170} \leq 0.20$;

n、λ——轴压比和长细化,按照式(5.3.11)进行计算。

当分析中不能预先确定 λ 的值时,k_2 可按下式计算:

$$k_2 = 0.3n \leq 0.20 \tag{5.4.39}$$

(2) 二阶弯矩计算

考虑二阶弯矩的总设计弯矩按下式计算:

$$M_{Ed} = M_{0Ed} \left[1 + \frac{\beta}{(N_B/N_{Ed}) - 1} \right] \tag{5.4.40}$$

式中:M_{0Ed}——阶弯矩;

β——与一阶弯矩和二阶弯矩分布有关的系数,对于轴向荷载和截面不变的独立构件,假定二阶弯矩为正弦分布,则 $\beta = \pi^2/c_0$;其中,c_0 是依赖于一阶弯矩分布的系数,一阶弯矩为常数时,$c_0 = 8$;一阶弯矩为抛物线分布时,$c_0 = 9.6$;一阶弯矩为对称三角形分布时,$c_0 = 12$;

N_{Ed}——轴向荷载设计值;

N_B——按名义刚度计算的压屈荷载。

2) 基于名义曲率的分析方法

这一方法主要适用于法向力不变和有限长度为 l_0 的独立构件,考虑二阶效应的设计弯矩为:

$$M_{Ed} = M_{0Ed} + N_{Ed}e_2 \qquad (5.4.41)$$

式中：M_{0Ed}——一阶弯矩，包括初始缺陷的影响；

N_{Ed}——轴向荷载设计值；

e_2——构件的变形，按下式计算：

$$e_2 = \frac{1}{r} \cdot \frac{l_0^2}{c} \qquad (5.4.42)$$

其中：$\frac{1}{r}$——构件的曲率；

l_0——构件的有效长度；

c——与曲率分布有关的系数，对于截面尺寸不变的构件，通常取 $c=10$；当一阶弯矩为常数时，应考虑较低的值，但不得小于 8。

当一阶杆端弯矩 M_{01} 和 M_{02} 不等时，可用等效的一阶端部弯矩 M_{0e} 代替：

$$M_{0e} = 0.6M_{02} + 0.4M_{01} \geq 0.4M_{02} \qquad (5.4.43)$$

当 M_{01} 和 M_{02} 使构件同侧受拉时，M_{01} 和 M_{02} 同号，否则符号相反，此外，$|M_{02}| \geq |M_{01}|$。

在上面的公式中，对于截面尺寸不变且对称的构件，曲率应按下式计算：

$$\frac{1}{r} = K_r K_\varphi \frac{1}{r_0} \qquad (5.4.44)$$

$$\frac{1}{r_0} = \frac{\varepsilon_{yd}}{0.45d} \qquad (5.4.45)$$

式中：K_r——轴向荷载的修正系数；

K_φ——考虑徐变影响的系数，分别按照下式计算：

$$K_r = \frac{n_u - n}{n_u - n_{bal}} \leq 1 \qquad (5.4.46)$$

$$K_\varphi = 1 + \beta\varphi_{ef} \geq 1 \qquad (5.4.47)$$

其中：n_{bal}——最大抵抗弯矩时的 n 值，可取 0.4；

ε_{yd}——受拉钢筋的屈服应变；

d——构件截面的有效高度；

n——构件的轴压比。

综上所述，在判定是否需要考虑二阶效应时，中国、美国、欧洲桥规均采用长细比进行判定。在是否考虑二阶效应的长细比阈值上，美国桥规大于中国桥规，并且还需细分为有/无侧向支撑来考虑，并且考虑了杆端弯矩的影响，而欧洲桥规对阈值的规定较为烦琐，考虑了混凝土材料的徐变系数、截面尺寸、配筋，同样也考虑了杆端弯矩的影响。

在二阶效应的计算方面，中国桥规的偏心距增大系数采用基于极限曲率的计算方法，求得构件中点最大挠度与偏心距之比再加上1，即偏心距增大系数，并考虑了不同支承条件对构件计算长度的影响。美国桥规对二阶效应的规定是基于刚度的计算方法，而欧洲桥规则同时提供了基于刚度与曲率的计算方法。由于各规范所考虑的因素及相关参数取值不同，根据不同规范计算所得的二阶效应的计算差异也较大。

四、偏心受压构件承载力计算方法

桥梁工程中常用的偏心受压构件的截面形式主要有矩形截面和圆形截面,以下分别考虑。

1. 矩形截面偏心受压构件承载力

1) 中国桥规

JTG 3362—2018 第 5.3.5 条规定:矩形截面偏心受压构件正截面抗压承载力应按照下列规定计算(图 5.4.4):

$$N_u = f_{cd}bx + f'_{sd}A'_s - \sigma_s A_s \tag{5.4.48}$$

$$M_u = f_{cd}bx\left(h_0 - \frac{x}{2}\right) + f'_{sd}A'_s(h_0 - a'_s) \tag{5.4.49}$$

式中:f_{cd}——混凝土轴心抗压强度设计值;
b——矩形截面宽度;
x——截面受压区高度;
f'_{sd}——纵向普通钢筋的抗压强度设计值;
A_s、A'_s——受拉区、受压区纵向普通钢筋的截面面积;
σ_s——受拉边(或受压较小边)钢筋的应力;
h_0——截面有效高度;
a'_s——受压区普通钢筋合力点至受压区边缘的距离。

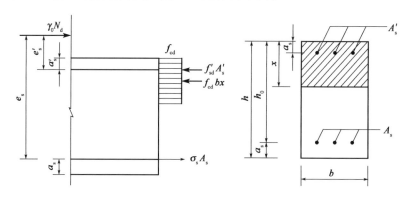

图 5.4.4 中国桥规矩形截面偏心受压构件正截面抗压承载力计算图式

σ_s 应该按照下式进行计算:

$$-f'_{sd} \leq \sigma_{si} = \varepsilon_{cu}E_s\left(\frac{\beta h_{oi}}{x} - 1\right) \leq f_{sd} \tag{5.4.50}$$

式中:ε_{cu}、β——按照中国 JTG 3362—2018 第 5.3.3 条确定。
σ_{si}——当 σ_{si} 为拉应力且其值大于普通钢筋抗拉强度设计值 f_{sd} 时,取 $\sigma_{si} = f_{sd}$;当 σ_{si} 为压应力且其绝对值大于普通钢筋抗压强度设计值 f'_{sd} 时,取 $\sigma_{si} = -f'_{sd}$;
其他符号意义同前。

2)美国桥规

美国桥规中并未直接给出矩形截面的偏心受压构件承载力计算方法,Darwin D.等基于美国桥规的抗弯及抗压承载力的计算方法给出了偏心受压构件的建议计算方法(关),参见图5.4.5。

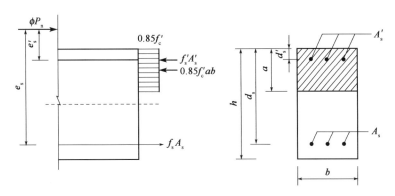

图5.4.5 美国桥规矩形截面偏心受压构件正截面抗压承载力计算图式

$$P_r = \phi P_n = \phi(0.85 f'_c ab + f'_s A'_s - f_s A_s) \tag{5.4.51}$$

$$M_r = \phi M_n = \phi \left[0.85 f'_c ab \left(\frac{h}{2} - \frac{a}{2} \right) + f_s A_s \left(\frac{h}{2} - d'_s \right) + f'_s A'_s \left(d_s - \frac{h}{2} \right) \right] \tag{5.4.52}$$

式中:ϕ——结构抗力折减系数;

f'_c——混凝土28d圆柱体抗压强度;

a——等效应力块高度,$a = \beta_1 c$;

b——矩形截面的宽度;

f'_s——普通受压钢筋中的应力;

A'_s——普通受压钢筋的面积;

f_s——普通受拉钢筋中的应力;

A_s——普通受拉钢筋的面积;

h——截面高度;

d'_s——极限受压边缘至受压钢筋合力中心的距离;

d_s——极限受压边缘至受拉钢筋合力中心的距离。

3)欧洲桥规

对于钢筋混凝土矩形偏心受压构件,欧洲桥规给出的承载力计算图式如图5.4.6所示,计算公式为:

$$N_{Rd} = \eta f_{cd} b(\lambda x) + f'_{yd} A'_s - \sigma_s A_s \tag{5.4.53}$$

$$M_{Rd} = \eta f_{cd} b(\lambda x) \left(\frac{h}{2} - \frac{\lambda x}{2} \right) + f'_{yd} A'_s \left(\frac{h}{2} - d' \right) + \sigma_s A_s \left(\frac{h}{2} - d \right) \tag{5.4.54}$$

式中:η、λ——按照式(5.1.2)和式(5.1.3)计算;

σ_s——$\sigma_s = \varepsilon_{cu2} E_s \dfrac{d-x}{x}$,当 $\sigma_s > f_{yd}$ 时,取 $\sigma_s = f_{yd}$。

其他符号意义同前。

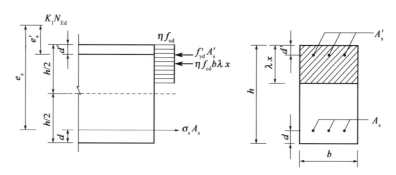

图 5.4.6 欧洲桥梁规范矩形截面偏心受压构件正截面抗压承载力计算图式

欧洲桥规(EN 1992-1-1:2004)第6.1节规定:对于受压的钢筋混凝土对称布筋截面,截面的最小偏心距为 $e_0 = h/30$ 且不低于20mm。

2. 圆形截面偏心受压构件承载力

1) 中国桥规

JTG D62—2004 第 5.3.9 条给出了沿周边均匀配置纵向钢筋的圆形截面钢筋混凝土偏心受压构件的正截面抗压承载力计算方法,参见图5.4.7。其实质是将沿圆周均匀布置的钢筋简化为一与截面同心的连续钢环,进而对该钢环和受压区混凝土进行积分,以确定截面中性轴的位置以及钢筋、混凝土对截面偏心荷载的抵抗作用。应按照下式计算:

$$N_u = Ar^2 f_{cd} + C\rho r^2 f'_{sd} \tag{5.4.55}$$

$$M_u = Br^3 f_{cd} + D\rho g r^3 f'_{sd} \tag{5.4.56}$$

式中:A、B——有关混凝土承载力的计算系数;

C、D——有关纵向钢筋承载力的计算系数;

r——圆形截面的半径;

g——纵向钢筋所在圆周的半径 r_s 与圆截面半径之比,$g = r_s/r$;

ρ——纵向钢筋配筋率,$\rho = A_s/\pi r^2$。

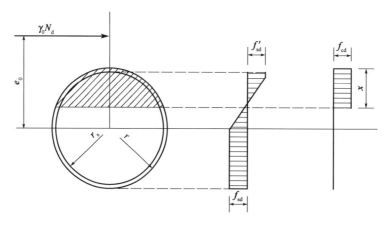

图 5.4.7 沿周边均匀配筋的圆形截面偏心受压构件计算

在实际计算中根据混凝土及钢筋材料强度设计值和钢筋位置参数 g 查表确定参数 A、B、C 和 D,采用试算法确定截面承载力。

JTG 3362—2018 在计算原理不变的基础上,相对于原有 JTG D62—2004 中圆形截面偏心受压构件的计算方法做出了形式上的调整。

JTG 3362—2018 第 5.3.8 条给出了沿周边均匀配置纵向钢筋的圆形截面钢筋混凝土偏心受压构件的正截面抗压承载力计算方法,参见图 5.4.8,其正截面抗压承载力计算应符合式(5.4.57)及式(5.4.58)。

$$\gamma_0 N_d \leqslant N_{ud} = \alpha f_{cd} A \left(1 - \frac{\sin 2\pi\alpha}{2\pi\alpha}\right) + (\alpha - \alpha_t) f_{sd} A_s \tag{5.4.57}$$

$$\gamma_0 N_d \eta e_0 \leqslant M_{ud} = \frac{2}{3} f_{cd} A r \frac{\sin^3 \pi\alpha}{\pi} + f_{sd} A_s r_s \frac{\sin\pi\alpha + \sin\pi\alpha_t}{\pi} \tag{5.4.58}$$

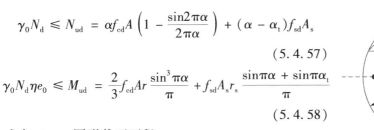

图 5.4.8 JTG 3362—2018 沿周边均匀配筋的圆形截面

式中:A——圆形截面面积;
　　A_s——全部纵向普通钢筋截面面积;
　　N_d、M_{ud}——正截面抗压、抗弯承载力设计值;
　　r——圆形截面的半径;
　　r_s——纵向普通钢筋中心所在圆周的半径;
　　e_0——轴向力对截面中心的偏心距;
　　α——对应受压区混凝土截面积的圆心角(rad)与 2π 的比值;
　　α_t——纵向受拉普通钢筋截面面积与全部纵向普通钢筋截面面积的比值,当 α 大于 0.625 时,取 α_t 为 0。

该条适用于截面内纵向普通钢筋数量不少于 8 根的情况。

中国 JTG 3362—2018 中规定的圆形截面偏压构件的承载力计算方法仍需进行迭代求解,但是对于混凝土强度等级为 C30~C50,纵向配筋率在 0.5%~4% 时,可由其附录 F 中的附表查取计算参数由式(5.4.59)进行承载力验算:

$$\gamma_0 N_d \leqslant n_u A f_{cd} \tag{5.4.59}$$

式中:n_u——构件相对承载力,可由附录 F 查表确定。

JTG 3362—2018 与 JTG D62—2004 相比,计算结果相差很小,但计算方法略有简化,正文中的方法仍需通过迭代进行求解;对于某些构件的钢筋和混凝土强度配置情况下附录中的方法可以直接查表求解。

2)美国桥规

美国桥规中对于圆形截面偏心受压构件未给出计算表达式。但 C. Mccormac 等人在 *Design of Reinforced Concrete* 中建议,可将圆形截面偏心受压构件转化为矩形截面进行计算,具体转化方法如下:

等效矩形截面受压方向的高度取圆形截面直径的 0.8 倍,钢筋对称布置在矩形截面受弯方向的中性轴两侧,距离取圆形截面钢筋所长圆周直径的 2/3 倍,具体图式见图 5.4.9。完成截面的换算后,即可通过矩形截面偏心受压的计算方法进行计算,将圆形截面直径 D,钢筋所在圆周的直径 D_s 代入等效矩形截面偏心受压构件承载力公式后,得到式(5.4.60)与式(5.4.61),式中其他参数同美国桥规矩形截面偏压构件的计算方法。

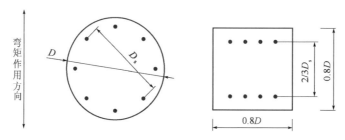

图5.4.9 等效矩形截面转化图示

该方法相较于中国桥规规定的圆形截面偏压承载力方法更为简单。由于圆形截面钢筋布置较为复杂,根据应力应变关系计算钢筋应力时较为烦琐,将其简化为矩形截面验算具有较好的适用性,且计算结果与试验结果具有一定的近似性。

$$P_r = \phi P_n = \phi(0.68f'_c aD + f'_s A'_s - f_s A_s) \tag{5.4.60}$$

$$M_r = \phi M_n = \phi\left[0.85f'_c aD\left(0.4D - \frac{a}{2}\right) + f_s A_s(D_s/3) - f'_s A'_s(D_s/3)\right] \tag{5.4.61}$$

3)欧洲桥规

对于强度等级为 C50/60 及以下的混凝土,L. H. Martin 给出了基于欧洲桥规(EN 1992)的圆形偏心受压构件承载力计算公式为:

$$N_{Rd} = F_c + (\sum f_{si} A_{si}) \tag{5.4.62}$$

$$M_{Rd} = M_c + \sum(f_{si} A_{si} y_{si} d) \tag{5.4.63}$$

其中:

$$\varphi = \frac{2\pi}{n} \tag{5.4.64}$$

$$y_{si} = 0.5\left(1 - \frac{d'}{d}\right)\cos[(i-1)\varphi], x_{si} = 0.5 - y_{si} \tag{5.4.65}$$

$$f_{si} = 700\left(1 - \frac{x_{si}}{x}\right) \tag{5.4.66}$$

$$F_c = \frac{4}{\pi}(0.25 - k_1 k_2) \times 0.567 f_{ck} A_c \tag{5.4.67}$$

$$M_c = \frac{4}{3\pi}(0.25\sin\theta - 2k_1^2 k_2) \times 0.567 f_{ck} d A_c \tag{5.4.68}$$

$$k_1 = 0.5 - 0.8x, k_2 = \sqrt{0.25 - k_1^2}, \theta = \tan^{-1}\left(\frac{k_1}{k_2}\right) \tag{5.4.69}$$

式中:A_{si}——第 i 排钢筋的面积;

φ——钢筋之间的圆心角;

n——钢筋的数量;

d——截面有效高度。

运用上述公式计算时,需通过计算机迭代计算得到 x 的值,然后求出给定偏心距下的承载力 N_{Rd}、M_{Rd}。

相对而言,美国桥规与欧洲桥规对圆形截面的偏心受压构件的计算规定较为简便。其中美国桥规仅需将圆形截面转化为矩形截面,并按简化后的矩形截面的偏心受压构件进行计算,其计算结果与试验结果仍有一定近似性。欧洲桥规的计算方法比较复杂,需进行迭代计算,但计算精度较好;而中国桥规已将迭代算法部分简化为查表计算,相对简便且计算精度也较为理想。

五、双向偏心受压构件承载力计算方法

一般情况下,钢筋混凝土矩形受压构件承受的轴力在两个方向上都有偏心,或承受轴力的同时在两个方向上承受弯矩,则构件的另一个方向也配有钢筋。当按一个方向计算构件的偏心受压承载力时,应考虑另一个方向钢筋的作用,即截面腹部有纵向钢筋的情况。对于沿截面腹部均匀配置纵向普通钢筋且每排不少于 4 根的矩形、T 形和 I 形截面钢筋混凝土偏心受压构件,JTG 3362—2018 第 5.3.8 条给出了其正截面抗压承载力的计算公式,而欧洲桥规并未涉及此项内容。

1. 中国桥规

JTG 3362—2018 第 5.3.11 条规定了对于截面具有两个互相垂直对称轴的钢筋混凝土双向偏心受压构件的计算方法(图 5.4.10),其双向受压时正截面抗压承载力可按下式计算:

$$\gamma_0 N_d \leq \frac{1}{\dfrac{1}{N_{ux}} + \dfrac{1}{N_{uy}} - \dfrac{1}{N_{u0}}} \quad (5.4.70)$$

式中:N_{u0}——构件截面轴心抗压承载力设计值,按式(5.3.1)计算,计入全部纵向钢筋但不考虑稳定系数,即 $N_{u0} = 0.90(f_{cd}A + f'_{sd}A'_s)$;

N_{ux}——按轴向力作用于 x 轴,并考虑相应的偏心距 $\eta_x e_{0x}$ 后,计入全部纵向钢筋计算的构件偏心抗压承载力设计值;

N_{uy}——按轴向力作用于 y 轴,并考虑相应的偏心距 $\eta_y e_{0y}$ 后,计入全部纵向钢筋计算的构件偏心抗压承载力设计值。

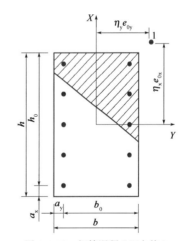

图 5.4.10 钢筋混凝土双向偏心受压构件计算图式
1-轴向力作用点

2. 美国桥规

美国桥规 2017 年版第 5.7.4.5 条规定:对于承受双轴弯曲和压力的非圆形截面构件,可采用下列公式进行设计:

如果乘有系数的轴向荷载不小于 $0.10\phi f'_c A_g$:

$$\frac{1}{P_{rxy}} = \frac{1}{P_{rx}} + \frac{1}{P_{ry}} - \frac{1}{\phi P_0} \tag{5.4.71}$$

如果乘有系数的轴向荷载小于 $0.10\phi f'_c A_g$：

$$\frac{M_{ux}}{M_{rx}} + \frac{M_{uy}}{M_{ry}} \leq 1.0 \tag{5.4.72}$$

式中：P_{rxy}——双轴弯曲乘有综合抗力折减系数的轴向抗力；

　　　P_{rx}——对应于 M_{rx} 的乘有系数的轴向抗力；

　　　P_{ry}——对应于 M_{ry} 的乘有系数的轴向抗力；

　　　M_{ux}——绕 x 轴施加的乘有系数的弯矩；

　　　M_{uy}——绕 y 轴施加的乘有系数的弯矩；

　　　M_{rx}——截面绕 x 轴的单轴乘以系数的弯曲抗力；

　　　M_{ry}——截面绕 y 轴的单轴乘以系数的弯曲抗力；

　　　ϕ——轴压构件的抗力系数；

　　　P_0——截面的名义轴向抗力，按照下式计算：

$$P_0 = 0.85 f'_c (A_g - A_{st} - A_{ps}) + f_y A_{st} - A_{ps}(f_{pe} - E_p \varepsilon_{cu}) \tag{5.4.73}$$

3. 欧洲桥规

对于双向偏心受压构件的承载力，欧洲桥规（EN 1992-1-1:2004）采用的是荷载等值线法，即：

$$\left(\frac{M_{Edz}}{M_{Rdz}}\right)^a + \left(\frac{M_{Edy}}{M_{Rdy}}\right)^a \leq 1.0 \tag{5.4.74}$$

式中：M_{Edy}、M_{Edz}——y 和 z 轴方向的设计弯矩，包括二阶弯矩；

　　　M_{Rdy}、M_{Rdz}——y 和 z 轴方向的抵抗弯矩；

　　　a——取值方法如下：对于圆形和椭圆形截面 a 取2；对于矩形截面 a 根据 N_{Ed}/N_{Rd} 按表5.4.1取值；对于表中没有的 a 值，欧洲桥规建议按线性内插确定。

欧洲桥规中矩形截面的 a 值　　　　　表5.4.1

N_{Ed}/N_{Rd}	0.1	0.7	1.0
a	1.0	1.5	2.0

注：表中 $N_{Rd} = f_{cd} A_c + f_{yd} A_s$。

六、中国、美国、欧洲偏压短柱承载力对比

中国、欧洲桥规中均采用材料的强度设计值进行计算，美国桥规中采用材料强度标准值，并通过综合的抗力折减系数进行折减。由于中国、美国、欧洲桥规偏心抗压承载力计算方法之间存在较大的差异性，故通过算例来比较中国、美国、欧洲桥规的抗压承载力。现设定截面尺寸为500mm×400mm，保护层厚度 $a_s = a'_s = 40$mm（a_s 为受拉钢筋形心到受拉边缘的距离，

a'_s 为受压钢筋形心到受压边缘的距离),中国桥规中混凝土采用 C35、C40、C45 和 C50 级混凝土,钢筋取 HRB400 级钢筋,对称配筋,每侧配置钢筋为 $4\phi20$;按照美国、欧洲桥规进行计算时,考虑了 3.1 节中材料间的对应关系。依据中国、美国、欧洲桥规计算得到的 M-N 相关曲线如图 5.4.11 所示。

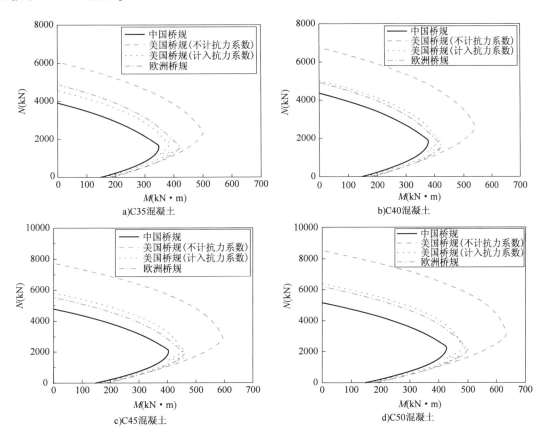

图 5.4.11 中国、美国、欧洲桥规偏压短柱 M-N 相关曲线

如图 5.4.11 所示,偏心受压短柱的 M-N 曲线是由上凸段(即小偏心受压)和下凹段(即大偏心受压)两部分组成。从曲线走势可看出,小偏心受压的 M-N 曲线是一条接近于直线的二次抛物线,截面抗弯能力随轴向压力增大而降低;大偏心受压的 M-N 曲线为二次抛物线,截面抗弯能力随轴向压力增大而增大。若任意一点位于曲线内侧,则表明该点的 M 和 N 组合尚未达到承载能力极限状态,构件是安全的。反之亦反。

美国桥规中计入抗力系数的 M-N 相关曲线在拐点处会有一个弯折,这是由于美国桥规中的综合抗力折减系数发生了突变的缘故。针对 C35~C50 级别的混凝土,对于小偏心受压构件、轴心受压构件和大偏心受压构件,依据美国桥规计算得到的受压承载能力均大于中国桥规。总体来说,依据中国桥规对短柱进行计算比美国桥规更为安全。

对于同一等级的混凝土和屈服强度相等的钢筋所构成的偏心受压短柱而言,依据欧洲桥规计算得到的 M-N 曲线均位于中国桥规计算得到的 M-N 曲线的外侧,这表明欧洲桥规中的偏心受压截面的承载力更大。图中欧洲桥规的大小偏心临界点(即混凝土和钢筋同时达到强度极限值得临界状态)较中国桥规偏右,因此在临界状态轴心压力差别不大的情况下,欧洲桥规的截面抗弯能力较中国桥规更强。通过对比分析两本规范的计算公式,可知造成上述差异的原因主要是欧洲桥规所采用的材料强度设计值更高。

5.5 受拉构件承载力

混凝土的抗拉强度通常只有其抗压强度的 1/10 ~ 1/8,并且随着混凝土强度等级提高其抗拉强度的占比更小。因此各规范在混凝土构件的极限抗拉承载力计算时均不考虑混凝土的抗拉能力,仅考虑普通钢筋和预应力钢筋的抗拉能力,并将其作为混凝土构件的受拉承载力。

1. 中国桥规

中国桥规中对于轴心受拉构件的正截面抗拉承载能力按下式计算:

$$N_u = f_{sd}A_s + f_{pd}A_p \tag{5.5.1}$$

式中:f_{sd}——普通钢筋的抗拉强度设计值;

f_{pd}——预应力钢筋的抗拉强度设计值;

A_s、A_p——普通钢筋和预应力钢筋的全截面面积。

2. 美国桥规

美国桥规中对于轴心受拉构件的正截面抗拉承载能力为:

$$P_r = \phi P_n = \phi[f_y A_{st} + A_{ps}(f_{pe} + f_y)] \tag{5.5.2}$$

式中:ϕ——受拉构件的综合抗力系数;

f_y——普通钢筋的屈服强度;

f_{pe}——预应力钢筋中的有效预应力;

A_{st}、A_{ps}——普通钢筋和预应力钢筋的截面面积。

3. 欧洲桥规

欧洲桥规中对于轴心受拉构件的正截面抗拉承载能力:

$$N_{Rd} = f_{yd}A_s + f_{pd}A_p \tag{5.5.3}$$

式中:f_{yd}——普通钢筋的抗拉强度设计值;

f_{pd}——预应力钢筋的抗拉强度设计值;

A_s、A_p——普通钢筋和预应力钢筋的全截面面积。

从上面各公式的形式可以看出,对于受拉构件的正截面抗拉承载力,由普通钢筋和预应力钢筋来承担,不考虑混凝土的影响。中国、欧洲桥规均采用材料强度设计值进行计算,美国桥规采用材料强度标准值计算,并在此基础上乘以相应的综合抗力系数。为了定量比较中国、美国、欧洲桥规抗拉承载能力之间的差异,选取中国桥规中的 HRB400 级钢筋截面面积为 1520mm²,对于美国、欧洲桥规依据等强度原则进行材料转换,按照中国、美国、欧洲桥规计算得到的正截面抗拉承载力见表 5.5.1。

中国、美国、欧洲桥规轴心抗拉承载力计算　　　　表 5.5.1

规　范	类　别				
	钢筋级别	强度标准值（MPa）	强度设计值（MPa）	截面面积（mm^2）	抗拉承载力（kN）
中国桥规	HRB335	400	330	1520	501.6
美国桥规	Grade420	420	420	1447.6	547.2
欧洲桥规	B400A	400	350	1520	532.0

注：表中的截面面积是按照等强度原则换算之后的截面面积。

从上述的计算结果可以看出，对于普通钢筋混凝土结构，依据中国、美国、欧洲桥规计算得到的设计轴心抗拉承载力有美国桥规＞欧洲桥规＞中国桥规，中国桥规中普通钢筋材料分项系数为 1.2，欧洲桥规为 1.15，对于普通钢筋混凝土结构，美国桥规的综合抗力系数为 0.9，转换为分项系数的含义为 1.11，中国桥规的材料分项系数最大。

表 5.5.1 中的计算结果表明，对于普通钢筋混凝土轴心受拉构件，其抗拉承载力主要取决于钢筋的强度取值和用量。上表中依据中国桥规计算得到的钢筋混凝土轴心受拉构件的抗拉承载力最小，主要是由于钢筋强度设计值的取值相对最低。

5.6 混凝土盖梁承载力

JTG 3362—2018 和 JTG D62—2004 中规定，墩台盖梁与柱应按刚构计算。当盖梁与柱的线刚度 EI/l 之比大于 5 时，双柱式墩台盖梁可按简支梁计算，多柱式墩台盖梁可按连续梁计算。

在桥梁结构中，当混凝土梁的跨高比 $l/h > 5.0$ 时，一般称之为浅梁，可按照一般受弯构件计算其承载力，具体方法参见本书第 5.1 节和第 5.2 节。混凝土梁的跨高比 $l/h \leqslant 2.0$ 的简支盖梁和 $l/h \leqslant 2.5$ 的连续盖梁应按深梁计算承载力。在建筑结构中，将 $l/h < 5.0$ 的梁均称为深受弯构件。在此，l 为盖梁的计算跨径，h 为盖梁的高度。

浅梁与深梁在受力特性和破坏形态上有很大的差异，其中最主要的一点是深梁在受到弯矩作用时平截面假设已不再成立，但构件或截面上力的平衡条件依然成立。关于深梁的承载力，各规范采用了完全不同的计算方法。

一、中国桥规

1. 截面抗弯承载力计算

JTG 3362—2018 第 8.4.2 条和 JTG D62—2004 第 8.2.2 条规定，当盖梁跨中部分的跨高比为 $2.5 < l/h \leqslant 5.0$ 时，截面抗弯承载力按下式计算：

$$\gamma_0 M_d \leqslant f_{sd} A_s z \tag{5.6.1}$$

$$z = \left(0.75 + 0.05 \frac{l}{h}\right)(h_0 - 0.5x) \tag{5.6.2}$$

式中：M_d——盖梁最大弯矩组合设计值；
f_{sd}——纵向普通钢筋抗拉强度设计值；
A_s——受拉区普通钢筋的截面面积；
z——内力臂；
h_0——截面有效高度；
x——截面受压区高度，按下式计算：

$$f_{sd}A_s + f_{pd}A_p = f_{cd}bx + f'_{sd}A'_s + (f'_{pd} - \sigma'_{p0})A'_p \tag{5.6.3}$$

式(5.6.1)和式(5.6.2)的基本观点是，当盖梁属于深梁受弯时平截面假设已不再成立，因而受弯截面的内力臂采用了基于试验结果的经验公式。式(5.6.3)中的各符号意义可参见JTG 3362—2018第5.2.2条。

2. 截面抗剪承载力计算

1) 截面尺寸检验

JTG 3362—2018第8.4.4条规定：钢筋混凝土盖梁的抗剪截面应符合下列规定：

$$\gamma_0 V_d \leq 0.33 \times 10^{-4} \left(\frac{l}{h} + 10.3\right) \sqrt{f_{cu,k}} bh_0 \tag{5.6.4}$$

JTG D62—2004第8.2.5条规定的钢筋混凝土盖梁的抗剪截面应满足的条件如下：

$$\gamma_0 V_d \leq \frac{\left(\frac{l}{h} + 10.3\right)}{30} \times 10^{-3} \sqrt{f_{cu,k}} bh_0 \tag{5.6.5}$$

式中：V_d——验算截面处的剪力组合设计值(kN)；
b——盖梁截面宽度(mm)；
h_0——盖梁截面有效高度(mm)；
$f_{cu,k}$——边长150mm的混凝土立方体抗压强度标准值(MPa)，即混凝土强度等级。

比较式(5.6.4)和式(5.6.5)可知，虽然两者的形式略有不同，但公式的内涵和影响因素完全相同，并具有相同的计算结果。

2) 斜截面抗剪承载力计算

JTG 3362—2018第8.4.5条规定钢筋混凝土盖梁的斜截面抗剪承载力按下式计算：

$$\gamma_0 V_d \leq 0.5 \times 10^{-4} \alpha_1 \left(14 - \frac{l}{h}\right) bh_0 \sqrt{(2 + 0.6P) \sqrt{f_{cu,k}} \rho_{sv} f_{sv}} \tag{5.6.6}$$

JTG D62—2004第8.2.6条规定钢筋混凝土盖梁的斜截面抗剪承载力公式如下：

$$\gamma_0 V_d \leq \alpha_1 \frac{\left(14 - \frac{l}{h}\right)}{20} \times 10^{-3} bh_0 \sqrt{(2 + 0.6P) \sqrt{f_{cu,k}} \rho_{sv} f_{sv}} \tag{5.6.7}$$

式中：V_d——验算截面处的剪力组合设计值(kN)；
α_1——连续梁异号弯矩影响系数，计算近边梁支点梁端的抗剪承载力时，$\alpha_1 = 1.0$；计算中间支点梁段即刚构各节点附近时，$\alpha_1 = 0.9$；
P——受拉区纵向受拉钢筋的配筋百分率，$P = 100\rho = 100A_s/bh_0$，当$P > 2.5$时，取$P = 2.5$；

ρ_{sv}——箍筋配筋率，$\rho_{sv}=A_{sv}/s_v b$，此处，A_{sv}为同一截面内箍筋各肢的总截面面积，s_v为箍筋间距；

f_{sv}——箍筋的抗拉强度设计值。

式(5.6.6)和式(5.6.7)的形式略有变化，但公式的内涵和影响因素也完全相同，两者也具有相同的计算结果。

中国桥规规定，钢筋混凝土盖梁的悬臂部分承受竖向作用时，当其作用点至柱边缘的距离小于或等于盖梁截面高度时其承载力可按深梁考虑，并采用拉压杆模型计算，参见本书第5.7节。此外，JTG 3362—2018 附录 B 中介绍了基于美国桥规的拉压杆模型分析方法，主要用于混凝土应力扰动区的强度计算。

二、美国、欧洲桥规

根据已掌握的资料，在美国桥规 1977 年以前的版本中没有见到深梁的提法。在 1989 年版、1994 年版、2007 年版及 2010 年版的图名中均有 Deep Beam 的提法，我国将其翻译为"高梁"或"深梁"。上述规范中的第 5.6.3 条均规定了对于高桩承台(deep footings)和桩帽梁(pile caps)，以及施加的荷载与支撑反力中心之间的距离小于构件厚度约 2 倍的情况应考虑拉压杆模型(我国过去将其翻译为"撑杆加系杆模型")，均未涉及深梁的结构概念及其计算方法。时至美国桥规 2017 年版中，仍采用 B 区和 D 区的概念，对于 B 区按传统的受弯构件计算，而对于 D 区则采用拉压杆方法计算。

欧洲桥规(Eurocode 2 EN 1992 Part 1-1:2004)第 5.3.1 第(2)款中对于深梁的定义为跨高比小于 3 的梁，给出了钢筋构造要点计算方法，但未给出深梁的计算方法。其第 6.5.1 条规定：存在非线性应变的区域，例如支座，接近集中荷载或平面应力的区域，可以使用拉压杆模型。但欧洲桥规中的拉压杆模型与美国桥规中的拉压杆模型原理相通，具体方法相差较大。

5.7 拉压杆计算模型

拉压杆模型早期是由 Schlaich(1981)和 Collins(1991 年)提供了计算方法。作为一种设计方法，拉压杆模型于 1984 年被加拿大的混凝土设计规范采用，在美国桥规 1989 年版中已有了相关条款。2001 年的德国混凝土规范 DIN1045-1(2001-7)以及欧洲桥规(EN 1992-1-1:2004)也将拉压杆模型内容正是纳入设计条文中。2004 年以前的中国桥规没有采用拉压杆方法，但在计算盖梁悬臂部分以及桩基承台时采用的"撑杆—系杆体系"已有了拉压杆模型的雏形，在 JTG 3362—2018 中没有直接采用拉压杆计算方法，而在附录 B 中介绍了拉压杆模型分析方法。

拉压杆模型的基本思路是将梁体划分为 B 区(bending region)和 D 区(disturbed region)，梁体的 B 区可以采用传统的(浅)梁的计算方法，对于梁体的应力扰动的 D 区可采用拉压杆模型计算。

一、B区和D区的定义和划分

一般的混凝土结构可分为两类区域,即B区和D区。B区是指截面应变基本符合平截面假定的结构区域,它们的截面应力状态可以通过内力得出。D区是指截面应变分布呈现明显非线性的结构区域,这些部位具有几何构造上的不连续或力流受扰动的特点,从弹性阶段开始平截面假定在这些区域已不再成立。

为此,在混凝土结构的设计分析中,将结构划分为B区和D区分别对待也不失为一种合理的计算方法。我国目前的混凝土桥梁设计规范,主要针对混凝土桥梁的B区,按受弯构件进行其正常使用极限状态和承载能力极限状态的计算均以截面分析为基础;而对于混凝土梁的D区,并未给出明确、整体的分析模型,通常以主应力加以控制。但美国和欧洲桥规中均已明确将混凝土桥梁划分为B区和D区,分别对其进行分析和设计。本节主要对美国、欧洲桥规中的拉压杆模型构型、拉杆和压杆以及节点区的内容进行简要阐述。

二、拉压杆模型的基本构成

拉压杆模型主要由受压混凝土形成的压杆、受拉钢筋形成的拉杆以及拉杆和压杆相交的节点三部分组成,通过拉杆、压杆和节点形成的桁架模型来抵抗外荷载。各部分的要点如下:

1. 压杆

压杆是拉压杆模型中理想化的受压杆件,代表平面区或扇形受压区的合力,压杆的形状可以是棱柱形、瓶形或者扇形。在实际设计中,压杆常理想化为棱柱形受压构件。若两端节点区强度不同或有效宽度不同,使得压杆两端的有效抗压强度不同,则压杆可理想化为截面均匀变化的锥形受压构件。

压杆的有效截面面积取决于端部支承、锚固、受力和几何边界条件。除验算压杆强度外,还需按构造配置一定的分布钢筋,以控制压杆的纵向裂缝宽度。

2. 拉杆

拉杆是拉压杆模型中的受拉部分,一般由普通钢筋和预应力钢筋构成。在进行拉杆承载能力验算时,拉杆的应力取为钢筋的屈服应力。同时,钢筋的锚固长度必须满足构造要求,以避免发生锚固失效。

3. 节点

节点位于压杆、拉杆轴线与集中力的交汇处,该区域受力复杂。从受力平衡角度考虑,拉压杆模型中的一个节点至少应有三个作用力。按这些力的属性(符号)分类,可分为CCC节点、CCT节点、CTT节点和TTT节点,C代表压杆,T代表拉杆,如图5.7.1所示。

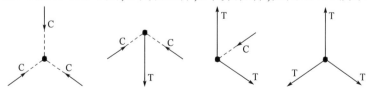

图5.7.1 节点的类型

三、中国、美国、欧洲桥规方法对比

1. 中国桥规

1)盖梁悬臂的计算方法

JTG 3362—2018 第 8.4.6 条规定,钢筋混凝土盖梁两端位于柱外的悬臂部分设有外边梁时,当外边梁作用点至柱边缘的距离 x(圆形截面柱可换算为边长等于 0.8 倍直径的方形截面柱)大于盖梁截面高度时,按普通梁计算其承载力;当边梁作用点至柱边缘的距离等于或小于盖梁截面高度时,可按拉压杆模型按下列规定计算悬臂上缘拉杆的抗拉承载力,参见图 5.7.2。

混凝土盖梁悬臂上缘拉压杆的抗拉承载力按下列式计算:

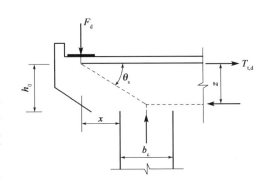

图 5.7.2 盖梁段悬臂部分的拉压杆模型

$$\gamma_0 T_{1,d} \leqslant f_{sd}A_s + f_{pd}A_P \tag{5.7.1}$$

$$T_{1,d} = \frac{x + b_c/2}{z} F_d \tag{5.7.2}$$

式中:$T_{1,d}$——盖梁悬臂上缘的内力(拉力)设计值;

b_c——柱的支撑宽度,方形截面柱取截面边长,圆形截面柱取 0.8 倍直径;

f_{sd}、f_{pd}——普通钢筋和预应力钢筋的抗拉强度设计值;

A_s、A_P——拉杆中普通钢筋、预应力钢筋面积;

F_d——盖梁悬臂部分的竖向力设计值,按基本组合取用;

x——竖向力作用点距柱边缘的水平距离;

z——盖梁的内力臂,可取 $z = 0.9h_0$;

h_0——盖梁的有效高度。

2)承台的计算方法

当承台下面外排桩中心与墩台身边缘的距离小于或等于承台高度时,承台的极限承载力可按拉压杆模型方法计算,计算图式参见图 5.7.3。

(1)JTG 3362—2018 第 8.5.4 条给出的斜压杆承载力计算方法

$$\gamma_0 C_{i,d} \leqslant t b_s f_{ce,d} \tag{5.7.3}$$

$$f_{ce,d} = \frac{\beta_c f_{cd}}{0.8 + 170\varepsilon_1} \leqslant 0.85\beta_c f_{cd} \tag{5.7.4}$$

$$\varepsilon_1 = \frac{T_{i,d}}{A_s E_s} + \left(\frac{T_{i,d}}{A_s E_s} + 0.002\right) \cot^2\theta_i \tag{5.7.5}$$

$$t = b\sin\theta_i + h_a\cos\theta_i \tag{5.7.6}$$

$$h_s = s + 6d \tag{5.7.7}$$

式中:$C_{i,d}$——压杆内力设计值;

θ——斜压杆与拉杆之间的夹角；
$f_{ce,d}$——混凝土压杆的等效抗压强度设计值；
t——压杆的计算高度；
b_s——压杆的计算宽度；
b——桩的支撑面计算宽度；
A_s——在压杆计算宽度内拉杆钢筋截面面积；
s——拉杆钢筋的顶层钢筋中心至承台底的距离；
d——拉杆钢筋直径，当采用不同直径钢筋时取其加权平均值。

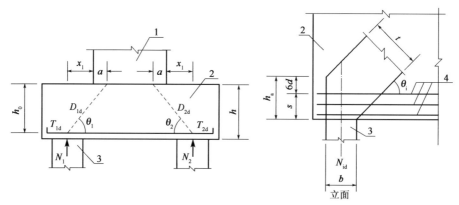

a)"撑杆—系杆"力系　　b)撑杆计算高度

图5.7.3　拉压杆计算模型
1-墩台身；2-承台；3-桩；4-系杆钢筋

（2）JTG D62—2004第8.5.3条给出的撑杆抗压承载力计算方法

$$\gamma_0 D_d \leqslant tbf_{cd,s} \tag{5.7.8}$$

$$D_d = \frac{N_d}{\sin\theta} \tag{5.7.9}$$

$$T_d = \frac{N_d}{\tan\theta} \tag{5.7.10}$$

$$\theta = \tan^{-1}\frac{h_0}{a+x} \tag{5.7.11}$$

$$f_{cd,s} = \frac{f_{cu,k}}{1.43 + 304\varepsilon_1} \leqslant 0.48 f_{cu,k} \tag{5.7.12}$$

$$\varepsilon_1 = \left(\frac{T_d}{A_s E_s} + 0.002\right)\cot^2\theta \tag{5.7.13}$$

$$h_a = S + 6d \tag{5.7.14}$$

式中：D_d——撑杆压力设计值；
θ——撑杆与拉杆之间的夹角；
T_d——系杆拉力设计值；
t——撑杆的计算高度；
b——撑杆的计算宽度，取盖梁截面宽度；

a——撑杆压力线在盖梁底面作用点至墩柱边缘的距离,取 $a = 0.15h_0$;

$f_{cd,s}$——撑杆混凝土的轴心抗压强度设计值;

S——底层系杆中心至盖梁顶面的距离;

d——系杆钢筋的直径,当采用不同直径的钢筋时,d 取加权平均值。

(3)JTG 3362—2018 和 JTG D62—2004 给出的系杆抗拉承载力计算方法

$$\gamma_0 T_{i,d} \leq f_{sd} A_s \quad \text{和} \quad \gamma_0 T_D \leq f_{sd} A_s \tag{5.7.15}$$

比较 JTG 3362—2018 和 JTG D62—2004 不难发现,无论是压杆承载力还是拉杆承载力,前者是在后者的基础上微调后得到的;无论是拉压杆模型还是撑杆—系杆体系,两组计算公式的本质是一样的。

2. 美国桥规

美国桥规的拉压杆理论及计算要点如下:

1)压杆特性

(1)无钢筋的混凝土压杆承载力

无钢筋混凝土压杆的名义抗力应当按下式取用:

$$P_n = f_{cu} A_{cs} \tag{5.7.16}$$

式中:P_n——压杆的名义抗力;

f_{cu}——混凝土压杆极限抗压应力;

A_{cs}——压杆的有效截面面积。

(2)有钢筋的压杆承载力

如果混凝土压杆中含有和压杆方向平行的钢筋,并且能够有效提高混凝土压杆的屈服应力,压杆的名义应力应按照下式计算:

$$P_n = f_{cu} A_{cs} + f_y A_{ss} \tag{5.7.17}$$

式中:f_y——钢筋的屈服强度;

A_{ss}——压杆中钢筋的面积。

(3)压杆的极限抗压应力

极限抗压应力 f_{cu},应按照下式计算:

$$f_{cu} = \frac{f'_c}{0.8 + 170\varepsilon_1} \leq 0.85 f'_c \tag{5.7.18}$$

$$\varepsilon_1 = \varepsilon_s + (\varepsilon_s + 0.002) \cot^2 \alpha_s \tag{5.7.19}$$

式中:α_s——压杆和相邻拉杆的最小角度;

ε_1——在拉杆方向混凝土的拉伸应变;

f'_c——混凝土的抗压强度。

(4)压杆的有效截面面积

确定 A_{cs} 数值时应当考虑可用混凝土面积和压杆末端的锚固条件。

当压杆用钢筋进行锚固时,有效混凝土面积应当考虑从锚杆向外延伸超过 6 倍锚杆直径的距离,如图 5.7.4 所示。

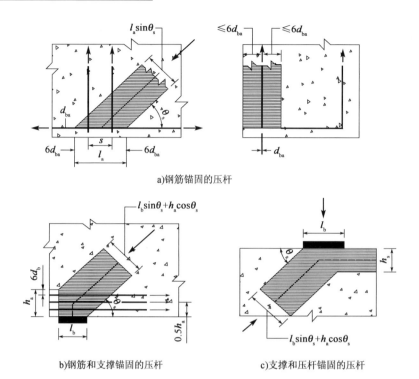

a)钢筋锚固的压杆

b)钢筋和支撑锚固的压杆　　c)支撑和压杆锚固的压杆

图 5.7.4　锚固条件对压杆有效截面面积的影响

2)拉杆特性

拉杆钢筋应当按照规定的埋置长度、弯钩,或者机械锚固形式锚固在节点区域。在节点内表面张拉力有提升。拉杆的名义抗力应当按照下式取用:

$$P_n = f_y A_{st} + A_{ps}[f_{pe} + f_y] \tag{5.7.20}$$

式中:A_{st}——拉杆中纵向普通钢筋的面积;

A_{ps}——预应力钢筋面积;

f_y——纵向普通钢筋的屈服强度;

f_{pe}——考虑预应力损失后预应力钢筋中的应力。

3)节点区域特性

除非在节点区内配置有约束钢筋且其效果得到试验和分析的支持,否则压杆中混凝土的压应力不应超过下述规定:

(1)对于被压杆和支撑区域限制的节点区域:$0.85\phi f'_c$。

(2)对于锚固一个方向拉杆的节点区域:$0.75\phi f'_c$。

(3)对于锚固多个方向拉杆的节点区域:$0.65\phi f'_c$。

拉杆钢筋应当均匀分布在混凝土有效面积内,其应力至少等于其拉力除以规定的钢筋应力极限值。

除了满足拉杆和压杆的强度要求,节点区域设计应当满足美国桥规 2007 年版第 5.6.3.4 款规定的应力和锚固限制。由于集中荷载和反作用力引起的节点区域的承压应力应当满足美国桥规 2017 年版第 5.7.5 条规定的要求。

3. 欧洲桥规

欧洲桥规(EN 1992-1-1:2004)第 6.5 节认为结构中力流的轨迹是很复杂的,很难进行定量的分析,因此必须进行概念性的简化。而拉—压杆模型就是一个近似的力流轨迹简化模型,它把拉力流简化为拉杆,压力流简化为压杆。通常将混凝土视为压杆和将钢筋视为拉杆进行分析计算。拉压杆的特性可归纳如下:

1) 压杆特性

对于有横向压应力和无横向压应力的区域(图 5.7.5a),混凝土压杆的设计强度可以按照下式计算:

$$\sigma_{Rd,max} = f_{cd} \tag{5.7.21}$$

如果混凝土压杆受压开裂或有横向拉力作用(图 5.7.5b),应对混凝土压杆的设计强度按式(5.7.22)进行折减:

$$\sigma_{Rd,max} = 0.6 v' f_{cd} \tag{5.7.22}$$

式中:v——混凝土抗压强度折减系数,欧洲桥规建议按下式确定:

$$v' = 1 - \frac{f_{ck}}{250} \tag{5.7.23}$$

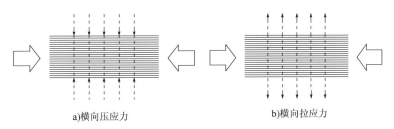

a)横向压应力　　　　　　　　b)横向拉应力

图 5.7.5　有横向压应力和横向拉应力的混凝土压杆的设计强度取值示意图

2) 拉杆特性

横向拉杆即钢筋的强度设计值参见本书第 3 章的材料特性的相关内容。节点区域在结构上有相当大的长度时,节点区的钢筋应沿弯压应力线(拉杆和压杆)的长度布置。拉力 T 可按下式计算:

对部分不连续的区域 $\left(b \leqslant \frac{H}{2}\right)$,即部分力流不均匀,如图 5.7.6a)所示。

$$T = \frac{1}{4}\left(\frac{b-a}{b}\right)F \tag{5.7.24}$$

对全部不连续的区域 $\left(B > \frac{H}{2}\right)$,即力流完全不均匀,如图 5.7.6b)所示。

$$T = \frac{1}{4}\left(1 - 0.7\frac{a}{h}\right)F \tag{5.7.25}$$

3) 节点

(1)在没有拉杆锚固的压缩节点处(图 5.7.7),节点压应力设计值按式(5.7.26)计算:

$$\sigma_{Rd,max} = k_1 v' f_{cd} \tag{5.7.26}$$

式中:k_1——规范建议值为 1.0;

v'——按式(5.7.23)计算。

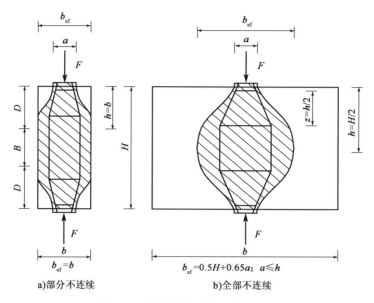

a) 部分不连续　　　b) 全部不连续

图 5.7.6　集中节点压力场的横向拉力

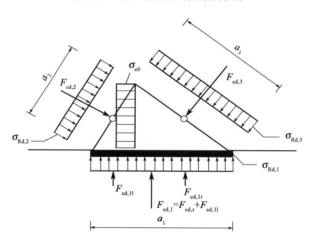

图 5.7.7　无拉杆的受压节点

(2) 对于某一方向带锚固拉杆的压应力节点处(图 5.7.8),节点压应力设计值按式(5.7.27)计算：

$$\sigma_{Rd,max} = k_2 v' f_{cd} \tag{5.7.27}$$

式中：k_2——规范建议值为 0.85；

　　　v'——按式(5.7.23)计算。

(3) 对于在多个方向带锚固拉杆的压应力节点处(图 5.7.9),节点压应力设计值按式(5.7.28)计算：

$$\sigma_{Rd,max} = k_3 v' f_{cd} \tag{5.7.28}$$

式中：k_3——规范建议值为 0.75；

v'——按式(5.7.23)计算。

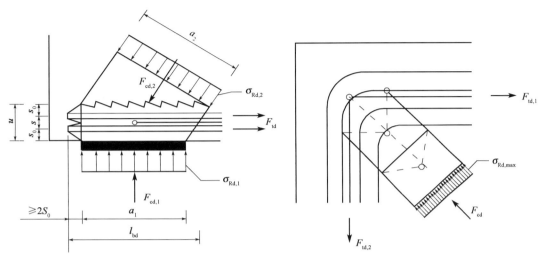

图 5.7.8　某一个方向配置钢筋的压应力节点　　　图 5.7.9　多个方向配置钢筋的压应力节点

当满足下面条件中的一个时,上面三种情况的抗压强度设计值可增加 10%:①承受三向压力的节点;②压杆和拉杆间的所有夹角≥55°的节点;③施加于支座和集中荷载作用处的应力是均匀的节点且节点受箍筋约束;④有多层钢筋的节点;⑤节点受可靠的支撑或摩擦约束。

四、拉压杆模型设计流程

用拉压杆模型进行结构设计的一般步骤如下:
(1)确定作用于结构的荷载和支座反力。
(2)根据圣维南原理,把结构划分为 B 区和 D 区。
(3)计算每一个 D 区边界的合力。
(4)建立桁架模型,把这些合力传过 D 区,并计算拉杆和压杆的内力。选择的拉杆和压杆方向应当与拉力场和压力场的方向基本重合。
(5)根据拉杆的内力和钢筋的应力限值进行配筋设计,并满足钢筋锚固的构造要求。
(6)对压杆和节点区进行应力验算。

对节点区进行检算的目的有两个:一是控制节点区的应力,以保证节点传力的安全;二是通过确定节点的尺寸,对钢筋的锚固和垫板的尺寸提出要求。如果压杆和节点的应力超出限制,或是压杆和节点超出 D 区的范围,则需要对拉压杆模型的几何形状,甚至初步拟定的结构尺寸进行调整。这也意味着拉压杆算法具有一定的随意性,尤其是压杆受压面积取值。最后根据构造要求布置一定的分布钢筋,以控制裂缝的宽度和保证结构具有一定的延性。

五、对比分析

在进行盖梁计算中,中国桥规依据盖梁与柱的线刚度的大小,分别按照刚构、简支梁或连续梁进行计算。对于不同尺寸的盖梁形式,依据其跨高比,分为一般受弯构件和深受弯构件。对于深受弯构件,在进行截面抗弯承载力计算中采用的内力臂应乘以一个基于实验结果的修正系数。JTG 3362—2018 与 JTG D62—2004 在深梁的正截面和斜截面极限承载力的计算方法本质上是一样的。但盖梁两端位于柱外的悬臂部分设有外边梁的情况下 JTG 3362—2018 采用了拉压杆理论,而 JTG D62—2004 则借用了桩基承台的撑杆—系杆体系进行计算,两者计算理论的实质相同,计算方法及表达式略有不同的。

美国桥规中依据盖梁承受荷载的情况,划分为 B 区和 D 区。对于 B 区按照一般受弯构件进行计算,而对于 D 区则按照本节的拉压杆模型进行计算。美国桥规是按着虚拟的拉杆和压杆的承载力进行控制的。

欧洲桥规首先根据高跨比的大小,判断盖梁为浅梁或深梁构件,对于浅梁可直接参照一般受弯构件的承载力计算方法,而深梁则需采用本节中的拉—压杆模型进行分析计算。欧洲桥规是对拉杆和压杆的应力进行控制的,这一点与美国桥规有所不同。欧洲桥规与中国桥规不同的是区分浅梁和深梁的高跨比取值有所不同。

中国桥规对深梁的承载力计算公式是基于试验结果得到的,在盖梁的外悬臂及承台的承载力计算中采用了撑杆—系杆体系,其实质也是拉压杆方法。

5.8 局部承压构件

局部承压是指构件的表面仅有部分面积承受压力的受力状态。在钢筋混凝土及预应力混凝土结构中,局部承压是一种常见的受力状态。例如:直接承受由支座垫板传来的局部集中荷载的桥梁墩台,后张法的端部锚固区等。与全面积受压相比,局部承压构件具有如下特点:①构件表面受压面积远小于构件截面积;②局部承压的混凝土抗压强度比全面积受压混凝土的抗压强度高;③在局部承压区中部的横向拉应力可使混凝土产生裂缝。

JTG 3362—2018 和 JTG D62—2004 中认为局部承压构件的承载力由两部分组成,一部分是由混凝土提供的局部承压承载力,另一部分是间接钢筋提供的局部承压承载力。

美国桥规将锚固区域划分为总体区域和局部区域,见图 5.8.1。总体区域的范围是整个锚固区,其主要矛盾是预应力扩散中会引起的拉应力,可进一步划分为劈裂区和剥裂区;局部区域为锚具周围较小的区域,其主要问题是局部承压。

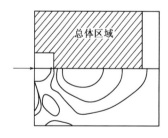 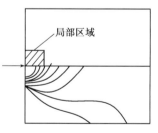

图 5.8.1 锚固总体区域和局部区域

欧洲桥规(EN 1992-1-1:2004)认为对于局部承压面,应考虑局部压碎和横向拉力。对于混凝土受压区域,当线性应变假定不适用时应进行局部分析,例如支座附近、集中荷载作用区域、梁柱交接处、锚固区等。

一、局部承压区域划分

中国桥规在进行局部承压承载能力计算时,底面积 A_b 取值采用"同心、对称"原则,即要求计算底面积与局部受压面积 A_l 具有相同的重心位置,并且对称。局部受压面积各边向外扩大的有效距离不超过承压板短边尺寸 b;对圆形承压板,可沿周边扩大一倍距离,见图5.8.2。

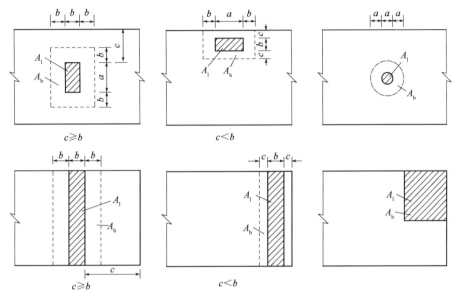

图 5.8.2 局部承压时计算底面积 A_b 的示意图

美国桥规规定对于桥梁构件或者节段的端部锚固区域,其横向尺寸应取截面的高度和宽度,并且不小于构件或节段的纵向长度;锚固区域的纵向尺寸应取其横向尺寸较大值的 1~1.5 倍,如图 5.8.3a)所示。对于中间锚固装置,横向尺寸依旧取截面的高度和宽度,纵向尺寸取横向尺寸中的较大值,如图 5.8.3b)所示。

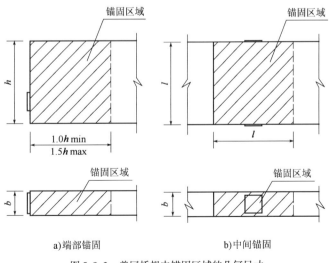

a)端部锚固　　　b)中间锚固

图 5.8.3 美国桥规中锚固区域的几何尺寸

总体区域和上述规定的端部锚固区域相一致,其中包括局部区域。局部区域的横向尺寸应取下列规定的最大值:①局部承压钢板的尺寸加2倍混凝土最小保护层厚度 c;②约束钢筋的外直径加2倍混凝土最小保护层厚度。

局部区域的纵向尺寸应取下列规定的最小值:①局部区域的最大宽度;②锚固装置中约束箍筋的长度;③对于有多个承载面的锚固装置,从混凝土加载面至承载面的距离加承载面的最大尺寸。局部区域的纵向尺寸不应大于其宽度的1.5倍。

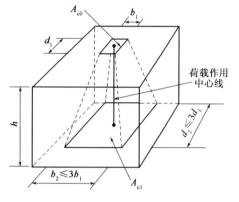

图5.8.4 欧洲桥规中局部承压区的设计分布面积

欧洲桥规(EN 1992-2:2005)附录J规定,从加载区边缘到混凝土截面自由边的距离不应小于在同上方向上相应承载区尺寸的1/6。任何情况下,两者距离都不能小于50mm。

如果多个压力作用在混凝土截面上,设计荷载面积不应叠加。荷载不是均布在受力面积 A_{c0} 上或者有较大的剪应力存在,混凝土局部承载能力应降低。欧洲桥规中局部承压区的设计分布面积如图5.8.4所示。

二、锚固区设计验算内容

中国桥规主要对局部承压区的截面尺寸(抗裂性)和局部承压承载力进行验算。

美国桥规将后张锚固区域划分为总体区域和局部区域,主要的设计内容包括:锚具和预应力筋的位置、总体区域钢筋布置、局部承压区域钢筋布置以及预应力筋的张拉顺序。总体区域和局部区域的设计验算内容见图5.8.5。

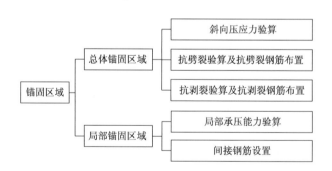

图5.8.5 端部锚固区的设计验算内容

欧洲桥规则认为,锚固区为集中预应力扩散至整个构件截面的区域。因此,在进行锚固区设计时,应重点关注以下几个方面:在锚固区附近存在着高压应力的混凝土,锚固局部区域产生的膨胀应力,局部区域外侧荷载进一步扩散产生的横向拉力。根据欧洲桥规(Eurocode 2)的规定,在采用分项系数法进行预应力锚下局部验算时,推荐采用的分项荷载系数值为1.2。欧洲桥规还要求锚垫板后的支承应力按相关的欧洲技术认可(ETA)进行验算。另外,欧洲桥规附录要求推荐的锚固最小间距与边缘距离也根据相关的ETA进行验算。而预应力扩散产生的拉力计算可完全采用拉压杆模型进行,如果钢筋设计应力限值小于 250MPa 的规范允许值,可不对裂缝宽度进行验算。另外,欧洲桥规没有明确规定在承载能力极限状态下,作用要求的分项荷载系数是否应满足这一应力限值要求,但如果包含了这一条要求,设计就显得很保守。

三、总体区域设计方法

中国桥规和欧洲桥规中均没有针对总体锚固区域的设计内容。

美国桥规中对后张锚固区总体区域进行设计时,可以采用拉压杆模型、精确应力分析法以及近似应力分析法。使用近似应力分析法的前提是:①构件截面为矩形,且构件长度不小于截面的长边长度;②构件在锚固区域或者其前端没有几何突变;③锚具在构件主平面内的最小边距不小于锚具同方向尺寸的 1.5 倍;④端部仅有一个锚具或者一组距离较近的锚具;⑤预应力的倾角在 $-5° \sim 20°$ 的范围内变化。

1. 斜截面压应力验算

锚固区域中混凝土的压应力 f_{ca} 可以按照下式计算:

$$f_{ca} = \frac{0.6 P_u K}{A_b \left[1 + l_c \left(\dfrac{1}{b_{eff}} - \dfrac{1}{t}\right)\right]} \leq 0.7 \phi f'_{ci} \quad (5.8.1)$$

式中:P_u——考虑分项系数的锚固力;

K——多个锚头情况下的修正系数;当 $s \geq 2a_{eff}$ 时,$K=1$;当 $a \leq s < 2a_{eff}$ 时,$K = 1 + \left(1 - \dfrac{s}{a_{eff}}\right)\left(0.3 + \dfrac{n}{15}\right)$;

A_b——有效承压面积;

l_c——局部区域的纵向长度,不大于 $1.15 a_{eff}$ 和 $1.15 b_{eff}$ 两者中的较大值;

b_{eff}——有效承压面沿截面厚度方向的尺寸;

t——构件的厚度。

锚下混凝土斜向压应力验算示意图见图 5.8.6,其中 s 为相邻锚具间中心距,n 为锚头数量,a_{eff} 为有效承压面沿截面长度方向的尺寸。

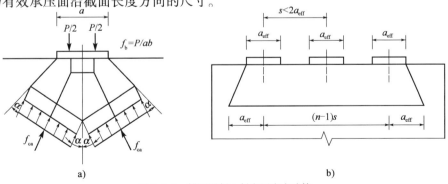

图 5.8.6 锚下混凝土斜向压应力验算

2. 劈裂力和剥裂力计算分析

总体区应力场比较紊乱,存在多种拉应力作用区域。首先,预应力从锚垫板向全截面扩散过程中会产生横向拉应力,其合力称为劈裂力;其次,锚固面在受压的同时,为保持与锚垫板的变形协调,锚固面周围将产生剥裂应力,其合力称为剥裂力;此外,对于锚固偏心较大的情况,锚固块外缘还存在纵向拉应力区域。锚固区的劈裂力应当按照式(5.8.2)进行验算,剥裂力和边缘拉应力则主要通过布置钢筋来进行保证。总体区在小偏心、大偏心锚固时的拉应力分布如图5.8.7所示。

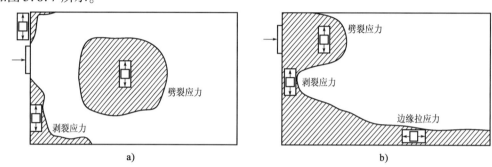

图 5.8.7　总体区在小偏心、大偏心锚固时的拉应力分布

锚固区域的劈裂力按照下式确定:

$$T_{burst} = 0.25 \sum P_u \left(1 - \frac{a}{h}\right) + 0.5 \left|\sum (P_u \sin\alpha)\right| \tag{5.8.2}$$

劈裂力作用位置 d_{burst} 按照下式确定:

$$d_{burst} = 0.25(h - 2e) + 5e\sin\alpha \tag{5.8.3}$$

式中:T_{burst}——劈裂力大小;

d_{burst}——劈裂力作用点位置至锚固端面间的水平距离;

a——锚具的横向尺寸;

e——锚具相对于横截面形心的偏心距,恒为正;

h——截面在所考虑方向的横向尺寸;

α——预应力筋的倾角,当锚固集中力指向截面形心时,取正值,当锚固集中力背离截面形心时,取负值。

3. 抗劈裂钢筋布置

抗劈裂钢筋可以采用普通钢筋或预应力钢筋,其形式可为螺旋箍筋、闭合箍筋或者横向钢筋网。钢筋的布置原则为:①保证最小保护层厚度的前提下,钢筋应尽量接近锚固区域表面;②应布置在锚头前方 $2.5d_{burst}$ 范围之内,且不应大于截面横向尺寸的1.5倍;③抗劈裂钢筋的形心与劈裂应力合力作用点位置 d_{burst} 一致;④钢筋间距不应超过24倍钢筋直径或者300mm。

4. 抗剥裂钢筋布置

抵抗剥裂力及纵向边缘拉力的钢筋布置要求如下:①应分布于整个截面宽度范围内,并在满足保护层厚度的情况下,尽量靠截面边缘布置;②在大偏心锚固情况下,抗剥裂钢筋应连续布置,并弯曲延伸到另一边。

四、局部区域设计方法

1. 局部承压区域抗裂性验算

JTG 3362—2018 第 5.7.1 条规定：配置间接钢筋的混凝土构件，其局部受压区尺寸应满足下列要求：

$$\gamma_0 F_{ld} \leq 1.3\eta_s \beta f_{cd} A_{ln} \tag{5.8.4}$$

$$\beta = \sqrt{\frac{A_b}{A_1}} \tag{5.8.5}$$

式中：F_{ld}——局部受压面积上的局部压力设计值，对后张法构件的锚头局部承压区域，应取 1.2 倍张拉时的最大压力；

f_{cd}——混凝土轴心抗压强度设计值；

η_s——混凝土局部承压修正系数，混凝土强度等级为 C50 及以下，取 $\eta_s = 1.0$；混凝土强度等级为 C50~C80 取 $\eta_s = 1.0 \sim 0.76$，中间线性插值；

β——混凝土局部承压强度提高系数，按式(5.8.5)计算；

A_{ln}、A_1——混凝土局部受压面积，当局部受压面有孔洞时，A_{ln} 为扣除孔洞后的面积，A_1 为不扣除孔洞的面积。

欧洲桥规(Eurocode 2 EN 1992-1:2004)要求在局部锚固区域(称为主棱柱)布设钢筋以防止局部崩裂。这可用图 5.8.8 所示的局部拉压杆模型确定。在欧洲桥规(EN 1992-2:2005)提示性附件 J 中也给出了一种方法，简介如下。

根据附件 J，"规则主棱柱"的截面尺寸由荷载扩散确定(图 5.8.9)，荷载扩散以降低应力至合理的压力值，其单向压力为：

$$P_{max}/(c \times c') = 0.6 f_{ck}(t) \tag{5.8.6}$$

式中：$f_{ck}(t)$——张拉时的混凝土强度；

P_{max}——作用于钢束的最大张拉力；

c、c'——相关矩形截面的尺寸。

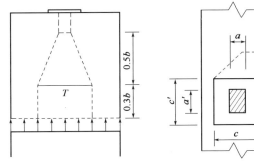

图 5.8.8 拉—压杆模型图

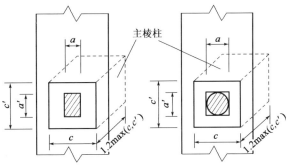

图 5.8.9 欧洲桥规主棱柱尺寸示意图

"规则主棱柱"的矩形面积应近似等于支撑板的面积。如果支座垫板本身不是矩形，则为等效封闭矩形的面积，并且必须位于支撑板中心之上。可按下式确定类似的矩形形状：

$$c/a \leqslant 1.25\sqrt{\frac{c \times c'}{a \times a'}}, c'/a' \leqslant 1.25\sqrt{\frac{c \times c'}{a \times a'}}$$

对于有多个锚固的情形,确定主棱柱的截面尺寸时,必须满足在张拉面不能重叠的原则,但远离张拉面时可以重叠。

欧洲桥规(EN 1992-2:2005)附件 J 规定,在上述各"规则棱柱"中为防止锚固区局部崩裂和压碎,应沿"规则主棱柱"长度上的各个方向均匀配置钢筋,需配置的最小钢筋面积为:

$$A_s = 0.15 \frac{P_{\max}}{f_{yd}} \gamma_{p, \text{unfav}} \tag{5.8.7}$$

式中:f_{yd}——钢筋的设计强度;

$\gamma_{p, \text{unfav}}$——混凝土局压抗裂安全系数,$\gamma_{p, \text{unfav}} \geqslant 1.2$。

在加载表面,各个方向上的表面钢筋面积不应小于 $0.03 \frac{P_{\max}}{f_{yd}} \gamma_{p, \text{unfav}}$。

2. 局部承压承载力计算

中国桥规中规定局部承压区内配置的间接钢筋可采用方格钢筋网或螺旋式钢筋两种形式。美国桥规规定锚下局部区域一般布置螺旋钢筋和(或)正交钢筋网片,对锚下混凝土提供侧向约束,以提高局部区域的承压能力。

中国、美国桥规局部承压承载能力计算方法的对比见表 5.8.1。

中国、美国、欧洲桥规局部承压承载力计算方法　　　　表 5.8.1

规　范	局部承压承载力
中国桥规	$\gamma_0 F_{ld} \leqslant 0.9(\eta_s \beta f_{cd} + k \rho_v \beta_{cor} f_{sd}) A_{ln} \tag{5.8.8}$ 式中:F_{ld}——局部受压面积上的局部压力设计值;对后张法构件的锚头局部受压区可取 1.2 倍张拉时的最大压力; 　　　η_s——混凝土局部承压修正系数; 　　　β——混凝土局部承压强度提高系数; 　　　k——间接钢筋影响系数; 　　　β_{cor}——配筋间接钢筋时局部抗压承载力提高系数; 　　　其他符号含义参见中国桥规
美国桥规	$P_r = \phi f_n A_b \tag{5.8.9}$ $f_n = \min\left\{0.7 f'_{ci} \sqrt{\frac{A}{A_g}}, 2.25 f'_{ci}\right\} \tag{5.8.10}$ 式中:ϕ——锚下局部承压的抗力折减系数; 　　　A——计算底面积,和加载面同心相似,并且不与相邻锚具的计算底面积重合; 　　　A_g——支撑板的毛截面面积; 　　　A_b——按面积 A_g 计算的支撑板的有效净面积; 　　　f'_{ci}——预应力张拉时混凝土的强度
欧洲桥规	$F_{Rdu} = f_{cd} A_{c0} \sqrt{A_{ca}/A_{c0}} \leqslant 3.0 f_{cd} A_{c0} \tag{5.8.11}$ 式中:A_{c0}——承载面积; 　　　A_{ca}——与 A_{c0} 形状相似的最大设计分布面积(我国规范称计算底面积),计算方法如图 5.6.4 所示,图中 $h \geqslant (b_2 - b_1)$ 且 $h \geqslant (d_2 - d_1)$; 　　　f_{cd}——混凝土抗压强度设计值,对于 C55/67 及以上等级的混凝土,可用 $\frac{0.46 f_{ck}^{2/3}}{1 + 0.1 f_{ck}} f_{cd}$ 代替式中的 f_{cd}

从表5.8.1可以看出,中国桥规中需要验算截面的抗裂性以及局部承压承载力,并且局部承压承载力由混凝土和普通钢筋两部分组成。而美国桥规中仅考虑混凝土的效应,并未考虑普通钢筋对局部承压承载力的影响。在局部承压承载力计算中,中国桥规中采用的是混凝土抗压强度设计值;而美国桥规中取用预应力张拉时的混凝土强度,锚下局部承压最不利情况出现在预应力筋张拉时,此时还未发生预应力损失,局部压力最大,因而美国桥规中混凝土强度的取值更贴近于实际情况。欧洲桥规的公式也仅考虑混凝土的效应,并未考虑普通钢筋对局部承压承载力的影响,形式上与美国桥规相似。

为了进一步比较中国、美国、欧洲桥规中局部承压承载力的差异性,选取《通用图》中的等宽变跨径T梁进行计算,计算中选用各主梁的N1钢束,依据中国、美国、欧洲桥规相应的局部承压承载力计算结果见表5.8.2。

中国、美国、欧洲桥规局部承压承载能力验算(单位:kN) 表5.8.2

跨径	钢束	中国桥规		美国桥规		欧洲桥规	
		局部压力设计值	局部承压承载力	局部压力设计值	局部承压承载力	局部压力设计值	局部承压承载力
20m	15.2-7	1640.52	2003.66	1476.47	1879.73	1458.24	2196.65
25m	15.2-9	2109.24	2733.26	1898.32	2301.91	1874.88	2698.65
30m	15.2-11	2577.96	3178.51	2320.16	2734.45	2291.52	3212.20
35m	15.2-10	2343.60	3168.89	2109.24	2780.47	2083.20	3155.14
40m	15.2-9	2109.24	2354.62	1898.32	1845.29	1874.88	2163.34

注:表中的局部压力设计值已经考虑了结构重要性系数。

从表5.8.2可以看出,对于20~40m跨径的预应力混凝土主梁,依据中国桥规计算得到的局部承压承载力均高于美规的计算结果,为美国桥规的1.28~1.53倍,欧洲桥规的计算结果与中国桥规接近。一方面是由于中国桥规中考虑了钢筋对局部承压承载能力的贡献,另一方面是由于中国桥规中直接采用混凝土强度设计值,而美国桥规中则采用张拉时混凝土的抗压强度$0.9f'_c$,同时还考虑了锚下抗力系数ϕ。为了进一步比较中国、美国桥规局部承压承载能力,提取两种规范中的局压承载力和相应的局部压力设计值并对两者进行比较,如图5.8.10所示。

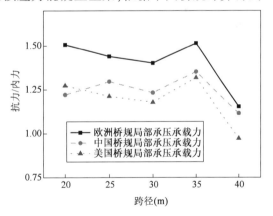

图5.8.10 中国、美国、欧洲桥规局部承压承载力对比

从图5.8.10可以看出,中国桥规中的抗力和内力之比均大于美国桥规;对于40m跨径的预应力混凝土主梁,依据美国桥规计算得到的局部抗力和内力之比小于1.0,也就是说此时局部承压承载力计算不能通过。

总体来说,欧洲桥规的局部承压承载力和局部承压设计内力之比最大,中国桥规的计算结果次之,美国桥规的计算结果相对最小。故可以认为,美国桥规中规定的局部承压承载力相比中国和欧洲桥规而言偏于保守。

5.9 结构抗倾覆计算

近年来由于超载引起的桥梁倾覆事故频发,大多为直线、整体式箱形截面、独柱墩桥。JTG 3362—2018 新增了公路桥梁抗倾覆设计验算的具体要求,基本原则围绕在持久状况下,桥梁的体系不应发生变化。围绕桥梁结构抗倾覆问题,美国桥规与欧洲桥规也都有相关规定,具体验算要求见表 5.9.1。

中国、美国、欧洲规范抗倾覆验算的基本要求　　　表 5.9.1

规　范	支座受压	刚体平衡
中国桥规	√	√
美国桥规	√	—
欧洲桥规	—	√

由表 5.9.1 可知,JTG 3362—2018 梁体转动平衡做出了要求,而美国桥规仅对支座拉压状态做出了规定,欧洲桥规仅对梁体转动平衡做出了相关规定。此外,倾覆是桥梁上部结构作为刚体失去了静力平衡,与本章前几节所述的材料强度极限状态略有不同,是一类特殊的承载能力极限状态问题,故其验算设计表达式也与前述极限状态稍有差异。

一、中国桥规

JTG 3362—2018 第 4.1.8 条新增了桥梁结构抗倾覆验算要求:在持久状况下,桥梁不应该发生结构体系的变化,并且应同时满足以下两点需求:

(1)在作用基本组合下,单向受压支座应始终保持受压状态。
(2)按作用标准值进行组合时,整体式截面简支梁和连续梁的作用效应应符合式(5.9.1)的要求:

$$\frac{\sum S_{bk,i}}{\sum S_{sk,i}} \geqslant k_{qf} \quad (5.9.1)$$

$$\sum S_{bk,i} = \sum R_{Gi} l_i \quad (5.9.2)$$

$$\sum S_{sk,i} = \sum R_{Qi} l_i \quad (5.9.3)$$

式中:　　k_{qf}——横向抗倾覆稳定系数,取 $k_{qf}=2.5$;

$\sum S_{bk,i}$、$\sum S_{sk,i}$——使上部结构稳定的效应设计值、失稳效应设计值;

l_i——第 i 个墩处双支座的中心间距;

R_{Gi}、R_{Qi}——永久作用与可变作用在的 i 个墩失效支座产生的支反力,均按全部支座有效的支承体系确定,按标准值进行组合,其中汽车荷载效应应按各失效支座对应的最不利布置形式取值,并应计入汽车荷载冲击系数。

对于条款(1)中的基本组合,由于在抗倾覆设计时,结构自重起有利作用,其组合系数应取 1.0,即基本组合应采用"1.0 恒 +1.4 活"。条款(2)实际上参考了挡土墙以及刚性基础抗倾覆验算的表达式,即"稳定作用效应≥稳定系数×失稳作用效应"的表达。条款(2)中的"稳定系数2.5"是为了保证"结构倾覆破坏不先于构件承载力破坏"。根据可靠性计算可知,普通钢筋混凝土构件及预应力混凝土构件的承载力安全余量一般在1.6~2.0之间,故此处取2.5。

二、美国桥规

美国桥规2017年版第5.5.4.3款给出了桥梁结构稳定性方面的相关规定。结构整体及其构件在设计时应考虑抗滑、侧翻、屈曲等问题。在设计与分析时应考虑荷载的偏心效应,但美国桥规并未对抗倾覆效应给出具体计算规定。

美国桥规2017年版第14.6节对支座在偏心荷载下的拉压状态做出了相关规定。任意极限状态下,对于可能发生脱空的支座应采用抗拉钢筋或锚固措施。对于多向活动支座,其所承受的竖向压力不得小于支座自身20%的竖向承载力,若支座所承受的竖向反力小于其20%的竖向承载力时,应进行特殊设计。

三、欧洲桥规

欧洲桥规(Eurocode 0:EN 1990:2002)规定当在验算结构静力平衡状态(EQU)时,应验算:

$$E_{d,dst} \leq E_{d,stb} \tag{5.9.4}$$

式中:$E_{d,dst}$、$E_{d,stb}$——不稳定与稳定作用效应设计值,并应根据本书中表4.3.10所规定的作用组合系数进行作用组合。

综合来看,JTG 3362—2018对桥梁抗倾覆做出了较为详细的规定,涵盖了支座受压与刚体平衡两方面的验算内容。而美国桥规与欧洲桥规均分别只对支座拉压状态、结构静力平衡方面做出了相关规定。

就支座拉压状态而言,美国桥规更为严格,即支座所受到的压力不应小于支座承载力的20%,而中国桥规仅需在基本组合下保持受压状态即可。就刚体平衡而言,JTG 3362—2018的要求较为严格,其抗倾覆稳定系数为2.5,而欧洲桥规规定仅为1.0。

第6章
正常使用极限状态对比分析

正常使用极限状态主要涉及结构的适用性和耐久性。从结构角度看,影响结构适用性的主要指标是结构的刚度或变形,影响桥梁混凝土结构耐久性的主要因素是裂缝宽度。

桥梁结构的变形过大将导致行车振动过大,影响行车的舒适性,为了保证结构的适用性,应对桥梁结构的挠度加以限制。

对于钢筋混凝土构件,裂缝宽度过大,会加速钢筋的锈蚀,影响结构的使用性能;对于预应力混凝土构件,需要验算其抗裂性能,必要时也应验算裂缝宽度,以保证其使用刚度和耐久性。为了保证结构的耐久性,应对结构的裂缝宽度或者拉应力加以限制。

本章对中国、美国、欧洲桥梁设计规范在正常使用极限状态下相关技术指标的计算方法和控制条件进行分析,并以实际工程算例的结果进行对比。

6.1 预应力张拉控制与损失计算方法

由于施工因素、材料性能和环境条件等的影响,预应力钢筋在张拉时所建立的张拉应力(或称为张拉控制应力),将会有所降低,这些减少的预应力通常称为预应力损失。

预应力混凝土桥梁施工时可通过测量预加力的大小和变形来标定控制应力。为使预应力钢筋中实际存余的有效预应力与设计值相符,必须对张拉应力和预应力损失进行尽可能准确的计算或估计。如果预应力损失估计过大,则有效应力过大,设计不经济,甚至可能在使用荷载作用前,截面上边缘出现拉应力或开裂,造成梁体上拱过大等不利影响;如果预应力损失估计过小,则会造成有效预应力不足,造成截面下边缘受拉区开裂,影响结构的使用性能和耐久性。

一、张拉应力

为了充分发挥预应力的优点,张拉应力应尽量定得高些,使构件截面混凝土取得较大的预压应力,以提高构件的抗裂性。但也要考虑在束筋中每根钢丝或钢绞线所获得的张拉应力不均匀可能导致的断丝,同时高应力状态下构件预压区混凝土徐编增加,亦可能出现纵向裂缝,因此张拉应力也不宜定得过高。

1. 中国桥规

JTG 3362—2018 第 6.1.4 条规定预应力钢筋的张拉应力 σ_{con} 不宜超过表 6.1.1 中的数值,并且当对预应力筋进行超张拉或者计入锚圈口摩阻损失时,预应力筋的张拉控制应力可以提高 $0.05 f_{pk}$。

中国桥规施工阶段预应力钢筋的张拉应力上限值 σ_{con}　　　　表6.1.1

条　件	预应力筋类型	
	钢绞线、钢丝	螺纹钢筋
张拉应力 σ_{con}（体内预应力）	$0.75 f_{pk}$	$0.85 f_{pk}$
张拉应力 σ_{con}（体外预应力）	$0.70 f_{pk}$	$0.75 f_{pk}^*$
当进行超张拉或计入锚圈口摩阻损失时的张拉应力 σ_{con}	可增加 $0.05 f_{pk}$	

2. 美国桥规

美国桥规 2017 年版第 5.9.3 条规定:施工阶段预应力钢筋中的张拉应力不应超过表 6.1.2 中规定的限值。

美国桥规施工阶段预应力钢筋的张拉应力上限值 f_{pbt}　　　　表6.1.2

条　件	预应力筋类型		
	消除应力的钢绞线或光面高强钢筋	低松弛钢绞线	高强螺纹钢筋
先张预应力钢筋			
张拉应力 f_{pbt}	$0.70 f_{pu}$	$0.75 f_{pu}$	—
后张预应力钢筋			
张拉应力 f_{pbt}	$0.90 f_{py}$	$0.90 f_{py}$	$0.90 f_{py}$
预应力筋锚固后在锚具和联接器处产生的应力	$0.70 f_{pu}$	$0.70 f_{pu}$	$0.70 f_{pu}$
预应力筋锚固时在除锚具和联接器的其他位置产生的应力	$0.70 f_{pu}$	$0.74 f_{pu}$	$0.70 f_{pu}$

3. 欧洲桥规

欧洲桥规（Eurocode 2:EN 1992-1-1:2004）第 5.10.2 条规定,张拉预应力筋时,施加于钢筋的合力不超过：

$$P_{\max} = A_p \sigma_{p,\max} = A_p \times \min\{k_1 f_{pk}; k_2 f_{p0.1k}\} \quad (6.1.1)$$

式中：A_p——预应力筋面积；

$\sigma_{p,\max}$——施加于预应力筋的最大应力；

k_1、k_2——值由执行欧洲桥梁规范国家的国家附录规定,建议值为 $k_1 = 0.8$,$k_2 = 0.9$。

当台座的力可控制到预应力最终值 ±5% 的精度时,允许进行超张拉。在此情况下,最大预应力 $P_{\max}$ 可增加到 $k_3 f_{p0.1k}$,k_3 的值由执行欧洲桥梁规范国家的国家附录规定,建议值为 $k_3 = 0.95$。

在张拉和锚固（后张法）后或传递（先张法）后瞬间施加在混凝土的初始预应力的值 $P_{m0}(x)(t=t_0)$ 为张拉力 P_{max} 减去瞬时损失 $\Delta P_i(x)$，不超过下式的值：

$$P_{m0}(x) = A_p \sigma_{pm0}(x) \tag{6.1.2}$$

式中：$\sigma_{pm0}(x)$——张拉和传递后钢筋的瞬时应力；

$P_{m0}(x)$——$P_{m0}(x) = \min\{k_7 f_{pk}; k_8 f_{p0.1k}\}$；

k_7、k_8——值由执行欧洲桥规各国的国家附录相关规定，建议值为 $k_7 = 0.75$，$k_8 = 0.85$。

欧洲桥规施工阶段预应力钢筋的张拉应力上限值见表6.1.3。

欧洲桥规施工阶段预应力钢筋的张拉应力上限值　　　　表6.1.3

条　件	预应力筋
张拉应力	$\min\{0.8 f_{pk}; 0.9 f_{p0.1k}\}$
当进行超张拉时的张拉应力	$0.95 f_{p0.1k}$
预应力筋扣除预应力瞬时损失后的应力	$\min\{0.75 f_{pk}; 0.85 f_{p0.1k}\}$

对于张拉应力，美国桥规对于先张法和后张法构件分别规定了相应的上限值，而中国桥规和欧洲桥规中不区分先张和后张，采用统一的张拉应力。

以标准强度为 $f_{pk} = 1860$MPa 的低松弛钢绞线为例，分别按照中国、美国、欧洲桥规的计算方法得到的张拉应力见表6.1.4。

各规范张拉应力计算结果　　　　表6.1.4

中国桥规		$\sigma_{con} = 0.75 f_{pk} = 1395$MPa
美国桥规	先张法	$f_{pbt} = 0.75 f_{pu} = 1395$MPa
	后张法	$f_{pbt} = 0.90 f_{py} = 0.9 \times 0.9 f_{pu} = 1506.6$MPa
欧洲桥规		$\min\{0.8 f_{pk}; 0.9 f_{p0.1k}\} = \min\{0.8 \times 1860; 0.9 \times 0.9 \times 1860\} = 1488$MPa

表中计算数据表明，对于先张法构件，中国、美国桥规规定的张拉应力基本一致，欧洲桥规较高；对于后张法构件，美国桥规规定的张拉应力最大，中国桥规的张拉应力最小，欧规数值居中。在实际工程设计中，张拉应力越大，表明高强钢材的利用效率越高，预压应力储备更大，意味着工程经济性愈好。

二、预应力钢筋和管道壁之间摩擦引起的预应力损失

在后张法构件中，由于张拉钢筋时预应力钢筋与管道壁之间接触而产生摩擦阻力，此项摩阻力与张拉力方向相反。因此钢筋中的实际应力比张拉端拉力计中的读数要小，即产生了摩阻损失。摩阻损失可分为两部分：第一部分为弯曲影响的摩阻损失，仅在曲线部分加以考虑；第二部分为由于管道尺寸、位置的局部偏差所引起的摩阻损失，在直线段和曲线段均需加以考虑（图6.1.1）。中国、美国、欧洲桥梁规范中规定的摩阻损失计算方法分述如下。

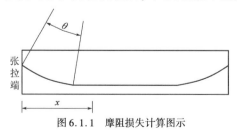

图6.1.1　摩阻损失计算图示

第6章 正常使用极限状态对比分析

1. 中国桥规

JTG 3362—2018 第6.2.2条规定:对于后张法构件,预应力钢筋和管道壁之间的摩擦引起的预应力损失,按照式(6.1.3)计算:

$$\sigma_{l1} = \sigma_{con}\left[1 - e^{-(\mu\theta+kx)}\right] \tag{6.1.3}$$

式中:σ_{con}——预应力钢筋锚下的张拉应力,按照表6.1.1取值;

μ——预应力钢筋与管道壁的摩擦系数,按表6.1.5采用;

θ——从张拉端至计算截面曲线管道部分切线的夹角之和;

k——管道每米局部偏差对摩擦的影响系数;

x——从张拉端至计算截面的管道长度,可近似地取该段管道在构件纵轴上的投影长度。

中国桥规的系数 k 和 μ 的取值 表6.1.5

预应力钢筋类型	管道种类	k	μ	
			钢绞线、钢丝	预应力螺纹钢筋
体内预应力钢筋	预埋金属波纹管	0.0015	0.20~0.25	0.50
	预埋塑料波纹管	0.0015	0.15~0.20	—
	预埋铁皮管	0.0030	0.35	0.40
	预埋钢管	0.0010	0.25	—
	抽心成型	0.0015	0.55	0.60
体外预应力钢筋	钢管	0	0.20~0.30 (0.08~0.10)	—
	高密度聚乙烯管	0	0.12~0.15 (0.08~0.10)	—

注:本表摘自JTG 3362—2018 表6.2.2。对于系数μ,无黏结钢绞线取括号内数值,光面钢绞线取括号外数值。

2. 美国桥规

美国桥规2017年版第5.9.5.2.2项规定:对于先张预应力混凝土构件,如果预应力筋为曲线形式,应当考虑转向装置处的预应力损失。对于后张预应力混凝土构件,由于预应力筋(体内束)和管道壁间摩擦引起的预应力损失按照下式计算:

$$\Delta f_{pF} = f_{pj}\left[1 - e^{-(Kx+\mu\alpha)}\right] \tag{6.1.4}$$

式中:f_{pj}——预应力钢筋锚下的张拉控制应力,按照表6.1.2取值;

x——从锚固端至计算截面的预应力筋长度;

K——管道每毫米预应力筋对摩擦的影响系数;

μ——预应力筋和管道的摩擦系数,按表6.1.6采用;

α——从张拉端至计算截面的曲线管道部分切线的夹角之和。

美国桥规的系数 K 和 μ 的取值　　　　　　表6.1.6

钢材类型	管道类型	K	μ
钢丝或钢绞线	刚性、半刚性镀锌金属管道	6.6×10^{-7}	0.15～0.25
	聚乙烯管道	6.6×10^{-7}	0.23
	刚性管道	6.6×10^{-7}	0.25
高强钢筋	镀锌金属管道	6.6×10^{-7}	0.30

注：表格摘自美国桥规2017年版表5.9.5.2.2b-1。

3. 欧洲桥梁规范

欧洲桥规（EN 1992-1-1:2004）第5.10.5.2款规定：摩擦产生的预应力损失按下式计算：

$$\Delta P_\mu = P_{\max}\left[1 - e^{-\mu(\theta + kx)}\right] \tag{6.1.5}$$

式中：θ——x 距离上角位移的总和；

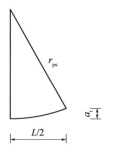

图6.1.2　曲率半径

　　μ——预应力与孔道间的摩擦系数，可参见相关的欧洲技术认证书，当没有相关数据时，冷拉钢丝取0.17，钢绞线取0.19，变形钢筋0.65，光圆钢筋取0.33；

　　k——体内预应力筋的局部角位移（单位长度），参见相关欧洲技术认证书，一般可取每米0.005～0.01；

　　x——某点沿预应力筋至张拉端（预加力等于 $P_{\max}$）的距离。

计算 θ 时，需要确定曲线孔道的实际曲率半径（图6.1.2）。曲线孔道通常为抛物线形，但用圆曲线代替抛物线计算误差很小，且计算方便。从图6.1.2可得出弦与直径的关系为：

$$\left(\frac{L}{2}\right)^2 = (2r_{ps} - a_t)a_t \tag{6.1.6}$$

$$r_{ps} = \frac{L^2}{8a_t} + \frac{a_t}{2} \tag{6.1.7}$$

从式(6.1.3)、式(6.1.4)和式(6.1.5)可以看出，中国、美国、欧洲桥规关于预应力筋和管道壁摩擦引起的预应力损失计算方法基本相同，三者之间的差异主要在于摩阻参数的取值。例如对于采用金属波纹管道的低松弛的1860钢绞线，中国桥规中的张拉应力为1395MPa，美国桥规的张拉应力为1506.6MPa，欧洲桥规的张拉应力为1488MPa；对于每米预应力筋对摩擦的影响系数，中国桥规为0.20～0.25，美国桥规0.15～0.25，欧洲桥规为0.19；对于管道每米局部偏差对摩擦的影响系数，中国桥规为0.0015，美国桥规为0.00066，欧洲桥规为0.005～0.01，美国桥规取值明显小于中欧桥规的取值。

三、锚具变形、钢筋回缩和接缝压缩引起的预应力损失

在后张法中，当钢筋张拉结束并进行锚固时锚具将受到巨大的压力作用，由于锚具本身的弹性变形、钢丝滑动、垫板接缝压密以及分块拼装时的接缝压缩等因素，均会使已锚固好的钢筋略有松动，造成应力损失。此项锚具变形损失，因锚具形式而异。需要说明的是，中国桥规附录中还考虑了反摩阻的影响，这里也一并进行说明。

1. 中国桥规

JTG 3362—2018 第6.2.3条规定：预应力直线钢筋由锚具变形、钢筋回缩和接缝压缩引起

的预应力损失可按下式计算:

$$\sigma_{l2} = \frac{\sum \Delta l}{l} E_p \tag{6.1.8}$$

式中:Δl——张拉端锚具变形、钢筋回缩和接缝压缩值,按表6.1.7采用;
l——张拉端至锚固端之间的距离。

中国桥规锚具变形、钢筋回缩和接缝压缩值(单位:mm)　　表6.1.7

锚具、接缝类型		Δl	锚具、接缝类型	Δl
钢丝束的钢制锥形锚具		6	镦头锚具	1
夹片式锚具	有顶压时	4	每块后加垫板的缝隙	2
	无顶压时	6	水泥砂浆接缝	1
带螺帽锚具的螺帽缝隙		1~3	环氧树脂砂浆接缝	1

后张法构件预应力曲线钢筋由锚具变形、钢筋回缩和接缝压缩引起的预应力损失,应考虑锚固后反向摩擦的影响。中国桥规推荐的考虑反摩阻后钢筋应力损失计算图式是目前国际上多数国家采用的简化计算图式,其核心是认为由张拉端至锚固范围内由管道摩擦引起的预应力损失沿梁长方向均匀分配,即将扣除管道摩阻损失后钢筋应力沿梁长方向的分布曲线简化为直线(图6.1.3中的caa'),这条直线的斜率为:

$$\Delta d = \frac{\sigma_{con} - \sigma_l}{l} = \frac{\sigma_{l1}}{l} \tag{6.1.9}$$

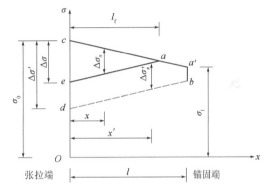

图6.1.3　考虑反摩擦后钢筋预应力损失计算

式中:σ_{con}——张拉端锚下控制应力;
σ_l——预应力钢筋扣除沿途摩阻损失后锚固端应力;
l——张拉端至锚固端的距离;
σ_{l1}——管道摩擦损失。

图6.1.3为考虑反摩阻后的预应力钢筋应力损失简化计算图式。图中caa'表示预应力钢筋和扣除管道摩阻损失后锚固前瞬间的应力沿梁长方向的分布曲线,其斜率为Δd。锚固时张拉端由于锚具变形、钢筋回缩引起的预应力损失为$\Delta \sigma$。考虑反摩阻效应,此项预应力损失将随着离开张拉端距离x的增加而不断减小,并假定按直线规律变化,即图中的曲线ea。由于反摩阻和正摩阻的摩阻系数相等,因此直线caa'和ea的斜率大小相等,但一正一负。两直线的交点a至张拉端的水平距离即为反摩阻的影响长度l_f,并按式(6.1.10)计算:

$$l_f = \sqrt{\frac{\sum \Delta l \cdot E_p}{\Delta \sigma_d}} \tag{6.1.10}$$

当$l_f \leq l$时,预应力钢筋离张拉端x处考虑反摩阻后的预应力损失$\Delta \sigma_x(\sigma_{l2})$按照下列公式计算:

$$\Delta \sigma_x(\sigma_{l2}) = \Delta \sigma \frac{l_f - x}{l_f} \tag{6.1.11}$$

$$\Delta\sigma = 2\Delta\sigma_d l_f \tag{6.1.12}$$

当 $l_f > l$ 时,预应力钢筋离张拉端 x' 处考虑反摩阻后的预应力损失 $\Delta\sigma'_x(\sigma'_{l2})$ 按照下列公式计算:

$$\Delta\sigma'_x(\sigma'_{l2}) = \Delta\sigma' - 2x'\Delta\sigma_d \tag{6.1.13}$$

式中:$\Delta\sigma'$——当 $l_f > l$ 时在 l 范围内预应力钢筋考虑反摩阻后在张拉端锚下的预应力损失,其数值可按以下计算方法得到:令图6.1.3中梯形 $ca'bd$ 的面积 $A = \sum \Delta l \cdot E_p$,试算得到 cd,则 $\Delta\sigma' = cd$。

当构件采用两端张拉(分批次张拉或同时张拉)且反摩阻损失影响长度有重叠时,在重叠范围内同一截面扣除正摩擦和反摩擦损失后预应力钢筋的应力可按如下方法取用:按两端分别张拉、锚固,分别计算正摩擦和回缩反摩擦损失,分别将张拉端锚下控制应力减去上述应力计算结果所得的较大值。

2. 美国桥规

美国桥规2017年版第5.9.5.2.1项规定:锚固过程中引起预应力损失应为规范中要求的控制传力时预应力钢筋中的应力和锚具生产厂家所推荐的应力二者中的较大值。设计计算锚具损失所采用的回缩量大小应在合同文件中说明。

假定锚具变形 Δ_A 沿预应力筋产生均匀的应变,相应引起的预应力损失按下式计算:

$$\Delta f_{pA} = \frac{\Delta_A}{L}E_p \tag{6.1.14}$$

式中:E_p——预应力钢筋的弹性模量;

Δ_A——锚具变形值,夹片锚具的变化范围为 $3 \sim 10\text{mm}$,一般假定值为 6mm。

由于锚具变形引起的预应力损失一般在 $2\% \sim 6\%$ 的范围,取决于钢筋和锚具的形式,规范给出的建议值为 3%。

3. 欧洲桥规

欧洲桥规对于先张预应力混凝土构件,钢筋受力时固定在特殊的十字头上,允许产生滑移,因此预应力损失很小,可以忽略不计。对于后张法预应力混凝土构件,当预应力从张拉设备向锚具传递时,锚具处的预应力筋产生滑移。如果构件较短,这种损失可能很大。锚具滑移引起的预应力损失为:

$$\Delta\sigma_{p,sl} = \frac{\partial L}{L}E_p \tag{6.1.15}$$

式中:∂L——锚具滑移量;

L——预应力筋长度;

E_p——预应力筋弹性模量。

从式(6.1.8)、式(6.1.14)和式(6.1.15)可以看出,中国、美国、欧洲桥规关于此项损失计算方法基本相同。但中国桥规中除了锚具变形以外还考虑了钢筋回缩和接缝压缩,并且考虑了反摩阻的影响。相比而言,中国桥规考虑的因素更为全面、细致。

四、预应力钢筋和台座之间的温差引起的预应力损失

在先张法中,钢筋的张拉和临时锚固是在常温下进行的。当采用蒸汽或其他加热方法养

护混凝土时,钢筋将因受热而伸长,而设置在两个加力台座上的临时锚固点间的距离保持不变,这样将降低钢筋张拉锚固时的应力。降温时,钢筋与混凝土已黏结为一体,无法恢复到原来的应力状态,于是产生了预应力损失。

1. 中国桥规

JTG 3362—2018 第 6.2.4 条规定:对于先张法预应力混凝土构件,当采用加热方法养护时,由钢筋和台座之间的温差引起的预应力损失为:

$$\sigma_{l3} = 2(t_2 - t_1) \quad (\text{MPa}) \tag{6.1.16}$$

式中:t_2——混凝土加热养护时,受拉钢筋的最高温度(℃);

t_1——张拉钢筋时,制造场地的温度(℃)。

当采用的移动式台座与构件共同受热时,不考虑温差引起的预应力损失。

2. 美国桥规

美国桥规对于此项损失没有计算要求。

3. 欧洲桥规

欧洲桥规(EN 1992-1-1:2004)第 10.5.2 条规定:对于先张法预应力混凝土构件,当采用热养护时,由温差引起的预应力钢筋和台座之间的预应力损失的合力为:

$$\Delta P_\theta = 0.5 A_p E_p \alpha_c (T_{max} - T_0) \tag{6.1.17}$$

式中:A_p——预应力钢筋的截面面积;

E_p——预应力钢筋的弹性模量;

α_c——混凝土的线膨胀系数;

$T_{max} - T_0$——在靠近预应力筋的混凝土中的最高温度和初始温度之间的温差。

如果预应力筋进行了预热,则可忽略此项损失。

综合来看,中国、欧洲桥规的计算方法的实质相同。从公式形式上看,欧洲桥规包含了预应力钢筋的弹性模量和线膨胀系数等因素,以损失的合力形式表示,其参数较中国桥规更加具体。而中国桥规实际上是将预应力钢筋的弹性模量和混凝土的线膨胀系数代入常量,可考虑二次升温的要求并以应力损失的形式给出了简化公式。美国桥规中并未提及此项损失的影响,有可能是美国桥规在采用先张法构件时要求移动式台座和构件共同受热,故不需考虑此项损失。

五、混凝土的弹性压缩引起的预应力损失

预应力混凝土构件在受到预应力作用后,混凝土将产生弹性压缩变形,造成预应力损失。对于先张预应力混凝土构件和后张预应力混凝土构件,由于施工工艺的差别,弹性压缩引起的损失也有差异。

1. 先张法预应力混凝土构件

在先张法中,构件受压时钢筋与混凝土已经黏结,两者共同变形。各规范中规定的由混凝土弹性压缩引起的预应力损失分别按照下列规定计算。

1)中国桥规

对于先张法构件,JTG 3362—2018 第6.2.5条规定:放松钢筋时由混凝土弹性压缩引起的预应力损失按式(6.1.18)计算:

$$\sigma_{l4} = \alpha_{EP}\sigma_{pc} \tag{6.1.18}$$

式中:α_{EP}——预应力筋弹性模量和混凝土弹性模量的比值;

σ_{pc}——计算截面钢筋重心处,由全部预应力产生的混凝土法向应力,按JTG 3362—2018 第6.1.6条的方法计算。

2)美国桥规

美国桥规2017年版第5.9.5.2.3a项规定:先张法构件中由于弹性变形引起的预应力损失应按照下式计算:

$$\Delta f_{pES} = \frac{E_p}{E_{ct}}f_{cgp} \tag{6.1.19}$$

式中:f_{cgp}——传力锚固时施加的预应力和构件自重在最大弯矩截面处预应力筋重心处产生的混凝土应力之和;

E_p——预应力钢材的弹性模量;

E_{ct}——传力锚固时混凝土的弹性模量。

3)欧洲桥规

欧洲桥规(EN 1992-1-1:2004)第5.10.3条规定:对于先张预应力混凝土构件,应考虑由于混凝土弹性变形引起的预应力损失,计算式为:

$$\Delta P_{el} = \frac{E_s}{E_c}\sigma_{cp} \tag{6.1.20}$$

式中:E_s——预应力钢筋的弹性模量;

E_c——传力锚固时混凝土的弹性模量;

σ_{cp}——计算截面钢筋重心处由全部预应力产生的混凝土应力。

2. 后张法预应力混凝土构件

在后张法中,如果所有的预应力钢筋同时张拉,预加力的数值是在混凝土弹性压缩之后测量的,故无须考虑此项损失。但是,事实上由于张拉设备的限制,预筋往往采用分批张拉的方式,先张拉的钢筋就要受到后张拉钢筋所引起的混凝土弹性压缩的影响,产生预应力损失。第一批张拉的钢筋受此项应力损失最大,以后逐批减小,最后一批无此项损失。

1)中国桥规

JTG 3362—2018 第6.2.5条规定:对于采用分批张拉的预应力混凝土构件,先张拉的钢筋由后批钢筋引起的混凝土弹性压缩的预应力损失,按下式计算:

$$\sigma_{l4} = \alpha_{EP}\sum\Delta\sigma_{pc} \tag{6.1.21}$$

式中:α_{EP}——预应力钢筋弹性模量与混凝土弹性模量的比值;

$\Delta\sigma_{pc}$——计算截面先张拉的钢筋重心处,由后张拉各批钢筋产生的混凝土法向应力。

对于各批张拉根数(或张拉力)相等的情况,亦可按下列近似公式计算由分批张拉引起的各根钢筋平均预应力损失:

$$\sigma_{l4} = \frac{m-1}{2}\alpha_{EP}\Delta\sigma_{pc} \tag{6.1.22}$$

式中：m——预应力钢筋的张拉批数，每批钢筋的根数和预加力相同；

$\Delta\sigma_{pc}$——在计算截面全部预应力钢筋截面重心处，由张拉一批钢筋产生的混凝土法向应力。

2）美国桥规

美国桥规2017年版第5.9.5.2.3b规定：后张法构件中由于弹性变形引起的预应力损失应按照下式计算：

$$\Delta f_{pES} = \frac{N-1}{2N}\frac{E_p}{E_{ct}}f_{cgp} \tag{6.1.23}$$

式中：N——相同的预应力筋的束数；

f_{cgp}——对于后张法构件张拉后的预应力筋和构件的自重在最大弯矩截面处预应力筋重心处产生的混凝土应力之和；对于先张法结构f_{cgp}是指传力锚固时施加的预应力和构件自重在最大弯矩截面预应力钢筋重心处产生的混凝土应力之和。

3）欧洲桥规

欧洲桥规（EN 1992-1-1:2004）第5.10.5.1款规定：按预应力筋张拉的次序，应考虑预应力筋应力相应于混凝土变形的损失。这一损失可按下式取作每根预应力筋的平均损失的合力：

$$\Delta P_{el} = A_p E_p \sum\left[\frac{j\Delta\sigma_c(t)}{E_{cm}(t)}\right] \tag{6.1.24}$$

式中：$\Delta\sigma_c(t)$——t时刻作用于预应力筋重心处应力的变化；

j——系数，$j = \frac{n-1}{2n}$，n为同种且连续的预应力筋的根数，j可近似取为0.5，对于施加预应力后永久作用引起的变化j取1；

$E_{cm}(t)$——混凝土瞬时弹性模量。

在计算混凝土弹性压缩引起的预应力损失时，中国、美国、欧洲桥规公式的实质是一样的。中国、美国桥规均以应力损失的形式表述，而欧洲桥规则以损失的合力形式表述。此外，欧洲桥规采用的是随时间变化的混凝土弹性模量，美国桥规中采用的是传力锚固时混凝土的弹性模量，而中国桥规则直接采用规范中给出的混凝土的弹性模量值。相比而言，欧洲桥规和美国桥规中的该项应力损失数值更接近实际情况。

六、预应力筋应力松弛引起的预应力损失

预应力混凝土结构中，预应力钢筋张拉后长度基本保持不变，但应力会随着时间的增加而降低，从而引起预应力损失，即松弛损失。

1. 中国桥规

JTG 3362—2018第6.2.6条规定：预应力钢筋由于钢筋松弛引起的预应力损失终极值按照下列方法计算：

对于预应力钢丝和钢绞线：

$$\sigma_{l5} = \psi \cdot \zeta \left(0.52 \frac{\sigma_{pe}}{f_{pk}} - 0.26\right)\sigma_{pe} \qquad (6.1.25)$$

式中：ψ——张拉系数，当采用一次张拉时，$\psi=1.0$；超张拉时，$\psi=0.9$；

ζ——钢筋松弛系数，对于Ⅰ级松弛（普通松弛），$\zeta=1.0$；Ⅱ级松弛（低松弛），$\zeta=0.3$；

σ_{pe}——传力锚固时的钢筋应力，对后张法 $\sigma_{pe}=\sigma_{con}-\sigma_{l1}-\sigma_{l2}-\sigma_{l4}$，对先张法 $\sigma_{pe}=\sigma_{con}-\sigma_{l2}$。

对于精轧螺纹钢筋：

当采用一次张拉时 $\sigma_{l5}=0.05\sigma_{con}$；当采用超张拉时 $\sigma_{l5}=0.035\sigma_{con}$。

2. 美国桥规

美国桥规2017年版第5.9.5.3款规定：在无须进行精确分析的情况下，低松弛钢绞线近似取17MPa，普通钢绞线近似取70MPa；如需进行精确的分析，则将预应力松弛引起的预应力损失分为两部分，即传力锚固期间由于松弛引起的预应力损失 Δf_{PR1} 和随着时间增加产生的预应力损失 Δf_{PR2}。并且认为，随着时间增加而产生的预应力损失 Δf_{PR2} 取值近似等于 Δf_{PR1}，这意味着总的松弛损失 $\Delta f_{PR}=\Delta f_{PR1}+\Delta f_{PR2}\approx 2\Delta f_{PR1}$。

美国桥规2017年版第5.9.5.4.2c项规定：传力锚固时由于预应力钢筋松弛引起的预应力损失按下式计算：

$$\Delta f_{PR1} = \frac{f_{pt}}{K_L}\left(\frac{f_{pt}}{f_{py}} - 0.55\right) \qquad (6.1.26)$$

式中：f_{pt}——传力锚固时预应力钢筋中的应力，不低于 $0.55f_{py}$；

K_L——对于低松弛钢绞线，$K_L=30$，其他预应力钢筋，取 $K_L=7$。

一般情况下，传力锚固时由于预应力钢筋松弛引起的预应力损失可取8MPa。

3. 欧洲桥规

欧洲桥规（EN 1992-1-1:2004）第3.3.2条依据预应力筋的松弛情况定义了下面三个等级，见表6.1.8。

欧洲桥规预应力筋松弛等级划分　　　　　表6.1.8

松弛等级	1级_普通松弛	2级_低松弛	3级
钢筋类型	钢丝、钢绞线	钢丝、钢绞线	热轧或热处理钢筋
ρ_{1000}	8%	2.5%	4%

在欧洲桥梁规范中，应力松弛引起的预应力损失的计算是以平均温度20℃的条件下将预应力筋张拉1000h后测定的 ρ_{1000} 值为基础的（见 EN 1013-3 中的等温应力松弛试验）。ρ_{1000} 值用初始应力的百分比表示，是在初始应力 $0.7f_p$ 时得出的，其中 f_p 为预应力筋试样的实际抗拉强度。

1）预应力筋松弛损失的计算

用相对于初始预应力变化百分比定义的应力松弛损失采用下面的公式计算：

1 级

$$\frac{\Delta\sigma_{pr}}{\sigma_{pi}} = 5.39\rho_{1000}e^{6.7\mu}\left(\frac{t}{1000}\right)^{0.75(1-\mu)} \times 10^{-3} \qquad (6.1.27)$$

2 级

$$\frac{\Delta\sigma_{pr}}{\sigma_{pi}} = 0.66\rho_{1000}e^{9.1\mu}\left(\frac{t}{1000}\right)^{0.75(1-\mu)} \times 10^{-3} \qquad (6.1.28)$$

3 级

$$\frac{\Delta\sigma_{pr}}{\sigma_{pi}} = 1.98\rho_{1000}e^{8\mu}\left(\frac{t}{1000}\right)^{0.75(1-\mu)} \times 10^{-3} \qquad (6.1.29)$$

式中:$\Delta\sigma_{pr}$——预应力松弛损失绝对值;

σ_{pi}——初始应力,$\sigma_{pi}=\sigma_{pm0}$,σ_{pm0}为张拉控制应力;对于先张预应力,σ_{pi}等于施加预应力筋的最大拉应力减去张拉过程中的瞬时损失;

ρ_{1000}——平均温度20℃的条件下张拉1000h后的松弛损失值(%);

μ——$\mu=\sigma_{pi}/f_{pk}$;

f_{pk}——预应力筋抗拉强度特征值;t为张拉后的时间,最终松弛损失值可按时间t约为500000h估计,这与中国桥规按1000h控制有很大的区别。

式(6.1.27)和式(6.1.28)分别适用于钢丝或钢绞线、普通预应力筋或低松弛预应力筋,式(6.1.29)适用于热轧和热处理钢筋。

2)温度对松弛损失的影响

钢筋的温度对松弛损失非常敏感。对于先张构件,需考虑混凝土养护时提高温度引起的预应力松弛损失的影响。有热应变的同时采用热养护会加速松弛,养护结束后的最终松弛率减小。为考虑热养护时预应力筋松弛损失的影响,在松弛时间函数中,将等效时间t_{eq}加到张拉后的时间t上。等效时间可按下式估算:

$$t_{eq} = \frac{1.14^{(T_{max}-20)}}{T_{max}-20}\sum_{i=1}^{n}[T_{(\Delta t_i)}-20]\Delta t_i \qquad (6.1.30)$$

式中:t_{eq}——等效时间;

$T_{(\Delta t_i)}$——时间间隔Δt_i内的温度;

T_{max}——热养护期间的最高温度。

当温度高于50℃时应对松弛损失进行检验。

JTG 3362—2018 依据张拉方式、预应力钢筋类型以及传力锚固时钢筋中的应力给出了由于预应力筋松弛引起的预应力损失。美国桥规规定在无须进行精确分析的情况下,低松弛钢绞线近似取17MPa,普通钢绞线近似取70MPa;如需进行精确的分析,则将预应力松弛引起的预应力损失分为两部分,即传力锚固期间由于松弛引起的预应力损失Δf_{PR1}和随着时间增加产生的预应力损失Δf_{PR2}。并且认为,最终总的松弛损失约为$2\Delta f_{PR1}$。欧洲桥规考虑得相对细致,最终松弛损失值按时间t约为500000h(大约57年)估计,且考虑了温度对松弛损失的影响。

关于预应力松弛损失的计算方法,三本规范相差较大。分析其主要原因在于,损失的计算方法与其采用试验方法有关,且与各国的预应力钢材的材性有关。

七、混凝土收缩和徐变引起的预应力损失

混凝土收缩、徐变会使预应力混凝土构件缩短,因而引起预应力损失。收缩和徐变的变形性能相似,均与时间有关且影响因素也大致相同,故通常将混凝土收缩和徐变引起的应力损失值放在一起进行计算。中国、美国、欧洲桥梁规范中收缩、徐变引起的预应力损失计算方法分述如下(在此仅介绍受拉区预应力钢筋的预应力损失)。

1. 中国桥规

JTG 3362—2018 和 JTG D62—2004 的第 6.2.7 条,以及附录 C 和附录 F 具有相同的混凝土收缩、徐变特性和预应力损失计算方法,并规定:由混凝土收缩、徐变引起的构件受拉区和受压区预应力钢筋的预应力损失按下式计算:

$$\sigma_{16}(t) = \frac{0.9[E_P \varepsilon_{cs}(t,t_0) + \alpha_{EP}\sigma_{pc}\phi(t,t_0)]}{1 + 15\rho\rho_{ps}} \quad (6.1.31)$$

$$\rho = \frac{A_p + A_s}{A} \quad (6.1.32)$$

$$\rho_{ps} = 1 + \frac{e_{ps}^2}{i^2} \quad (6.1.33)$$

$$e_{ps} = \frac{A_p e_p + A_s e_s}{A_p + A_s} \quad (6.1.34)$$

式中:$\sigma_{16}(t)$——构件受拉区全部纵向钢筋截面重心处由混凝土收缩、徐变引起的预应力损失;

σ_{pc}——构件受拉区全部纵向钢筋截面重心处由预应力产生的混凝土法向压应力,应按 JTG 3362—2018 中第 6.1.5 条和第 6.1.6 条规定计算;计算 σ_{pc}、σ'_{pc} 时,可根据构件制作情况考虑自重的影响;

E_P——预应力钢筋的弹性模量;

α_{EP}——预应力钢筋弹性模量与混凝土弹性模量的比值;

ρ——构件受拉区全部纵向钢筋配筋率;

A——构件截面面积,对先张法构件,$A = A_0$;对后张法构件,$A = A_n$。其中 A_0 为换算截面,A_n 为净截面;i 为截面回转半径,$i^2 = I/A$,先张法构件取 $I = I_0$,$A = A_0$;后张法构件取 $I = I_n$,$A = A_n$,此处,I_0 和 I_n 分别为换算截面惯性矩和净截面惯性矩;

e_p——构件受拉区预应力钢筋截面重心至构件截面重心的距离;

e_s——构件受拉区纵向普通钢筋截面重心至构件截面重心的距离;

e_{ps}——构件受拉区预应力钢筋和普通钢筋截面重心至构件截面重心轴的距离;

$\varepsilon_{cs}(t,t_0)$——当预应力钢筋传力锚固龄期为 t_0,计算考虑的龄期为 t 时的混凝土收缩应变;

$\phi(t,t_0)$——加载龄期为 t_0 计算考虑的龄期为 t 的徐变系数。其中 $\varepsilon_{cs}(t,t_0)$ 和 $\phi(t,t_0)$ 的终极值可按表 6.1.9 取用。

JTG 3362—2018 取消了上述混凝土收缩和徐变终极值的列表,在附录 C 中给出了混凝土收缩应变和徐变系数的计算方法,并保留了混凝土名义徐变系数 ϕ_0 的列表,见表 6.1.10。

JTG D62—2004 中混凝土收缩应变和徐变系数终极值   表6.1.9

混凝土收缩应变终极值 $\varepsilon_{cs}(t_u,t_0) \times 10^3$

传力锚固龄期 (d)	40%≤RH<70%				70%≤RH<99%			
	理论厚度 h(mm)				理论厚度 h(mm)			
	100	200	300	≥600	100	200	300	≥600
3~7	0.50	0.45	0.38	0.25	0.30	0.26	0.23	0.15
14	0.43	0.41	0.36	0.24	0.25	0.24	0.21	0.14
28	0.38	0.38	0.34	0.23	0.22	0.22	0.20	0.13
60	0.31	0.34	0.32	0.22	0.18	0.20	0.19	0.12
90	0.27	0.32	0.30	0.21	0.16	0.19	0.18	0.12

混凝土徐变系数终极值 $\phi(t_u,t_0)$

加载龄期 (d)	40%≤RH<70%				70%≤RH<99%			
	理论厚度 h(mm)				理论厚度 h(mm)			
	100	200	300	≥600	100	200	300	≥600
3	3.78	3.36	3.14	2.79	2.73	2.52	2.39	2.20
7	3.23	2.88	2.68	2.39	2.32	2.15	2.05	1.88
14	2.83	2.51	2.35	2.09	2.04	1.89	1.79	1.65
28	2.48	2.20	2.06	1.83	1.79	1.65	1.58	1.44
60	2.14	1.91	1.78	1.58	1.55	1.43	1.36	1.25
90	1.99	1.76	1.65	1.46	1.44	1.32	1.26	1.15

注:1. 本表摘自 JTG D62—2004 表 6.2.7。
2. 表中 RH 代表桥梁所处环境的年平均相对湿度(%),表中数值按 40%≤RH<70% 取 55%,70%≤RH<99% 取 80%计算所得。
3. 表中理论厚度 $h=2A/u$,A 为构件截面面积,u 为构件与大气接触接触的周边长度。当构件为变截面时,A 和 u 均取其平均值。
4. 本表适用于季节性变化的平均温度 -20~40℃。
5. 构件的实际传力锚固龄期、加载龄期或理论厚度为表列数值中间值时,收缩应变和徐变系数终极值可按直线内插法取值。

混凝土名义徐变系数 ϕ_0 表6.1.10

加载龄期 (d)	40%≤RH<70%				70%≤RH<99%			
	理论厚度 h(mm)				理论厚度 h(mm)			
	100	200	300	≥600	100	200	300	≥600
3	3.90	3.50	3.31	3.03	2.83	2.65	2.56	2.44
7	3.33	3.00	2.82	2.59	2.41	2.26	2.19	2.08
14	2.92	2.62	2.48	2.27	2.12	1.99	1.92	1.83
28	2.56	2.30	2.17	1.99	1.86	1.74	1.69	1.60
60	2.21	1.99	1.88	1.72	1.61	1.51	1.46	1.39
90	2.05	1.84	1.74	1.59	1.49	1.39	1.35	1.28

注:1. 本表适用于一般硅酸盐类水泥或快硬水泥配制而成的混凝土。
2. 本表适用于季节性变化的平均温度 -20~40℃。
3. 对强度等级 C50 及以上混凝土,表列数值应乘以 $\sqrt{\dfrac{32.4}{f_{ck}}}$,式中 f_{ck} 为混凝土轴心抗压强度标准值(MPa)。
4. 构件的实际理论厚度和加载龄期为表列中间值时,混凝土名义徐变系数按直线内插法求得。

2. 美国桥规

美国桥规 2017 年版第 5.9.5.3 款规定:对于普通环境中的预制构件,可以按照式(6.1.35)近似计算与时间有关的预应力损失(包括钢筋松弛和混凝土收缩、徐变)。计算时需满足以下条件:①由普通密度混凝土制成;②混凝土采用蒸汽养护或者湿养护;③预应力通过普通或者低松弛钢筋或者钢绞线施加;④处于一般暴露状况和一定的湿度状况(40%~100%)下。

$$\Delta f_{pLT} = 10.0 \frac{f_{pi}A_{ps}}{A_g}\gamma_h\gamma_{st} + 83\gamma_h\gamma_{st} + \Delta f_{pR} \quad (6.1.35)$$

$$\gamma_h = 1.7 - 0.01H \quad (6.1.36)$$

$$\gamma_{st} = \frac{35}{7 + f'_{ci}} \quad (6.1.37)$$

式中: f_{pi}——传力锚固之前预应力钢筋中的应力;

H——构件所处环境的年平均相对湿度;

γ_h——周边空气相对湿度的校正系数;

γ_{st}——预应力传递到混凝土对混凝土强度的校正系数;

Δf_{pR}——由于钢筋松弛引起的预应力损失,详见本节松弛损失部分。

3. 欧洲桥规

在永久荷载作用下,混凝土徐变和收缩导致预应力筋应变减小;在拉力作用下,钢筋松弛引起其应力减小,而钢筋松弛依赖于混凝土徐变和收缩引起的应变降低。欧洲桥规(EN 1992-1-1:2004)中近似乘以系数 0.8 考虑两者的相互作用。

欧洲桥规(EN 1992-1-1:2004)第 5.10.6 条规定:在永久荷载作用下,通过下式估计距梁端 x 处的预应力时变损失的合力:

$$\Delta P_{c+s+r} = A_p\Delta\sigma_{p,c+s+r} = A_p\frac{\varepsilon_{cs}E_p + 0.8\Delta\sigma_{pr} + \frac{E_p}{E_{cm}}\varphi(t,t_0)\sigma_{c,QP}}{1 + \frac{E_p}{E_{cm}}\frac{A_p}{A_c}\left(1 + \frac{A_c}{I_c}z_{cp}^2\right)[1 + 0.8(t,t_0)]} \quad (6.1.38)$$

式中: $\Delta\sigma_{p,c+s+r}$——t 时刻距梁端 x 处由徐变、收缩和松弛引起的钢筋应力变化的绝对值;

ε_{cs}——收缩应变的绝对值;

E_p——预应力筋弹性模量;

E_{cm}——混凝土弹性模量;

$\Delta\sigma_{pr}$——t 时刻 x 处预应力筋松弛产生的应力变化的绝对值;

$\varphi(t,t_0)$——t_0 时刻施加荷载后 t 时刻的徐变系数;

$\sigma_{c,QP}$——由自重、初始预应力和其他相关准永久作用产生的钢筋处的混凝土应力,取决于所考虑的施工阶段,$\sigma_{c,QP}$ 的值为自重和初始预应力的部分效应或全准永久作用组合 $\sigma_p(G + P_{m0} + \psi_2Q)$ 的效应;

A_p——所考虑预应力筋的面积;

A_c——混凝土截面面积;

I_c——混凝土截面惯性矩;

z_{cp}——混凝土截面重心与预应力筋的距离。

当采用截面的局部应力值时,上式适用于有黏结预应力筋;当使用应力平均值时,上式适用于无黏结预应力筋。对体外预应力筋,应计算理想化的转向点间直线段的平均应力;对于体内预应力筋,计算全长范围内的平均应力。

中国、美国、欧洲桥规中关于收缩、徐变引起的预应力损失的计算方法有很大的差异。

八、预应力损失的组合

前面对中国、美国、欧洲桥梁规范中规定的各项预应力损失均进行了较为详细的介绍,由于各规范中规定的符号差异性较大,在进行各阶段预应力损失组合之前,将各规范中相应的符号汇总在表 6.1.11 中。

中国、美国、欧洲预应力损失符号汇总　　表 6.1.11

损失项目	中国桥规	美国桥规	欧洲桥规	
预应力钢筋和管道壁之间摩擦引起的预应力损失	σ_{l1}	Δf_{pF}	$\Delta P_\mu(x)$	
锚具变形、钢筋回缩和接缝压缩引起的预应力损失	σ_{l2}	Δf_{pA}	$\Delta \sigma_{p,sl}$	
预应力钢筋和台座之间的温差引起的预应力损失	σ_{l3}	—	ΔP_θ	
混凝土的弹性压缩引起的预应力损失	σ_{l4}	Δf_{pES}	ΔP_{el}	
预应力钢筋的应力松弛引起的预应力损失	σ_{l5}	Δf_{pR}	$\Delta \sigma_{pr}$	$\Delta \sigma_{p,c+s+r}$
混凝土的收缩引起的预应力损失	σ_{l6}	Δf_{pSR}	Δf_{pLT}	$\Delta \sigma_{ps}$
混凝土的徐变引起的预应力损失		Δf_{pCR}	$\Delta \sigma_{pc}$	

从上面的阐述可以看出,预应力损失和施工工艺有关,对于先张法构件和后张法构件均有相应的计算方法;从损失完成的时间来看,有些损失出现在混凝土预压完成之前,有些损失出现在混凝土预压之后;有些损失很快完成,而有些损失则需要持续很长时间。考虑上述时间上的差异性,将各阶段预应力损失组合汇总在表 6.1.12 中。

中国、美国、欧洲桥梁规范各阶段预应力损失组合　　表 6.1.12

规范	预应力损失值的组合	先张法构件	后张法构件
中国桥规	传力锚固时的损失（第一批）σ_{lI}	$\sigma_{l2}+\sigma_{l3}+\sigma_{l4}+0.5\sigma_{l5}$	$\sigma_{l1}+\sigma_{l2}+\sigma_{l4}$
	传力锚固后的损失（第二批）σ_{lII}	$0.5\sigma_{l5}+\sigma_{l6}$	$\sigma_{l5}+\sigma_{l6}$
	总损失 σ_l	$\sigma_{l2}+\sigma_{l3}+\sigma_{l4}+\sigma_{l5}+\sigma_{l6}$	$\sigma_{l1}+\sigma_{l2}+\sigma_{l4}+\sigma_{l5}+\sigma_{l6}$
美国桥规	瞬时损失	Δf_{pES}	$\Delta f_{pF}+\Delta f_{pA}+\Delta f_{pES}$
	与时间效应相关的损失	Δf_{pLT}	Δf_{pLT}
	总损失 Δf_{pT}	$\Delta f_{pES}+\Delta f_{pLT}$	$\Delta f_{pF}+\Delta f_{pA}+\Delta f_{pES}+\Delta f_{pLT}$
欧洲桥规	瞬时损失	$\Delta P_\mu+\Delta P_r+\Delta P_{el}$	$\Delta P_\mu+\Delta P_{sl}+\Delta P_{el}$
	时变损失	ΔP_{c+s+r}	$\Delta P_{c,s+r}$
	总损失	$\Delta P_\mu+\Delta P_{c+s+r}+\Delta P_{el}$	$\Delta P_\mu+\Delta P_{c,s+r}+\Delta P_{el}+\Delta P_{sl}$

九、预应力损失算例

如前所述,中国、美国、欧洲桥规中的各项损失的计算方法及组合存在一定的差异。为了直观比较各项预应力损失计算方法之间的差异,以《通用图》中的装配式预应力混凝土简支T梁桥(主梁跨径为30m,桥面宽度为12m)的主梁为例进行数值计算对比。主梁布置三束预应力钢束,钢束布置如图6.1.4所示。运用 MIDAS/Civil(国际版)建立边梁结构模型,分别依据中国、美国、欧洲桥规方法计算预应力钢束 N1 和 N2 的各项预应力损失。

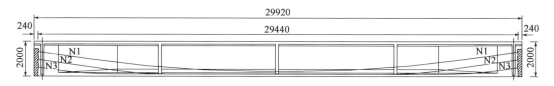

图6.1.4 主梁预应力钢束布置图(尺寸单位:mm)

由于预应力筋和管道壁之间的摩擦引起的预应力损失和锚具变形引起的预应力损失都是在张拉过程中产生的,两者几乎同时发生,故 MIDAS/Civil 中将两项合并在一起进行计算,并统称为瞬时损失,见图6.1.5。

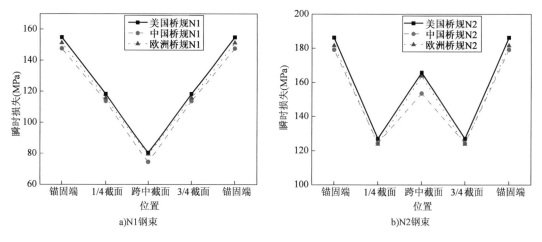

a)N1钢束　　　　　　　　　　　　b)N2钢束

图6.1.5 预应力筋的瞬时损失

从图6.1.5可以看出,美国桥规计算得到的瞬时损失值最大,欧洲桥规次之,中国桥规最小。按上述三本规范计算预应力钢筋和管道壁之间摩擦引起的预应力损失时,假定预应力钢筋与管道壁的摩擦系数和管道每米局部偏差对摩擦的影响系数相等,因此造成该项损失不相同的主要原因是张拉控制应力取值不同,其中美国桥规的张拉控制应力1506.6MPa,欧洲桥规的张拉控制应力1488MPa,中国桥规的张拉应力1395MPa,即有美国桥规>欧洲桥规>中国桥规的计算结果。对于锚具变形引起的预应力损失,中国、美国、欧洲桥规中均假定为一端6mm,计算结果相同。

对于后张法构件,先张拉的钢筋会受到后张拉者引起的混凝土弹性压缩变形产生的预应力损失。依据中国、美国、欧洲三本桥规计算得到的弹性压缩引起的预应力损失见图6.1.6。

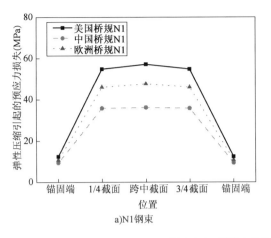
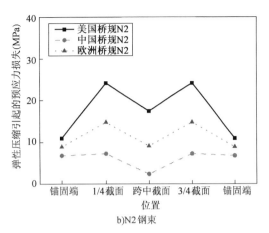

图6.1.6 混凝土弹性压缩引起的预应力损失

从图 6.1.6 可以看出,对于混凝土弹性变形引起的预应力损失,均有美国桥规 > 欧洲桥规 > 中国桥规的计算结果。并且有 N1 钢束弹性压缩引起的预应力损失要大于 N2 钢束,这主要是因为 N2 钢束在 N1 钢束之后进行张拉导致的。

预应力混凝土结构中,预应力筋张拉后长度基本保持不变,但应力会随着时间的增加而降低,引起预应力损失。依据中国、美国桥规计算得到的钢束松弛引起的预应力损失见图 6.1.7。

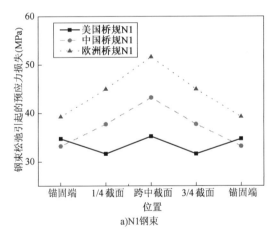
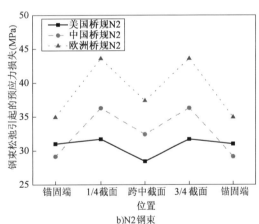

图6.1.7 钢束松弛引起的预应力损失

从图 6.1.7 可以看出,在锚固端,由于钢束松弛引起的预应力损失有欧洲桥规 > 美国桥规 > 中国桥规的计算结果。预应力钢筋的松弛损失不仅与预应力筋的类型有关,还受到张拉控制应力和预应力筋瞬时损失的影响。其中,欧洲桥规对钢束松弛的时间取 500000h,而中国桥规仅取 1000h,显然欧洲桥规考虑的时间更长,另外欧洲桥规在计算该项损失时还考虑了温度的影响,最终导致该项损失较中国桥规偏大 50% ~ 80%。

混凝土收缩、徐变会使预应力混凝土构件缩短,从而引起预应力损失。依据中国、美国、欧洲桥规计算得到的收缩、徐变引起的预应力损失见图 6.1.8。

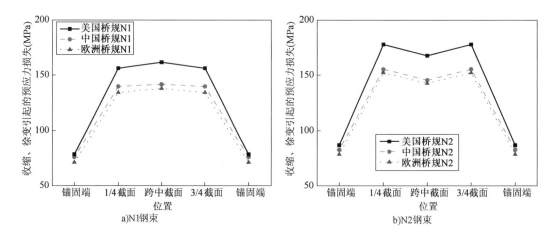

图 6.1.8 收缩、徐变引起的预应力损失

从图 6.1.8 中的计算结果来看,对于同一座桥梁的同一根钢束,美国桥规计算得到的收缩、徐变引起的预应力损失最大,中国桥规次之,欧洲桥规最小。对于 N1 钢束,由于收缩、徐变引起的损失的最大值出现在跨中截面,美国桥规约为中国桥规的 1.14 倍,欧洲桥规约为中国桥规的 0.86 倍。对于 N2 钢束,由于收缩、徐变引起的预应力损失最大值出现在 1/4 截面,美国桥规约为中国桥规的 1.15 倍,欧洲桥规约为中规的 0.85 倍。

将前面计算的各项预应力损失进行叠加,得到各根钢束总的预应力损失。三本桥规计算得到的钢束的总的预应力损失见图 6.1.9。

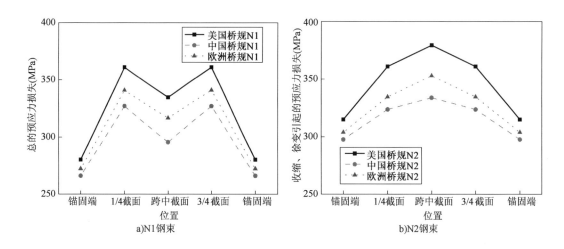

图 6.1.9 总的预应力损失

从图 6.1.9 可以看出,对于预应力总损失而言,美国桥规最大,欧洲桥规次之,中国桥规最小。其中,美国桥规为中国桥规的 1.05~1.15 倍,欧洲桥规为中国桥规的 1.02~1.07 倍,这主要是由于欧洲、美国桥规的张拉应力较高于中国桥规所致。对于各根钢束而言,依据中国、美国、欧洲三本桥规计算得到的传力锚固阶段产生的预应力损失和的预应力总损失的比值基本相同,三本规范相差不到 3%。最后将各桥规的有效预应力进行汇总,见表 6.1.13。

中国、美国、欧洲桥规的有效预应力计算结果（单位：kN）　　　表6.1.13

位　置	规　范					
	N1 钢束			N2 钢束		
	中国桥规	美国桥规	欧洲桥规	中国桥规	美国桥规	欧洲桥规
支点	1128.91	1226.40	1215.79	1097.349	1191.77	1184.13
$L/4$ 截面	1179.57	1145.51	1147.10	1071.425	1145.60	1153.53
跨中	1210.98	1171.93	1171.39	1061.278	1127.12	1135.10

由表 6.1.13 可知，尽管美国桥规的预应力总损失最大，但是美国桥规对张拉应力的取值也是最大的，导致最终产生的有效预应力与欧洲桥规相当，而较中国桥规大。显然，美国桥规和欧洲桥规的预应力效果较中国桥规更加明显，可充分地发挥高强度钢材的性能，对结构正常使用极限状态的验算也更为有利。

6.2 应力控制对比分析

一、短暂状况混凝土应力控制

混凝土构件在制作、运输和安装过程中的受力状态与使用阶段的不同，为了避免短暂状况的施工过程中出现混凝土开裂以及预压区混凝土压应力过大，需要对施工阶段的混凝土应力进行限制。中国、美国、欧洲桥规施工阶段混凝土应力限值见表 6.2.1。

施工阶段混凝土应力限制　　　表6.2.1

规　范	应 力 类 型	限　值
中国桥规	正截面法向压应力 σ_{cc}^t ——钢筋混凝土结构	$0.80 f'_{ck}$
	截面中性轴处的主拉应力 σ_{tp}^t ——钢筋混凝土结构	f'_{tk}
	正截面法向压应力 σ_{cc}^t ——预应力混凝土结构	$0.70 f'_{ck}$
	正截面法向拉应力 σ_{ct}^t	当 $\sigma_{ct}^t \leq 0.70 f'_{tk}$ 时，预拉区应配置配筋率不小于 0.2% 的纵向钢筋 当 $\sigma_{ct}^t \leq 1.15 f'_{tk}$ 时，预拉区应配置配筋率不小于 0.4% 的纵向钢筋 当 $0.70 f'_{tk} < \sigma_{ct}^t < 1.15 f'_{tk}$ 时，预拉区应配置的配筋率按以上两者线性插值取用
美国桥规	压应力	
	先张预应力混凝土构件	$0.60 f'_{ci}$

续上表

规 范	应力类型	限 值
美国桥规	后张预应力混凝土构件	$0.60 f'_{ci}$
	拉应力	
	预压受拉区域——无普通钢筋	N/A
	其他受拉区域——无普通钢筋	$0.25\sqrt{f'_{ci}} \leqslant 1.38$
	对于有足够预应力筋或者普通钢筋的截面,且截面不允许开裂,普通钢筋应力假定为 $0.5 f_y$,并且不超过 210MPa	$0.63\sqrt{f'_{ci}}$
欧洲桥规	混凝土法向压应力——后张法	$0.6 f_{ck}(t)$
	混凝土法向压应力——先张法	$0.7 f_{ck}(t)$

注:1. 表中 JTG 3362—2018 的数值摘自 JTG 3362—2018 第 7.2.8 条;美国桥规数值摘自美国桥规 2017 年版表 5.9.4.1.2-1;欧洲桥规数值源于 EN 1992-1-1:2004 第 5.10.2.2 项。
2. 预压的受拉区域是指在预应力作用下受压,但在后期恒载和活载作用下,由压应力转为拉应力的区域。

对于预应力混凝土构件,分别求出中国、美国、欧洲桥规中不同混凝土强度等级所对应的施工阶段法向压应力限值,计算结果如图 6.2.1 所示。

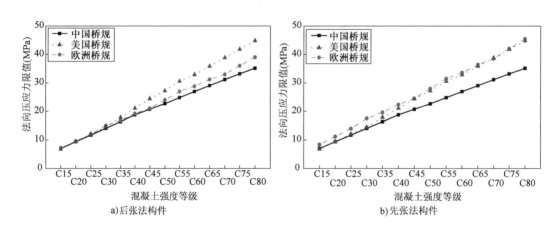

图 6.2.1 施工阶段混凝土压应力限值

如图 6.2.1 所示,对于后张法构件,美国桥规规定的混凝土法向压应力限值最大,欧洲次之,中国桥规最小,且三者的差距随着混凝土强度等级的增大而增大;对于先张法构件,欧洲、美国桥规的限值较为接近,且均大于中国桥规的限值。这反映出中国桥规对施工阶段压应力的控制更为严格,也意味着允许的预加压应力储备较欧洲、美国桥规更高。

对于钢筋混凝土构件,中国、美国桥规均需验算中性轴处的主拉应力,欧洲桥规对中性轴的混凝土主拉应力未明确规定限值(但着重强调了裂缝的验算)。为了定量比较三本规范限值之间的差异性,选取中国桥规中的 C30~C55 级混凝土,依据本书第 3 章进行中国、美国桥规的材料强度转换,施工阶段的强度指标假定为规范中给定强度的 0.8 倍。

从图 6.2.2 可以看出,对于普通钢筋混凝土构件,当混凝土强度等级在 C40 以下时,中国桥规中规定的正截面法向压应力限值较大;当混凝土强度超过 C45 时,美国桥规中规定的压应力限值将超过中国桥规。对于所有 C30~C55 等级的混凝土,中性轴处主拉应力限值均有美国桥规大于中国桥规。

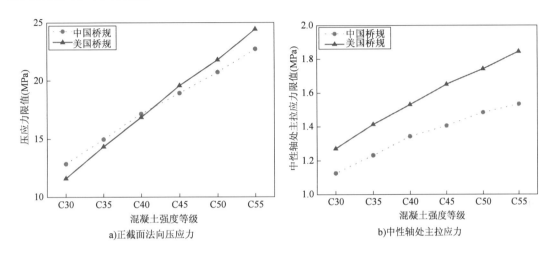

图 6.2.2　普通钢筋混凝土构件施工阶段混凝土法向压应力和主拉应力限值

二、持久状况混凝土应力验算

对于钢筋混凝土结构,在持久状况的正常使用阶段跨中截面通常均有裂缝存在。中国桥规对裂缝宽度加以限制,美国桥规中主要通过钢筋的布置来间接控制裂缝,欧洲桥规则需控制标准组合及准永久组合下的混凝土压应力。目前中国桥规对钢筋混凝土结构的压应力不控制。对于预应力混凝土结构,需要验算结构的应力。构件压应力计算的实质是构件的强度计算,是对承载力计算的补充。

在使用阶段应力验算时,中国桥规中作用(或荷载)取标准值,不计分项系数,汽车荷载考虑冲击系数的影响。欧洲桥规采用的是荷载标准组合和准永久组合。美国桥规中压应力验算时,采用正常使用极限状态组合Ⅰ和疲劳极限状态组合Ⅰ;拉应力验算时,采用使用极限状态组合Ⅲ,其表达式如下:

使用极限状态组合Ⅰ:　　$1.0DC + 1.0DW + 1.0(1 + IM)LL$

使用极限状态组合Ⅲ:　　$1.0DC + 1.0DW + 0.8(1 + IM)LL$

式中:DC——结构自重;

　　　DW——二期铺装;

　　　LL——汽车荷载;

　　　IM——冲击系数。

从以上组合可以看出,使用极限状态组合Ⅰ的组合系数与中国桥规的标准组合系数一致,而使用极限状态组合Ⅲ是疲劳和断裂极限状态,其中的汽车荷载效应一项比中国桥规的标准值要小 20%,但比频遇值要高 10%,见表 6.2.2。

中国、美国、欧洲桥规预应力混凝土构件中混凝土应力限值　　表6.2.2

类　型	应　力　类　型	限　　值
中国桥规	正截面法向压应力	$0.5f_{ck}$
	斜截面主压应力 σ_{cp}	$0.6f_{ck}$
	斜截面主拉应力 σ_{tp}	在 $\sigma_{tp} \leq 0.5f_{ck}$ 的区段，箍筋可仅按构造要求设置； 在 $\sigma_{tp} > 0.5f_{ck}$ 的区段，箍筋的间距 $S_v = \dfrac{f_{sk}A_{sv}}{\sigma_{tp}b}$
美国桥规	压应力：使用极限状态组合Ⅰ和疲劳极限状态组合Ⅰ	
	在有效预应力和永久荷载作用下	$0.45f'_c$
	在活载和一半的有效预应力和永久荷载作用下	$0.40f'_c$
	运输和安装过程中在有效预应力、永久荷载和瞬时荷载作用下	$0.60\phi_w f'_c$
	拉应力：使用极限状态组合Ⅲ	
	中等腐蚀情况下的预应力混凝土构件或者普通钢筋混凝土构件	$0.50\sqrt{f'_c} \leq 4.14\text{MPa}$
	严重腐蚀情况下的预应力混凝土构件或者普通钢筋混凝土构件	$0.25\sqrt{f'_c} \leq 2.07\text{MPa}$
	无黏结型压应力混凝土	无拉应力
	混凝土的主拉应力	$0.289\sqrt{f'_c}$
欧洲桥规	标准组合下混凝土法向压应力	$0.6f_{ck}$
	准永久组合下混凝土压应力	小于 $0.45f_{ck}$ 时，假定为线性徐变；大于 $0.45f_{ck}$ 时，考虑非线性徐变

注：表中内容分别摘自 JTG 3362—2018 第 7.2.5、7.2.6 条、美国桥规 2007 年版表 5.9.4.1.2-1，EN 1992-1-1：2004 第 7.2 条。

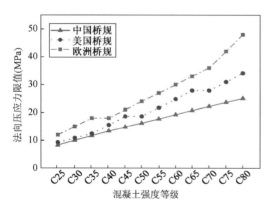

图 6.2.3　正常使用阶段混凝土法向压应力限值

从图 6.2.3 可以看出，对于同等级混凝土而言，其正截面法向压应力的限值有欧洲桥规＞美国桥规＞JTG 3362—2018，或者说 JTG 3362—2018 的压应力限值是最小的。

对于混凝土拉应力，JTG 3362—2018 中仅依据混凝土主拉应力和 $0.5f_{tk}$ 分位值的大小，并按规定设置箍筋及计算箍筋数量，作为构件斜截面抗剪承载力计算的补充。而美国桥规中则分别依据构件所处腐蚀环境的不同，分别给出了结构法向拉应力的限制，该项限制主要是为了保证截面的抗裂性要求。

三、持久状况预应力筋的应力验算

在持久状况的使用荷载作用下，预应力混凝土受弯构件中的预筋和混凝土经常承受着反复应力,而材料在较高的反复应力作用下,其强度会下降,甚至造成疲劳破坏。为了避免这种不利影响,中美欧桥规均规定了相应预应力钢筋的应力限值。

1. 中国桥规

对于使用阶段预应力钢筋中的应力,JTG 3362—2018 及 JTG D62—2004 的第 7.1.5 条也给出了相应的规定,具体见表 6.2.3。

JTG 3362—2018 及 JTG D62—2004 中预应力钢筋的应力限值　　　表 6.2.3

条件	JTG 3362—2018			JTG D60—2004	
	体内预应力钢绞线、钢丝	体外预应力钢绞线	预应力螺纹钢筋	钢绞线、钢丝	精轧螺纹钢
使用阶段预应力钢筋的拉应力	$0.65f_{pk}$	$0.60f_{pk}$	$0.75f_{pk}$	$0.65f_{pk}$	$0.80f_{pk}$

2. 美国桥规

美国桥规 2017 年版第 5.9.3 条规定:使用阶段预应力钢筋中的应力不应超过表 6.2.4 中规定的限值。

美国桥规预应力钢筋的应力限值　　　表 6.2.4

条件	预应力筋类型		
	消除应力的钢绞线或光面高强钢筋	低松弛钢绞线	高强螺纹钢筋
先张预应力钢筋			
使用极限状态(计入全部预应力损失)f_{pe}	$0.80f_{py}$	$0.80f_{py}$	$0.80f_{py}$
后张预应力钢筋			
使用极限状态(计入全部预应力损失)f_{pe}	$0.80f_{py}$	$0.80f_{py}$	$0.80f_{py}$

3. 欧洲桥规

欧洲桥规(EN 1992-1-1:2004)第 7.2 条规定:在特定荷载组合条件下,如果钢筋内的拉应力不超过 k_3f_{yk},则可以假设能够避免产生过大的裂缝以及变形。如果应力是由强制变形引起的,则钢筋中的拉应力不应超过 k_4f_{yk}。预应力筋内的应力平均值不应超过 k_5f_{pk}。有关某一国家使用的 k_3、k_4、k_5 值,可以查阅欧洲桥规的国家附件。欧洲桥规推荐值为 0.8、1.0 和 0.75。

在正常使用阶段,美国、欧洲桥规对预筋的应力控制条件明显宽松于中国桥规,这一结论与张拉控制应力是一样的,与其预应力钢材的耐疲劳性能有关。以标准强度为 f_{pk} = 1860MPa 的低松弛钢绞线为例,按照中国桥规计算得到的使用阶段预应力钢筋的容许拉应力为 $0.65f_{pk}$ = 1209MPa;按照美国桥规计算得到的使用极限状态预应力钢筋的容许应力为 f_{pe} = $0.80f_{py}$ = $0.8 × 0.9f_{pu}$ = 1339.2MPa;欧洲桥规使用极限状态下预应力筋的容许应力为 1395MPa。美国桥规中的预应力筋的应力限值约为中国桥规的 1.1 倍,欧洲桥规为中国桥规的 1.07 倍。这就意味着如果均达到极限值,美国桥规的预应力筋的利用效率最高,其次是欧洲桥规,中国桥规的预应力筋的利用效率相对较低。

6.3 抗裂性及裂缝宽度计算方法

一、抗裂性验算方法

JTG 3362—2018 规定,对于全预应力混凝土构件和 A 类构件,需要验算正截面和斜截面抗裂性;对于 B 类构件和普通钢筋混凝土构件,需要验算截面抗裂性和裂缝宽度来保证其耐久性。美国桥规中对于全预应力构件,需要控制混凝土边缘的拉应力以及中性轴处的主拉应力;对于部分预应力构件,通过钢筋间距来间接控制裂缝。欧洲桥规未对预应力构件进行分类处理,而是较为笼统地规定构件在荷载频遇组合下的混凝土主拉应力不超过混凝土抗拉强度平均值。

在抗裂性验算中,中国桥规依据构件类型不同,需要分别验算频遇组合和准永久组合,而美国桥规中则取用使用极限状态组合Ⅲ进行拉应力和主拉应力验算。中国、美国、欧洲桥规定的截面抗裂性控制要求汇总于表 6.3.1 中。

构件截面抗裂性控制方法汇总 表 6.3.1

规范	构件形式划分	作用效应组合	正截面抗裂验算	斜截面抗裂性验算
中国桥规	全预应力构件	短期效应组合	预制构件:$\sigma_{st} - 0.85\sigma_{pc} \leq 0$ 分段浇筑或砂浆接缝的纵向分块构件:$\sigma_{st} - 0.80\sigma_{pc} \leq 0$	预制构件:$\sigma_{tp} \leq 0.6\sigma_{tk}$;现浇(包括预制拼装)构件:$\sigma_{tp} \leq 0.4\sigma_{tk}$
中国桥规	A 类构件	频遇组合	$\sigma_{st} - \sigma_{pc} \leq 0.7f_{tk}$	预制构件:$\sigma_{tp} \leq 0.7f_{tk}$;现浇(包括预制拼装)构件:$\sigma_{tp} \leq 0.5f_{tk}$
中国桥规	A 类构件	准永久组合	$\sigma_{lt} - \sigma_{pc} \leq 0$	—
中国桥规	B 类构件	自重作用	不得消压	预制构件:$\sigma_{tp} \leq 0.7f_{tk}$;现浇(包括预制拼装)构件:$\sigma_{tp} \leq 0.5f_{tk}$
中国桥规	B 类构件	频遇组合	考虑长期效应验算裂缝宽度	
美国桥规	全预应力构件	使用极限状态组合Ⅲ	中等腐蚀情况下:$0.5\sqrt{f'_c}$ 高腐蚀情况下:$0.25\sqrt{f'_c}$	主拉应力:$0.289\sqrt{f'_c}$
欧洲桥规	预应力混凝土构件	频遇组合	—	$\sigma_1 \leq f_{ctm}$ 其中 σ_1 为混凝土主拉应力,f_{ctm} 为混凝土抗拉强度平均值

斜截面抗裂性验算可以认为是对截面抗剪承载力验算的补充。对于各混凝土强度等级下的主拉应力限值如图 6.3.1 所示,其中 JTG 3362—2018 以全预应力混凝土预制构件为例。

图 6.3.1 中考虑了本书中表 3.1.15 所示的同等级混凝土转换关系得到的主拉应力限值,由图可知,欧洲桥规对于主拉应力的规定最为宽松,为混凝土抗拉强度的平均值;其次为美国桥规,JTG 3362—2018 对 A 类构件混凝土主拉应力限值的规定最为严格。

总之,各规范均给出了抗裂性验算方法,均以在相应组合下对正截面法向拉应力与斜截面主拉应力加以限制;中国桥规中对预应力构件的划分更为细致,截面抗裂性验算的内容也更为具体、严格。

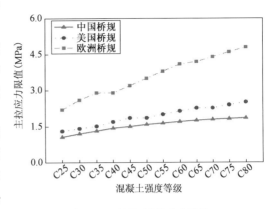

图 6.3.1 斜截面主拉应力限值

二、裂缝宽度计算方法

1. 中国桥规

JTG 3362—2018 与 JTG D62—2004 对钢筋混凝土构件与预应力混凝土构件的裂缝宽度的计算方法均做出了相关规定,需采用作用的频遇组合(或短期组合)计算裂缝宽度,同时需计入长期效应的影响。JTG 3362—2018 给出的是基于试验数据统计的半经验半理论的裂缝宽度计算方法,其中既考虑了黏结滑移理论的主要变量 d/ρ,又考虑了无滑移理论的主要变量 c。在具体计算表达式中,JTG 3362—2018 较 JTG D62—2004 做出了局部调整,计算方法分别见式(6.3.1)和式(6.3.2)。

JTG 3362—2018:

$$W_{cr} = C_1 C_2 C_3 \frac{\sigma_{ss}}{E_s} \left(\frac{c + d}{0.36 + 1.7\rho_{te}} \right) \quad (\text{mm}) \qquad (6.3.1)$$

JTG D62—2004:

$$W_{tk} = C_1 C_2 C_3 \frac{\sigma_{ss}}{E_s} \left(\frac{30 + d}{0.28 + 10\rho} \right) \quad (\text{mm}) \qquad (6.3.2)$$

式中:C_1——钢筋表面形状系数;

C_2——作用长期效应影响系数;

C_3——与构件受力性质有关的系数;

σ_{ss}——钢筋应力(MPa);

c——混凝土保护层厚度;

d——受拉钢筋直径(mm);

ρ_{te}——纵向受拉钢筋的有效配筋率;

ρ——纵向受拉钢筋配筋率,相关参数的取值与计算方法见表 6.3.2。

JTG 3362—2018 中裂缝宽度计算相关参数　　　　表6.3.2

相关参数		规范	
		JTG 3362—2018	JTG D62—2004
钢筋表面形状系数 C_1	光面钢筋	1.4	
	带肋钢筋	1.0	
	环氧树脂钢筋	1.15	—
长期效应影响系数 C_2		$C_2 = 1 + 0.5(M_l/M_s)$，其中 M_l、M_s 分别为作用准永久组合(长期效应组合)和频遇组合(短期效应组合)的弯矩或轴力设计值	
与构件受力有关的系数 C_3	板式受弯构件	1.15	
	其他受弯构件	1.0	
	轴心受拉钢筋	1.2	
	圆截面偏压构件	0.75	0.9
	其他截面偏心受压构件	0.9	
有效配筋率 ρ_{te}、配筋率 ρ		$\rho_{te} = \dfrac{A_s}{A_{te}} = \dfrac{A_s}{2a_s b}$	$\rho = \dfrac{A_s}{A} = \dfrac{A_s}{bh_0}$

JTG 3362—2018 相较于 JTG D62—2004 考虑了混凝土保护层厚度的影响，将纵向钢筋配筋率 ρ 改为有效钢筋配筋率 ρ_{te}，并对钢筋表面形状系数、与构件受力性质相关的系数等做出了调整。

2. 美国桥规

美国桥规并未直接给出裂缝宽度的计算方法，而是通过钢筋间距对裂缝宽度进行间接控制。

3. 欧洲桥规

欧洲桥规(EN 1992-2:2005)中采用了基于黏结滑移理论的特征裂缝宽度验算混凝土构件的裂缝。特征裂缝宽度的计算公式如下：

$$\omega_k = s_{r,\max}(\varepsilon_{sm} - \varepsilon_{cm}) \quad (6.3.3)$$

其中钢筋平均应变与混凝土平均应变之差 $\varepsilon_{sm} - \varepsilon_{cm}$ 按下式计算：

$$\varepsilon_{sm} - \varepsilon_{cm} = \dfrac{\sigma_s - \kappa_t \dfrac{f_{ct,eff}}{\rho_{p,eff}}(1 + \alpha_e \rho_{p,eff})}{E_s} \geq 0.6 \dfrac{\sigma_s}{E_s} \quad (6.3.4)$$

式中：ω_k——裂缝宽度特征值；

ε_{sm}——相关荷载组合下的钢筋平均应变，包括外加变形的影响和考虑拉伸硬化的影响，只考虑超过混凝土零应变的附加拉应变；

ε_{cm}——裂缝间混凝土的平均应变；

$s_{r,\max}$——裂缝最大间距；

σ_s——开裂截面受拉钢筋的应力，对于先张法构件可用 $\Delta\sigma_p$ 代替；

$\Delta\sigma_p$——混凝土从零应变算起的预应力筋应力的变化；

α_e——钢筋弹性模量与混凝土平均弹性模量之比;
$f_{ct,eff}$——混凝土即将开裂时的抗拉强度平均值;
κ_t——依赖于荷载持续时间的系数,短期荷载取 0.6,长期荷载取 0.4;
$\rho_{p,eff}$——有效配筋率。

$$\rho_{p,eff} = \frac{A_s + \xi_1^2 A_p}{A_{c,eff}} \tag{6.3.5}$$

式中:$A_{c,eff}$——有效受拉区面积,即受拉钢筋周围高度为 $h_{c,ef}$ 区域混凝土的面积,参见图6.3.2;

$h_{c,ef}$——$2.5(h-d)$、$\dfrac{h-x}{3}$ 和 $\dfrac{h}{2}$ 中的最小值;

ξ^1——考虑预应力筋和普通钢筋不同直径的黏结强度调整系数,按下式计算:

$$\xi_1 = \sqrt{\xi \frac{\phi_s}{\phi_p}} \tag{6.3.6}$$

其中:ξ——预应力筋与普通钢筋的黏结强度比;
ϕ_s——普通钢筋的最大直径;
ϕ_p——预应力筋的等效直径。

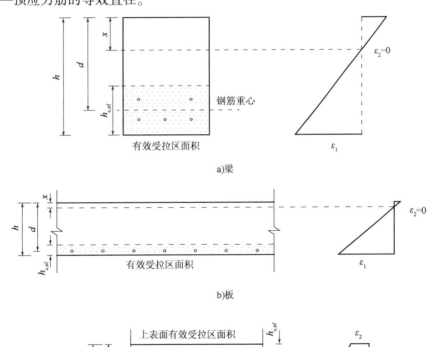

a)梁

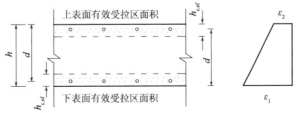

b)板

c)受拉构件

图 6.3.2　欧洲桥规中有效受拉区面积

当受拉区有黏结钢筋固定在合理的闭合中心(Reasonably close centres)时,即间距不大于 $5\left(c+\dfrac{\phi}{2}\right)$,按下式计算最大裂缝间距:

$$s_{r,\max} = k_3 c + \dfrac{k_1 k_2 k_4 \phi}{\rho_{p,\text{eff}}} \tag{6.3.7}$$

式中:ϕ——钢筋直径,当截面内使用不同直径的钢筋时,采用等效钢筋直径 ϕ_{eq} 计算:

$$\phi_{eq} = \dfrac{n_1 \phi_1^2 + n_2 \phi_2^2}{n_1 \phi_1 + n_2 \phi_2} \tag{6.3.8}$$

其中:c——混凝土保护层厚度;

k_1——考虑钢筋黏结特性的系数:对高黏结强度钢筋取0.8,对光面钢筋取1.6;

k_2——考虑应变分布的系数:受弯时取0.5,仅受拉时取1.0,偏心受拉或局部受拉时,$k_2 = \dfrac{\varepsilon_1 + \varepsilon_2}{2\varepsilon_1}$,其中,$\varepsilon_1$、$\varepsilon_2$ 为所考虑截面边缘按开裂截面计算的拉应变较大值和较小值;

k_3、k_4——执行欧洲桥规的国家附录确定,欧洲桥规建议取3.4和0.425。

当有黏结钢筋间距大于 $5\left(c+\dfrac{\phi}{2}\right)$ 或受拉区采用无黏结钢筋时,最大裂缝间距按下式计算:

$$s_{r,\max} = 1.3(h - x) \tag{6.3.9}$$

式中:x——开裂截面受压混凝土高度。

通过上述对比可以发现,中国桥规和欧洲桥规的裂缝计算公式是基于不同的裂缝计算理论和方法得到的。主要不同在于,中国桥规在理论变量的基础上进行了大量的试验研究和统计分析,将影响系数的取值具体化,进一步简化了计算公式。欧洲桥规裂缝计算公式的理论性更强,以裂缝间距间钢筋与混凝土之间的应变差为出发点,配合试验确定部分相关参数,其计算方法略显烦琐。

三、裂缝宽度控制方法

裂缝宽度控制是为了确保混凝土桥梁结构的耐久性,并且限值结构刚度的降低,以保证行车舒适性,同时兼顾混凝土构件的外观效果。各桥梁规范均根据所在区域的气候环境,制定了裂缝宽度的控制方法。

1. 中国桥规

JTG 3362—2018 与 JTG D62—2004 对于全预应力混凝土构件和 A 类构件,不允许出现裂缝,通过拉应力限制保证截面的抗裂性;对于 B 类构件和钢筋混凝土构件,需要将裂缝宽度限制在一定的范围内。对于钢筋混凝土构件和 B 类预应力混凝土构件规定了严格的裂缝宽度限值,裂缝宽度的控制与结构所处的环境类别及构件分类有关。按式(6.3.1)和式(6.3.2)计算的最大裂缝宽度不应超过表6.3.3或表6.3.4中的裂缝宽度限值。

JTG 3362—2018 版的最大裂缝宽度限值（单位：mm）　　　表 6.3.3

环境类别	最大裂缝宽度限值	
	钢筋混凝土构件、采用预应力螺纹钢筋的 B 类预应力混凝土构件	采用钢丝或钢绞线的 B 类预应力混凝土构件
Ⅰ类	0.20	0.10
Ⅱ类	0.20	0.10
Ⅲ类	0.15	0.10
Ⅳ类	0.15	0.10
Ⅴ类-盐结晶环境	0.10	禁止使用
Ⅵ类-化学腐蚀环境	0.15	0.10
Ⅶ类-腐蚀环境	0.20	0.10

注：该表出自 JTG 3362—2018 第 4.5.2 条。

JTG D62—2004 的最大裂缝宽度限值（单位：mm）　　　表 6.3.4

环境类别	最大裂缝宽度限值		
	钢筋混凝土构件	精轧螺纹钢筋的预应力混凝土构件	钢丝或钢绞线的预应力混凝土构件
Ⅰ类	0.20	0.20	0.10
Ⅱ类	0.20	0.20	0.10
Ⅲ类	0.15	0.15	不得进行带裂缝的 B 类构件设计
Ⅳ类	0.15	0.15	

注：该表出自 JTG D62—2004 第 6.4.2 条。

2. 美国桥规

美国桥规对于全预应力混凝土构件，通过限制截面的拉应力以及中性轴处的主拉应力控制开裂；对于部分预应力混凝土构件，主要通过普通钢筋间距间接地控制裂缝宽度。计算中涉及的参数暴露因子 γ_e 是根据环境所容许的裂缝宽度得到的，并未对裂缝宽度做出限值规定，但是对裂缝控制提出了相关的钢筋构造要求。美国桥规 2017 年版第 5.6.3.6 款规定：结构构件表面应配置正交的钢筋网以控制裂缝宽度，并保障构件的延性，钢筋网中各钢筋的间距不应超过 300mm，钢筋在水平与竖直方向配筋率应符合式（6.3.10）与式（6.3.11）的规定。最靠近受拉边缘的普通钢筋的横向间距 s 需满足如下要求：

$$s \leq \frac{123000\gamma_e}{\beta_s f_{ss}} - 2d_c \quad (6.3.10)$$

$$\beta_s = 1 + \frac{d_c}{0.7(h-d_c)} \quad (6.3.11)$$

式中：γ_e——暴露因子，当对构件的表面状况要求较低以及环境腐蚀不太严重的情况下，可以采 1 类暴露环境，$\gamma_e=1.0$；当对构件的表面状况要求较高或者环境腐蚀严重的情况下，应当采用 2 类暴露环境，$\gamma_e=0.75$；当构件暴露在更为恶劣的条件或者腐蚀性环境下，应当对裂缝提出更为苛刻的要求，$\gamma_e=0.5$；

d_c——从截面受拉边缘至最外层受弯钢筋中心的混凝土厚度；

f_{ss}——使用极限状态下普通钢筋中的拉应力；

h——构件的总厚度或总高度。

对于部分预应力混凝土构件或者普通钢筋混凝土构件，如果其有效高度 d_e 超过 900mm，则其长度方向应当均匀布置斜向钢筋，斜向钢筋应当分布在受弯拉钢筋距离 $d_e/2$ 处。斜向钢筋的面积 A_{sk} (mm^2/mm) 在高度方向应满足：

$$A_{sk} \geq 0.001(d_e - 760) \leq \frac{A_s + A_{ps}}{1200} \tag{6.3.12}$$

式中：A_{ps}——预应力钢筋的面积；

A_s——受拉钢筋的面积。

然而，纵向斜筋的总面积不应超过所需的抗弯钢筋 $A_s + A_{ps}$ 的 1/4，斜向钢筋的最大间距不应超过 $d_e/6$ 或 300mm。

美国桥规中上述钢筋的间距的限值是根据其前期规范中的最大裂缝宽度确定的。

3. 欧洲桥规

欧洲桥规（EN 1992-2:2005）通过规定混凝土应力限值和最小配筋面积等构造要求来满足裂缝控制的要求。对混凝土结构最大裂缝宽度限值的具体规定如表 6.3.5。

欧洲桥规的最大裂缝宽度限值（单位：mm） 表6.3.5

暴露等级	钢筋混凝土构件和无黏结预应力构件	有黏结预应力构件
荷载组合	准永久组合	频遇组合
X0,XC1	0.3	0.2
XC2,XC3,XC4	0.3	0.2
XD1,XD2,XS1,XS2,XS3		消压

注：1. 对暴露等级 X0（极为干旱环境，不遭受腐蚀的构件）和 XC1（受到碳酸腐蚀的构件），裂缝宽度不影响耐久性，这些限制只是为满足外观要求，当无外观要求时可以放松限制。

2. 对于这些暴露等级，在准永久组合下应当验算消压。

针对裂缝控制，欧洲桥规提出以下两项要求作为裂缝控制的补充方法。

1) 基于裂缝控制的最小配筋面积

为了避免钢筋混凝土受弯构件发生脆性的少筋破坏，基本原则是构件极限弯矩大于构件混凝土开裂弯矩。当要求控制构件的裂缝时，欧洲桥规（EN 1992-2:2005）也对有黏结钢筋的最小面积提出了要求。对于矩形梁、T 形梁和箱梁之类的受弯构件，截面的每一部分（腹板、翼缘）均需单独确定。计算公式如下：

$$A_{s,\min}\sigma_s = k_c k f_{ct,eff} A_{ct} \tag{6.3.13}$$

式中：$A_{s,\min}$——裂缝控制要求的受拉区钢筋最小面积；

A_{ct}——受拉区混凝土（即将出现第一条裂缝时的受拉部分）；

σ_s——混凝土刚开裂时钢筋的允许最大应力绝对值，可取钢筋的屈服强度 f_{yk}，也可以根据最大钢筋直径或间距取满足裂缝宽度要求的值；

$f_{ct,eff}$——混凝土即将开裂时的抗拉强度平均值，可取 $f_{ct,eff} = f_{ctm}$，若开裂早于 28d 则取更小的值。

k 为考虑不均匀自平衡应力影响的系数,可使约束力减小:当腹板高度 $h \leqslant 300\text{mm}$ 或翼缘宽度大于 300mm 时取 1.0;当腹板高度 $h \geqslant 800\text{mm}$ 或翼缘宽度大于 800mm 时取 0.65;中间采用线性插值。

k_c 为在即将开裂的截面内考虑应力分布特性和力臂变化的系数:只受拉时取 1.0,受弯或者弯矩和轴力共同作用时,对矩形、箱形和 T 形截面的腹板:

$$k_c = 0.4 \times \left[1 - \frac{\sigma_c}{k_1 \left(\frac{h}{h^*}\right) f_{ct,eff}}\right] \leqslant 1 \quad (6.3.14)$$

对于箱形和 T 形截面的翼缘:

$$k_c = 0.9 \frac{F_{cr}}{A_{ct} f_{ct,eff}} \geqslant 0.5 \quad (6.3.15)$$

式中:σ_c——所考虑截面部分混凝土的平均应力,按下式计算:

$$\sigma_c = \frac{N_{Ed}}{bh} \quad (6.3.16)$$

其中:N_{Ed}——使用极限状态下作用于所考虑截面的轴力(压力为正),N_{Ed} 值的确定应考虑相关作用组合下的预应力和轴力特征值;

h——当 $h < 1.0\text{m}$ 时 $h^* = h$,当 $h \geqslant 1.0\text{m}$ 时 $h^* = 1.0\text{m}$;

k_1——考虑轴力 N_{Ed} 对应力分布影响的系数:N_{Ed} 为压力时 $k_1 = 1.5$,N_{Ed} 为拉力时 $k_1 = \frac{2h^*}{3h}$;

F_{cr}——按 $f_{ct,eff}$ 计算的开裂弯矩产生的翼缘即将开裂时的拉力绝对值。

如果构件受拉区配有有黏结预应力筋,则假定有黏结预应力筋只能在距钢筋中心 ≤150mm 内对开裂起抑制作用。这时可将式(6.3.13)改写为:

$$A_{s,min} \sigma_s + \xi_1 A_p \Delta \sigma_p = k_c k f_{ct,eff} A_{ct} \quad (6.3.17)$$

式中:A_p——A_{eff} 内先张或后张预应力筋的面积;ξ_1 为考虑预应力筋和普通钢筋不同直径的黏结强度调整系数,按下式计算:

$$\xi_1 = \sqrt{\xi \frac{\phi_s}{\phi_p}} \quad (6.3.18)$$

式中:ξ——预应力筋与普通钢筋的黏结强度比,按表 6.3.6 取值;

ϕ_s——普通钢筋的最大直径;

ϕ_p——预应力筋的等效直径,按下式确定:

$$\phi_p = \begin{cases} 1.6\sqrt{A_p} & \text{钢筋束} \\ 1.75\phi_{wire} & \text{7 股钢绞线} \\ 1.20\phi_{wire} & \text{3 股钢绞线} \end{cases} \quad (6.3.19)$$

若只使用预应力筋控制裂缝,则 $\xi_1 = \sqrt{\xi}$;ϕ_{wire} 为单股钢绞线直径;$\Delta \sigma_p$ 为预应力筋处混凝土应变从零开始的应力变化量。

欧洲桥规预应力筋与普通钢筋的黏结强度之比 ξ　　　　表6.3.6

预应力筋	ξ		
	先张法	有黏结、后张	
		≤C50/60	≥C55/67
光圆钢筋和钢丝	不适用	0.3	0.15
钢绞线	0.6	0.5	0.25
刻痕钢丝	0.7	0.6	0.3
带肋钢筋	0.8	0.7	0.35

对于荷载特征组合和预应力特征值下的预应力混凝土构件,混凝土应力小于 $\sigma_{ct,p}$,则不需要按最小普通钢筋面积配置钢筋。$\sigma_{ct,p}$ 的数值由执行欧洲桥规中的国家附录规定。欧洲桥规的建议值为 $f_{ct,eff}=\max\{2.9\text{MPa},f_{ctm}(t)\}$。

2)限制混凝土应力

为避免产生纵向裂缝、微裂缝,或比较高的徐变对结构的功能产生不可接受的影响,欧洲桥梁规范对混凝土压应力的限制如下:在荷载特征组合下,对暴露等级为 XD、XF 和 XS 的地区,不超过 $k_1 f_{ck}$,其中 f_{ck} 为混凝土抗压强度特征值,k_1 的值由执行欧洲桥规中的国家附录规定,欧洲桥规的建议值为 0.6。

综合来看,各桥规在混凝土裂缝控制方面差异较大。中国桥规从构件类型划分、裂缝宽度计算方法到裂缝宽度控制条件均比较严谨、细致。对裂缝宽度限值主要考虑环境类别和构件类型两大因素,其中预应力混凝土构件考虑了预筋的耐腐蚀能力,又细分了精轧螺纹钢筋的预应力混凝土构件和钢丝或钢绞线的预应力混凝土构件。美国桥规对混凝体结构的分类略显模糊,对裂缝宽度的计算与控制方法均比较粗糙。欧洲桥规的计算方法相对复杂,理论性强,实际应用不如中国桥规便捷。对裂缝宽度允许限值的规定考虑的是不同的暴露等级和荷载组合条件,因而显得更加翔实、具体。仅从表 6.3.3 和表 6.3.5 中数值上看,中国桥规的裂缝宽度限值小于或等于欧洲桥规的限值,相对严格。

6.4 挠度验算及预拱度设置

一、挠度计算方法

1. 中国桥规

根据 JTG 3362—2018 和 JTG D62—2004 的规定,钢筋混凝土和预应力混凝土受弯构件,在正常使用极限状态下的挠度,可根据给定的构件刚度用结构力学的方法计算。

JTG D60—2004 版规定受弯构件的刚度可按下式计算:

1)钢筋混凝土构件

$$B = \frac{B_0}{\left(\frac{M_{cr}}{M_s}\right)^2 + \left[1-\left(\frac{M_{cr}}{M_s}\right)^2\right]\frac{B_0}{B_{cr}}} \quad (6.4.1)$$

$$M_{cr} = \gamma f_{tk} W_0 \tag{6.4.2}$$

式中:B——开裂构件等效截面的抗弯刚度;

B_0——全截面的抗弯刚度,$B_0 = 0.95 E_c I_0$;

B_{cr}——开裂截面的抗弯刚度,$B_{cr} = E_c I_{cr}$;

M_{cr}——开裂弯矩;

γ——构件受拉区混凝土塑性影响系数,$\gamma = \dfrac{2S_0}{W_0}$;

I_0——全截面换算截面惯性矩;

I_{cr}——开裂截面换算截面惯性矩;

f_{tk}——混凝土轴心抗拉强度标准值。

JTG 3362—2018 对于刚度取值及挠度验算的相关规定与 JTG D62—2004 基本相同,其中预应力混凝土挠度验算公式完全相同,仅在钢筋混凝土受弯构件的刚度计算上存在差异。JTG 3362—2018 规定:

$M_s \geqslant M_{cr}$ 时,按照式(6.4.1)计算受弯构件的刚度;

$M_s < M_{cr}$ 时,取 $B = B_0$。

即规定在频遇组合弯矩 M_s 小于开裂弯矩 M_{cr} 时,不考虑构件的抗弯刚度折减。

2)预应力混凝土构件

(1)全预应力混凝土和 A 类预应力混凝土构件

$$B_0 = 0.95 E_c I_0 \tag{6.4.3}$$

(2)允许开裂的 B 类预应力混凝土构件

在开裂弯矩 M_{cr} 作用下:

$$B_0 = 0.95 E_c I_0 \tag{6.4.4}$$

在 $M_s - M_{cr}$ 作用下:

$$B_{cr} = E_c I_{cr} \tag{6.4.5}$$

开裂弯矩 M_{cr} 按下式计算:

$$M_{cr} = (\sigma_{pc} + \gamma f_{tk}) W_0 \tag{6.4.6}$$

$$\gamma = \dfrac{2S_0}{W_0} \tag{6.4.7}$$

式中:S_0——全截面换算截面重心以上(或以下)部分面积对重心轴的面积矩;

σ_{pc}——扣除全部预应力损失预应力筋和普通钢筋合力在构件抗裂边缘产生的混凝土预压应力;

W_0——换算截面抗裂边缘的弹性抵抗矩。

根据 JTG 3362—2018 第 6.5.3 条规定,受弯构件在使用阶段的挠度应考虑荷载长期效应的影响,即按荷载短期效应组合和上述刚度计算的挠度值,乘以挠度长期增长系数 η_θ,挠度长期增长系数可按表 6.4.1 规定取用。

JTG 3362—2018 混凝土挠度长期增长系数 表6.4.1

混凝土强度等级	挠度长期增长系数 η_θ
≤C40	1.60
C40＜选用等级≤C80	1.35～1.45，中间等级内插取用

2. 美国桥规

按照美国桥规2017年版第3.6.1.3.2项规定，结构挠度应取下述两种荷载模式计算得到的较大值：①设计车辆单独作用；②25%设计车辆和设计车道荷载共同作用。并且，汽车荷载应当计入冲击系数IM和多车道折减系数 m。

计算挠度时，截面惯性矩采用全截面惯性矩 I_g 或者有效截面惯性矩 I_e 进行计算，有效截面惯性矩按照下式计算：

$$I_e = \left(\frac{M_{cr}}{M_a}\right)^3 I_g + \left[1 - \left(\frac{M_{cr}}{M_a}\right)^3\right] I_{cr} \leq I_g \tag{6.4.8}$$

$$M_{cr} = f_r \frac{I_g}{y_t} \tag{6.4.9}$$

式中：M_{cr}——截面的开裂弯矩；

　　f_r——混凝土的剪切弹性模量，$f_r = 0.63\sqrt{f'_c}$；

　　y_t——中性轴到截面受拉边缘的距离；

　　M_a——计算构件变形时截面的最大弯矩。

对于等截面的简支梁或者连续梁，截面的有效抗弯惯性矩取跨中截面进行计算；对于变截面构件，截面的有效抗弯惯性矩取起控制作用的正弯矩截面和负弯矩截面的抗弯惯性矩的平均值。

构件的挠度应当考虑长期效应的影响，并按下面规定取值：当采用全截面惯性矩 I_g 计算结构的瞬时挠度时，挠度长期增长系数取4.0；当采用有效截面惯性矩计算结构的瞬时挠度时，挠度长期增长系数为 $3.0 - 1.2(A'_s/A_s) \geq 1.6$，其中 A'_s 为受压钢筋的面积；A_s 为受拉钢筋的面积。

对于预应力混凝土构件而言，不需要对其长期挠度进行限制。之所以进行挠度计算，主要是为了使用过程中不出现过大的变形或者上拱，以保证桥梁上行车的舒适性。见表6.4.2。

美国桥规中预制混凝土梁的长期挠度增长系数 表6.4.2

类　型	整体式桥面板	复合桥面板
施工阶段		
施加预应力前结构自重产生的挠度（下挠）	1.85	1.85
施加预应力后产生的上拱值（上拱）	1.80	1.80
最终状态		
施加预应力前结构自重产生的挠度（下挠）	2.70	2.40
施加预应力后产生的上拱值（上拱）	2.45	2.20
二期铺装和附属设施产生的挠度（下挠）	3.00	3.00
桥面板自重产生的挠度（下挠）	—	2.30

3. 欧洲桥规

(1) 在欧洲桥规(EN 1992-1-1:2004)中,荷载及所产生的徐变引起的曲率通过混凝土有效弹性模量考虑,即

$$E_{c,eff} = \frac{E_{cm}}{1 + \varphi(\infty, t_0)} \tag{6.4.10}$$

式中:$\varphi(\infty, t_0)$——徐变系数;

E_{cm}——混凝土平均弹性模量。

(2) 关于收缩对截面曲率及挠度的影响,欧洲规范给出了如下计算方法。

① 未开裂截面收缩产生的曲率可按下式计算:

$$\frac{1}{r_{cs,uncr}} = \varepsilon_{cs} \alpha_e \frac{S_{uncr}}{I_{uncr}} \tag{6.4.11}$$

式中:$\dfrac{1}{r_{cs,uncr}}$——未开裂截面的收缩曲率;

ε_{cs}——混凝土自由收缩应变;

S_{uncr}——钢筋面积对未开裂截面重心的面积矩;

I_{uncr}——未开裂截面惯性矩;

α_e——有效弹性模量比 $\alpha_e = \dfrac{E_s}{E_{c,eff}}$。

未开裂截面的总曲率:

$$\frac{1}{r_{uncr}} = \frac{1}{r_{M,uncr}} + \frac{1}{r_{cs,uncr}} \tag{6.4.12}$$

式中:$r_{M,uncr}$——为荷载及徐变引起的未开裂截面弯曲的曲率半径。

② 开裂截面收缩曲率可按下式计算:

$$\frac{1}{r_{cs,cr}} = \varepsilon_{cs} \alpha_e \frac{S_{cr}}{I_{cr}} \tag{6.4.13}$$

式中:$\dfrac{1}{r_{cs,cr}}$——开裂截面的收缩曲率;

S_{cr}——开裂截面面积矩;

I_{cr}——开裂截面惯性矩。

如果构件的截面混凝土已经开裂,荷载及徐变引起的曲率为:

$$\frac{1}{r_{M,cr}} = \frac{M}{E_{c,eff} I_{cr}} \tag{6.4.14}$$

开裂截面荷载、徐变及收缩引起的曲率为:

$$\frac{1}{r_{cr}} = \frac{1}{r_{M,cr}} + \frac{1}{r_{cs,cr}} \tag{6.4.15}$$

③ 考虑构件开裂和未开裂的等效曲率:

$$\frac{1}{r_e} = \zeta \frac{1}{r_{cr}} + (1 - \zeta) \frac{1}{r_{uncr}} \tag{6.4.16}$$

式中:ζ——考虑截面钢筋拉伸硬化的系数,按下式计算:

$$\zeta = 1 - \beta \left(\frac{\sigma_{sr}}{\sigma_s}\right)^2 \quad (6.4.17)$$

如果构件开裂,则 ζ 取 1;β 为考虑荷载持续时间或反复荷载对平均应变影响的系数,单个短期荷载 $\beta=1.0$,持续荷载或多次往复荷载 $\beta=0.5$;σ_s 为按开裂截面计算的钢筋拉应力;σ_{sr} 为初始荷载作用下计算的开裂截面钢筋拉应力。受弯时 $\frac{\sigma_{sr}}{\sigma_s}$ 可用 $\frac{M_{cr}}{M}$ 代替,纯拉时可用 $\frac{N_{cr}}{N}$ 代替,M_{cr} 为开裂弯矩,N_{cr} 为开裂轴力。

按欧洲桥规计算时,可基于有限元方法常将构件沿长度离散为多个区段,计算每个节点截面的曲率,根据构件的截面曲率—挠度关系,建立节点截面挠度的方程组,解方程组可得到节点的挠度。

按 JTG 3362—2018 计算挠度时,荷载采用正常使用极限状态的荷载频遇组合并考虑挠度长期增长的影响;美国桥规则取下述两种荷载模式计算得到的较大值:①设计车辆单独作用;②25% 设计车辆和车道荷载共同作用。并且,汽车荷载应计入冲击系数 IM 和多车道折减系数 m。欧洲桥规通常取标准组合及准永久组合控制设计。从表 6.4.1 和表 6.4.2 可以发现,混凝土挠度长期增长系数取值来看,美国桥规的取值明显大于中国桥规中的取值。欧洲桥规则以混凝土有效模量 $E_{c,eff}$ 来考虑混凝土收缩、徐变对结构长期变形的影响。

二、挠度控制

中国、美国、欧洲桥梁规范对挠度限值的规定汇总如表 6.4.3 所示。

中国、美国、欧洲规范对挠度限值　　　　表 6.4.3

规　范	挠度限值的规定
JTG 3362—2018	第 6.5.3 条规定: 在汽车荷载(不计冲击力)和人群荷载频遇组合下: 梁式桥主梁产生的最大挠度处不应超过计算跨径的 1/600; 在梁式桥主梁的悬臂端不应超过悬臂长度的 1/300
JTG D62—2004	第 6.5.5 条规定: 在消除结构自重产生的长期挠度: 梁式桥主梁的最大挠度处不应超过计算跨径的 1/600; 梁式桥主梁的悬臂端不应超过悬臂长度的 1/300
美国桥规 2017 年版	第 2.5.2.6.2 项规定,钢筋混凝土结构的位移应满足下述要求: (1)在汽车荷载作用下的最大挠度不超过计算跨径的 1/800; (2)在汽车荷载与人群荷载作用下的最大挠度不超过计算跨径的 1/1000; (3)悬臂端在汽车荷载作用下的位移不超过悬臂长度的 1/300; (4)悬臂端在汽车荷载与人群荷载作用下的位移不超过悬臂长度的 1/375
欧洲桥规	EN 1992-2:2005 规定,房屋结构建议挠度限值为 $l/500$,桥梁结构未给出明确规定

三、正常使用极限状态下挠度对比

本节对所选取的《通用图》的样本桥梁中的简支 T 梁与简支空心板梁,依据各桥梁规范进行了正常使用极限状态下相应荷载下的挠度计算。由于挠度受跨径影响较大,对于等跨变桥宽的情况,挠度变化较小,故在此仅考虑了 T 梁与空心板梁等宽变跨径的情况。计算结果见图 6.4.1。

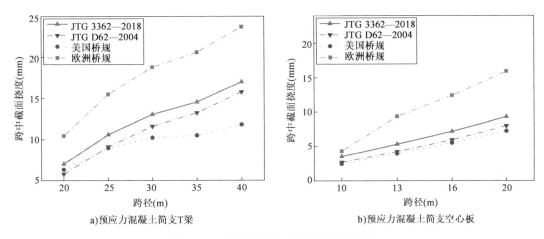

图 6.4.1 中国、美国、欧洲桥规挠度计算对比

由图 6.4.1 可知,挠度计算结果整体呈现出欧洲桥规 > JTG 3362—2018 > JTG D62—2004 > 美国桥规的对比结果。

四、预拱度的设置

为了保持桥梁结构在正常使用过程中桥面的平整性和舒适性,需要对桥梁结构设置预拱度。中国、美国桥规中关于预拱度的设置条件和预拱度取值规定见表 6.4.4。

中国、美国桥规预拱度设置方法对比　　　　　表 6.4.4

结构	规范		
	中国桥规		美国桥规
	预拱度设置条件	预拱度取值	预拱度取值
钢筋混凝土结构	荷载短期效应组合并考虑荷载长期效应影响产生的长期挠度超过计算跨径的1/1600	结构自重和1/2可变荷载频遇值计算的长期挠度值之和	构件自重及二期铺装产生的长期挠度值
预应力混凝土结构	预应力产生的长期反拱值小于按荷载短期效应组合计算的长期挠度时	荷载短期效应组合计算的长期挠度与预加应力长期反拱值之差	预应力和构件自重及二期铺装产生的长期挠度值

从表 6.4.4 可以看出,JTG 3362—2018 对于预拱度的设置有明确的要求,当结构的长期挠度值较小时可以不设预拱度。美国桥规中则一律依据结构的长期挠度设置相应的预拱度。中

国桥规中的预拱度是基于结构的自重、汽车荷载进行计算的,美国桥规预拱度设置中主要是考虑构件自重、二期荷载以及预应力的作用,与汽车荷载作用下的挠度无关。

可见两国桥规在预拱度设置条件及方法上相差较大,各有其合理性。欧洲桥规对于桥梁结构的预拱度未见有相关的要求。

第7章
桥梁下部结构对比与算例分析

7.1 盖梁计算方法的对比分析

盖梁是桥梁下部结构中的主要构件之一,起着承上传下的作用。JTG 3362—2018 和 JTG D62—2004 中规定,墩台盖梁与柱应按刚构计算。当盖梁与柱的线刚度 EI/l 之比大于5时,双柱式墩台盖梁可按简支梁计算,多柱式墩台盖梁可按连续梁计算。

当钢筋混凝土盖梁的跨高比 l/h 满足简支梁 $2.0 < l/h \leq 5.0$,连续梁或刚构 $2.5 < l/h \leq 5.0$ 时,应当按照中等深梁计算;当盖梁的跨高比 $l/h > 5.0$ 时,可按照一般受弯构件进行计算。在此,l 为盖梁的计算跨径,h 为盖梁的高度。

钢筋混凝土盖梁的悬臂部分承受边梁的竖向作用时,当其作用点至柱边缘的距离小于或等于盖梁截面高度时,可采用拉压杆模型计算。

美国桥规在进行盖梁计算时,应首先划分 B 区和 D 区,对 B 区按照一般受弯构件进行设计,对 D 区则采用拉压杆模型进行设计。在划分 B 区和 D 区时,根据圣维南原理近似认为在与平衡力作用范围等距离的区域内为应力扰动区域,即 D 区。

当盖梁的跨度小于3倍的高度时,欧洲桥规(Eurocode 2 EN 1992-1-1:2004)将其视为深梁构件进行分析和计算,对深梁主要采用压杆拉杆模型进行分析。当盖梁的跨度大于3倍的高度时,按照一般受弯构件进行设计计算。

可见上述三套桥梁设计规范在盖梁计算方法中,对于深梁和传统浅梁的划分条件及采用的计算方法均有不同,基于的计算理论也有所差异。

一、正截面抗弯承载力计算

JTG 3362—2018 第8.4.3条和JTG D62—2004 第8.2.4条给出钢筋混凝土盖梁(深梁)的计算方法是相同的。规定的深梁正截面抗弯承载力按下式计算:

$$\gamma_0 M_d \leq f_{sd} A_s z \tag{7.1.1}$$

$$z = \left(0.75 + 0.05 \frac{l}{h}\right)(h_0 - 0.5x) \tag{7.1.2}$$

式中：M_d——盖梁最大弯矩组合设计值；

f_{sd}——纵向普通钢筋抗拉强度设计值；

A_s——受拉区普通钢筋的截面面积；

z——内力臂；

h_0——截面有效高度；

x——截面受压区高度，按下式计算：

$$f_{sd}A_s + f_{pd}A_p = f_{cd}bx + f'_{sd}A'_s + (f'_{pd} - \sigma'_{p0})A'_p \tag{7.1.3}$$

式(7.1.1)和式(7.1.2)建立的理论基础是：盖梁作为深梁受弯时，平截面假设已不再成立，因而受弯截面的内力臂采用了基于试验结果的经验公式。式(7.1.3)中的各符号意义参见 JTG D62—2004 第5.2.2条。

当盖梁的跨高比 $l/h > 5.0$ 时，仍按照一般受弯构件进行计算。

二、斜截面抗剪承载力计算

1. 截面尺寸检验

JTG 3362—2018 版第8.4.4条规定：钢筋混凝土盖梁的抗剪截面应符合下列规定：

$$\gamma_0 V_d \leqslant 0.33 \times 10^{-4} \left(\frac{l}{h} + 10.3\right) \sqrt{f_{cu,k}} b h_0 \tag{7.1.4}$$

JTG D60—2004 第8.2.5条规定的钢筋混凝土盖梁的抗剪截面应满足的条件如下：

$$\gamma_0 V_d \leqslant \frac{\left(\frac{l}{h} + 10.3\right)}{30} \times 10^{-3} \sqrt{f_{cu,k}} b h_0 \tag{7.1.5}$$

式中：V_d——验算截面处的剪力组合设计值(kN)。

b——盖梁截面宽度(mm)；

h_0——盖梁截面有效高度(mm)；

$f_{cu,k}$——边长150mm的混凝土立方体抗压强度标准值(MPa)，即混凝土强度等级。

比较式(7.1.4)和式(7.1.5)可发现，虽然两者的形式略有不同，但公式的内涵和影响因素完全相同，并具有相同的计算结果。

2. 斜截面抗剪承载力计算

JTG 3362—2018 第8.4.5条规定钢筋混凝土盖梁的斜截面抗剪承载力按下式计算：

$$\gamma_0 V_d \leqslant 0.5 \times 10^{-4} \alpha_1 \left(14 - \frac{l}{h}\right) b h_0 \sqrt{(2 + 0.6P)\sqrt{f_{cu,k}}\rho_{sv}f_{sv}} \tag{7.1.6}$$

JTG D60—2004 第8.2.6条规定钢筋混凝土盖梁的斜截面抗剪承载力公式如下：

$$\gamma_0 V_d \leqslant \alpha_1 \frac{\left(14 - \frac{l}{h}\right)}{20} \times 10^{-3} b h_0 \sqrt{(2 + 0.6P)\sqrt{f_{cu,k}}\rho_{sv}f_{sv}} \tag{7.1.7}$$

式中：V_d——验算截面的剪力组合设计值(kN)；

α_1——连续梁异号弯矩影响系数，计算近边梁支点梁端的抗剪承载力时，$\alpha_1 = 1.0$；计算中间支点梁段即刚构各节点附近时，$\alpha_1 = 0.9$；P 为受拉区纵向受拉钢筋的配筋百分率，$P=100\rho=100A_s/bh_0$，当 $P>2.5$ 时，取 $P=2.5$；ρ_{sv} 为箍筋配筋率，$\rho_{sv}=A_{sv}/s_vb$，此处，ρ_{sv} 为同一截面内箍筋各肢的总截面面积，s_v 为箍筋间距；

f_{sv}——箍筋的抗拉强度设计值。

式(7.1.6)和式(7.1.7)的形式略有变化，但公式的内涵和影响因素也完全相同，也具有相同的计算结果。

三、盖梁位于柱外悬臂部分承载力计算

钢筋混凝土盖梁两端位于柱外的悬臂部分设有外边梁时，当外边梁作用点至柱边缘的距离 x（圆形截面柱可换算为边长等于 0.8 倍直径的方形截面柱）大于盖梁截面高度时，按普通梁计算其承载力；当边梁作用点至柱边缘的距离等于或小于盖梁截面高度时，可按拉压杆模型并按下列规定计算悬臂上缘拉杆的抗拉承载力，参见图 7.1.1。

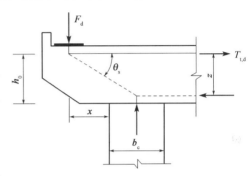

图 7.1.1　盖梁段悬臂部分拉压杆模型

1. JTG 3362—2018 的计算方法

JTG 3362—2018 第 8.4.6 条给出的悬臂上缘拉压杆的抗拉承载力按下列公式计算：

$$\gamma_0 T_{1,d} \leqslant f_{sd}A_s + f_{pd}A_P \tag{7.1.8}$$

$$T_{1,d} = \frac{x+\dfrac{b_c}{2}}{z}F_d \tag{7.1.9}$$

式中：$T_{1,d}$——盖梁悬臂上缘的内力设计值，按式(7.1.9)计算；

b_c——柱的支撑宽度，方形截面柱取截面边长，圆形截面柱取 0.8 倍直径；

f_{sd}、f_{pd}——普通钢筋和预应力钢筋的抗拉强度设计值；

A_s、A_p——拉杆中普通钢筋、预应力钢筋面积；

F_d——盖梁悬臂部分的竖向力设计值，按基本组合取用；

x——竖向力作用点距柱边缘的水平距离；

z——盖梁的内力臂，可取 $z=0.9h_0$；

h_0——盖梁的有效高度。

2. JTG D62—2004 的计算方法

当边梁作用点至柱边缘的距离等于或小于盖梁截面高度时，可参考承台短悬臂的撑杆—系杆体系计算悬臂部分正截面抗弯承载力。JTG D62—2004 第 8.5.3 条给出了相应的计算方法，可参考图 7.1.2。

1) 撑杆抗压承载力按下列公式计算

$$\gamma_0 D_d \leqslant tbf_{cd,s} \tag{7.1.10}$$

$$D_d = \frac{N_d}{\sin\theta} \tag{7.1.11}$$

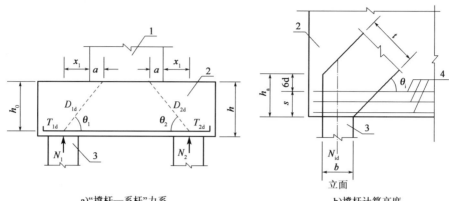

a)"撑杆—系杆"力系　　　　b)撑杆计算高度

图7.1.2　撑杆—系杆体系计算模型
1-墩台身;2-承台;3-桩;4-系杆钢筋

$$T_d = \frac{N_d}{\tan\theta} \tag{7.1.12}$$

$$\theta = \tan^{-1}\frac{h_0}{a+x} \tag{7.1.13}$$

$$f_{cd,s} = \frac{f_{cu,k}}{1.43 + 304\varepsilon_1} \leqslant 0.48 f_{cu,k} \tag{7.1.14}$$

$$\varepsilon_1 = \left(\frac{T_d}{A_s E_s} + 0.002\right)\cot^2\theta \tag{7.1.15}$$

$$h_a = S + 6d \tag{7.1.16}$$

式中：D_d——撑杆压力设计值；

T_d——系杆拉力设计值；

t——撑杆的计算高度；

b——撑杆的计算宽度，取盖梁截面宽度；

a——撑杆压力线在盖梁底面作用点至墩柱边缘的距离，取$a=0.15h_0$；

$f_{cd,s}$——撑杆混凝土的轴心抗压强度设计值；

S——底层系杆中心至盖梁顶面的距离；

d——系杆钢筋的直径，当采用不同直径的钢筋时，d取加权平均值。

2）系杆抗拉承载力按下式计算

$$\gamma_0 T_D \leqslant f_{sd} A_s \tag{7.1.17}$$

斜截面抗剪承载力仍可按钢筋混凝土受弯构件计算。

四、对比分析

在进行盖梁计算中，中国桥规依据墩台盖梁与柱的线刚度的大小，分别按照刚构、简支梁或连续梁进行计算。对于不同尺寸的盖梁形式，依据其跨高比，分为一般受弯构件和深受弯构件。对于深受弯构件，在进行正截面抗弯承载力计算中采用的内力臂应乘以一个基于试验结果的修正系数。JTG 3362—2018 与 JTG D62—2004 在深梁的正截面和斜截面极限承载力的计算方法本质上是一样的。但盖梁两端位于柱外的悬臂部分设有外边梁的情况下 JTG 3362—2018 采用了拉压杆理论,而 JTG D62—2004 则借用了桩基承台的撑杆—系杆体系进行计算,两者计算理论的实质相同,计算方法及表达式是不同的。

美国桥规中依据盖梁承受荷载的情况,划分为 B 区和 D 区。对于 B 区按照一般受弯构件进行计算,而对于 D 区则按照本书第 5.7 节中的拉—压杆模型进行计算,在此不再重复。

欧洲桥规首先根据高跨比的大小,判断盖梁为浅梁或深梁构件,对于浅梁可直接参照一般受弯构件的承载力计算方法,而深梁则需采用本书第 5.7 书中的拉—压杆模型进行分析计算,在此不再重复。与中国桥规不同的是区分浅梁和深梁的高跨比取值有所不同。此外,中国桥规对深梁的承载力计算公式是基于试验结果得到的经验公式。

7.2 盖梁计算实例及分析

本例计算中墩盖梁的上部结构是两跨装配式预应力混凝土简支 T 梁桥,选自《通用图》,其相应的编号为 3-2。桥梁的标准跨径为 30m,计算跨径为 28.9m,桥面宽度为 $2 \times 12m$,主梁间距为 2.4m,主梁跨中横断面见图 7.2.1。活载选择为中国桥规的公路—Ⅰ级汽车荷载、美国桥规的 HL-93 荷载,欧洲桥规中选用荷载模型 1(欧洲桥规规定,车道 1 的荷载取值可根据的欧洲各国的实际情况和公路荷载情况进行适当调整,本章凡涉及车道 1,均考虑 0.8 的调整系数)。

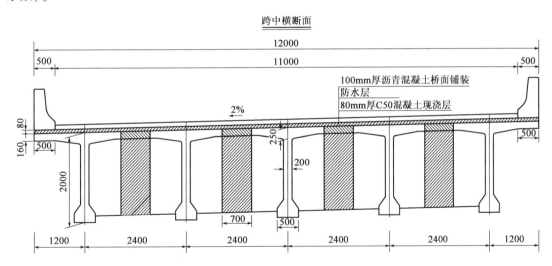

图 7.2.1 简支 T 梁桥上部结构构造图(尺寸单位:mm)

一、盖梁技术参数描述

下部结构采用双柱式双悬臂钢筋混凝土盖梁,相应的上部结构有五片主梁。盖梁结构尺寸如图7.2.2所示,盖梁钢筋布置如图7.2.3所示,桥梁墩柱采用圆形截面,墩柱直径 $d=$ 140mm,墩柱高7m(自盖梁底至承台顶)。当桥墩底部采用扩大基础时,桥墩计算中将底部的约束简化为固结。盖梁1-1断面和2-2断面钢筋布置如图7.2.4所示。对于中国、美国、欧洲桥规而言,盖梁所选用材料见表7.2.1。

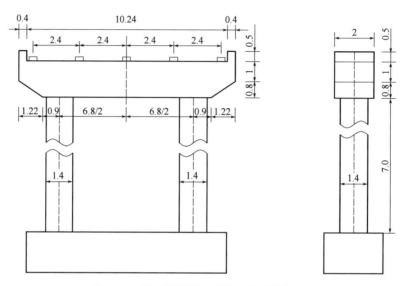

图7.2.2 桥墩盖梁结构尺寸图示(尺寸单位:m)

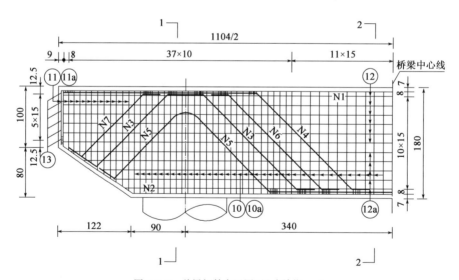

图7.2.3 盖梁钢筋布置图(尺寸单位:cm)

中国、美国、欧洲桥规计算的盖梁材料表　　表7.2.1

规范	材料		
	混凝土	主筋	箍筋
中国桥规	C35	HRB335	HRB335
美国桥规	Grade 4000	Grade 400	Grade 400
欧洲桥规	C30/37	Class A400	Class A400

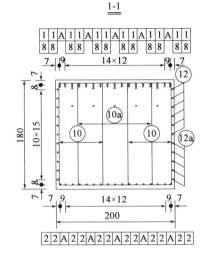
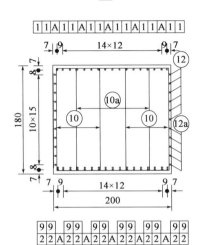

图 7.2.4 盖梁 1-1 断面和 2-2 断面钢筋布置(尺寸单位:cm)

依据中国桥规计算时,图中编号为 1、2、8 和 9 的钢筋均采用直径 28mm 的 HRB335 级钢筋,编号为 10 和 10a 的箍筋的直径均为 16mm。依据美国桥规和欧洲桥规计算时,将其按照等强度原则换算为各自相应的钢筋数量。

二、依据中国桥规验算

1. 盖梁荷载计算

1) 上部结构恒载计算

主梁的恒载包括一期恒载和二期恒载。一期恒载主要是主梁自重、横隔梁自重以及横向湿接缝自重;二期恒载主要包括 8cm 厚混凝土现浇层、10cm 的沥青混凝土铺装层、护栏等重量。混凝土的重度取 $25kN/m^3$,沥青混凝土铺装层的重度取 $24kN/m^3$。依据《通用图》中给出的上部结构尺寸计算得到恒载作用下的支座反力,见表 7.2.2。

中国桥规上部结构恒载支反力汇总　　　　表 7.2.2

荷 载	位 置				
	R_1	R_2	R_3	R_4	R_5
一期恒载	787.15	830.25	830.25	830.25	787.15
二期恒载	391.74	391.74	391.74	391.74	391.74
总的恒载	1178.99	1221.99	1221.99	1221.99	1178.99

注:R_i 表示上部结构恒载在各主梁相应的垫石顶产生的反力。

2) 盖梁自重及内力计算

盖梁计算所选控制截面 1-1 和 2-2,如图 7.2.5 所示。盖梁采用 C35 混凝土,混凝土重度取 $25kN/m^3$。依据给出的盖梁尺寸计算每一段的盖梁自重以及各控制截面的弯矩和剪力,计算结果见表 7.2.3。

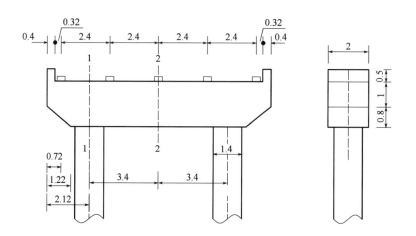

图 7.2.5　盖梁计算截面(尺寸单位:m)

盖梁自重产生的弯矩和剪力效应　　　　　　　　　表 7.2.3

截　面	截面左侧盖梁自重 (kN)	弯矩 (kN·m)	剪力(kN)	
			$V_{左}$	$V_{右}$
1-1	176.4	−179.65	−176.4	306
2-2	482.4	340.57	0	0

3) 活载计算

(1) 汽车荷载横向分布系数计算

当进行汽车荷载横向分布系数计算时,需要考虑对称布载和非对称布载两种情况。当荷载对称布置时采用杠杆法进行计算,非对称布置时采用偏心压力法进行计算。对于每种情况,都需要考虑单列车加载、双列车加载和三列车加载,见图 7.2.6。对于三列车加载的情况,需要考虑 0.78 的横向车道折减系数。经计算,6 种情况下的横向分布系数见表 7.2.4。

汽车荷载横向分布系数计算表　　　　　　　　　表 7.2.4

汽车荷载布置方式	横向分布系数				
	η_1	η_2	η_3	η_4	η_5
单列车,对称布置(图 7.2.6a)	0.000	0.188	0.625	0.188	0.000
双列车,对称布置(图 7.2.6b)	0.010	0.626	0.730	0.626	0.010
三列车,对称布置(图 7.2.6c)	0.260	0.634	0.552	0.634	0.260
单列车,非对称布置(图 7.2.6d)	0.542	0.371	0.200	0.029	−0.142
双列车,非对称布置(图 7.2.6d)	0.826	0.612	0.400	0.188	−0.024
三列车,非对称布置(图 7.2.6d)	0.662	0.566	0.468	0.370	0.274

注:表中横向分布系数计算时已经考虑了横向车道折减系数。

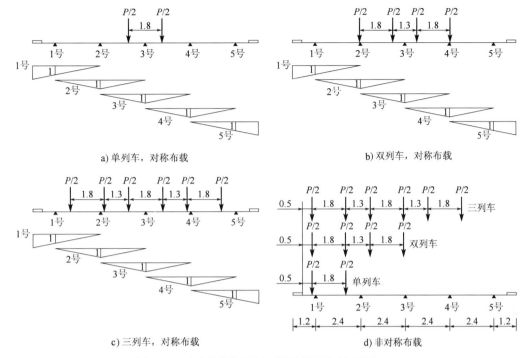

图7.2.6 汽车荷载横向分布系数计算图示(尺寸单位:m)

(2)按顺桥向汽车荷载移动情况,求得支座荷载反力的最大值

对于简支梁,应当考虑汽车荷载单孔加载和双孔加载两种情况(图7.2.7)。横桥向布置单列车计算得到的相应的支座荷载反力合力 B 的数值如下:

单孔布置单列车: $B = \dfrac{29.45 \times 10.5}{2} + 275.6 = 430.21(\mathrm{kN})$

双孔布置单列车: $B = \dfrac{29.45 \times 2 \times 10.5}{2} + 275.6 = 584.83(\mathrm{kN})$

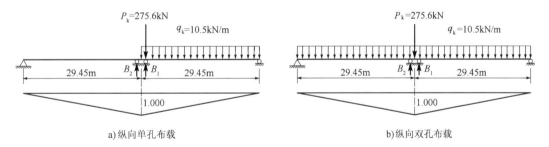

图7.2.7 车道荷载纵向布载图式

(3)汽车荷载横向分布后各梁支点反力计算

横桥向考虑单列车对称布置、双列车对称布置、三列车对称布置、单列车非对称布置、双列车非对称布置以及三列车非对称布置共计6种情况,计算得到的各主梁支反力的横向分布系数见表7.2.4,其中已经考虑了横向折减系数。纵桥向考虑汽车荷载单孔加载和双孔加载两种模式。综合汽车荷载的横桥向和纵桥向加载,计算得到汽车荷载作用下各梁的支反力见表7.2.5。

汽车荷载作用下各梁支点反力计算结果汇总（单位：kN）　　表 7.2.5

荷载布置		R_1	R_2	R_3	R_4	R_5
单列车对称布置	单孔	0	80.88	268.88	80.88	0
	双孔	0	109.95	365.52	109.95	0
双列车对称布置	单孔	4.30	269.31	314.05	269.31	4.30
	双孔	5.85	**366.10**	**426.93**	366.10	5.85
三列车对称布置	单孔	111.74	272.81	237.58	272.81	111.74
	双孔	151.90	370.86	322.97	370.86	151.90
单列车非对称布置	单孔	233.17	159.61	86.04	12.48	-61.09
	双孔	316.98	216.97	116.97	16.96	-83.05
双列车非对称布置	单孔	355.35	263.29	172.08	80.88	-10.33
	双孔	**483.07**	357.92	233.93	109.95	-14.04
三列车非对称布置	单孔	284.89	243.62	201.34	159.06	117.78
	双孔	387.29	331.18	273.70	216.22	160.11

注：汽车荷载未计入冲击系数。

计算中，汽车荷载考虑了单列车、双列车和三列车对称布载、非对称布载6种布载模式。

（4）永久荷载和可变荷载反力组合

对盖梁进行承载能力计算时，应采用荷载基本组合：$1.1 \times [1.2 S_G + 1.4(1+\mu) S_Q]$。经计算，本例中桥梁的冲击系数 $1+\mu = 1+0.261 = 1.261$。永久荷载与可变荷载组合后的各梁支反力见表7.2.6。

永久荷载和可变荷载基本组合下各梁支反力结果（单位：kN）　　表 7.2.6

编号	荷载情况	R_1	R_2	R_3	R_4	R_5
①	总的恒载	1178.99	1221.99	1221.99	1221.99	1178.99
②	双列对称	5.85	366.1	426.93	366.1	5.85
③	三列对称	151.9	370.86	322.97	370.86	151.9
④	双列非对称	483.07	357.92	233.93	109.95	-14.04
⑤	三列非对称	387.29	331.18	273.7	216.22	160.11
⑥	①+②	1425.12	2112.70	**2220.09**	2112.70	1425.12
⑦	①+③	1682.95	**2121.10**	2036.56	2121.10	1682.95
⑧	①+④	**2267.60**	2098.26	1879.37	1660.49	1390.00
⑨	①+⑤	2098.51	2051.05	1949.58	1848.10	1697.45

注：1. 表中汽车荷载考虑了冲击系数。
　　2. 表中组合考虑相应的组合系数，但未考虑1.1的重要性系数。

(5)墩柱顶面双柱反力计算

考虑上部结构的恒载和活载效应,以及盖梁的自重,计算两墩柱顶面的反力。表 7.2.6 中包含上部结构的恒载以及活载效应,在计算墩柱反力时,计入盖梁自重(表 7.2.3),考虑相应的组合系数。计算得到双柱的反力见表 7.2.7。

基本组合下墩柱顶双柱反力汇总(单位:kN)   表 7.2.7

反　　力	组合⑥	组合⑦	组合⑧	组合⑨
反力 G_1	5226.74	5401.22	**6000.73**	5755.96
反力 G_2	5226.74	5401.22	4452.75	5046.49

注:表中数值对应上部结构考虑相应的组合系数,但未计入重要性系数。

由表 7.2.7 可知,偏载下左边立柱的支反力最大,并由荷载组合⑧(双列非对称布置)控制设计。此时 $G_1=6000.73\text{kN}$,$G_2=4452.75\text{kN}$。

2. 盖梁各截面内力计算

考虑上部结构恒载、汽车荷载以及盖梁自重的作用效应,计算 1-1 截面和 2-2 截面的弯矩和剪力,计算结果见表 7.2.8。

盖梁各截面的弯矩和剪力基本组合效应设计值   表 7.2.8

荷载组合		截面位置		荷载组合		截面位置	
		1-1 截面	2-2 截面			1-1 截面	2-2 截面
组合⑥	$M_d(\text{kN}\cdot\text{m})$	-2431.82	**4730.41**	组合⑧	$M_d(\text{kN}\cdot\text{m})$	**-3729.24**	2925.99
	$V_{d,\min}(\text{kN})$	-1800.48	1221.05		$V_{d,\min}V_{d,\max}(\text{kN})$	-2727.21	1076.61
	$V_{d,\max}(\text{kN})$	3948.94	-1221.05		$V_{d,\max}(\text{kN})$	3788.61	-990.70
组合⑦	$M_d(\text{kN}\cdot\text{m})$	-2828.88	3999.39	组合⑨	$M_d(\text{kN}\cdot\text{m})$	-3468.84	3186.16
	$V_{d,\min}(\text{kN})$	-2084.10	1120.11		$V_{d,\min}(\text{kN})$	-2541.21	1091.81
	$V_{d,\max}(\text{kN})$	3857.24	-1120.11		$V_{d,\max}(\text{kN})$	3751.89	-1052.73

注:表中已经考虑了相应的组合系数和重要性系数。

从表中数据可知,跨中截面的最大弯矩为 $M_{d\max}=4730.4\text{kN}\cdot\text{m}$,支点截面的最小弯矩为 $M_{d\min}=-3729.24\text{kN}\cdot\text{m}$。

3. 盖梁正截面抗弯承载能力验算

盖梁采用 C35 混凝土,$f_{cd}=16.1\text{MPa}$;主筋采用 HRB335 级钢筋,抗拉设计强度 $f_{sd}=280\text{MPa}$,$\xi_b=0.56$,跨中截面底缘钢筋重心距截面底部距离为 120mm。

盖梁计算跨径取:$L=\min\begin{cases}l_c=6.8\text{m}\\1.15l_n=1.15\times(6.8-1.4\times0.8)=6.532\text{m}\end{cases}$

盖梁刚度 $\dfrac{bh^3}{12}E_c=\dfrac{2\times1.8^3}{12}E_c=0.9720E_c$,线刚度 $B_1=\dfrac{0.9720E_c}{L}=\dfrac{0.9720E_c}{6.532}=0.1488E_c$,柱的计算长度 $l=7.0\text{m}$,桥墩线刚度 $B_2=\dfrac{\pi d^4}{64l}E_c=\dfrac{\pi\times1.4^4}{64\times7}E_c=0.0269E_c$。

所以 $B_1/B_2=0.1488E_c/0.0269E_c=5.53>5$,故双柱式墩台盖梁应按简支梁计算。

对于本例中的钢筋混凝土盖梁,$2<l/h=6.532/1.8=3.63\leqslant 5.0$,应当按照深受弯构件进行计算。

1-1 截面底缘配置的纵向钢筋为 $29\phi 28\text{mm}$,总的面积为 $29\times 615.8=17858.2(\text{mm}^2)$。1-1 截面实际受压区高度:

$$x=\frac{f_{sd}A_s}{f_{cd}b}=\frac{280\times 17858.2}{16.1\times 2000}=155.3(\text{mm})<\xi_b h_0=0.56\times 1680=940.8(\text{mm})$$

1-1 截面抗弯承载力:

$$\begin{aligned}M_u&=f_{sd}A_s\left(0.75+0.05\frac{l}{h}\right)(h_0-0.5x)\\&=280\times 17858.2\times\left(0.75+0.05\times\frac{6.532}{1.8}\right)\times(1680-155.3/2)\times 10^{-6}\\&=7462.94(\text{kN}\cdot\text{m})>3948.94\text{kN}\cdot\text{m}\end{aligned}$$

2-2 截面底缘配置的纵向钢筋总数为 $29\phi 28\text{mm}$,总的面积为 $28\times 615.8=17858.2(\text{mm}^2)$。

2-2 截面实际受压区高度:

$$x=\frac{f_{sd}A_s}{f_{cd}b}=\frac{280\times 17858.2}{16.1\times 2000}=155.3(\text{mm})<\xi_b h_0=0.56\times 1680=940.8(\text{mm})$$

2-2 截面抗弯承载力:

$$\begin{aligned}M_u&=f_{sd}A_s\left(0.75+0.05\frac{l}{h}\right)(h_0-0.5x)\\&=280\times 17858.2\times\left(0.75+0.05\times\frac{6.532}{1.8}\right)\times(1680-155.3/2)\times 10^{-6}\\&=7462.94(\text{kN}\cdot\text{m})>4730.41\text{kN}\cdot\text{m}\end{aligned}$$

4. 盖梁斜截面抗剪承载能力验算

1)抗剪截面尺寸验算

JTG D62—2004 和 JTG 3362—2018 中规定钢筋混凝土盖梁的抗剪截面应符合下列要求:

$$\gamma_0 V_d\leqslant\frac{\frac{l}{h}+10.3}{30}\times 10^{-3}\sqrt{f_{cu,k}}bh_0\quad(\text{kN})$$

对于 1-1 截面尺寸验算如下:

$$\frac{6.532/1.8+10.3}{30}\times 10^{-3}\sqrt{35}\times 2000\times 1680=9229.30(\text{kN})\geqslant\gamma_0 V_d=4622.44\text{kN},满足要求。$$

箍筋选用 HRB335 级钢筋,直径为 16mm,箍筋布置如图 7.2.3、图 7.2.4 所示,1-1 截面附近箍筋间距取 100mm。

2)斜截面抗剪承载能力计算

JTG D62—2004 和 JTG 3362—2018 中规定钢筋混凝土盖梁的斜截面抗剪承载力按照下式计算:

$$\gamma_0 V_d\leqslant a_1\left(\frac{14-\frac{l}{h}}{20}\right)\cdot 10^{-3}bh_0\sqrt{(2+0.6P)\sqrt{f_{cu,k}}\rho_{sv}f_{sv}}\quad(\text{kN})$$

$$P = 100\rho = \frac{100 A_s}{b h_0} = \frac{100 \times 17858.2}{2000 \times 1680} = 0.531$$

$$\rho_{sv} = \frac{A_{sv}}{s_v b} = \frac{201.1 \times 6}{100 \times 2000} = 0.603\% > 0.12\%$$

$$1.0 \times \left(\frac{14 - \frac{6.532}{1.8}}{20}\right) \times 10^{-3} \times 2000 \times 1680 \times \sqrt{(2 + 0.6 \times 0.531)} \times \sqrt{35} \times 0.00603 \times 280$$

$$= 8384.98(\text{kN}) > \gamma_0 V_d = 3729.24 \text{kN}$$

经计算可知,盖梁斜截面抗剪承载能力满足中国桥规的要求。

三、依据美国桥规验算

1. 盖梁荷载计算

1）上部结构恒载计算

主梁的恒载包括一期恒载和二期恒载。一期恒载主要是主梁自重、横隔梁自重以及横向湿接缝自重;二期恒载主要包括8cm厚混凝土现浇层、10cm的沥青混凝土铺装层、护栏等重量。混凝土的重度取 23.56kN/m³,沥青混凝土铺装层的重度取 22.50kN/m³,依据《通用图》中给出的上部结构尺寸计算得到恒载作用下的支座反力,见表7.2.9。

美国桥规上部结构恒载支反力汇总(单位:kN)　　　　表7.2.9

荷 载	位 置				
	R_1	R_2	R_3	R_4	R_5
一期恒载	877.62	918.14	918.14	918.14	877.62
二期恒载	243.60	243.60	243.60	243.60	243.60

注:R_1 表示上部结构恒载在各主梁相应的垫石顶产生的反力。

2）盖梁自重计算

一端挡块自重:$0.4 \times 0.5 \times 2 \times 23.56 = 9.424(\text{kN})$

盖梁自重:$\left(11.04 \times 1.0 \frac{11.04 + 8.6}{2} \times 0.8\right) \times 2 \times 23.56 + 2 \times 9.424 = 909.23(\text{kN})$

3）活载计算

(1) 汽车荷载横向分布系数计算

当进行汽车荷载横向分布系数计算时,需要考虑对称布载和非对称布载两种情况,当荷载对称布置时采用杠杆法进行计算,非对称布置时采用偏心压力法进行计算。对于每种情况,都需要考虑单列车加载、双列车加载和三列车加载,见图7.2.8。对于单列车加载的情况,考虑1.2的系数;对于三列车加载的情况,需要考虑0.85的横向折减系数。经计算,六种情况下的横向分布系数见表7.2.10。

(2) 按顺桥向汽车荷载移动情况,求得汽车荷载引起的支座反力的最大值

对于简支盖梁,应当考虑汽车荷载单孔加载和双孔加载两种情况(图7.2.9)。横桥向布置单列车计算得到的相应的支座荷载反力如表7.2.11所示。

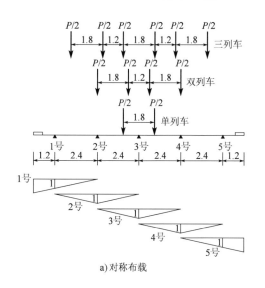
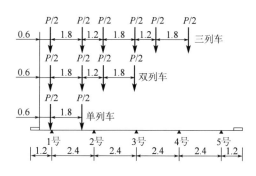

a) 对称布载　　　　　　　　　　　　　　b) 非对称布载

图 7.2.8　汽车荷载横向分布系数计算图示(尺寸单位:m)

汽车荷载横向分布系数计算表　　　　　　　　表 7.2.10

汽车荷载布置方式	横向分布系数				
	η_1	η_2	η_3	η_4	η_5
单列车,对称布置(图7.2.8a)	0.000	0.225	0.750	0.225	0.000
双列车,对称布置(图7.2.8a)	0.000	0.625	0.750	0.625	0.000
三列车,对称布置(图7.2.8a)	0.266	0.691	0.638	0.691	0.266
单列车,非对称布置(图7.2.8a)	0.640	0.440	0.240	0.040	−0.160
双列车,非对称布置(图7.2.8a)	0.816	0.608	0.400	0.192	−0.016
三列车,非对称布置(图7.2.8a)	0.722	0.617	0.510	0.403	0.298

注:表中横向分布系数计算时已经考虑了横向折减系数。

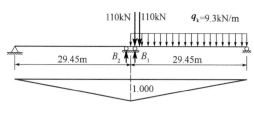
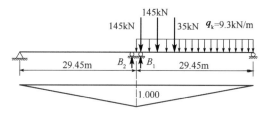

a) 纵向单孔布载设计双轴　　　　　　　　b) 纵向单孔布载设计车辆

图　7.2.9

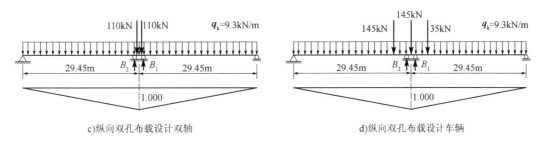

c) 纵向双孔布载设计双轴   d) 纵向双孔布载设计车辆

图7.2.9　车道荷载纵向布载图示

顺桥向最不利布载的支反力最大值(单位:kN)　　　　　表7.2.11

布载方式	设计车辆	设计双轴	布载方式	设计车辆	设计双轴
单孔单列	527.34	423.54	双孔单列	671.18	560.63

（3）汽车荷载横向分布后各梁支点反力计算

横桥向考虑单列车对称布置、双列车对称布置、三列车对称布置、单列车非对称布置、双列车非对称布置以及三列车非对称布置共计6种情况，计算得到的各主梁支反力的横向分布系数见表7.2.10，其中已经考虑了横向折减系数。纵桥向考虑汽车荷载单孔加载和双孔加载两种模式。综合汽车荷载的横桥向和纵桥向加载，计算得到汽车荷载作用下各梁的支反力见表7.2.12。

汽车荷载作用下各梁支点反力计算结果汇总(单位:kN)　　　　　表7.2.12

荷载布置		R_1	R_2	R_3	R_4	R_5
单列车对称布置	单孔	0	118.65	395.51	118.65	0
	双孔	0	151.02	**503.39**	151.02	0
双列车对称布置	单孔	0	329.59	395.51	329.59	0
	双孔	0	419.49	503.39	419.49	0
三列车对称布置	单孔	140.27	364.39	336.44	364.39	140.27
	双孔	178.53	**463.79**	428.21	463.79	178.53
单列车非对称布置	单孔	337.50	232.03	126.56	21.09	−84.37
	双孔	429.56	295.32	161.08	26.85	−107.39
双列车非对称布置	单孔	430.31	320.62	210.94	101.25	−8.44
	双孔	**547.68**	408.08	268.47	128.87	−10.74
三列车非对称布置	单孔	380.74	325.37	268.94	212.52	157.15
	双孔	484.59	414.12	342.30	270.49	200.01

计算中，汽车荷载考虑了单列车、双列车、三列车的对称、非对称布载等6种模式。

（4）各梁永久荷载和可变荷载反力组合

计算汽车荷载时，已经计入冲击系数的影响。对盖梁进行承载能力计算时，应采用荷载基本组合：$1.05 \times (1.25 S_{G1} + 1.50 S_{G2} + 1.75 (1+IM) S_Q)$。各梁永久荷载与可变荷载组合后的各梁支反力见表7.2.13。

各梁永久荷载和可变荷载基本组合下各梁支反力计算值（单位：kN）　　表7.2.13

编号	荷载情况	R_1	R_2	R_3	R_4	R_5
①	一期恒载	877.62	918.14	918.14	918.14	877.62
②	二期恒载	243.60	243.60	243.60	243.60	243.60
③	双列对称	0	419.49	503.39	419.49	0
④	三列对称	178.53	463.79	428.21	463.79	178.53
⑤	双列非对称	547.68	408.08	268.47	128.87	-10.74
⑥	三列非对称	484.59	414.12	342.30	270.49	200.01
⑦	①+②+③	1535.55	2359.54	**2513.71**	2359.54	1535.55
⑧	①+②+④	1863.60	**2440.94**	2375.56	2440.94	1863.60
⑨	①+②+⑤	**2541.91**	2338.58	2082.04	1825.53	1515.81
⑩	①+②+⑥	2425.98	2349.67	2217.71	2085.75	1903.06

注：组合中已经考虑了相应的组合系数。

2. 盖梁 B 区和 D 区划分

美国桥规近似认为与平衡力作用范围等距离的区域内，为应力受扰动区（D区）。依据 B 区和 D 区的划分原则、盖梁尺寸及所受荷载，该盖梁的区域划分结果均为 D 区，参见图7.2.10。

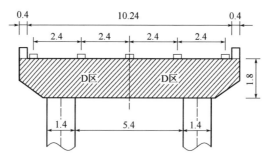

图 7.2.10　按美国桥规盖梁的区域划分结果（尺寸单位：m）

从图7.2.10可以看出，本例中盖梁全部区域均属于 D 区。因而，对盖梁应采用拉压杆模型进行计算。

3. 建立拉压杆模型并计算内力

将盖梁的自重转换为集中荷载等分别施加在5个支座的位置处，相应的集中荷载为 $1.05 \times 1.25 \times 909.23/5 = 238.67 \mathrm{(kN)}$。汽车荷载考虑三列车对称加载的情况，于是盖梁所受荷载如图7.2.11所示。

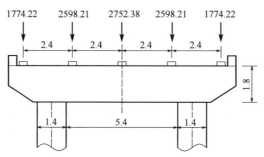

图 7.2.11　盖梁荷载图示（长度单位：m，力的单位：kN）

依据盖梁所承受的荷载,建立拉压杆模型如图7.2.12所示(这里考虑组合①+②+③)。

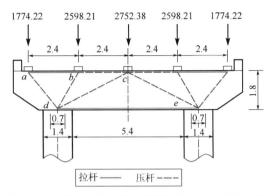

图7.2.12 拉压杆模型构型(长度单位:m,力的单位:kN)

依据结构力学的方法,计算得到各杆件的内力汇总见表7.2.14。

拉压杆模型杆件内力汇总表(单位:kN)　　　　表7.2.14

杆件编号	内力大小	杆件编号	内力大小
ab	1612.93	bd	-3097.93
ad	-2397.79	cd	-3335.48
bc	-74.22	de	3112.56

注:表中负值表示压力,正值表示拉力。

4. 拉压杆模型截面宽度计算

下缘受拉钢筋的拉应变:$\varepsilon_s = \dfrac{P_{hi}}{A_s E_s} = \dfrac{3112.56 \times 10^3}{14163.4 \times 2.0 \times 10^5} = 1.099 \times 10^{-3}$,拉杆和相邻的压杆的最小角度 $\alpha_s = 24.37°$,从而压杆中的主拉应变为:

$$\varepsilon_1 = \varepsilon_s + (\varepsilon_s + 0.002)\cot^2\alpha_s = 1.099 \times 10^{-3} + (1.099 \times 10^{-3} + 0.002)\cot^2 24.37° = 0.0162$$

压杆中的压应力应满足:

$$f_{cu} = \dfrac{f'_c}{0.8 + 170\varepsilon_1} = \dfrac{27.6}{0.8 + 170 \times 0.0162} = 7.77 \text{MPa} \leqslant 0.85 \times 27.6 = 23.46(\text{MPa})$$

对于压杆而言,综合抗力系数 ϕ 应取0.70,从而压杆 ad、bd 和 cd 的宽度为:

$$w_{ad} = \dfrac{2397.79 \times 10^3}{0.7 \times 7.77 \times 2000} = 220.55(\text{mm}) \quad w_{bd} = \dfrac{3097.93 \times 10^3}{0.7 \times 7.77 \times 2000} = 284.94(\text{mm})$$

$$w_{cd} = \dfrac{3335.48 \times 10^3}{0.7 \times 7.77 \times 2000} = 306.79(\text{mm})$$

同理可以计算压杆 bc 的宽度:$w_{bc} = \dfrac{74.22 \times 10^3}{0.7 \times 21.94 \times 2000} = 2.42(\text{mm})$

5. 节点区域验算

对于有一根拉杆的节点区域,压杆的应力不应超过 $0.75\phi f'_c$,对于压杆 ϕ 取0.70,即压杆中的应力值不应小于 $0.75 \times 0.7 \times 24.1 = 12.65(\text{MPa})$。

对于压杆 ad,考虑普通钢筋和约束情况,节点区域截面的有效宽度为:

$l_b\sin\alpha + h_a\cos\alpha = 400\sin 47.73° + 240\cos 47.73° = 457.42(\text{mm}) > w_{ad} = 220.55\text{mm}$

相应的应力:$\dfrac{2397.79\times 10^3}{457.42\times 2000} = 2.62(\text{MPa}) < 12.65\text{MPa}$

对于压杆 bd,考虑普通钢筋和约束情况,节点区域截面的有效宽度为:

$l_b\sin\alpha + h_a\cos\alpha = 400\sin 57.00° + 240\cos 57.00° = 466.18(\text{mm}) > 284.94\text{mm}$

相应的应力:$\dfrac{3097.93\times 10^3}{466.18\times 2000} = 3.32(\text{MPa}) < 12.65\text{MPa}$

对于压杆 cd,考虑普通钢筋和约束情况,节点区域截面的有效宽度为:

$l_b\sin\alpha + h_a\cos\alpha = 400\sin 24.37° + 240\cos 24.37° = 388.67(\text{mm}) > 306.79\text{mm}$

相应的应力:$\dfrac{3335.48\times 10^3}{388.67\times 2000} = 4.29(\text{MPa}) < 12.65\text{MPa}$

对于另外三个组合,同样采用上述方法进行计算。综合上述计算结果,盖梁满足美国桥规的要求。

四、依据欧洲桥规验算

1. 盖梁荷载计算

1)上部结构恒载计算

主梁的恒载包括一期恒载和二期恒载。一期恒载主要是主梁自重、横隔梁自重以及横向湿接缝自重;二期恒载主要包括 8 cm 厚混凝土现浇层、10 cm 的沥青混凝土铺装层、护栏等重量。混凝土的重度取 25 kN/m³,沥青混凝土铺装层的重度取 24 kN/m³,依据通用图中给出的上部结构尺寸计算得到恒载作用下的支座反力,见表 7.2.15。

欧洲桥规上部结构恒载支反力汇总(单位:kN)　　表 7.2.15

荷　载	位　置				
	R_1	R_2	R_3	R_4	R_5
一期恒载	787.25	830.25	830.25	830.25	787.25
二期恒载	391.74	391.74	391.74	391.74	391.74
总的恒载	1178.99	1221.99	1221.99	1221.99	1178.99

注:R_i 表示上部结构恒载在各主梁相应的垫石顶产生的反力。

2)盖梁自重及内力计算

盖梁计算所选控制截面 1-1 和 2-2 如图 7.2.13 所示。盖梁采用 C35 混凝土,混凝土重度取 25 kN/m³。依据给出的盖梁尺寸计算每一段的盖梁自重以及各控制截面的弯矩和剪力,计算结果见表 7.2.16。

盖梁自重产生的弯矩和剪力效应计算结果　　表 7.2.16

截　面	截面左侧盖梁自重 (kN)	弯矩 (kN·m)	剪力(kN)	
			$V_左$	$V_右$
1-1	176.4	−179.65	−176.4	306
2-2	482.4	340.57	0	0

第7章 桥梁下部结构对比与算例分析

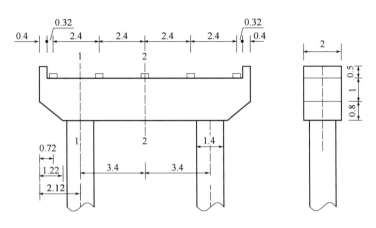

图 7.2.13 盖梁计算截面(尺寸单位:m)

3)汽车荷载横向分布系数计算

当进行汽车荷载横向分布系数(图 7.2.14)计算时,需要考虑对称布载和非对称布载两种情况,采用偏心压力法进行计算。

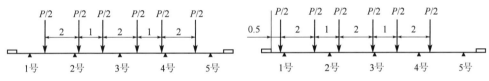

图 7.2.14 汽车荷载横向分布系数计算图示(尺寸单位:m)

按横向最不利加载,计算得出的边跨和中跨主梁横向分布系数见表 7.2.17。

边跨主梁横向分布系数计算结果 表 7.2.17

加载情况	1号		2号		3号		4号		5号	
	均布	双轴	均布	双轴	均布	双轴	均布	双轴	均布	双轴
偏载	0.599	0.492	0.482	0.381	0.362	0.271	0.240	0.161	0.116	0.050
对称加载	0.430	0.266	0.400	0.273	0.365	0.276	0.324	0.273	0.279	0.266

4)按顺桥向汽车荷载移动情况,求得支座荷载反力的最大值

根据连续梁支座反力影响线,对汽车荷载进行纵向最不利加载,并考虑上述计算的横向分布系数,可得到偏载和对称加载两种工况下汽车活载引起的各支座最大反力。

5)墩柱顶面反力计算

考虑上部结构的恒载和活载效应及盖梁的自重,计算两墩柱的反力。表 7.2.18 中包含上部结构的恒载以及活载效应,在计算墩柱反力时,计入盖梁自重(表 7.2.16)。计算得到墩柱顶面的反力见表 7.2.19。

$$G_1 = \frac{1}{6.8}(8.2R_1 + 5.8R_2 + 3.4R_3 + R_4 - 1.4R_5)$$

$$G_2 = R_1 + R_2 + R_3 + R_4 + R_5 - G_1$$

对盖梁进行承载能力计算时,应采用荷载基本组合:$1.1 \times (1.35S_G + 1.35S_Q)$。永久荷载

与可变荷载组合后的各梁支反力见表7.2.19。

汽车荷载作用下各梁支点反力计算结果汇总(单位:kN)　　　　表7.2.18

荷载布置		R_1	R_2	R_3	R_4	R_5
单孔	偏载	556.63	443.00	326.58	208.55	89.73
	对称加载	365.28	350.15	330.40	304.63	274.84
双孔	偏载	771.49	611.86	450.44	287.44	122.24
	对称加载	501.51	481.86	455.83	421.43	381.45

永久荷载和可变荷载产生的柱顶反力(单位:kN)　　　　表7.2.19

编号	荷载情况	R_1	R_2	R_3	R_4	R_5	G_1	G_2
①	上部恒载	1178.99	1221.99	1221.99	1221.99	1178.99	3011.98	3011.98
②	偏载(单孔)	556.63	443.00	326.58	208.55	89.73	1224.57	399.92
③	对称加载(单孔)	365.28	350.15	330.40	304.63	274.84	892.56	732.74
④	偏载(双孔)	771.49	611.86	450.44	287.44	122.24	1694.53	548.94
⑤	对称加载(双孔)	501.51	481.86	455.83	421.43	381.45	1227.12	1014.96
⑥	盖梁自重	—	—	—	—	—	482.4	482.4
⑦	①+②+⑥	2577.40	2472.51	2299.63	2124.35	1884.05	7007.64	5783.04
⑧	①+③+⑥	2293.24	2334.63	2305.30	2267.03	2158.94	6514.61	6277.27
⑨	①+④+⑥	2896.46	2723.27	2483.56	2241.50	1932.33	**7705.53**	**6004.33**
⑩	①+⑤+⑥	2495.54	2530.22	2491.56	2440.48	2317.25	7011.43	6696.37

由表7.2.19可知,偏载左边立柱的支反力最大,并由荷载组合⑨(双孔偏载布置)控制设计。此时$G_1=7705.53$kN,$G_2=6004.33$kN。

2.盖梁各截面内力计算

考虑上部结构恒载、汽车荷载以及盖梁自重的作用效应,计算1-1和2-2截面的弯矩和剪力,计算结果见表7.2.20。

盖梁各截面的弯矩和剪力基本组合效应设计值　　　　表7.2.20

荷载组合		截面位置		荷载组合		截面位置	
		1-1截面	2-2截面			1-1截面	2-2截面
组合⑦	M_{Ed}(kN·m)	−3875.14	3590.55	组合⑨	M_{Ed}(kN·m)	**−4321.84**	3830.05
	$V_{Ed,min}$(kN)	−2839.35	1241.37		$V_{Ed,min}$(kN)	−3158.42	1369.44
	$V_{Ed,max}$(kN)	4168.29	−1058.26		$V_{Ed,max}$(kN)	4547.11	−1114.12
组合⑧	M_{Ed}(kN·m)	−3477.32	3609.10	组合⑩	M_{Ed}(kN·m)	−3760.54	**3857.81**
	$V_{Ed,min}$(kN)	−2555.19	1170.37		$V_{Ed,min}$(kN)	−2757.50	1269.30
	$V_{Ed,max}$(kN)	3959.41	−1134.93		$V_{Ed,max}$(kN)	4253.93	−1222.26

计算结果表明,2-2截面(跨中截面)的最大弯矩为3857.81kN·m,1-1截面(支点截面)的最小弯矩为−4321.84kN·m。

3. 盖梁正截面抗弯承载能力验算

盖梁采用 C30/37 混凝土，$f_{ck}=37\mathrm{MPa}$；主筋采用 Class A400 级钢筋，抗拉设计强度 $f_{yk}=400\mathrm{MPa}$，$\lambda=0.8$，$\eta=1.0$。假定盖梁的保护层厚度为 120mm（钢筋中心至混凝土边缘）。

由前述计算可知，跨中截面的最大弯矩为 $M_{max}=3857.81\mathrm{kN\cdot m}$，1-1 截面（支点截面）的最小弯矩为 $M_{min}=-4321.84\mathrm{kN\cdot m}$。

依据等强度原则将计算截面上的钢筋面积及根数，跨中截面和支点截面配筋均为 24 根直径为 28mm 的 ClassA 400 级钢筋。

对于跨中和支点截面：$h=1800\mathrm{m}$，$b=2000\mathrm{mm}$，$d=h-a_s=1800-120=1680(\mathrm{mm})$

$$f_{cd}=\frac{\alpha_{cc}f_{ck}}{\gamma_c}=\frac{1.00\times 30}{1.5}=20(\mathrm{MPa}),\ f_{yd}=\frac{f_{yk}}{\gamma_s}=\frac{400}{1.15}=347.8(\mathrm{MPa})$$

由正截面强度计算公式

$$\eta f_{cd}(\lambda x)b=f_{yd}A_s$$

$$M_{Rd}=\eta f_{cd}(\lambda x)b\left(d-\frac{\lambda x}{2}\right)$$

$$\begin{cases}347.8\times 24\times 615.8=20\times 2000\times 0.8x\\ M_{Rd}=20\times 2000\times 0.8x\left(1680-\frac{0.8x}{2}\right)\end{cases}$$

解得 $x=161\mathrm{mm}$，$M_{Rd}=9305.27\mathrm{kN\cdot m}$。跨中和支点截面均满足要求。

4. 斜截面抗剪承载能力验算

依据等强度原则将截面钢筋进行换算，配置 5 根直径为 16mm 的 ClassA 400 级钢筋，箍筋间距为 100mm。

取 $z=0.9d=0.9\times 1680=1512(\mathrm{mm})$，$\sigma_{cw}=1.0$

$$v_1=v=0.6\left(1-\frac{f_{ck}}{250}\right)=0.6\times\left(1-\frac{30}{250}\right)=0.528$$

取 $\cot\theta=2.5$，则 $\tan\theta=\frac{1}{2.5}$，最大受剪承载力为：

$$V_{Rd,max}=\frac{\alpha_{cw}v_1f_{cd}bz}{\tan\theta+\cot\theta}=\frac{1.0\times 0.528\times 20\times 2000\times 1512}{\frac{1}{2.5}+2.5}=11011.53(\mathrm{kN})>4547.11\mathrm{kN}=V_{Ed}$$

$$\frac{A_{sw}}{s}=\frac{V_{Ed}}{zf_{ywd}\cot\theta}=\frac{4547.11\times 10^3}{1512\times 347.8\times 2.5}=3.46(\mathrm{mm})$$

配置 $5\phi 16\mathrm{mm}$ 时，$A_{sw}=201.1\mathrm{mm}^2$，$s=100\mathrm{mm}$，则：

$$\frac{A_{sw}}{s}=\frac{5\times 201.1}{100}=10.05(\mathrm{mm}^2/\mathrm{mm})>3.46\mathrm{mm}^2/\mathrm{mm}$$

满足欧洲桥规的要求。

五、盖梁计算结果对比分析

从上面的计算可知，对于中国、美国、欧洲桥规，盖梁的抗弯承载力和抗剪承载力均满足规范要求。由于美国桥规中采用拉压杆模型计算,其计算方法与中、欧桥规的计算方法之间有很大的差异性,且计算结果不具有可比性。这里主要对中国、欧洲桥规的计算结果进行比较,见表7.2.21。

中欧桥规盖梁内力组合效应与抗力汇总表　　　　表7.2.21

项　目	规　范					
	中国桥规			欧洲桥规		
	内力	抗力	抗力/内力	内力	抗力	抗力/内力
$V_{2\text{-}2}$(kN·m)	4730.41	7462.94	1.578	3857.81	8305.27	2.153
$V_{1\text{-}1}$(kN·m)	−3729.24	7462.94	2.001	−4321.84	8305.27	1.922
$V_{1\text{-}1左}$(kN)	−2727.21	8384.98	3.075	−3158.42	11011.53	3.486
$V_{1\text{-}1右}$(kN)	3948.94	8384.98	2.123	4547.11	11011.53	2.422

从表中可以看出,对于跨中截面弯矩而言,有中国桥规>欧洲桥规;对于支点截面弯矩有欧洲桥规>中国桥规。原因在于:按欧洲汽车荷载模式加载得到的1号梁处支反力明显大于中国桥规的计算结果,所产生的支点负弯矩更大,同时支点对跨中正弯矩的卸载作用也更明显。

本算例对支点截面上缘和跨中截面下缘的配筋相同,故计算得到的截面抗弯承载力也相同。对于截面抗弯承载能力有欧洲桥规>中国桥规。对于截面的抗力和内力之比:跨中截面欧规较大,而支点截面则是中国桥规>欧洲桥规,主要在于两者计算的内力之间的差异。对于支点截面的剪力效应、抗剪承载能力以及抗力和内力之比,均有欧洲桥规>中国桥规。

7.3 桥墩计算实例及分析

本例所计算的双柱式桥梁墩柱对应于第7.2节中的中墩盖梁。其上部结构是标准跨径为30m的装配式预应力混凝土简支T梁,相应的主梁跨中横断面见图7.2.1,墩柱高度为7.0m。桥墩尺寸与第7.2节所计算的盖梁相匹配,盖梁和桥墩的尺寸见图7.2.2。本节采用的荷载标准同7.2,截面承载力计算方法参见本书第5.4节。

一、根据中国桥规验算

桥梁墩柱的平面尺寸见图7.3.1,墩柱直径为140cm,用C35混凝土,主筋采用36根25mm的HRB335级钢筋,箍筋采用16mm的HRB335级钢筋。

1. 竖向荷载计算

1)恒载计算

由本书第7.2节盖梁计算结果可得:上部结构传递至墩柱顶面的反力为6023.95 kN;盖梁自重(一侧):482.4kN;墩柱自重:$3.1416\times0.7^2\times7\times25=269.39$(kN)。作用于墩柱底面的恒载垂直力为：$N_{恒} = \dfrac{6023.95}{2} + 482.4 + 269.39 = 3763.77(\text{kN})$。

2）汽车荷载计算

荷载纵向布置情况见图7.2.7，由盖梁计算可知：

单孔布置单列车时支反力为：$B_1 = 0$，$B_2 = 450.21\text{kN}$，$B_1 + B_2 = 450.21\text{kN}$。

双孔布置单列车时支反力为：$B_1 = 154.62\text{kN}$，$B_2 = 450.21\text{kN}$，$B_1 + B_2 = 604.83\text{kN}$。

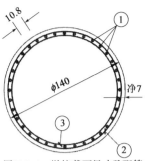

图7.3.1 墩柱截面尺寸及配筋（尺寸单位：cm）

3）双柱反力横向分布计算

汽车荷载位置见图7.3.2。

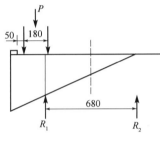
a）单列车布载

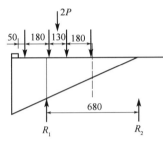
b）双列车布载

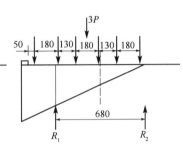
c）三列车布载

图7.3.2 双柱反力横向分布系数计算图式（尺寸单位：cm）

单列车布载时：$\eta_1 = \dfrac{1}{2} \times \dfrac{835 + 655}{680} = 1.096$，$\eta_2 = 1 - 1.096 = -0.096$

双列车布载时：$\eta_1 = \dfrac{1}{4} \times \dfrac{835 + 655 + 525 + 345}{680}$，$\eta_2 = 1 - 0.868 = 0.132$

三列车布载时：$\eta_1 = \dfrac{1}{6} \times \dfrac{835 + 655 + 535 + 345 + 215 + 35}{680} = 0.640$，$\eta_2 = 1 - 0.640 = 0.360$

4）荷载组合

最大和最小垂直反力见表7.3.1。

可变荷载组合垂直反力计算（单位：kN）　　表7.3.1

编号	荷载状况	最大垂直反力		最小垂直反力	
		横向分布 η_1	$(1+\mu)B\eta_1$	横向分布 η_1	$(1+\mu)B\eta_1$
1	单孔单列车	1.096	622.22	−0.096	−54.50
2	单孔双列车	0.868	985.55	0.132	149.88
3	单孔三列车	0.640	850.21	0.360	478.25
4	双孔单列车	1.096	835.91	−0.096	−73.22
5	双孔双列车	0.868	1324.03	0.132	201.35
6	双孔三列车	0.640	1142.21	0.360	642.49

注：表中汽车荷载已计入冲击系数 $1+\mu = 1.261$；B 是墩柱上方的合力，$B = B_1 + B_2$。

最大弯矩见表7.3.2。

可变荷载组合最大弯矩计算　　表7.3.2

编号	布载方式	B_1(kN)	B_2(kN)	A墩底弯矩(kN·m) 横向分布 η_1	A墩底弯矩(kN·m) $0.55(1+\mu)(B_1-B_2)\eta_1$	B墩底弯矩(kN·m) 横向分布 η_1	B墩底弯矩(kN·m) $0.55(1+\mu)(B_1-B_2)\eta_1$
1	单孔单列车	450.21	0	1.096	342.22	-0.096	-29.98
2	单孔双列车	900.42	0	0.868	542.05	0.132	82.43
3	单孔三列车	1053.49	0	0.640	467.61	0.360	263.03
4	双孔单列车	450.21	154.62	1.096	224.69	-0.096	-19.68
5	双孔双列车	900.42	309.24	0.868	355.89	0.132	54.12
6	双孔三列车	1053.49	361.81	0.640	307.02	0.360	172.70

2. 水平荷载计算

桥墩上纵桥向布置了一个固定支座和一个活动支座(聚四氟乙烯板支座)。我国JTG D60—2015中规定固定支座的制动力按T_4计算,活动支座的制动力按$0.3T_5$(聚四氟乙烯板支座)计算。T_4和T_5分别为与固定支座或活动支座相应的单跨跨径的制动力。

中国桥规中制动力按照规定的车道荷载标准值在加载长度上计算的总重力的10%计算。因此一个车道的制动力$T=(10.5\times28.9+275.6)\times10\%=57.91(kN)$;同向行驶双车道的汽车荷载制动力标准值$2T=2\times57.91=115.82(kN)$;同向行驶三车道的制动力为一个设计车道的2.34倍,即$2.34T=2.34\times57.91=135.5(kN)$。其中的最大值为135.51 kN,小于165 kN,故单跨的制动力取为165 kN。

固定支座的制动力$T_4=165kN$,活动支座的制动力$0.3T_5=0.3\times165=49.5(kN)$。每个活动支座传递的制动力,其值不应大于其摩阻力,当大于摩阻力时,按摩阻力计算。支座摩阻力$F_f=\mu W=0.3\times3011.98=903.59(kN)>49.5kN$,由于制动力数值小于摩阻力,水平力按照制动力进行计算。

当按照一跨加载时,制动力按照固定支座的制动力计算,即165kN;当按照两跨加载时,制动力按照固定支座和活动支座传递的制动力之和计算,即214.5 kN。制动力的作用点在桥面以上1.2m处。

3. 荷载组合

选取墩柱底截面进行验算时,应考虑最大竖向力和最大弯矩两种工况。假定两个墩柱平均分配制动力。对于最大竖向力工况,汽车荷载采用双孔双列车布载,相应的制动力取107.25kN;对于最大弯矩工况,汽车荷载采用单孔双列车布载,相应的制动力为82.5 kN。对于双柱墩,考虑将制动力平均分配,不同工况下的外力汇总见表7.3.3。

从上述的组合结果可以看出,最大竖向力工况下的弯矩值略大于最大弯矩工况下的弯矩值,这主要是因为在计算中依据布载方式的不同取用不同的制动力。由于最大竖向力工况下的竖向力和弯矩均比较大,故这里仅对竖向力工况进行验算。

墩柱底截面基本组合内力汇总　　　表7.3.3

截面和工况	外 力		
	竖向力 N(kN)	水平力 H(kN)	弯矩 M(kN·m)
最大竖向力(两跨布载)	7007.19	132.13	2157.44
最大弯矩(一跨布载)	6485.92	101.64	2072.73

注:1. 表中内力已经考虑了分项系数和重要性系数的影响。
　　2. 对于制动力而言,组合系数为 $0.8 \times 1.4 = 1.12$。

4. 柱底截面承载力验算

参照第5.4节中的中国桥规的圆形截面偏心受压构件承载力计算方法。考虑到 JTG D62—2004 和 JTG 3362—2018 的计算原理相同,计算结果相近,故在此仅按 JTG D62—2004 的方法进行计算。桥墩的半径 $r = 700\text{mm}$,混凝土保护层厚度取 70mm,截面配筋如图7.3.1所示。则 $r_s = 700 - \left(70 + 11.6 + \dfrac{28.4}{2}\right) = 604.2(\text{mm})$, $g = r_s/r = 604.2/700 = 0.863$。

对于墩底截面,对应最大弯矩的情况,按照偏心受压构件进行验算。

$N_d = 6370.17\text{kN}$, $M_d = 1961.31\text{kN·m}$, $e_0 = M_d/N_d = 1961.31/6370.17 = 0.308(\text{m})$

桥墩的长细比为 $l_0/D = 2 \times 7 \times 10^3/1400 = 10 > 4.4$,需要考虑偏心距增大系数,经计算 $\eta = 1.255$。从而,计算偏心距 $e_0 = \eta e_0 = 1.255 \times 0.308 = 0.386(\text{m})$。根据 JTG D62—2004 第5.3.9条,偏心受压构件承载力计算应符合下列规定:

$$\gamma_0 N_d \leqslant Ar^2 f_{cd} + C\rho r^2 f'_{sd}$$
$$\gamma_0 N_d e_0 \leqslant Br^3 f_{cd} + D\rho g r^3 f'_{sd}$$
$$e_0 = \dfrac{Bf_{cd} + D\rho g f'_{sd}}{Af_{cd} + C\rho f'_{sd}} \cdot r$$

式中:A、B——有关混凝土承载力的计算系数;
　　C、D——有关纵向钢筋承载力的计算系数;
　　r——圆形截面的半径;
　　g——纵向钢筋所在圆周的半径 r_s 与圆截面半径之比,$g = r_s/r$;
　　ρ——纵向钢筋配筋率,$\rho = A_s/\pi r^2$。

经试算得 $\zeta = 0.63$,查 JTG D62—2004 的表 C.0.2 的:$A = 1.5668$,$B = 0.6666$,$C = 0.6734$,$D = 1.710.3$,计算得到的偏心距:

$$e_{0计} = \dfrac{0.6666 \times 16.1 + 1.7103 \times 0.0115 \times 0.863 \times 280}{1.5868 \times 16.1 + 0.6734 \times 0.0115 \times 280} \times 0.7 = 0.391(\text{m})$$

$e_0/e_{0计} = 0.391/0.386 = 1.012$,计算偏心距与实际偏心距基本相等,$\xi = 0.63$ 即所求。则:

$$Ar^2 f_{cd} + C\rho r^2 f'_{sd} = (1.5868 \times 16.1 + 0.6734 \times 0.0115 \times 280) \times 700^2 \times 10^{-3}$$
$$= 13580.76(\text{kN}) > \gamma_0 N_d = 7007.19\text{kN}$$
$$Br^3 f_{cd} + D\rho g r^3 f'_{sd} = (0.6666 \times 16.1 + 1.7103 \times 0.0115 \times 0.863 \times 280) \times 700^3 \times 10^{-6}$$
$$= 5311.34(\text{kN·m}) > \gamma_0 M_d = 2157.44\text{kN·m}$$

从上面的计算可知,墩柱在最大竖向力工况下的承载力满足中国桥规的要求。最大弯矩工况的计算方法同上,将最大竖向力工况和最大弯矩工况的内力和抗力汇总见表7.3.4。

最大竖向力工况和最大弯矩工况墩底截面验算结果汇总 表7.3.4

工况	$\gamma_0 N_d$	N_u	$\gamma_0 M_d$	M_u
最大竖向力(kN)	7007.19	13580.76	2157.44	5311.34
最大弯矩(kN·m)	6485.92	13328.31	2072.73	5311.34

注:表中轴力单位为kN,弯矩单位为kN·m。

二、依据美国桥规验算

桥墩尺寸见图7.2.2,高度为7m,直径为140cm,采用 Grade 4000 级混凝土,抗压强度 $f'_c = 27.6$ MPa,弹性模量 $E_c = 4800\sqrt{f'_c} = 2.52 \times 10^4$ MPa;钢筋级别为 Grade 420,屈服强度 $f_y = 420$ MPa,弹性模量 $E_s = 2.0 \times 10^5$ MPa。依据等强度原则将截面钢筋进行换算,主筋换算为30根25mm 的 HRB335 级钢筋,箍筋采用14mm 的 HRB335 级钢筋。

1. 垂直荷载计算

1)恒载计算

由盖梁计算可得:上部结构一期恒载支反力为4509.66kN;二期恒载支反力为1218kN;盖梁自重(一侧):454.62kN;墩柱自重:$3.1416 \times 0.7^2 \times 7 \times 23.56 = 253.88$(kN)。作用于墩柱底面的恒载垂直力为:$N_{恒} = \dfrac{4509.66 + 1218}{2} + 454.62 + 253.88 = 3572.33$(kN)。

2)汽车荷载计算

根据盖梁计算(图7.3.3)可知,顺桥向最不利布载的支反力见表7.3.5。

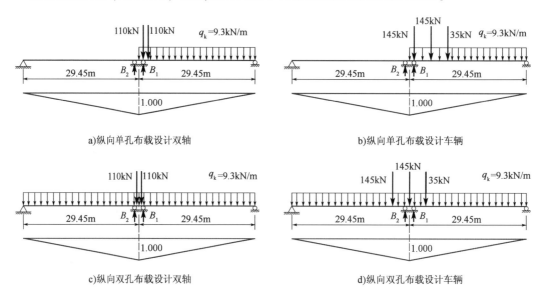

图7.3.3 车道荷载纵向布载图示

顺桥向最不利布载支反力最大值（单位：kN）　　　　表7.3.5

布载方式	设计车辆			设计双轴		
	B_1	B_2	B_1+B_2	B_1	B_2	B_1+B_2
单孔单列	430.55	0	430.55	352.46	0	352.46
双孔单列	333.27	239.33	572.60	246.94	246.94	493.88

3）双柱反力横向分布计算

汽车荷载位置见图7.3.4。

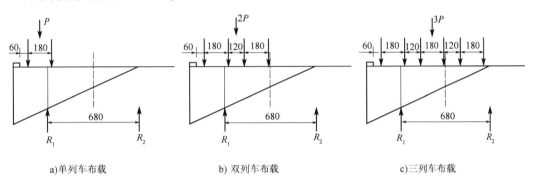

a）单列车布载　　　　b）双列车布载　　　　c）三列车布载

图7.3.4　双柱反力横向分布系数计算图示（尺寸单位：cm）

单列布载：$\eta_1 = \frac{1}{2} \times \frac{825+645}{680} \times 1.2 = 1.297, \eta_2 = (1-1.081) \times 1.2 = -0.097$

双列布载：$\eta_1 = \frac{1}{4} \times \frac{825+645+525+345}{680} \times 2 = 1.720, \eta_2 = (1-0.860) \times 2 = 0.280$

三列布载：$\eta_1 = \frac{1}{6} \times \frac{825+645+525+345+225+45}{680} \times 3 \times 0.85 = 1.632$

$\eta_2 = (1-0.640) \times 3 \times 0.85 = 0.918$

4）荷载组合

最大和最小垂直反力见表7.3.6。

多列情况下可变荷载引起的墩顶反力计算表　　　　表7.3.6

编号	荷载状况	最大垂直反力		最小垂直反力	
		横向分布 η_1	$B\eta_1$（kN）	横向分布 η_1	$B\eta_1$（kN）
1	单孔单列车	1.297	558.42	-0.097	-41.76
2	单孔双列车	1.720	740.55	0.280	120.55
3	单孔三列车	1.632	702.66	0.918	395.25
4	双孔单列车	1.297	742.66	-0.097	-55.54
5	双孔双列车	1.720	984.87	0.280	160.33
6	双孔三列车	1.632	934.48	0.918	526.77

最大弯矩见表7.3.7。

多列情况下可变荷载引起的墩底最大弯矩计算表　　　　　　表7.3.7

编号	布载方式	B_1 (kN·m)	B_2 (kN·m)	A 墩底弯矩 横向分布 η_1	A 墩底弯矩 $0.55(B_1-B_2)\eta_1$ (kN·m)	B 墩底弯矩 横向分布 η_1	B 墩底弯矩 $0.55(B_1-B_2)\eta_1$ (kN·m)
1	单孔单列车	430.55	0	1.297	307.13	-0.097	-22.97
2	单孔双列车	430.55	0	1.720	407.30	0.280	66.30
3	单孔三列车	430.55	0	1.632	386.46	0.918	217.38
4	双孔单列车	333.27	239.33	1.297	67.01	-0.097	-5.01
5	双孔双列车	333.27	239.33	1.720	88.87	0.280	14.47
6	双孔三列车	333.27	239.33	1.632	84.32	0.918	47.43

2. 水平荷载计算

美国桥规规定的制动力应取以下规定的较大者：
(1)设计车辆或设计双轴轴重的25%，$\max\{25\%\times345,25\%\times220\}=86.25\mathrm{kN}$;
(2)5%的设计车辆荷载加车道荷载,$5\%\times(345+9.3\times28.9)=30.69\mathrm{kN}$;
(3)5%的设计双轴荷载加车道荷载,$5\%\times(220+9.3\times28.9)=24.44\mathrm{kN}$。

从上面的计算可知,一个车道的制动力为86.25kN。本桥纵向最多可布置3个车道,考虑0.85的横向折减系数,总的制动力为$3\times0.85\times86.25=219.94(\mathrm{kN})$。

美国桥规中对于固定支座和活动支座的制动力分配并没有明确说明,参照中国桥规,固定支座分配所有的制动力,活动支座分到0.3倍的制动力。固定支座的制动力$T_4=219.94\mathrm{kN}$,活动支座的制动力$0.3T_5=0.3\times219.94=65.98(\mathrm{kN})$。

当按照一跨加载时,制动力按照固定支座计算,即219.94kN;当按照两跨加载时,制动力按照固定支座和活动支座传递的制动力之和计算,即285.92kN。制动力的作用点在桥面以上1.8m处。

3. 荷载组合

选取墩柱底截面分别验算最大竖向力和最大弯矩两种工况。对于最大竖向力工况,汽车荷载采用双孔双列车布载,相应的制动力取285.92kN;对于最大弯矩工况,汽车荷载采用单孔双列车布载,相应的制动力为219.94kN。对于双柱墩,考虑将制动力平均分配,不同工况下的外力汇总见表7.3.8。

墩柱底截面基本组合内力汇总　　　　　　表7.3.8

截面和工况	外力 竖向力 N(kN)	外力 水平力 H(kN)	外力 弯矩 M(kN·m)
最大竖向力（两跨布载）	6341.19	250.18	3352.82
最大弯矩（一跨布载）	5913.63	192.45	3172.25

注：表中内力已经考虑了分项系数,但未考虑重要性系数的影响。

从上述的组合结果可以看出,最大竖向力工况下的弯矩值大于最大弯矩工况下的弯矩值,这主要是因为在计算中依据布载方式的不同取用不同的制动力。由于最大竖向力工况下的竖向力和弯矩均比较大,这里仅对竖向力工况进行验算。

4. 截面承载力验算

参照美国桥规中 2017 年版第 5.4 节中的圆形截面偏心受压构件承载力计算方法,构件细长比按照式(7.3.1)计算:

$$\lambda = \frac{Kl_u}{r} \tag{7.3.1}$$

墩柱可偏安全地看作一端固结,另一端自由,构件的有效长度系数 $K = 2.1$;l_u 为构件的无支撑长度,$l_u = 7.0\text{m}$;r 为毛截面回转半径,对于圆形截面,$r = 0.25 \times 2r = 0.35\text{m}$。

$$22 < \lambda = \frac{Kl_u}{r} = \frac{2.1 \times 7}{0.35} = 42 < 100 \tag{7.3.2}$$

需要考虑二阶弯矩作用。对于考虑二阶效应的轴向荷载 P_u 为乘系数的轴向荷载;ϕ_K 为刚度折减系数,对于混凝土构件,取 $\phi_K = 0.75$;P_e 为欧拉压屈荷载,按照式(7.3.3)计算:

$$P_e = \frac{\pi^2 EI}{(Kl_u)^2} \tag{7.3.3}$$

EI 应取下面两个式中的较大值:

$$EI = \frac{\frac{E_c I_g}{5} + E_s I_s}{1 + \beta_d} \tag{7.3.4}$$

$$EI = \frac{\frac{E_c I_g}{2.5}}{1 + \beta_d} \tag{7.3.5}$$

混凝土对中性轴的抗弯惯性矩:$I_g = \frac{\pi d^4}{64} = \frac{\pi \times 1.4^4}{64} = 0.1886(\text{m}^4)$;钢筋对重心轴的抗弯惯性矩:$I_s = \sum_{i=1}^{32}\left(\frac{\pi d_s^4}{64} + \frac{\pi d_s^2}{4}x_i^2\right) = 3.47 \times 10^{-3}\text{m}^4$。

β_d 为永久荷载产生的弯矩和所有荷载产生的弯矩之比,这里永久荷载产生的弯矩为零,从而 $\beta_d = 0$,将数据带入式(7.3.4)和式(7.3.5)计算得到截面的刚度 EI 为:

$$EI = \max\begin{cases} \left(\frac{2.52 \times 10^4 \times 0.1886}{5} + 2.0 \times 10^5 \times 0.00347\right) \times 10^3 = 1644.54 \times 10^3 \\ \frac{2.52 \times 10^4 \times 0.1886}{2.5} \times 10^3 = 1901.09 \times 10^3 \end{cases}$$

$$= 1901.09 \times 10^3 (\text{kN} \cdot \text{m})$$

屈曲荷载 P_e 为:

$$P_e = \frac{\pi^2 EI}{(Kl_u)^2} = \frac{\pi^2 \times 1901.09 \times 10^3}{(2.1 \times 7)^2} = 86829.59(\text{kN}) > 6341.19\text{kN}$$

考虑二阶效应时,应考虑截面弯矩的放大效应,按照下式计算:

$$\delta_s = \frac{1}{1 - \dfrac{3352.82}{0.75 \times 86829.59}} = 1.054$$

$$M_c = \delta_s M_{2s} = 1.054 \times 3352.82 = 3533.87 (\text{kN} \cdot \text{m})$$

假定截面中性轴到边缘的距离 $c = 0.645 \text{m}$（该数值是在保证截面偏心距相同的情况下试算得到），将受压区简化为等效应力 $0.85 f'_c$，相应的受压区高度为：

$$a = 0.52c = 0.85 \times 0.645 = 0.548 (\text{m})。$$

受压区的面积为：

$$\begin{aligned}
A &= r^2 a\cos\left(\frac{r-a}{r}\right) - r(r-a)\sin\left[a\cos\left(\frac{r-a}{r}\right)\right] \\
&= 0.7^2 0.548\cos\left(\frac{0.7-0.548}{0.7}\right) - 0.7(0.7-0.548)\sin\left[a\cos\left(\frac{0.7-0.548}{0.7}\right)\right] \\
&= 0.5589 (\text{m}^2)
\end{aligned}$$

受压区混凝土的抗压承载力为：

$$0.85 \times 27.6 \times 0.5589 \times 1000 = 13111.78 (\text{kN})$$

受压区合力至墩柱中心的距离为：

$$\begin{aligned}
C_{\text{centroid}} &= \frac{2r\sin\left[a\cos\left(\dfrac{r-a}{r}\right)\right]\left\{1 - \dfrac{1}{3}\left[\left(\dfrac{r-a}{r}\right)^2 + 2\right]\right\}}{a\cos\left(\dfrac{r-a}{r}\right) - \dfrac{r-a}{r}\sin\left[a\cos\left(\dfrac{r-a}{r}\right)\right]} \\
&= \frac{2 \times 0.7\sin\left[a\cos\left(\dfrac{0.7-0.548}{0.7}\right)\right]\left\{1 - \dfrac{1}{3}\left[\left(\dfrac{0.7-0.548}{0.7}\right)^2 + 2\right]\right\}}{0.544\cos\left(\dfrac{0.7-0.548}{0.7}\right) - \dfrac{0.7-0.548}{0.7}\sin\left[a\cos\left(\dfrac{0.7-0.548}{0.7}\right)\right]} = 0.3806 (\text{m})
\end{aligned}$$

受压区合力对墩柱中心取矩为：

$13111.79 \times 0.3806 = 4990.35 (\text{kN} \cdot \text{m})$

假定受压混凝土边缘的应变为 0.003，截面钢筋的应变按照下式计算：

$$\varepsilon = \frac{\varepsilon_c}{c} \times (c - d_s) = \frac{-0.003}{0.64} \times (0.64 - d_s)$$

式中：d_s——普通钢筋到截面受压边缘的距离。

主筋采用 Grade 420 级钢筋，钢筋的屈服强度为 420MPa，弹性模量为 $2.0 \times 10^5 \text{MPa}$，则其屈服应变为：$\varepsilon_y = 420/2.0 \times 10^5 = 0.0021$，钢筋中的应力按照下式计算：

$$T = (\varepsilon_s \text{ 或 } \varepsilon_y) E_s A_s$$

计算得到的钢筋中的应变和应力汇总见表 7.3.9。

普通钢筋应变和内力计算　　　　　　　　　　　　　　　表 7.3.9

编号	距受压边缘距离(m)	根数	应变	内力(kN)	对截面中心取矩(kN·m)
1	0.096	1	−0.0026	−206.18	124.53
2	0.109	2	−0.0025	−206.18	121.85
3	0.148	2	−0.0023	−206.18	113.81

续上表

编号	距受压边缘距离(m)	根数	应变	内力(kN)	对截面中心取矩(kN·m)
4	0.211	2	−0.0020	−198.19	96.91
5	0.296	2	−0.0016	−159.37	64.39
6	0.398	2	−0.0011	−112.79	34.06
7	0.513	2	−0.0006	−60.28	11.27
8	0.637	2	0.0000	−3.65	0.23
9	0.763	2	0.0005	53.88	3.39
10	0.887	2	0.0011	110.51	20.67
11	1.002	2	0.0017	163.02	49.23
12	1.104	2	0.0021	206.18	83.30
13	1.189	2	0.0025	206.18	100.82
14	1.252	2	0.0028	206.18	113.81
15	1.291	2	0.0030	206.18	121.85
16	1.304	1	0.0031	206.18	124.53

注:表中内力拉为正,压为负。

普通钢筋和受压区混凝土的合力为:

$N_n = 13111.79 + 206.18 + 2 \times 206.18 + 2 \times 206.18 + 2 \times 198.19 + 2 \times 159.37 + 2 \times 112.79 + 2 \times 60.28 + 2 \times 3.65 - 2 \times 53.88 - 2 \times 110.51 - 2 \times 163.02 - 2 \times 206.18 - 2 \times 206.18 - 2 \times 206.18 - 2 \times 206.18 - 2 \times 206.18 = 12700.81 (kN)$

受压区混凝土和所有普通钢筋对墩柱中心的矩为:

$M_n = 13111.79 \times 0.3806 + 206.18 \times 0.604 + 2 \times 206.18 \times 0.591 + 2 \times 206.18 \times 0.552 + 2 \times 198.19 \times 0.489 + 2 \times 159.37 \times 0.404 + 2 \times 112.79 \times 0.302 + 2 \times 60.28 \times 0.187 + 2 \times 3.65 \times 0.063 + 2 \times 53.88 \times 0.063 + 2 \times 110.51 \times 0.187 + 2 \times 163.02 \times 0.302 + 2 \times 206.18 \times 0.404 + 2 \times 206.18 \times 0.489 + 2 \times 206.18 \times 0.552 + 2 \times 206.18 \times 0.591 + 2 \times 206.18 \times 0.604 = 7111.09 (kN)$

计算得到的偏心距 $e_{计} = \dfrac{M}{N} = \dfrac{7111.09}{12700.81} = 0.560(m)$,最大竖向力工况下截面的偏心距为 $e = \dfrac{M_d}{N_d} = \dfrac{3533.87}{6341.19} = 0.557(m)$,$e_{计}/e = 0.560/0.557 = 1.005$,两者十分接近,故上述的 M 和 N 即所求。

假定受压区混凝土的最大应变为 0.003,此时最外侧受拉钢筋的拉应变为 0.0031,介于 0.0021~0.005 之间,故该截面属于受压控制截面到受拉控制截面之间的过渡截面,相应的综合抗力折减系数按照下式计算:

$$\phi = 0.65 + 0.15 \left(\dfrac{d_t}{c} - 1 \right) = 0.65 + 0.15 \times \left(\dfrac{1.304}{0.645} - 1 \right) = 0.803$$

则该偏压构件的截面承载力为：
$N_r = \phi N_u = 0.803 \times 12700.81 = 10198.75 (\text{kN}) > 1.05 \times 6341.19 = 6658.25 (\text{kN})$
$M_r = \phi M_u = 0.803 \times 7111.09 = 5710.20 (\text{kN} \cdot \text{m}) > 1.05 \times 3533.87 = 3710.56 (\text{kN} \cdot \text{m})$

对于最大弯矩工况计算方法同上，将最大竖向力工况和最大弯矩工况的内力和抗力汇总见表 7.3.10。验算结果表明，该桥墩可以满足按美国桥规计算的承载力要求。

最大竖向力工况和最大弯矩工况下的柱底截面承载力验算　　表 7.3.10

工况	N_d	ϕN_u	M_d	ϕM_u
最大竖向力（kN）	6658.25	10198.75	3710.56	5710.20
最大弯矩（kN·m）	6209.31	10100.33	3510.73	5714.857

三、依据欧洲桥规验算

桥墩尺寸同图 7.3.1，墩柱直径为 140cm，采用 C30/37 混凝土，$f_{ck} = 30\text{MPa}$，$\varepsilon_{cu2} = 0.0035$，$\lambda = 0.8$，$\alpha_{cc} = 1.00$；钢筋用 B400 级，$f_{yk} = 400\text{MPa}$，$E_s = 2.0 \times 10^5 \text{MPa}$。根据等强度原则，换算为 31 根直径为 25mm 的 HRB335 级钢筋，每根钢筋的面积 $A_{si} = 490.9\text{mm}^2$。

1. 垂直荷载计算

1）恒载计算

由盖梁计算（表 7.2.15）可得：上部结构传递至支撑部分的支反力为 6023.95kN；盖梁自重（取盖梁一半的自重）：482.4kN；墩柱自重：$3.1416 \times 0.7^2 \times 7 \times 25 = 269.39(\text{kN})$。作用于墩柱底面的恒载垂直力为：$N_{恒} = \dfrac{6023.95}{2} + 482.4 + 269.39 = 3763.77(\text{kN})$。

2）双柱反力横向分布计算

由于欧洲桥规各车道荷载的取值不尽相同，因此需要对各车道分别单独进行横向分布的计算，如图 7.3.5 所示。

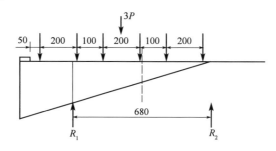

图 7.3.5　双柱反力横向分布系数计算图示（尺寸单位：cm）

以车道 1 为例，$\eta_{11} = \dfrac{1}{2} \times (1.23 + 0.94) = 1.09$，$\eta_{12} = 1 - 1.09 = -0.09$（$\eta_{ij}$ 表示第 j 车道荷载对 i 号墩的横向分布系数）。同理可得，车道 2、3 的横向分布系数，结果如表 7.3.11 所示。

双柱反力横向分布系数 表 7.3.11

车道编号	车道荷载	标准值	横向分布 η_{1j}	横向分布 η_{2j}
1	TS(kN)	300	1.09	-0.09
1	UDL(kN/m²)	9	1.09	-0.09
2	TS(kN)	200	0.64	0.36
2	UDL(kN/m²)	2.5	0.64	0.36
3	TS(kN)	100	0.21	0.79
3	UDL(kN/m²)	2.5	0.21	0.79

3) 墩柱内力计算

(1) 最大及最小垂直反力

根据欧洲桥规对于常见的公路或高速公路,作用在车道 1 上的 TS 荷载和均布荷载 UDL 可折减 20% 进行计算。见表 7.3.12、表 7.3.13。

墩柱反力计算结果(一) 表 7.3.12

布载方式	车道编号	B	最大垂直力(kN) η_{1j}	最大垂直力(kN) $\eta_{1j}B$	最小垂直力(kN) η_{2j}	最小垂直力(kN) $\eta_{1j}B$
双孔布载	1	1122.48	1.09	1223.50	-0.09	-101.02
双孔布载	2	623.08	0.64	398.77	0.36	224.31
双孔布载	3	423.08	0.21	88.85	0.79	334.23
总和		2168.64		1711.12		457.52

墩柱反力计算结果(二) 表 7.3.13

布载方式	车道编号	B	最大垂直力(kN) η_{1j}	最大垂直力(kN) $\eta_{1j}B$	最小垂直力(kN) η_{2j}	最小垂直力(kN) $\eta_{1j}B$
单孔布载	1	801.24	1.09	873.35	-0.09	-72.11
单孔布载	2	511.54	0.64	327.39	0.36	184.15
单孔布载	3	311.54	0.21	65.42	0.79	246.12
总和		1624.32		1266.16		358.16

(2) 最大弯矩

单孔布载时,墩底弯矩最大。见表 7.3.14。

单孔布载时墩柱最大弯矩计算结果 表 7.3.14

布载方式	车道编号	B_1	B_2	A 墩底弯矩(kN·m) η_{1j}	A 墩底弯矩(kN·m) $0.55\eta_{1j} \times (B_1 - B_2)$	B 墩底弯矩(kN·m) η_{2j}	B 墩底弯矩(kN·m) $0.55\eta_{2j} \times (B_1 - B_2)$
单孔布载	1	801.24	0	1.09	480.34	-0.09	-39.66
单孔布载	2	511.54	0	0.64	180.06	0.36	101.28
单孔布载	3	311.54	0	0.21	35.98	0.79	135.36
总和		1624.32			696.39		196.99

2. 水平荷载计算

(1)制动力的计算

欧州桥规(EN 1991-2:2003)第4.4.1节规定:制动力 Q_{lk} 应按照荷载模型 LM1 中作用在编号1的车道上的最大竖向荷载的百分率来进行计算,具体如下:

单孔加载时:

$$Q_{lk} = 0.6\alpha_{Q1}(2Q_{1k}) + 0.10\alpha_{q1}q_{1k}w_1L(kN)$$
$$= 0.6 \times 0.8 \times (2 \times 300) + 0.10 \times 0.8 \times 9 \times 3 \times 30 = 352.8(kN)$$

欧洲桥规规定,制动力的作用点位于桥面高度位置,此时距离该桥墩底部距离为10.98m。

(2)制动力的分配

桥墩上由一个固定支座和一个活动支座(聚四氟乙烯板支座),其中固定支座分配的水平力按单跨制动力的100%考虑,活动支座(聚四氟乙烯板支座)按单跨制动力的30%考虑。那么,单孔加载时,桥墩水平力为352.8kN;双孔加载时,桥墩水平力为352.8kN + 352.8 × 0.3 = 458.64kN。

每个活动支座传递的制动力,其值不应大于摩阻力数值。当大于摩阻力时,按摩阻力计算。支座摩阻力 $F_f = \mu W = 0.3 \times 3011.98 = 903.59(kN)$,由于制动力数值小于摩阻力,水平力按照制动力进行计算。

3. 荷载组合

见表7.3.15。

按欧洲桥规计算的墩柱底截面内力表　　　　　表7.3.15

截面位置 内力编号		A 柱底截面			B 柱底截面		
		$N(kN)$	$H(kN)$	$M(kN·m)$	$N(kN)$	$H(kN)$	$M(kN·m)$
①	上部结构自重	3011.98			3011.98		
②	盖梁自重	482.4			482.4		
③	墩柱自重	269.39			269.39		
④	汽车 (双孔)	1711.12			457.52		
⑤	汽车 (单孔)	1266.16		696.39	358.16		196.99
⑥	制动力 (双孔)		458.64/2	2517.93		458.64/2	
⑦	制动力 (单孔)		352.8/2	1936.87		352.8/2	

最大垂直力组合:1.1 × 1.35(① + ② + ③ + ④),其中1.1为结构重要性系数,1.35为恒载和汽车荷载分项系数:

$$N_{\max} = 1.1 \times 1.35 \times (3011.98 + 482.4 + 269.39 + 1711.12) = 8130.21(\text{kN})$$
$$M = 1.1 \times 1.35 \times 2517.93 = 3739.13(\text{kN} \cdot \text{m})$$

最大弯矩组合：$1.1 \times 1.35(① + ② + ③ + ⑤ + ⑥)$

$$M_{\max} = 1.1 \times 1.35 \times (633.29 + 1936.87) = 3910.39(\text{kN} \cdot \text{m})$$
$$N = 1.1 \times 1.35 \times (3011.98 + 482.4 + 269.39 + 1266.16) = 7469.45(\text{kN})$$

4．截面承载力验算

桥梁墩柱的半径 $r = 700\text{mm}$，混凝土表面距离箍筋的净距为 70mm，箍筋直径为 11.6mm，受力钢筋直径为 28.4mm，故受力钢筋中心距离圆心的距离为 $r_s = 700 - \left(70 + 11.6 + \dfrac{28.4}{2}\right) = 604.2(\text{mm})$，拟选用 31 根直径为 25mm 的钢筋，则：

$$A_s = 31 \times \frac{3.14}{4} \times 25^2 = 15209(\text{mm}^2)$$

混凝土抗压强度设计值：$f_{cd} = \alpha_{cc} \dfrac{f_{ck}}{\gamma_c} = 1.00 \times \dfrac{30}{1.5} = 20(\text{MPa})$；

钢筋强度设计值：$f_{yd} = \dfrac{f_{yk}}{\gamma_s} = \dfrac{400}{1.15} = 347.83(\text{MPa})$。

对于 C30/37 级混凝土，$\eta = 1.0$，$\lambda = 0.8$。

规范要求的最小钢筋面积：

$$\frac{0.01 N_{Ed}}{f_{yd}} = \frac{0.01 \times 8130.21 \times 10^3}{347.83} = 234(\text{mm}^2)$$

$$0.002 A_c = 0.002 \times \frac{3.14}{4} \times 1400^2 = 3078(\text{mm}^2)$$

取上面两式的较大者，$A_s > A_{s,\min} = 3078 \text{ mm}^2$，满足要求。

(1) 按最大竖向力组合计算

$N_{Ed} = 8130.21\text{kN}$，$M_{Ed} = 3739.13\text{kN} \cdot \text{m}$

参照第 5.4 节中欧洲桥规的圆形截面偏心受压构件承载力计算方法，对于强度等级为 C50/60 及以下的混凝土有：

$$e_0 = M_d / N_d = 3739.13 \times 10^3 / 8130.21 = 460(\text{mm}) > e_a = \max\left(20, \frac{d}{30}\right) = 47\text{mm}$$

取 $e_0 = 460\text{mm}$。经迭代计算得中性轴位置 $x = 0.499$，经迭代计算可得该墩柱底的截面的竖向承载力为：

$$N_{Rd} = 11791.92\text{kN} > N_{Ed} = 8130.21\text{kN}$$
$$M_{Rd} = N_{Rd} e_0 = 11791.92 \times 0.460 = 5426.91(\text{kN} \cdot \text{m}) > M_{Ed} = 3739.13\text{kN} \cdot \text{m}$$

(2) 按最大弯矩组合计算

$N_{Ed} = 7469.45\text{kN}$，$M_{Ed} = 3910.39\text{kN} \cdot \text{m}$

$$e_0 = M_d / N_d = 3910.39 \times 10^3 / 7469.45 = 523\text{mm} > e_a = \max\left(20, \frac{d}{30}\right) = 47\text{mm}$$

取 $e_0 = 523\text{mm}$。同理，经迭代计算得 $x = 0.464$。截面竖向承载力为：

$$N_{Rd} = 10395.39\text{kN} > N_{Ed} = 7469.45\text{kN}$$

$M_{Rd} = N_{Rd}e_o = 10395.39 \times 0.523 = 5439.70(kN \cdot m) > M_{Ed} = 3910.39 kN \cdot m$

计算结果表明,墩柱承载能力可以满足欧洲桥规的承载力要求。

四、桥墩计算结果对比分析

依据中国、美国、欧洲桥规计算得到的桥墩的内力、抗力以及抗力和内力之比汇总见表7.3.16。

中国、美国、欧洲桥规桥墩计算结果汇总　　　　表7.3.16

工况		规范					
		弯矩(kN·m)			轴力(kN)		
		中国	美国	欧洲	中国	美国	欧洲
内力	压力最不利工况	2157.44	3710.56	3739.13	7007.19	6658.25	8130.21
	弯矩最不利工况	2072.73	3510.73	3910.39	6485.92	6209.31	7469.45
抗力	压力最不利工况	5311.34	5710.20	5426.91	13580.76	10198.75	11791.92
	弯矩最不利工况	5311.34	5714.86	5439.70	13328.31	10100.33	10395.39
抗力/内力	压力最不利工况	2.46	1.54	1.45	1.94	1.53	1.45
	弯矩最不利工况	2.56	1.63	1.39	2.05	1.63	1.39

整体上看,按欧洲桥规计算得到的作用效应最大,主要原因在于欧洲桥规中的汽车荷载及制动力均为三者中最大。从偏心距的角度看,中国桥规为三者中最小。综合效应和截面承载力等因素,比较三者的截面抗力和内力之比,可知:中国桥规的比值最大,美国桥规次之,欧洲桥规最小。分析其原因在于中国桥规中的制动力小,导致墩底弯矩明显小于美国桥规和欧洲桥规的计算结果。

第8章 耐久性及构造要点对比

8.1 结构的耐久性基本要求

桥梁结构的耐久性是对桥梁结构的基本要求之一，与桥梁的环境作用、荷载作用、设计使用年限、构造措施以及防腐措施等有关。各桥梁设计规范中都很重视混凝土桥梁的耐久性问题，并提出了相应的耐久性技术要求。

一、环境条件分类

JTG D62—2004 中将桥梁结构所处的环境划分为四类，如表 8.1.1 所示。JTG 3362—2018 对环境划分进行了很大的改进，环境分类上划分为 Ⅰ～Ⅶ 共计 7 个类别，见表 8.1.2；并规定了各类环境下混凝土强度等级的最低要求，见表 8.1.3。为加强混凝土桥梁的耐久性设计，交通运输部 2019 年还颁布了《公路混凝土结构耐久性设计规范》（JTG/T 3310—2019）。

JTG D62—2004 的环境条件分类　　　　表 8.1.1

分　类	环　境　描　述
Ⅰ类	温暖或寒冷地区的大气环境，与无侵蚀性的水或土接触的环境
Ⅱ类	严寒地区的大气环境，使用除冰盐环境、滨海环境
Ⅲ类	海水环境
Ⅳ类	受侵蚀性物质影响的环境

JTG 3362—2018 的公路桥涵混凝土结构及构件所处环境类别划分　　　　表 8.1.2

环 境 类 别	条　　件
Ⅰ类-一般环境	仅受混凝土碳化影响的环境
Ⅱ类-冻融环境	受反复冻融影响的环境
Ⅲ类-近海或海洋氯化物环境	受海洋环境下氯盐影响的环境
Ⅳ类-除冰盐等其他氯化物环境	受除冰盐等氯盐影响的环境
Ⅴ类-盐结晶环境	受混凝土孔隙中硫酸盐结晶膨胀影响的环境
Ⅵ-化学腐蚀环境	受酸碱性较强的化学物质侵蚀的环境
Ⅶ-磨蚀环境	受风、水流或水中夹杂物的摩擦、切削、冲击等作用的环境

JTG 3362—2018 规定的混凝土强度等级最低要求　　表8.1.3

构件类别	梁、板、塔、拱圈、涵洞上部		墩台身、涵洞下部		承台、基础	
设计使用年限(年)	100	50、30	100	50、30	100	50、30
Ⅰ类-一般环境	C35	C30	C30	C25	C25	C25
Ⅱ类-冻融环境	C40	C35	C35	C30	C30	C25
Ⅲ类-近海或海洋氯化物环境	C40	C35	C35	C30	C30	C25
Ⅳ类-除冰盐等其他氯化物环境	C40	C35	C35	C30	C30	C25
Ⅴ类-盐结晶环境	C40	C35	C35	C30	C30	C25
Ⅵ-化学腐蚀环境	C40	C35	C35	C30	C30	C25
Ⅶ-磨蚀环境	C40	C35	C35	C30	C30	C25

美国桥规中仅简单地将桥梁结构的环境条件笼统地划分为无腐蚀性环境和有腐蚀性环境两类。美国桥规2017年版第2.5.2条规定,为保证混凝土结构的耐久性,应对于可能暴露在含盐的空气或水中的混凝土构件内的钢筋或预应力钢绞线应采用环氧树脂或镀锌、混凝土保护层、加大混凝土密实度和包括加气处理与混凝土表面无孔涂层或阴极防蚀等化学处理的主动防腐措施来保护。上述对钢筋和钢绞线的防蚀是在结构全寿命期之内的。

欧洲桥规(EN 1992-1-1:2004)第4.2条给出了比较细致的环境分类方法。依据环境的腐蚀性以及诱发腐蚀的原因,比如由碳化作用诱发的腐蚀、由氯化物引发的腐蚀、由海水中氯化物诱发的腐蚀、由冻融循环诱发的腐蚀以及化学侵蚀等,将桥梁结构所处的环境划分为6类18种,如表8.1.4所示。

欧洲桥规的环境条件的分类　　表8.1.4

分类	环境描述	示例
1	没有侵蚀或腐蚀风险	
X0	对于没有钢筋或嵌入金属的混凝土:除冷冻/解冻、磨损或化学侵蚀以外的所有暴露以及对于有钢筋或嵌入金属的混凝土:非常干燥	空气湿度很低时,建筑物内的混凝土
2	由碳化作用诱发的腐蚀	
XC1	干燥或者长期潮湿	空气湿度较低情况下,建筑物内的混凝土以及长期浸在水中的混凝土
XC2	潮湿,非常干燥	混凝土表面与水长期接触及众多基础
XC3	中等湿润	中度或较高空气湿度条件下,建筑物内的混凝土以及有防雨保护的外部混凝土
XC4	湿-干循环	与水接触的混凝土表面,不属于暴露等级XC2
3	有氯化物引发的锈蚀	
XD1	中度潮湿	与空气传播氯化物接触的混凝土表面
XD2	潮湿,非常干燥	与含有氯化物的工业用水接触的混凝土部件
XD3	湿-干循环	与含有氯化物的喷雾接触的桥梁部位铺筑过的路面

续上表

分类	环境描述	示 例
4	由海水中氯化物诱发的腐蚀	
XS1	与空气中的盐接触,但不直接接触海水	接近海岸的建筑物
XS2	长期浸在水中	部分浸入水中的结构
XS3	潮汐,淋水和喷雾区	部分浸入水中的结构
5	冷冻/解冻侵蚀	
XF1	中等水浸润,没有除冰剂	暴露在雨水和冰冻条件下的垂直混凝土表面
XF2	中等水浸润,有除冰剂	接触冰冻和空气中除冰剂的路面结构的垂直混凝土表面
XF3	高等水浸润,没有除冰剂	暴露在雨水和冰冻条件下的水平混凝土表面
XF4	高等水浸润,有除冰剂或海水	接触除冰剂的路面和桥面;与含有除冰剂和防冻剂的直接喷射接触的混凝土表面
6	化学侵蚀	
XA1	轻度侵蚀性化学环境	天然污垢和地下水
XA2	中度侵蚀性化学环境	天然污垢和地下水
XA3	高度侵蚀性化学环境	天然污垢和地下水

从 JTG D62—2004 来看,我国环境的分类方法比较简单笼统,环境类别的高低表示了环境作用的严重程度,但实际情况是相同的环境作用形式可能因作用程度不同导致不同的结果。欧洲桥规的环境类别是按环境对混凝土结构的作用形式划分的,根据环境作用程度,对各类别再进一步划分为若干等级。环境类别不反映环境影响的程度,只代表环境形式的不同,而等级才反映环境影响的程度。由此可见,欧洲桥规环境类别的划分方法更加细致科学。鉴于此,JTG 3362—2018 进一步细化了环境分类,并规定了各种环境下混凝土强度等级的最低限值,其基本思路与欧洲桥规靠近,但形式上更为简洁。

二、混凝土保护层厚度

根据各混凝土结构设计规范或专门的混凝土结构耐久性设计规范的规定,首先需对比混凝土结构使用环境条件的分类。依据环境分类情况,对比各规范提出的耐久性措施和要求,如混凝土选材、配合比设计、最大氯离子含量、混凝土最小保护层厚度等方面。本项研究重点对比了各规范确定的混凝土最小保护层厚度。

JTG D62—2004 中关于普通钢筋和预应力钢筋的最小保护层厚度见表 8.1.5。

JTG D62—2004 对普通钢筋和预应力钢筋的最小保护层厚度(单位:mm)　　表 8.1.5

构件类别	环境条件		
	Ⅰ	Ⅱ	Ⅲ、Ⅳ
基础、桩基承台:(1)基坑底面有垫层或侧面有模板(受力主筋)	40	50	60
(2)基坑底面无垫层或侧面无模板(受力主筋)	60	75	85

续上表

构件类别	环境条件		
	I	II	III、IV
桥台身、挡土结构、涵洞、梁、板、拱圈(受力主筋)	30	40	45
人行道构件、栏杆(受力主筋)	20	25	30
箍筋	20	25	30
路缘石、中央分隔带、护栏等行车道构件	30	40	45
收缩、温度、分布、防裂等表层钢筋	15	20	25

由于环境分类的变化以及对桥梁结构耐久性认识的提高,JTG 3362—2018 中对外侧钢筋的混凝土最小保护层厚度进行了重新规定。与 JTG D62—2004 相比最小值略有提高。参见表 8.1.6。

JTG 3362—2018 混凝土保护层的最小厚度 C_{min}(单位:mm)   表 8.1.6

构件类别	梁、板、塔、拱圈、涵洞上部		墩台身、涵洞下部		承台、基础	
设计使用年限(年)	100	50、30	100	50、30	100	50、30
I类-一般环境	20	20	25	20	40	40
II类-冻融环境	30	25	35	30	45	40
III类-近海或海洋氯化物环境	35	30	45	40	65	60
IV类-除冰盐等其他氯化物环境	30	25	35	30	45	40
V类-盐结晶环境	30	25	40	35	45	40
VI-化学腐蚀环境	35	30	40	35	60	55
VII-磨蚀环境	35	30	45	40	65	60

美国桥规 2017 年度第 5.12.3 条在确定混凝土保护层厚度时,除了考虑环境和构件所处的位置的影响外,还需依据水灰比进行修正。当材料水灰比 $w/c \leq 0.40$ 时,修正系数取 0.8;水灰比在 0.4~0.5 的范围内时,可不进行修正,取 1.0;当水灰比 $w/c \geq 0.50$ 时,修正系数为 1.2。箍筋的保护层厚度比下表中规定的主筋的限值小 12mm,但不得小于 25mm,参见表 8.1.7。

美国桥规对主筋的混凝土保护层厚度(单位:mm)   表 8.1.7

位置	保护层厚度	位置	保护层厚度
直接暴露于盐水	100	现浇板的底部 小于或等于 36 号钢筋 43 号和 57 号钢筋	25 50
紧靠着地浇筑	75		
沿海地区	60	普通混凝土柱 无腐蚀环境 腐蚀性环境	50 75
使用除冰盐环境	60		
桥面板表面	50	用作底模板的预制构件	20
除了以上其他部分的外部	50	预制混凝土桩	50
除了以上其他部分的内部 小于或等于 36 号钢筋 43 号和 57 号钢筋	40 50	现浇桩 无腐蚀环境 腐蚀性环境	50 75

欧洲桥规(EN 1992-1-1:2004)第4.4.1.2款规定,最小保护层厚度应满足黏结和耐久性的要求,由下式计算得到:

$$c_{\min} = \max\{c_{\min,b}; c_{\min,dur} + \Delta c_{dur,\gamma} - \Delta c_{dur,st} - \Delta c_{dur,add}; 10\text{mm}\} \quad (8.1.1)$$

式中:$c_{\min,b}$——黏结要求的最小保护层,参见表8.1.8取值;

$c_{\min,dur}$——由环境条件要求的最小保护层,参见表8.1.9、表8.1.10取值;

$\Delta c_{dur,\gamma}$——其他安全因素要求的保护层,参见欧洲各国家附录取值,在没有进一步说明的情况下建议取0mm;

$\Delta c_{dur,st}$——使用不锈钢时进行的折减,参见各国家附录取值,在没有进一步说明的情况下建议取0mm;

$\Delta c_{dur,add}$——采用其他保护措施而进行的折减,参见各国家附录取值,在没有进一步说明的情况下建议取0mm。

黏结要求的最小保护层 $c_{\min,b}$ 表8.1.8

钢筋布置	最小保护层 $c_{\min,b}$
分散	钢筋的直径
捆扎	等效直径

注:如果粗集料最大标称尺寸大于32mm,则 $c_{\min,b}$ 应增大5mm。

欧洲桥规中钢筋耐久性要求的最小保护层 $c_{\min,dur}$ 表8.1.9

结构分类	暴露等级						
	X0	XC1	XC2/XC3	XC4	XD1/XS1	XD2/XS2	XD3XS3
S1	10	10	10	15	20	25	30
S2	10	10	15	20	25	30	35
S3	10	10	20	25	30	35	40
S4	10	15	25	30	35	40	45
S5	15	20	30	35	40	45	50
S6	20	25	35	40	45	50	55

欧洲桥规中预应力钢筋耐久性要求的最小保护层 $c_{\min,dur}$ 表8.1.10

结构分类	暴露等级						
	X0	XC1	XC2/XC3	XC4	XD1/XS1	XD2/XS2	XD3XS3
S1	10	15	20	25	30	35	40
S2	10	15	25	30	35	40	45
S3	10	20	30	35	40	45	50
S4	10	25	35	40	45	50	55
S5	15	30	40	45	50	55	60
S6	20	35	45	50	55	60	65

混凝土保护层厚度的确定主要与以下3个因素有关,即钢筋向混凝土传力、钢筋防腐蚀和耐火的需要。综合看来,各规范对保护层的规定均是根据环境和结构类型确定的,不同之处在

于:中国桥规确定混凝土保护层厚度的方法比较直观,可直接查表确定;美国桥规相对细致,分别考虑了构件制作条件(现浇、预制)、暴露等级、构件形式及钢筋品种和直径等;欧洲桥规的方法最为详细,分别考虑了黏结条件、环境条件、附加要求、是否采用不锈钢、外加保护措施等。以 $\phi 12 mm$ 的抗剪箍筋为例,中国、美国、欧洲桥规规定的最小净保护层应分别为 20mm、25mm、20mm,说明美国桥规要求最为严格,中国桥规和欧洲桥规次之且相同。

8.2 普通钢筋构造要点

一、钢筋横向间距

对钢筋净距的要求主要是为了保证在混凝土浇筑时,振捣器能够顺利进入,以达到保证混凝土浇筑质量的要求。

1. 中国桥规

JTG 3362—2018 第 9.3.3 条沿用了 JTG D60—2004 中第 9.3.4 条的规定:各主钢筋间横向净距和层与层之间的竖向净距,当钢筋为三层及以下时,不应小于 30mm,并不小于钢筋直径;当钢筋为三层以上时,不应小于 40mm,并不小于钢筋直径的 1.25 倍。对于束筋,其直径采用等代直径。

2. 美国桥规

美国桥规 2017 年版第 5.10.3 条规定的普通钢筋、预应力钢筋的最大和最小间距。其中普通钢筋的最小间距见表 8.2.1。

美国桥规的普通钢筋最小间距 表 8.2.1

类　型	最小钢筋间距
现场浇筑混凝土	$\max\{1.5d; d_g; 38\}$
预制混凝土	$\max\{d; 1.33d_g; 25\}$
多层钢筋	$\max\{d; 25\}$
成束钢筋	直径采用等代直径,其余同上

注:d 为钢筋的名义直径,d_g 为最大集料尺寸。

美国桥规对普通钢筋的最大间距也提出了要求。规定在墙和板中的最大钢筋间距不得大于 1.5 倍的构件的厚度或 450mm。值得注意的是美国桥规中对各类钢筋间距的要求并没有明确是指横向还是竖向的间距要求。

3. 欧洲桥规

欧洲桥规(EN 1992-1-1:2004)第 8.2 条规定:钢筋的横向净距和竖向净距不应小于 k_1 倍的钢筋直径、$d_g + k_2$ 值和 20mm 三者中的最大值。其中 d_g 是混凝土中集料的最大尺寸,欧洲对于 k_1 和 k_2 的建议值分别为 1.0mm 和 5mm。

例如,对于桥梁结构中常用的 $\phi 25 mm$ 螺纹钢筋作为主筋,按中国、美国、欧洲三种规范确定的多层钢筋的最小横向净距分别为30mm、25mm、30mm,可见中国、欧洲两者相同,美国略小。

二、钢筋的锚固长度

1. 受拉钢筋的锚固长度

1) 中国桥规

JTG D60—2004 中规定的钢筋的最小锚固长度 l_a 按照式(8.2.1)计算:

$$l_a = f_{sk}\frac{\pi d^2}{4} \times \frac{1}{\pi d\tau} = \frac{f_{sk}d}{4\tau} \tag{8.2.1}$$

式中:f_{sk}——钢筋的抗拉强度设计值;

d——钢筋直径;

τ——钢筋与混凝土的极限锚固黏结力,其值如表8.2.2所示。

钢筋与混凝土极限锚固力(单位:MPa)　　　表8.2.2

钢　筋	混凝土强度等级				
	C20	C25	C30	(C35)	≥C40
光圆钢筋受拉	1.2	1.4	1.6	(1.8)	1.9
光圆钢筋受压	1.5	1.7	1.9	(2.1)	2.3(2.1)
带肋钢筋受拉	2.2	2.5	2.8	(3.1)	3.3
带肋钢筋受压	2.7	3.1	3.5	(3.8)	4.1

注:表中括号内的数据为 JTG 3362—2018 中新增数据。

JTG D62—2004 第9.1.4条规定:当计算中充分利用钢筋的强度时,其最小锚固长度应符合表8.2.3的规定。

JTG D62—2004 钢筋最小锚固长度 l_a　　　表8.2.3

钢筋种类		R235				HRB335				HRB400、KL400			
		C20	C25	C30	≥C20	C20	C25	C30	≥C40	C20	C25	C30	≥C20
受压钢筋(直端)		40d	35d	30d	25d	35d	30d	25d	20d	40d	35d	30d	25d
受拉钢筋	直端	—	—	—	—	40d	35d	30d	25d	45d	40d	35d	30d
	弯钩端	35d	30d	25d	20d	30d	25d	25d	20d	35d	30d	25d	20d

注:1. d 为钢筋直径。
　　2. 采用环氧树脂涂层钢筋时,受拉钢筋最小锚固长度应增加25%。
　　3. 当混凝土在凝固过程中易受扰动时,锚固长度应增加25%。

由于钢筋的牌号的调整及混凝土最低强度等级发生了变化,JTG 3362—2018将上表中的钢筋最小锚固长度进行了调整,参见表8.2.4。

JTG 3362—2018 钢筋最小锚固长度 l_a　　　表8.2.4

钢筋种类	HPB300				HRB400、HRBF400、RRB400			HRB500		
混凝土强度等级	C25	C30	C35	≥C40	C30	C35	≥C40	C30	C35	≥C40
受压钢筋(直端)	45d	40d	38d	35d	30d	28d	25d	35d	33d	30d

续上表

钢筋种类		HPB300				HRB400、HRBF400、RRB400			HRB500		
受拉钢筋	直端	—	—	—	—	$35d$	$33d$	$30d$	$45d$	$43d$	$40d$
	弯钩端	$40d$	$35d$	$33d$	$30d$	$30d$	$28d$	$25d$	$35d$	$33d$	$30d$

注:1. d 为钢筋直径。
  2. 对于受压束筋和等代钢筋直径 $d_e \leq 28mm$ 的受拉束筋的锚固长度,应以等代直径按表值计算,束筋的各单根钢筋直径在同一锚固终点截断;对于等代直径 $d_e \leq 28mm$ 的受拉束筋,束筋内各单根钢筋直径,应自锚固起点开始,以表内规定的单根钢筋的锚固长度的 1.3 倍,呈阶梯形逐根延伸后截断,即自锚固起点开始,第一根延伸 1.3 倍单根钢筋的锚固长度,第二根延伸 2.6 倍单根钢筋直径的锚固长度,第三根延伸 3.9 倍单根钢筋的锚固长度。
  3. 当混凝土在凝固过程中易受扰动时,锚固长度应增加 25%。

2) 美国桥规

美国桥规规定:受拉钢筋的锚固长度应不低于式(8.2.2)~式(8.2.5)规定数值,且不小于 300mm。

表 8.2.5 给出的是受拉钢筋的锚固长度基本值,为了确定其实际数值,还需乘以相应的放大和缩小系数,见表 8.2.6。

受拉钢筋的最小锚固长度基本值   表 8.2.5

钢筋类型	最小锚固长度基本值	
NO.36 及以下	$0.02A_b f_y / \sqrt{f'_c}$ 且不小于 $0.06 d_b f_y$	(8.2.2)
NO.43	$25 f_y / \sqrt{f'_c}$	(8.2.3)
NO.57	$25 f_y / \sqrt{f'_c}$	(8.2.4)
异形钢丝	$0.36 d_b f_y / \sqrt{f'_c}$	(8.2.5)

注:A_b-钢筋的截面面积;f_y-钢筋的屈服强度;f'_c-混凝土的抗压强度代表值;d_b-钢筋的直径。

受拉钢筋锚固长度修正系数   表 8.2.6

类 型	系 数
对于顶部水平或者接近水平的钢筋,在钢筋下浇筑 300mm 以上的混凝土	1.4
对 f_{ct} 有相应规定的低密度集料混凝土	$0.58 \sqrt{f'_c} / f_{ct} \geq 1.0$
对 f_{ct} 无规定的低密度混凝土	1.3
对 f_{ct} 无规定的砂低密度混凝土	1.2
对于有环氧树脂涂层的钢筋,其保护层小于 $3d_b$,或钢筋间距小于 $6d_b$	1.5
对于以上未包括的有环氧涂层的钢筋	1.2
对于横向间距不小于 150mm 且间距方向的净保护层厚度不小于 75mm 的钢筋	0.8
对于无须对所有钢筋进行锚固或者受弯构件内超过分析要求的钢筋的地方	$\dfrac{要求的 A_s}{实际的 A_s}$
对于围在直径不小于 6mm,螺距不大于 100mm 的螺旋筋内的钢筋	0.75

3) 欧洲桥规

欧洲桥规(EN 1992-1-1:2004)中,钢筋的基本锚固长度为 $l_{b,rqd}$。

$$l_{b,rqd} = \frac{\phi}{4} \times \frac{\sigma_{sd}}{f_{bd}} \quad (8.2.6)$$

式中：σ_{sd}——承载能力极限状态下锚固位置钢筋的设计应力；
ϕ——钢筋直径，对于焊接钢筋网的钢筋或钢丝，用等效直径 $\phi_n = \sqrt{2}\phi$ 代替 ϕ 计算；
f_{bd}——带肋钢筋的极限黏结应力设计值，可按式(8.2.7)计算。

$$f_{bd} = 2.25 \eta_1 \eta_2 f_{ctd} \tag{8.2.7}$$

式中：η_1——与黏结状态和浇筑混凝土时钢筋位置有关的系数，对于黏结状况良好的情况取 1.0，对于其他情况和用滑膜制作的构件的钢筋取 0.7；
η_2——与钢筋直径有关的系数，按式(8.2.8)计算。

$$\eta_2 = \begin{cases} 1.0 & \phi \leq 32\text{mm} \\ \dfrac{132 - \phi}{100} & \phi > 32\text{mm} \end{cases} \tag{8.2.8}$$

弯钩钢筋的基本锚固长度 $l_{b,rqd}$ 和设计锚固长度 l_{bd} 沿钢筋中心线计算。设计锚固长度 l_{bd} 按式(8.2.9)计算。

$$l_{bd} = \alpha_1 \alpha_2 \alpha_3 \alpha_4 \alpha_5 l_{b,rqd} \leq l_{b,min} \tag{8.2.9}$$

式中：α_1——采用适当的保护层时考虑钢筋品种的影响系数；
α_2——保护层厚度影响系数；
α_3——横向钢筋约束影响系数；
α_4——沿设计锚固长度 l_{bd} 焊接一根或多根横向钢筋的影响系数；
α_5——沿设计锚固长度传递到劈裂面压力的影响系数；
$l_{b,min}$——当无限制时，最小锚固长度，按式(8.2.10)取值(受拉锚固)。

$$l_{b,min} > \max\{0.3 l_{b,rqd}; 10\phi; 100\text{mm}\} \tag{8.2.10}$$

α_1、α_2、α_3、α_4 和 α_5 的取值见表8.2.7。

系数 α_1、α_2、α_3、α_4 和 α_5 的取值　　表8.2.7

影响因素	锚固类型	系　数
钢筋弯钩形式	直锚	若 $\alpha_1 = 1.0$
	除直锚外的其他锚固形式	若 $c_d > 3\phi$，$\alpha_1 = 0.7$ 否则，$\alpha_1 = 1.0$
混凝土保护层	直锚	$0.7 \leq \alpha_2 = 1 - 0.15(c_d - \phi)/\phi \leq 1.0$
	除直锚外的其他锚固形式	$0.7 \leq \alpha_2 = 1 - 0.15(c_d - 3\phi)/\phi \leq 1.0$
受未焊在主筋的横向钢筋约束	所有类型	$0.7 \leq \alpha_3 = 1 - K\lambda \leq 1.0$
受焊接横向钢筋约束	所有类型	$\alpha_4 = 0.7$
受横向压力约束	所有类型	$0.7 \leq \alpha_5 = 1 - 0.04p \leq 1.0$

表中各符号的意义如下：c_d、K 见图 8.2.1 和图 8.2.2；p 承载能力极限状态下沿 l_{bd} 的横向压力(MPa)。λ 取值如：

$$\lambda = \frac{\sum A_{st} - \sum A_{st,min}}{A_s} \tag{8.2.11}$$

式中：$\sum A_{st}$——沿设计锚固长 l_{bd} 横向钢筋的截面面积；
$\sum A_{st,min}$——最小横向钢筋的截面面积，对于梁取 $0.25 A_s$，对于板取 0；

A_s——直径最大的单根锚固钢筋的面积。

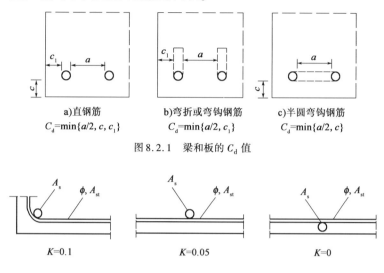

a)直钢筋 $C_d=\min\{a/2, c, c_1\}$　b)弯折或弯钩钢筋 $C_d=\min\{a/2, c_1\}$　c)半圆弯钩钢筋 $C_d=\min\{a/2, c\}$

图 8.2.1　梁和板的 C_d 值

K=0.1　K=0.05　K=0

图 8.2.2　梁和板的 K 值

下面以一组 ϕ12mm、ϕ20mm、ϕ25mm 和 ϕ32mm 的受拉钢筋为例，分别计算各规范所规定的直锚的锚固长度，并加以对比分析，见表 8.2.8。

受拉钢筋的锚固长度示例(单位：mm)　表 8.2.8

钢筋直径	中国桥规	美国桥规	欧洲桥规	备　注
12	360	350.28	278.26	(1)中国桥规采用 C50 混凝土，钢筋采用 HRB400； (2)美国桥规采用 Grade6000 级混凝土，Grade420 级钢筋，并且不计入修正系数； (3)欧洲桥规采用 C40/50 混凝土，B400 钢筋，各影响因素按最不利考虑
20	600	572.04	463.77	
25	750	715.68	579.71	
32	960	902.16	742.03	

从表 8.2.6 的结果可知，中国桥规规定的受拉钢筋锚固长度最长，美国桥规次之，欧洲桥规最短，即欧洲桥规在受拉钢筋锚固长度方面最省钢筋，美国桥规也略少于中国桥规。

2. 受压钢筋的锚固长度

1)中国桥规

中国桥规规定的受压钢筋的最小锚固长度 l_a 仍按照式(8.2.1)计算，具体的取值参见表 8.2.3 和表 8.2.4。在此不再重复。

2)美国桥规

美国桥规中受压钢筋的锚固长度不得小于式(8.2.13)和式(8.2.14)规定的基本锚固长度和相应的修正系数的乘积，并且不得小于 200mm。

受压钢筋的基本锚固长度 l_{db} 按照下式计算：

$$l_{db}=0.24d_b f_y/\sqrt{f'_c} \tag{8.2.12}$$

$$l_{db}=0.044d_b b_y \tag{8.2.13}$$

式中：d_b——钢筋的直径；

f_y——钢筋的屈服强度;

f'_c——混凝土的抗压强度代表值。

在无须对所有钢筋进行锚固或者受弯构件内超过分析要求的钢筋的地方,修正系数为要求的 $\dfrac{A_s}{实际的 A_s}$;对于围在直径不小于 6mm,螺距不大于 100mm 的螺旋筋内的钢筋,修正系数为 0.75。

3) 欧洲桥规

对于受压钢筋的锚固长度,欧洲桥规(EN 1992-1-1:2004)仍旧采用如下公式进行计算:$l_{bd} = \alpha_1 \alpha_2 \alpha_3 \alpha_4 \alpha_5 l_{b,rqd} \geq l_{b,min}$,,并取 $\alpha_1 = \alpha_2 = \alpha_3 = 1.0, \alpha_4 = 0.7$。

$$l_{b,min} > \max\{0.6 l_{b,rqd}; 10\phi; 100mm\} \tag{8.2.14}$$

以一组 $\phi 12mm$、$\phi 20mm$、$\phi 25mm$ 和 $\phi 32mm$ 的受压钢筋为例,分别计算中国、美国、欧洲桥规所规定的直锚的锚固长度(表 8.2.9),并加以对比分析。

受压钢筋的锚固长度示例(单位:mm) 表 8.2.9

钢筋直径	中国	美国	欧洲	备 注
12	300	256.87	194.78	(1)中国桥规采用 C50 混凝土,钢筋采用 HRB400; (2)美国桥规采用 Grade6000 级混凝土,Grade420 级钢筋,并且不计入修正系数; (3)欧洲桥规采用 C40/50 混凝土,B400 钢筋,各影响因素按最不利考虑
20	500	419.50	324.64	
25	625	524.83	405.80	
32	800	661.58	519.42	

从表 8.2.9 的结果可知,中国桥规规定的受压钢筋锚固长度最长,美国桥规次之,欧洲桥规最短,即欧洲桥规的在受压钢筋锚固长度方面最为节省。

从确定锚固长度的方法来看,中国桥梁规范的方法最为简洁。而美国、欧洲桥规均需计算确定锚固长度,稍显复杂。

三、钢筋的搭接长度

1. 受拉钢筋的搭接长度

1) 中国桥规

依据 JTG D62—2004 第 9.1.9 条规定,受拉钢筋绑扎接头的搭接长度应符合本书中表 8.2.8 的规定;受压钢筋绑扎接头的搭接长度应取受拉钢筋绑扎接头搭接长度的 0.7 倍。

在任意绑扎接头中心至搭接长度 l_s 的 1.3 倍长度区域 l 内,同一根钢筋不得有两个接头。在该区域内有绑扎接头的受力钢筋截面面积占受力钢筋总截面面积的百分数,受拉区不宜超过 25%,受压区不宜超过 50%。当绑扎接头的受力钢筋截面面积占受力钢筋总截面面积超过上述规定时,应按表 8.2.10 的规定乘以下列系数:当受拉钢筋绑扎接头截面面积大于 25%,但不大于 50% 时乘以 1.4;当大于 50% 时乘以 1.6。当受压钢筋绑扎接头截面面积大于 50% 时,乘以 1.4(受压钢筋绑扎接头长度仍为表中受拉钢筋绑扎接头长度的 0.7 倍)。

JTG D62—2004中受拉钢筋绑扎接头搭接长度 表8.2.10

钢 筋	混凝土强度等级		
	C20	C25	>C25
R235	35d	30d	25d
HRB335	45d	40d	35d
HRB400、KL400	—	50d	45d

绑扎接头部分的钢筋横向净距不应小于钢筋直径且不应小于25mm,同时非接头部分的钢筋净距仍应符合JTG D62—2004第9.3.4条规定。

束筋的搭接接头应先由单根钢筋错开搭接,接头中距为1.3倍表8.2.11规定的单根钢筋搭接长度;再用一根其长度为$1.3(n+1)l_s$的通长钢筋进行搭接绑扎,其中n为组成束筋的单根钢筋根数,l_s为单根钢筋搭接长度。

由于钢筋的牌号的调整及混凝土最低强度等级发生了变化,JTG 3362—2018将上表中的钢筋最小锚固长度进行了调整,参见表8.2.11。其他构造要求基本不变。

JTG 3362—2018中受拉钢筋绑扎接头搭接长度(单位:mm) 表8.2.11

钢筋种类	HPB300	HRB400、HRBF400、RRB400		HRB500
混凝土强度等级	C25	≥C30	≥C30	≥C30
搭接长度	40d	35d	45d	50d

注:1. 当带肋钢筋直径d大于25mm时,其受拉钢筋的搭接长度应按表值增加5d采用;当带肋钢筋直径小于25mm时,搭接长度可按表值减少5d采用。
2. 当混凝土在凝固过程中受力钢筋易受扰动时,其搭接长度应增加5d。
3. 在任何情况下,受拉钢筋的搭接长度不小于300mm;受压钢筋的搭接长度不应小于200mm。
4. 环氧树脂涂层钢筋的绑扎接头搭接长度,受拉钢筋按表值的1.5倍采用。
5. 受拉区段内,HPB300钢筋绑扎接头的末端应做成弯钩,HRB400、HRB500、HRBF400和RRB400和钢筋的末端可不做成弯钩。

2) 美国桥规

美国桥规2017年版第5.11.5.3款规定将受拉钢筋搭接长度取为受拉延伸长度l_d的倍数,且不小于300mm。对于A类搭接为$1.0l_d$;B类搭接为$1.3l_d$;C类搭接为$1.7l_d$。

受拉变形钢筋和变形钢丝要求的互搭拼接的等级按表8.2.12规定确定。

美国桥规受拉变形钢筋和钢绞线搭接接头分类 表8.2.12

假设的A_s 实际的A_s	按要求的搭接长度拼接A_s的百分数		
	50	75	100
≥2	A	A	B
<2	B	C	C

3) 欧洲桥规

欧洲桥规(EN1992-1-1:2004)规定,钢筋的设计搭接长度取按式(8.2.15)计算:

$$l_{bd} = \alpha_1 \alpha_2 \alpha_3 \alpha_5 \alpha_6 l_{b,rqd} \geq l_{0,min} \qquad (8.2.15)$$

式中,α_1、α_2、α_3和α_5的取值同表8.2.7;计算α_3时,$\sum A_{st,min}$应取$1.0A_s\left(\dfrac{\sigma_{sd}}{f_{yd}}\right)$,$A_s$为一根

搭接钢筋的面积;$\alpha_6 = \sqrt{\dfrac{\rho_1}{25}}$,但不超过 1.5,$\alpha_6$ 的值见表 8.2.13。ρ_1 为从搭接长度中心开始 $0.65 l_0$ 范围内搭接钢筋的百分比。

最小搭接长度为:

$$l_{b,\min} > \max\{0.3\alpha_6 l_{b,rqd}; 15\phi; 200\text{mm}\} \tag{8.2.16}$$

α_6 取值　　　　表 8.2.13

搭接钢筋占钢筋总截面面积的百分率(%)	<25	33	50	>50
α_6	1	1.15	1.4	1.5

2.受压钢筋的搭接长度

1)中国桥规

中国桥规受压钢筋绑扎接头应取受拉钢筋绑扎接头搭接长度的 0.7 倍。

2)美国桥规

美国桥规受压钢筋的搭接长度 l_c 应不小于 300mm,或以下规定值:

$$l_c = \begin{cases} 0.073 m f_y d_b & f_y \leqslant 420\text{MPa} \\ m(0.13 f_y - 24.0) d_b & f_y > 420\text{MPa} \end{cases} \tag{8.2.17}$$

式中,当混凝土强度 f'_c 小于 21MPa 时,$m = 1.33$;在顺着拼接的钢筋有不小于受压构件厚度与钢筋间距的乘积的 0.15% 的有效面积的地方,$m = 0.83$;在用螺旋筋的地方,$m = 0.75$;对于其他情况,$m = 1.0$。

在不同尺寸的受压钢筋搭接的地方,接头长度不得小于较大号钢筋的传递长度,或较小号钢筋的拼接长度。

3)欧洲桥规

欧洲桥规对于受压钢筋的搭接长度,仍用公式 $l_{bd} = \alpha_1 \alpha_2 \alpha_3 \alpha_5 \alpha_6 l_{b,rqd} \geqslant l_{0,\min}$ 计算确定,其中参数 α_1、α_2、α_3 和 α_5 的取值均为 1.0,α_6 的取值同受拉钢筋。

相比之下,中国桥规规定的受拉和受压钢筋锚固长度均为三者中最长,美国桥规次之,欧洲桥规最短,即欧洲桥规的在钢筋锚固长度方面最省钢筋,美国桥规的锚固长度也略小于中国桥规的锚固长度。

8.3 预应力筋构造要点

一、预应力筋和导管的布置

1.先张法构件

1)中国桥规

JTG 3362—2018 第 9.4.4 条规定:在先张法预应力混凝土构件中,预应力钢绞线之间的净距不应小于其直径的 1.5 倍,对七股钢绞线不应小于 25mm。预应力钢丝间净距不应小于 15mm。

2) 美国桥规

美国桥规 2017 年版第 5.10.3.3 条规定：对于先张法构件，成束钢绞线的净距不小于最大集料尺寸的 1.33 倍，且不小于 25mm。

3) 欧洲桥规

欧洲桥规（EN1992-1-1:2004）第 8.10.1.2 规定，单个先张预应力筋的水平和垂直最小净间距应满足图 8.3.1 的要求。可以采用其他布置方式，但是，测试结果需要证明其极限性能令人满意。此外，在锚固区域内不应出现成束的钢筋，除非能够顺利进行混凝土浇筑和密实，并且可以在混凝土与预应力筋之间实现有效的黏结。

2. 后张法构件

1) 中国桥规

JTG 3362—2018 和 JTG D60—2004 第 9.4.9 条规定：在后张法预应力混凝土构件中，直线管道的净距不应小于 40mm，且不宜小于管道直径的 0.6 倍；对于预埋的金属或塑料波纹管和铁皮管，在竖直方向可将两管道叠置。

2) 美国桥规

美国桥规 2017 年版第 5.10.3.3 条规定：对于水平面内无弯曲的预应力管道，管道之间的净距不小于最大集料尺寸的 1.33 倍，且不小于 38mm。

3) 欧洲桥规

欧洲桥规（EN1992-1-1:2004）第 8.10.1.3 规定，后张导管的位置和施工应符合下列条件：①可以安全浇筑混凝土，不会损坏导管；②在应力作用期间和之后，混凝土可以抵抗导管弯曲部分的作用力；③在灌浆过程中，不会有砂浆流入导管。通常，后张构件的导管不可成束布置，除非是一对导管，上下放置且互相垂直。

导管之间的最小净间距应如图 8.3.2 所示。

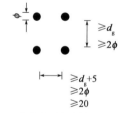

图 8.3.1 先张法预应力筋之间的最小净距
d_g-粗集料的最大尺寸（mm）

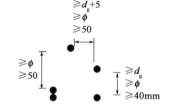

图 8.3.2 导管的最小净间距
ϕ-后张导管直径；d_g-粗集料的最大尺寸（mm）

二、预应力筋的传递长度

对于先张法预应力混凝土构件，在放张预应力钢筋时，需要经一过渡段才能通过钢筋和混凝土之间的黏结力将预压力全部传递给混凝土，这段长度称为预应力钢筋的传递长度，如图 8.3.3 所示。

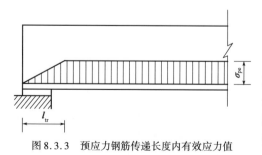

图 8.3.3 预应力钢筋传递长度内有效应力值

1. 中国桥规

JTG 3362—2018 和 JTG D60—2004 在先张法预应力混凝土构件的端部锚固区域,由于受预应力钢筋锚固传递应力的影响,预应力钢筋的实际应力是按曲线规律变化的,但可近似地假定在钢筋传递长度范围内按直线变化。预应力钢筋的传递长度 l_{tr} 按照式(8.3.1)计算:

$$l_{tr} = \beta \frac{\sigma_{pe}}{f_{tk}} d \tag{8.3.1}$$

式中:β——锚固钢筋的外形系数,对于二股和三股钢绞线 $\beta=0.15$,七股钢绞线 $\beta=0.16$;三面刻痕钢丝 $\beta=0.18$;螺旋肋钢丝 $\beta=0.14$;

σ_{pe}——放张时预应力钢筋的有效预应力值;

f_{tk}——混凝土轴心抗拉强度标准值;

d——锚固钢筋的公称直径,当采用束筋时取等效直径 $\sqrt{nd}$。

JTG 3362—2018 第 6.1.8 条和 JTG D62—2004 的 6.1.7 条规定:对先张法预应力混凝土构件端部区域进行正截面、斜截面抗裂验算时,预应力传递长度 l_{tr} 范围内的预应力钢筋的实际应力值,在构件端部取为零,在传递长度末端取有效预应力值 σ_{pe},两点之间按直线变化取值参见图 8.3.3。预应力钢筋的预应力传递长度按表 8.3.1 或表 8.3.2 采用。

JTG D62—2004 中预应力钢筋的预应力传递长度 l_{tr}(单位:mm)　　表 8.3.1

预应力钢筋种类		混凝土强度等级					
		C40	C45	C50	C55	C60	≥C65
钢绞线	$1\times2, 1\times3, \sigma_{pe}=1000\text{MPa}$	75d	68d	63d	60d	57d	55d
	$1\times7, \sigma_{pe}=1000\text{MPa}$	80d	73d	67d	64d	60d	58d
螺旋肋钢丝,$\sigma_{pe}=1000\text{MPa}$		70d	64d	58d	56d	53d	51d
刻痕钢丝,$\sigma_{pe}=1000\text{MPa}$		89d	81d	75d	71d	68d	65d

JTG 3362—2018 中预应力钢筋的预应力传递长度 l_{tr}(单位:mm)　　表 8.3.2

预应力钢筋种类	混凝土强度等级			
	C40	C45	C50	C55
1×7 钢绞线,$\sigma_{pe}=1000\text{MPa}$	80d	73d	67d	64d
螺旋肋钢丝,$\sigma_{pe}=1000\text{MPa}$	70d	64d	58d	56d

注:1. 预应力传递长度应根据预应力钢筋放张时混凝土立方体抗压强度 f'_{cu} 确定,当 f'_{cu} 在表列混凝土强度等级之间时,预应力传递长度按直线内插取用。

2. 当预应力钢筋的有效预应力值 σ_{pe} 与表值不同时,其预应力传递长度应根据表值按比例增减,或按公式(8.3.1)计算。

3. 当采用骤然放松预应力钢筋的施工工艺时,l_{tr} 应从离构件末端 $0.25l_{tr}$ 处开始计算。

4. d 为预应力钢筋的公称直径。

2. 美国桥规

美国桥规规定预应力钢筋的传递长度为 $60d_b$,d_b 为预应力筋的名义直径。

3. 欧洲桥规

欧洲桥规（EN 1992-1-1:2004）第8.10.2.2条规定，预应力钢筋的传递长度的基准值可按下式确定：

$$l_{pt} = \alpha_1 \alpha_2 \phi \sigma_{pm0} / f_{bpt} \tag{8.3.2}$$

式中，若为缓慢释放，则 $\alpha_1 = 1.0$；若为骤然释放，则 $\alpha_1 = 1.25$。若预应力筋为环形横截面，则 $\alpha_2 = 0.25$；若3丝或7丝钢丝，则 $\alpha_2 = 0.19$。ϕ 指预应力筋的标称直径；σ_{pm0} 为释放后瞬间的预应力筋应力。

在预应力筋释放时，可以假设预应力按恒定的黏结应力 f_{bpt} 转移至混凝土：

$$f_{bpt} = \eta_{p1} \eta_1 f_{ctd}(t) \tag{8.3.3}$$

式中，对于刻痕钢丝 $\eta_{p1} = 3.2$，对于3丝和7丝的钢绞线 $\eta_{p1} = 1.0$；对于良好黏结条 $\eta_1 = 1.0$，除非可以在施工过程中针对特殊条件调整至较大值，$\eta_1 = 0.7$。$f_{ctd}(t)$ 为在释放状态下的抗拉强度设计值，$f_{ctd}(t) = \alpha_{ct} \times 0.7 \times f_{ctm}(t) / \gamma_c$。根据设计情况，传递长度的设计值应为两值中不利者：$l_{pt1} = 0.8 l_{pt}$ 或 $l_{pt2} = 1.2 l_{pt}$。

三、预应力筋的锚固长度

1. 中国桥规

先张法预应力混凝土构件，当计算端部锚固区正截面和斜截面的抗弯承载力时，锚固区段内预应力钢筋的抗拉强度设计值，在锚固起点处取为零，在锚固终点处取为 f_{pd}，两点之间按直线内插取值。预应力钢筋的最小锚固长度 l_a 按式（8.3.4）取用：

$$l_a = \alpha \frac{f_{pd}}{f_{td}} d \tag{8.3.4}$$

式中：α——锚固钢筋的外形系数，对于二股和三股钢绞线 $\alpha = 0.16$，七股钢绞线 $\alpha = 0.17$；三面刻痕钢丝 $\alpha = 0.19$；螺旋肋钢丝 $\alpha = 0.13$；

f_{pd}——锚固钢筋的抗拉强度设计值；

f_{td}——锚固区混凝土的抗拉强度设计值；

d——锚固钢筋的公称直径，当采用束筋时取等效直径 $\sqrt{n}d$。

JTG D62—2004 及 JTG 3362—2018 第5.1.6条规定：计算先张法预应力混凝土构件端部锚固区的正截面和斜截面抗弯承载力时，锚固区内预应力钢筋的抗拉强度设计值，在锚固起点处为零，在锚固终点处取为 f_{pd}，两点之间按线性插值法取值。预应力钢筋的锚固长度 l_a 按表8.3.3取用，或按 JTG 3362—2018 的数据取用，见表8.3.4。

JTG D62—2004 中预应力钢筋锚固长度 l_a（单位：mm） 表8.3.3

预应力钢筋种类		混凝土强度等级					
		C40	C45	C50	C55	C60	≥C65
钢绞线	$1\times2, 1\times3$, $f_{pd}=1170$MPa	115d	110d	105d	100d	95d	90d
	1×7, $f_{pd}=1260$MPa	130d	125d	120d	115d	110d	105d
螺旋肋钢丝 $f_{pd}=1200$MPa		95d	90d	85d	83d	80d	80d

续上表

预应力钢筋种类	混凝土强度等级					
	C40	C45	C50	C55	C60	≥C65
刻痕钢丝,$f_{pd}=1070$MPa	125d	115d	110d	105d	103d	110d

JTG 3362—2018 中预应力钢筋锚固长度 l_a（单位：mm） 表 8.3.4

预应力钢筋种类	混凝土强度等级					
	C40	C45	C50	C55	C60	≥C65
1×7 钢绞线,$f_{pd}=1260$MPa	130d	125d	120d	115d	110d	105d
螺旋肋钢丝,$f_{pd}=1200$MPa	95d	90d	85d	83d	80d	80d

注：1. 当采用骤然放松预应力钢筋的施工工艺时,锚固长度应从离构件末端 $0.25l_{tr}$ 处开始,l_{tr} 为预应力钢筋的预应力传递长度,见表 8.3.1 或表 8.3.2。
2. 当预应力钢筋的抗拉强度设计值 f_{pd} 与表值不同时,其锚固长度应根据表值按强度比例增减。
3. d 为预应力钢筋的公称直径。

2. 美国桥规

美国桥规 2017 年版第 5.11.4.2 条规定：先张预应力筋的锚固长度应满足式（8.3.5）的要求：

$$l_d \geqslant \kappa(0.15f_{ps} - 0.097f_{pe})d_b \tag{8.3.5}$$

式中：κ——和先张构件尺寸相关的系数,当梁高小于 600mm 时,取 1.0,当梁高大于 600mm 时,取 1.6;

f_{ps}——预应力钢筋中的平均应力;

f_{pe}——扣除全部预应力损失后预应力钢筋中的应力;

d_b——预应力筋的名义直径。

预应力钢筋中应力和锚固端距离关系参见图 8.3.4。

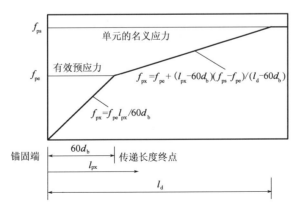

图 8.3.4 预应力钢筋中应力和距锚固端距离的关系

从预应力钢筋的约束端至传递长度终点：

$$f_{px} = \frac{f_{pe}l_{px}}{60d_b} \tag{8.3.6}$$

从传递长度终点至锚固长度的终点：

$$f_{px} = f_{pe} + \frac{l_{px} - 60d_b}{l_d - 60d_b}(f_{ps} - f_{pe}) \tag{8.3.7}$$

3. 欧洲桥规

欧洲桥规（EN1992-1-1:2004）规定,应力 σ_{pd} 锚固预应力筋时,总锚固长度为：

$$l_{bpd} = l_{pt2} + \alpha_2 \phi(\sigma_{pd} - \sigma_{pm\infty})/f_{bpd} \tag{8.3.8}$$

式中：l_{pt2}、α_2——取值同 8.3.2 节欧洲桥规传递长度的取值方法；

σ_{pd}——混凝土开裂时的预应力钢筋应力；

$\sigma_{pm\infty}$——全部损失之后的预应力；

f_{bpd}——承载能力极限状态下的锚固黏结强度,可按下式计算：

$$f_{bpd} = \eta_{p2} \eta_1 f_{ctd} \tag{8.3.9}$$

式中：η_{p2}——系数考虑了预应力筋类型和锚固时的黏结情况,对于刻痕钢丝 $\eta_{p2} = 1.4$,对于 7 丝钢绞线 $\eta_{p2} = 1.2$,η_1 同前文所述。

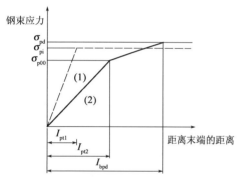

图 8.3.5 先张构件的锚固区应力
(1) 释放状态下；(2) 承载能力极限状态下

如图 8.3.5 所示,根据设计状况,传递长度设计值取下面两式计算结果的不利者：

$l_{pt1} = 0.8 l_{pt}$,$l_{pt2} = 1.2 l_{pt}$。通常较小的值用于验算放张时的局部应力,较大的值用于承载能力极限状态(受剪、锚固等)验算。

四、计算实例

本节以先张法预应力混凝土构件为例,分别按着中国、美国、欧洲桥梁规范确定预应力筋的传递长度和锚固长度。为方便计算和对比分析,做如下假设：

① 按中国规范,放张时预应力筋的有效应力 $\sigma_{pe} = 0.8\sigma_{con} = 0.8 \times 1395\mathrm{MPa} = 1125\mathrm{MPa}$,采用 C50 混凝土和 7 股直径为 15.4mm 的钢绞线 $f_{pk} = 1860\mathrm{MPa}$,其他设计参数按规范规定取值。

② 按美国桥梁设计规范要求,预应力钢筋的抗拉强度标准值 $f_{pu} = 1860\mathrm{MPa}$,屈服强度为 $f_{py} = 0.9 \times 1860 = 1674(\mathrm{MPa})$；预应力筋的张拉控制应力为 $0.75f_{pu} = 0.75 \times 1860 = 1395(\mathrm{MPa})$,预应力筋的有效预应力取 $0.8 \times 1395 = 1116(\mathrm{MPa})$。

③ 按欧洲桥规,放张时预应力筋的有效应力 $\sigma_{pm0} = 0.8\sigma_{con} = 0.8 \times 1488\mathrm{MPa} = 1190\mathrm{MPa}$,完成全部的预应力损失后的应力为 $\sigma_{pm\infty} = 1041\mathrm{MPa}$,极限状态时开裂截面预应力筋的应力 $\sigma_{pd} = 1480\mathrm{MPa}$,采用 C40/50 混凝土和 7 股直径为 15.2mm 的钢绞线 $f_{ptk} = 1860\mathrm{MPa}$,其他设计参数按规范规定取值。

1. 按中国桥规计算

预应力传递长度为：

$$l_{tr} = \beta \frac{\sigma_{pe}}{f_{tk}} d = 0.16 \times \frac{1125}{2.65} \times 15.2 = 1032(\mathrm{mm})$$

锚固长度为：

$$l_a = \alpha \frac{f_{pd}}{f_{td}} d = 0.17 \times \frac{1260}{1.83} \times 15.2 = 1779 (\text{mm})$$

2. 按美国桥规计算

预应力钢筋的传递长度为：

$$60 d_b = 60 \times 15.2 = 912 (\text{mm})$$

预应力钢筋的锚固长度为：

$$l_d = \kappa(0.15 f_{ps} - 0.097 f_{pc}) d_b = 1.0 \times (0.15 \times 1395 - 0.097 \times 1116) \times 15.2 = 1535.2 (\text{mm})$$

3. 按欧洲桥规计算

预应力传递完成时的混凝土抗拉强度设计值为：

$$f_{ctd}(t) = \alpha_{ct} \frac{f_{ctk}(t)}{\gamma_c} = 1.0 \times \frac{0.7 \times f_{ctm}}{\gamma_c} = 1.0 \times \frac{0.7 \times 3.5}{1.5} = 1.633 (\text{MPa})$$

对于 7 股钢绞线，$\eta_{p1} = 3.2$；假定预应力钢绞线与混凝土处于良好的黏结状态，则 $\eta_1 = 1.0$。所以预应力传递完成时的黏结强度为：

$$f_{bpt} = \eta_{p1} \eta_1 f_{ctd}(t) = 3.2 \times 1.0 \times 1.633 = 5.226 (\text{MPa})$$

采用缓慢放张方式，$\alpha_1 = 1.0$；对于钢绞线，$\alpha_2 = 0.19$；$\phi = 15.4 \text{mm}$。所以，基本传递

$$l_{pt} = \frac{\alpha_1 \alpha_2 \phi \sigma_{pm0}}{f_{bpt}} = \frac{1.0 \times 0.19 \times 15.4 \times 1190}{5.226} = 667 (\text{mm})$$

传递长度设计值为：

$$l_{pt2} = 1.2 l_{pt} = 1.2 \times 667 = 801 (\text{mm})$$

混凝土抗拉强度设计值为：

$$f_{ctd} = \alpha_{ct} \frac{f_{ctk}}{\gamma_c} = 1.0 \times \frac{3.5}{1.5} = 2.333 (\text{MPa})$$

对于 7 股钢绞线，$\eta_{p2} = 1.2$，所以黏结强度为：

$$f_{bpd} = \eta_{p2} \eta_1 f_{ctd} = 1.2 \times 1.0 \times 2.333 = 2.780 (\text{MPa})$$

锚固长度为：

$$l_{bpd} = l_{pt2} + \alpha_2 \phi \frac{\sigma_{pd} - \sigma_{pm\infty}}{f_{bpd}} = 801 + 0.19 \times 15.4 \times \frac{1480 - 1041}{2.78} = 1264 (\text{mm})$$

将上述计算结果绘入表 8.3.5 中，以便于分析对比。

中国、美国、欧洲桥规计算的预应力钢筋的传递长度和锚固长度汇总（单位：mm） 表 8.3.5

预应力钢筋预留长度	中国桥规	美国桥规	欧洲桥规
传递长度	1032	912	801
锚固长度	1779	1535.2	1264

表中计算结果表明，对于预应力筋的传递长度和锚固长度，均有中国桥规 > 美国桥规 > 欧洲桥规的计算结果。三种桥规的计算方法及原理完全不同，欧洲桥规方法比较细腻，美国桥规比较粗犷，中国桥规的计算方法比较合理，所得到的预应力钢筋的传递长度和锚固长度均为最大。

第9章

中国、美国、欧洲混凝土桥梁规范评价体系

本章以中国公路桥梁设计规范《公路桥涵设计通用规范》(JTG D62—2004、JTG D60—2015)和《公路钢筋混凝土及预应力混凝土桥涵设计规范》(JTG D62—2004、JTG 3362—2018),美国桥规和欧洲桥规的设计条款及相关设计方法为基础,进行中国、美国、欧洲混凝土桥梁上、下部结构的对比和分析。从各规范的设计准则和极限状态划分、可靠度指标、材料强度指标、荷载模式及荷载组合、构件承载力、应力、裂缝及挠度的计算方法、耐久性以及构造要点等方面对中国、美国、欧洲桥规进行对比和总结。阐述中国、美国、欧洲桥规基于可靠度理论的半概率极限状态设计方法,介绍中国、美国、欧洲桥规对于结构构件设计目标可靠度的基本要求,以及体现可靠度水平的极限状态方程基本变量及其分项系数的应用方法。根据各规范的设计原则与可靠度原理,结合《通用图》的预应力混凝土简支空心板梁桥、简支T梁桥以及先简支后连续的连续小箱梁桥的工程算例分析,提出定量化评价的核心指标,建立衡量不同桥梁设计规范的评价体系和评价方法,进而较为系统、全面、定量地评价混凝土桥梁设计规范的安全性与经济性。

基于可靠度理论基本原理,参考极限状态可靠度指标要求,中国、美国、欧洲桥规的评价指标将主要从承载能力极限状态与正常使用极限状态两个方面,比较中国、美国、欧洲桥规在不同极限状态下结构作用效应与抗力效应、变形与变形限值,以及应力与应力限值的综合效应。本章提出的三个评价基本指标分别为:截面抗力富余度、变形富余度和应力富余度。根据可靠度原理,提出了规范评价体系的核心指标为综合富余度。下文将具体阐述各评价指标的基本概念与评价方法。

9.1 混凝土桥梁设计规范评价体系

中国、美国、欧洲混凝土桥梁设计规范在设计准则、极限状态、材料特性、荷载及其组合、构件计算方法、各极限状态计算方法等方面均存在不同程度的差异。如何评价不同设计规范的安全性和经济性,是"一带一路"建设中面临的问题之一。在建立中国、美国、欧洲规范评价体系时,应比较各规范在不同极限状态下结构内力与抗力、应力与限值、变形与限值等的综合效应。

一、截面抗力富余度

在中国、欧洲桥梁设计规范的承载能力极限状态下与美国桥规的破损强度极限状态下,按照设计规范要求对结构抗力大小或内力大小进行比较所得到的结论难以全面反映桥梁设计规范的整体安全性,也无法准确判断各规范的经济性差异。

为方便对三套规范进行综合比较,将结构各设计控制截面的抗力设计值与荷载效应组合设计值之比作为承载能力极限状态主要评价指标,并定义该指标为截面抗力富余度 λ_S,参见公式(9.1.1)。λ_S 是承载能力极限状态下截面抗力和截面效应的综合体现,能够反映截面的安全程度,也可反映截面材料及其强度的利用率,其值的相对大小可作为三套规范安全性与经济性的评价指标之一。在承载能力极限状态下,当截面形式和配筋条件相同时,如果 λ_S 值越接近于1,那么截面的安全储备越低,截面材料利用率越高,经济性也相对较好;反之亦然。

$$\lambda_S = \frac{R_d}{S_d} \geqslant 1.0 \qquad (9.1.1)$$

式中:R_d——截面的抗力效应设计值;

S_d——截面的作用组合效应设计值。

针对桥梁构件的主要受力形式(轴心受压、受弯、偏心受压、受剪等),将承载能力极限状态下的截面抗力富余度 λ_S 根据公路混凝土桥梁基本构件的内力特征的不同,划分为截面抗弯富余度 λ_{sb}、截面抗剪富余度 λ_{ss} 及截面抗压富余度 λ_{sa} 三个二级指标,抗弯、抗剪、抗压富余度的计算方法如下。

1. 截面抗弯富余度 λ_{sb}

公路混凝土桥梁结构中常见的梁、板构件为最典型的受弯构件,受弯构件在荷载作用下承受弯矩 M 与剪力 V 的共同作用。因此,通常对于构件控制截面需要进行承载能力极限状态下构件截面抗弯承载力验算和抗剪承载力验算。本书第2章已给出了中国、美国、欧洲桥规承载能力极限状态计算表达式以及相关荷载组合计算方法,结合中国、美国、欧洲桥规中详细规定的截面抗力计算方法,以单筋矩形截面为例,中国、美国、欧洲桥规的承载能力极限状态下截面抗弯富余度 λ_{sb} 计算方法如表9.1.1所示。

表9.1.1给出了公路混凝土桥梁设计中,最基本的单筋矩形截面适筋破坏情形下的截面抗弯富余度 λ_{sb} 的计算方法。在进行工程实例计算时需根据不同材料、不同截面、不同计算模式进行结构构件承载能力极限状态下抗弯富余度 λ_{sb} 的计算。

2. 截面抗剪富余度 λ_{ss}

混凝土桥梁的受弯构件在剪力和弯矩共同作用下的支座附近梁段容易发生斜截面受剪破坏。因此在承载能力极限状态下,需要对结构构件进行截面抗剪承载力计算。截面抗剪富余度 λ_{ss} 的计算方法见表9.1.2。表中中国、美国、欧洲桥规的构件斜截面抗剪承载力均针对有腹筋构件。中国桥规中抗剪承载力计算方法基于构件截面剪压破坏形态;美国桥规中截面抗剪模型基于修正压力场理论,适用于钢筋与预应力混凝土构件的一般方法;欧洲桥规则以桁架模型为基础,考虑箍筋屈服与混凝土压碎两种剪切破坏形式。

中国、美国、欧洲桥规截面抗弯富余度 λ_{sb} 计算方法　　　　表 9.1.1

规范	截面抗弯富余度 λ_{sb} 计算表达式
中国桥规	$$\lambda_{sb}=\frac{M_u}{\gamma_0 M_d}=\frac{f_{cd}bx\left(h_0-\dfrac{x}{2}\right)}{\gamma_0\left(\sum_{i=1}^{m}\gamma_{Gi}M_{Gik}+\gamma_{Q1}M_{Q1k}+\psi_c\sum_{j=1}^{n}\gamma_{Qj}M_{Qjk}\right)}$$ 式中：M_u——截面抗弯承载力； 　　　γ_0——结构重要性系数； 　　　M_d——截面弯矩组合设计值； 　　　f_{cd}——混凝土轴心抗压强度设计值； 　　　b——截面宽度； 　　　h_0——截面有效高度； 　　　x——按等效矩形应力图的计算受压区高度。 截面弯矩组合设计值 M_d 的具体展开公式中的参数含义参见第 4.2 节
美国桥规	$$\lambda_{sb}=\frac{M_r}{M}=\frac{\phi\left[A_{ps}f_{ps}\left(d_p-\dfrac{a}{2}\right)+A_sf_y\left(d_s-\dfrac{a}{2}\right)\right]}{\sum\eta_i\gamma_iM_i}$$ 式中：M_r——截面名义抗弯承载力； 　　　M——截面弯矩效应组合值； 　　　ϕ——抗力折减系数； 　　　f_{ps}——预应力钢筋的应力； 　　　f_y——普通钢筋的屈服强度； 　　　A_{ps}、A_s——预应力钢筋与普通钢筋的面积； 　　　d_p、d_s——受压边缘至预应力钢筋与普通钢筋中心的距离； 　　　a——等效矩形应力块高度。 截面弯矩组合值 M 的具体展开公式的含义参见第 4.2 节
欧洲桥规	$$\lambda_{sb}=\frac{M_{Rd}}{M_{Ed}}=\frac{A_{ps}f_{ps}\left(d_p-\dfrac{\lambda x}{2}\right)+A_sf_{yd}\left(d-\dfrac{\lambda x}{2}\right)}{\sum_{j\geqslant 1}\gamma_{G,j}M_{G,j}+\gamma_P M_P+\gamma_{Q,1}M_{Q,1}+\sum_{i>1}\gamma_{Q,i}\psi_{0,i}M_{Q,i}}$$ 式中：M_{Rd}——截面弯矩抗力设计值； 　　　M_{Ed}——截面弯矩效应组合设计值； 　　　f_{ps}——预应力钢筋的应力； 　　　f_{yd}——普通钢筋的抗拉强度设计值； 　　　A_{ps}、A_s——预应力钢筋与普通钢筋的面积； 　　　d_p、d——受压边缘至预应力钢筋与普通钢筋中心的距离； 　　　λ——受压区有效高度系数； 　　　x——混凝土实际受压区高度。 截面弯矩效应组合设计值 M_{Ed} 的具体展开公式的含义参见第 4.2 节

注：表中中国、美国、欧洲桥规抗弯承载力计算模型仅以单筋矩形截面适筋为基础进行计算。

第9章 中国、美国、欧洲混凝土桥梁规范评价体系

中国、美国、欧洲桥规截面抗剪富余度 λ_{ss} 计算方法　　　　　表 9.1.2

规范	截面抗剪富余度 λ_{ss} 计算表达式	
中国桥规	$\lambda_{ss} = \dfrac{V_u}{\gamma_0 V_d} = \dfrac{V_{cs} + V_{sb} + V_{pb}}{\gamma_0 \left(\sum\limits_{i=1}^{m} \gamma_{Gi} V_{Gik} + \gamma_{Q1} V_{Q1k} + \psi_c \sum\limits_{j=2}^{n} \gamma_{Qj} V_{Qjk} \right)}$ 式中：V_u——截面抗剪承载力； γ_0——结构重要性系数； V_d——截面剪力组合设计值； V_{cs}——斜截面内混凝土和箍筋共同的抗剪承载力设计值； V_{sb}——与斜截面相交的普通弯起钢筋抗剪承载力设计值； V_{pb}——与斜截面相交的预应力弯起钢筋抗剪承载力设计值。 截面剪力组合设计值 V_d 的具体展开公式含义参见第 4.2 节	$V_{cs} = \alpha_1 \alpha_2 \alpha_3 0.45 \times 10^{-3} bh_0 \sqrt{(2+0.6P)\sqrt{f_{cu,k}} \rho_{sv} f_{sv}}$ $V_{sb} = 0.75 \times 10^{-3} f_{sd} \sum A_{sb} \sin\theta_s$ $V_{pb} = 0.75 \times 10^{-3} f_{pd} \sum A_{pb} \sin\theta_p$ V_{cs}、V_{sb}、V_{pb} 的计算方法如上三式所示，为半经验半理论公式，公式参数的具体含义参见 JTG D60—2015
美国桥规	$\lambda_{ss} = \dfrac{V_r}{V} = \dfrac{\phi(V_c + V_s + V_p)}{\sum\limits_{i \geqslant 1} \eta_i \gamma_i V_i}$ 式中：V_r——截面名义抗剪承载力； V——截面弯矩效应组合值； ϕ——抗力折减系数； V_c、V_s、V_p——混凝土、普通钢筋与预应力钢筋的抗剪承载力。 截面剪力组合值 V 的具体展开公式的含义参见第 4.2 节	$V_c = 0.083\beta \sqrt{f'_c} b_v d_v$ $V_s = \dfrac{A_v f_y d_v (\cot\theta + \cot\alpha)\sin\alpha}{s}$ V_c、V_s 的计算方法如上式所示，公式参数的具体含义参见美国桥规
欧洲桥规	箍筋屈服时,抗剪富余度：$\lambda_{ss} = \dfrac{V_{Rd,s}}{V_{Ed}} = \dfrac{A_{sw} z f_{ywd}(\cot\theta + \cot\alpha)\sin\alpha/s}{\sum\limits_{j \geqslant 1} \gamma_{G,j} V_{G,j} + \gamma_P V_P + \gamma_{Q,1} V_{Q,1} + \sum\limits_{i>1} \gamma_{Q,i} \psi_{0,i} V_{Q,i}}$ 混凝土压碎时,抗剪富余度：$\lambda_{ss} = \dfrac{V_{Rd,\max}}{V_{Ed}} = \dfrac{\alpha_{cw} v_1 f_{cd} b_w z \dfrac{\cot\theta + \cot\alpha}{1+\cot^2\theta}}{\sum\limits_{j \geqslant 1} \gamma_{G,j} V_{G,j} + \gamma_P V_P + \gamma_{Q,1} V_{Q,1} + \sum\limits_{i>1} \gamma_{Q,i} \psi_{0,i} V_{Q,i}}$ 式中：$V_{Rd,s}$——截面箍筋屈服时剪力抗力设计值； 　　　$V_{Rd,\max}$——截面混凝土压碎时剪力抗力设计值； 　　　V_{Ed}——截面剪力组合设计值。 截面组合设计值 M_{Ed} 的具体展开公式的含义参见第 4.2 节，截面剪力抗力设计值 $V_{Rd,s}$、$V_{Rd,\max}$ 展开公式含义参见欧洲桥规(EN 1992-1-1:2004)	

美国桥规采用拉压杆理论，提出了两类受弯构件抗剪承载力的计算模型：对于截面应变分布基本符合平截面假定的结构区域(B 区)，采用截面模型；对于截面应变分布呈现非线性的结构区域(D 区)，采用拉—压杆模型，表 9.1.2 主要计算方式适用于截面模型。欧洲桥规采用的是以混凝土压杆与腹筋拉杆组成的桁架抗剪承载力计算模型。计算结果表明，中国、美国、欧洲桥规的抗剪计算模型及抗剪富余度 λ_{ss} 的计算结果差异较大。

3. 截面抗压富余度 λ_{sa}

截面抗压富余度 λ_{sa} 主要针对公路混凝土桥梁结构中的轴心受压构件、偏心受压构件进行抗压承载力验算。通常情况下,实际公路桥梁结构中轴心受压构件很少出现,应用最为广泛的是偏心受压构件,比如拱肋、刚架立柱、墩(台)柱等构件。此处,因偏心受压构件需同时验算结构构件的轴心压力与弯矩且计算较为烦琐,因此截面抗压富余度 λ_{sa} 的计算方法以轴心受压构件为例,简要对比中国、美国、欧洲桥规的截面抗压富余度 λ_{sa} 的计算方法。轴心受压构件按照箍筋的功能和配置方式分为普通箍筋与螺旋箍筋,表9.1.3 主要基于轴心受压构件普通箍筋进行抗压富余度 λ_{sa} 的对比。

中国、美国、欧洲桥规截面抗压富余度 λ_{sa} 计算方法　　　　表9.1.3

规范	截面抗压富余度 λ_{sa} 计算表达式
中国桥规	$$\lambda_{sa} = \frac{N_u}{\gamma_0 N_d} = \frac{0.9\varphi(f_{cd}A + f'_{sd}A'_s)}{\gamma_0 (\sum_{i=1}^{m} \gamma_{Gi} N_{Gik} + \gamma_{Q1} N_{Q1k} + \psi_c \sum_{j=1}^{n} \gamma_{Qj} N_{Qjk})}$$ 式中:N_u——截面抗压承载力; 　　　γ_0——结构重要性系数; 　　　N_d——截面轴力组合设计值; 　　　φ——轴心受压构件稳定系数; 　　　f_{cd}——混凝土轴心抗压强度设计值; 　　　A——构件毛截面面积; 　　　f'_{sd}——纵向普通钢筋抗压强度设计值; 　　　A'_s——纵向钢筋截面面积。 截面轴力组合设计值 N_d 的具体展开公式中的参数含义参见第4.2节
美国桥规	$$\lambda_{sa} = \frac{P_r}{P} = \frac{0.80\phi[0.85f'_c(A_g - A_{st} - A_{ps}) + f_y A_{st} - A_{ps}(f_{pe} - E_p\varepsilon_{cu})]}{\sum_{i\geqslant 1}\eta_i\gamma_i P_i}$$ 式中:P_r——截面名义抗压承载力; 　　　P——截面轴力效应组合值; 　　　ϕ——抗力折减系数; 　　　f'_c——混凝土抗压强度; 　　　A_g——构件毛截面面积; 　　　A_{st}——纵向普通钢筋的总的截面面积; 　　　A_{ps}——纵向预应力钢筋的截面面积; 　　　f_y——钢筋的屈服强度; 　　　E_p——预应力钢筋的弹性模量; 　　　f_{pe}——预应力钢筋中扣除预应力损失后的有效预应力; 　　　ε_{cu}——抗压混凝土的极限应变。 截面轴力组合值 P 的具体展开公式的含义参见第4.2节

续上表

规范	截面抗压富余度 λ_{sa} 计算表达式
欧洲桥规	$$\lambda_{sa} = \frac{N_{Rd}}{N_{Ed}} = \frac{\lambda \eta f_{cd} A_c + f_{yd} A_s}{\sum\limits_{j \geqslant 1} \gamma_{G,j} N_{G,j} + \gamma_P N_P + \gamma_{Q,1} N_{Q,1} + \sum\limits_{i>1} \gamma_{Q,i} \psi_{0,i} N_{Q,i}}$$ 式中:N_{Rd}——截面抗压设计值; 　　　N_{Ed}——截面轴力效应组合设计值; 　　　$\lambda \, \eta$——间接考虑了钢筋屈服时混凝土的受力; 　　　f_{cd}——混凝土抗压强度设计值; 　　　f_{yd}——钢筋抗压强度设计值; 　　　A_c——混凝土净截面面积; 　　　A_s——纵向钢筋的总面积。 截面轴力效应组合设计值 N_{Ed} 的具体展开公式的含义参见第4.2节

注:表中中国、美国、欧洲桥规计算模型仅以轴心受压构件普通箍筋为基础进行对比。

在此,抗压承载力的验算及截面抗压富余度 λ_{sa} 的计算方法同样适用于桥梁墩、台结构及塔柱结构等偏心受压构件的控制截面,只是偏心受压构件的抗力计算需采用相应规范中的计算方法。

二、变形富余度

在中国、欧洲桥规正常使用极限状态及美国桥规正常使用极限状态下,均对结构的适用性与耐久性提出了要求。为从正常使用极限状态下结构的使用性能指标上来综合比较三套桥梁规范的经济性与安全性,采用各桥规规定的结构变形限值与结构构件的实际变形值的比值作为正常使用极限状态的主要评价指标之一,定量化评价正常使用极限状态下的结构使用性能。参见公式(9.1.2),定义该指标为变形富余度 λ_W。变形富余度 λ_W 是中国、美国、欧洲桥规正常使用极限状态下结构构件适用性与经济性的体现,能够反映构件的安全及舒适性。在正常使用极限状态下,当结构、截面形式与配筋条件相同时,λ_W 数值越接近于1,结构构件的刚度储备越低,材料利用率越高,经济性相对较好,但舒适性也会越差;反之亦然。

$$\lambda_W = \frac{w_A}{w_R} \geqslant 1.0 \qquad (9.1.2)$$

式中:w_A——各桥梁设计规范规定的变形限值;
　　　w_R——桥梁结构的实际变形值。

中国、美国、欧洲桥规均对桥梁结构主梁的最大挠度给出了各自的限值规定,相应的变形富余度 λ_W 的计算方法及桥梁最大挠度限值以及对比如表9.1.4所示。

中国、美国、欧洲桥规变形富余度 λ_W 计算方法　　　　表9.1.4

规范	变形富余度 λ_W 计算表达式
中国桥规	$$\lambda_W = \frac{C_1}{S} = \frac{l/600}{w_R}$$ 式中:C_1——结构构件达到正常使用要求所规定的挠度限值; 　　　S——正常使用极限状态作用效应组合下结构构件的计算挠度(消除结构自重引起的长期挠度后的最大挠度); 　　　l——主梁的计算跨径,对于梁式桥主梁悬臂端挠度不超过悬臂长的 $l/300$

续上表

规范	变形富余度 λ_W 计算表达式
美国桥规	$\lambda_W = \dfrac{w_A}{w_R} = \dfrac{l/800}{w_R}$ 式中:w_A——美国桥规主梁的挠度限值; 　　w_R——使用极限状态下结构构件的计算挠度(主梁在汽车荷载作用下最大挠度); 　　l——主梁的计算跨径,对于梁式桥主梁悬臂端挠度不超过悬臂长的$l/300$
欧洲桥规	$\lambda_W = \dfrac{C_d}{E_d} = \dfrac{l/500}{w_R}$ 式中:C_d——欧洲桥规正常使用状态验算标准的挠度限值; 　　E_d——正常使用状态作用效应下结构构件的计算挠度; 　　l——主梁的计算跨径

中国、美国、欧洲桥规对于桥梁结构的计算挠度均应根据规范给定的构件刚度并利用结构力学的方法进行挠度计算而得。在后文的工程实例变形富余度 λ_W 的分析与计算中,构件实际挠度均利用有限元软件直接进行分析计算。

三、应力富余度

在中国、欧洲桥规正常使用极限状态下与美国桥规正常使用极限状态下,均要求进行抗裂性、裂缝宽度及变形验算,其中混凝土构件的抗裂性验算均以结构构件正截面与斜截面混凝土拉应力是否超过限值作为判断标准。同时中国、美国、欧洲桥规在承载能力极限状态,除了计算构件的极限承载力,还需要进行弹性阶段构件应力验算,包括混凝土的法向压应力、斜截面混凝土的主拉应力、钢筋拉应力等,并作为构件承载力计算的补充。因此结构构件的应力计算均涉及承载能力及正常使用两类极限状态。采用桥梁设计规范规定的构件截面应力限值与计算应力的比值作为承载能力及正常使用极限状态的补充评价指标,并定义该指标为应力富余度 λ_σ,其计算公式为式(9.1.3)。

$$\lambda_\sigma = \frac{\sigma_l}{\sigma_r} \geq 1.0 \qquad (9.1.3)$$

式中:σ_l——桥规规定的不同设计状况下构件截面的应力限值;
　　σ_r——相应作用效应组合作用下构件截面的计算应力值。

根据上文应力验算在不同设计状况下的不同验算要求,将应力富余度 λ_σ 划分为两个二级应力富余度指标:①构件承载力补充验算时构件正截面法向压应力富余度 $\lambda_{\sigma c}$;②正常使用极限状态下,抗裂性验算时构件截面混凝土主拉应力富余度 $\lambda_{\sigma t}$。

应力富余度 λ_σ 是不同极限状态下结构构件安全性、适用性与经济性的综合体现,能够反映截面的安全程度,也可反映截面材料的利用率。当截面形式和配筋条件相同时,λ_σ 值越接近于1,构件的应力安全储备越低,截面材料利用率则越高,经济性相对较好;反之亦然。

1. 混凝土正截面法向压应力富余度 $\lambda_{\sigma c}$

针对预应力混凝土受弯构件正截面受压区混凝土最大压应力的验算,中国桥规采用作用

(或荷载)效应的标准值,不计分项系数,汽车荷载考虑冲击系数的影响。美国桥规压应力验算时,用使用极限状态组合Ⅰ和疲劳极限状态组合。欧洲桥规则采用作用效应的标准组合、准永久组合。基于中国、美国、欧洲桥规的受压区混凝土最大压应力的限值与计算压应力的比值称为法向压应力富余度 $\lambda_{\sigma c}$ 的计算方法如表9.1.5所示。

中国、美国、欧洲桥规压应力富余度 $\lambda_{\sigma c}$ 计算方法　　　表9.1.5

规范	法向压应力富余度 $\lambda_{\sigma c}$ 计算表达式
中国桥规	未开裂构件:$\lambda_{\sigma c} = \dfrac{C_2}{S} = \dfrac{0.5 f_{ck}}{\sigma_{kc} + \sigma_{pt}}$ 允许开裂构件:$\lambda_{\sigma c} = \dfrac{C_2}{S} = \dfrac{0.5 f_{ck}}{\sigma_{cc}}$ 式中:C_2——结构构件使用阶段混凝土法向压应力限值; 　　S——作用标准值(汽车荷载计入冲击系数)与预加力作用产生的混凝土受压区实际最大压应力; 　　f_{ck}——混凝土抗压强度标准值; 　　σ_{kc}——作用标准值产生的混凝土法向压应力; 　　σ_{pt}——预加力产生的混凝土法向拉应力; 　　σ_{cc}——构件开裂截面按使用阶段计算的混凝土法向压应力
美国桥规	$\lambda_{\sigma c} = \dfrac{\sigma_1}{\sigma_r} = \dfrac{0.45 f'_c}{\sigma_r}$ 式中:σ_1——美国桥规扣除全部预应力损失后使用阶段混凝土中的压应力限值; 　　σ_r——有效预应力与永久荷载作用下混凝土截面最大压应力; 　　f'_c——混凝土抗压强度
欧洲桥规	$\lambda_{\sigma t} = \dfrac{C_d}{E_d} = \dfrac{f_{ctm}}{\sigma_1}$ 式中:C_d——欧洲桥规标准组合下混凝土法向压应力限值; 　　E_d——标准组合下截面混凝土法向实际压应力值; 　　f_{ctm}——混凝土抗拉强度平均值

表9.1.5中罗列的中国、美国、欧洲桥规结构构件混凝土正截面法向压应力富余度 $\lambda_{\sigma c}$ 的计算方法主要针对持久状况下使用阶段的预应力混凝土构件压应力计算。中国、美国、欧洲桥规对于短暂状况或施工阶段、运输安装阶段的结构构件应力也给出了限值指标,但因相应指标不参与评价体系计算,此处不详细列出。

2. 混凝土斜截面主拉应力富余度 $\lambda_{\sigma t}$

对于预应力混凝土构件斜截面主拉应力的验算,中国桥规采用作用(或荷载)频遇组合设计值。美国桥规对于全预应力构件,采用使用极限状态组合Ⅲ控制混凝土中性轴处的主拉应力。欧洲桥规规定在荷载频遇组合下混凝土斜截面主拉应力不超过混凝土抗拉强度平均值。中国、美国、欧洲桥规的混凝土斜截面主拉应力限值与主拉应力富余度 $\lambda_{\sigma t}$ 的计算方法如表9.1.6所示。

中国、美国、欧洲桥规主拉应力富余度 $\lambda_{\sigma t}$ 计算方法 表9.1.6

规范	主拉应力富余度 $\lambda_{\sigma t}$ 计算表达式
中国桥规	$$\lambda_{\sigma t} = \frac{C_1}{S} = \frac{kf_{tk}}{\sigma_{tp}}$$ 式中：C_1——结构构件混凝土斜截面主拉应力限值； S——作用短期效应组合和预加力产生的混凝土斜截面主拉实际应力； f_{tk}——混凝土抗拉强度标准值； k——斜截面抗裂验算系数取值方法如下：对于全预应力混凝土构件，预制构件为0.6，现场浇筑为0.4；对于A、B类预应力混凝土构件，预制构件为0.7，现场浇筑为0.5
美国桥规	$$\lambda_{\sigma t} = \frac{\sigma_1}{\sigma_r} = \frac{0.289\sqrt{f'_c}}{\sigma_r}$$ 式中：σ_1——美国桥规使用阶段混凝土截面主拉应力限值； σ_r——有效预应力与永久荷载作用下混凝土截面主拉应力实际值； f'_c——混凝土抗压强度
欧洲桥规	$$\lambda_{\sigma c} = \frac{C_d}{E_d} = \frac{0.6f_{ck}}{\sigma_r}$$ 式中：C_d——欧洲桥规频遇组合下混凝土主拉应力限值； E_d——频遇组合下截面混凝土主拉应力计算值； f_{ck}——混凝土抗压强度标准值，$f_{ctm} = \begin{cases} 0.30 \times f_{ck}^{2/3} \leq C50/60 \\ 2.12 \times \ln[1+(f_{cm}/10)] > C50/60 \end{cases}$ 其中参数含义参考第2.3.1节

表9.1.6中主要给出混凝土斜截面主拉应力富余度 $\lambda_{\sigma t}$ 的计算方法。中国、美国、欧洲桥规对于混凝土正截面的拉应力也给出了限值指标，但因相应指标未列入评价体系，此处不详细列出。

四、综合富余度

截面抗力富余度 λ_S、变形富余度 λ_W、应力富余度 λ_σ 3个评价基本指标及截面抗弯富余度 λ_{sb}、截面抗剪富余度 λ_{ss}、截面抗压富余度 λ_{sa}、正截面法向压应力富余度 $\lambda_{\sigma c}$、斜截面主拉应力富余度 $\lambda_{\sigma t}$ 5个评价二级指标，分别从承载能力极限状态下不同构件抗力效应与作用效应对比角度，以及正常使用极限状态下结构构件功能限值与实际效应（变形、应力）对比角度，较全面地给出了中国、美国、欧洲桥规概率极限状态设计法的量化评价标准。上述富余度评价指标具体计算时，应根据不同规范、不同的构件计算方法与限值要求计算确定。

评价基本指标与二级指标的计算方法基于中国、美国、欧洲桥规的不同极限状态、不同作用效应组合、不同构件计算模式、不同材料指标的可靠度理论模型，即评价基本指标与二级指标中已隐含了可靠度基本原理。基于本书2.3节介绍的可靠度指标与分项系数概率极限状态设计方法，以及极限状态结构构件可靠度指标现有的研究成果，从桥梁规范设计的宏观角度进行评价分析。评价指标由基本指标和二级指标构成，针对不同极限状态、不同构件截面、不同富余度指标，基于可靠度指标采用不同的富余度分项权重，可建立中国、美国、欧洲桥规的评价核心指标——综合富余度 λ_K。该指标可综合地、系统地评价中国、美国、欧洲桥规构件或截面计算的安全性与经济性。在利用综合富余度 λ_K 对中国、美国、欧洲桥规进行评价时，对于混凝土简支结构桥梁，仅需选取跨中截面和距支点 $h/2$ 处的斜截面作为控制截面进行评价；对于混凝土连续梁桥等复杂结构桥梁可以主梁、桥墩为评价对象，亦可选取构件各控制截面的最不利综合富余度作为构件的综合富余度。

综合富余度 λ_K 的计算表达式如式(9.1.4)所示：

$$\lambda_K = \gamma_1 \times (\sum \gamma_{Si} \times \lambda_{Si}) + \gamma_2 \times (\gamma_{\sigma c} \times \lambda_{\sigma c} + \gamma_W \times \lambda_W + \gamma_{\sigma t} \times \lambda_{\sigma t}) \qquad (9.1.4)$$

式中：λ_{Si}——截面抗力富余度指标，包括截面抗弯富余度 λ_{sb}、截面抗剪富余度 λ_{ss}、截面抗压富余度 λ_{sa}；

λ_W——变形富余度指标，主要按照中国、美国、欧洲桥规要求进行桥梁结构挠度富余度计算；

$\lambda_{\sigma c}$、$\lambda_{\sigma t}$——正常使用极限状态验算时构件正截面法向压应力富余度与抗裂性验算时构件斜截面混凝土主拉应力富余度；

γ_1、γ_2——考虑中国、美国、欧洲桥规目标可靠度指标下的承载能力极限状态、正常使用极限状态的基本分项权重。

式(9.1.4)可分为两大部分，即承载能力极限状态-截面抗力富余度组合；正常使用极限状态-变形富余度、应力富余度组合。计算截面抗力富余度 λ_{Si} 各二级指标时，取桥梁结构构件控制截面轴力、弯矩、剪力的最不利内力组合效应设计值进行计算，即 λ_{Si} 是按控制截面最不利内力组合效应计算出的截面抗力富余度。

参考表2.3.4~表2.3.7中的中国、美国、欧洲桥规承载能力、正常使用极限状态下的目标可靠度指标，根据综合富余度 λ_K 计算方法，取中国、美国、欧洲桥规极限状态下目标可靠度的平均值作为分项权重取值参考，参考计算表格如表9.1.7所示。

表9.1.7 γ_1、γ_2 分项权重目标可靠度参考表

安全等级	一级	二级	三级	平均值	比值
承载能力目标可靠度	3.7~5.2	3.4~4.7	2.9~4.2	3.975	$\dfrac{承载能力可靠度均值}{正常使用可靠度均值}=2.25\approx\dfrac{7}{3}$
正常使用目标可靠度	2.3	1.7	1.3	1.766	承载能力基本分项权重 $\gamma_1=0.7$ 正常使用基本分项权重 $\gamma_2=0.3$

考虑到承载能力极限状态的目标可靠度平均指标 3.975 与正常使用极限状态的目标可靠度平均指标 1.766 的数值关系，因此 γ_1、γ_2 可分别取 0.7 和 0.3。

承载能力极限状态下，γ_{Si} 为截面抗弯富余度 λ_{sb}、截面抗剪富余度 λ_{ss}、截面抗压富余度 λ_{sa} 的二级分项权重，可具体表示为 γ_{sb}、γ_{ss}、γ_{sa}。对于桥梁结构受弯构件：参考本书第2.3节中，受弯破坏构件目标可靠度为 4.37，受剪破坏构件目标可靠度为 4.57，根据比值结果适当放大抗剪富余度权重，因此近似取截面抗弯富余度 γ_{sb} 分项权重为 0.45，截面抗剪富余度 γ_{ss} 分项权重为 0.55；对于桥塔、桥墩等受压结构构件，目前的计算只考虑偏压效应，截面抗压富余度分项权重 γ_{sa} 取为 1.0。

正常使用极限状态下，γ_W 为变形富余度 λ_W 的分项权重，$\gamma_{\sigma c}$、$\gamma_{\sigma t}$ 分别为使用阶段构件正截面法向压应力富余度 $\gamma_{\sigma c}$ 与抗裂验算时构件斜截面混凝土主拉应力富余度 $\gamma_{\sigma t}$ 的二级分项权

重。γ_W、$\gamma_{\sigma c}$、$\gamma_{\sigma t}$ 的取值参见本书第 2.3 节表 2.3.7。

由表 9.1.8 可以得出 γ_W、$\gamma_{\sigma c}$、$\gamma_{\sigma t}$ 的分项权重比值。但在正常使用极限状态下上述权重还需要满足 $\gamma_W + \gamma_{\sigma c} + \gamma_{\sigma t} = 1.0$ 的条件,且使用阶段构件正截面法向压应力作为承载力计算的补充,应适当提高 $\gamma_{\sigma c}$ 的比重。因此。建议变形富余度分项权重 γ_W 取为 0.25;使用阶段构件正截面法向压应力富余度分项权重 $\gamma_{\sigma c}$ 取为 0.5;构件斜截面混凝土主拉应力富余度分项权重 $\gamma_{\sigma t}$ 取为 0.25。

γ_W、$\gamma_{\sigma c}$、$\gamma_{\sigma t}$ 分项权重目标可靠度参考表 表 9.1.8

控制指标	挠度可靠度	混凝土主拉应力可靠度(抗裂性)	混凝土法向压应力可靠度
目标可靠度	1.6~3.5	1.5~3.8	3.3~5.2
平均值	2.55	2.65	4.25
比值		$\gamma_W/\gamma_{\sigma c}/\gamma_{\sigma t} = 0.51/0.85/0.53$	

综上,综合富余度 λ_K 的计算表达式的各富余度分项权重取值汇总如表 9.1.9 所示。

综合富余度 λ_K 计算分项权重汇总表 表 9.1.9

极限状态	极限状态基本分项权重	二级分项权重		
承载能力极限状态	γ_1 0.7	抗弯富余度 γ_{sb} 0.45	抗剪富余度 γ_{ss} 0.55	抗压富余度 γ_{sa} 1.0
正常使用极限状态	γ_2 0.3	变形富余度 γ_W 0.25	压应力富余度 $\gamma_{\sigma c}$ 0.50	主拉应力富余度 $\gamma_{\sigma t}$ 0.25

综合富余度 λ_K 的详细计算方法如上文所述。中国、美国、欧洲桥规评价指标的分析计算可采用层次分析法,建立三层评价指标结构。评价核心层为核心指标——综合富余度 λ_K;评价基本层为由中国、美国、欧洲桥规概率极限状态设计计算方法得到的基本富余度计算指标:截面抗力富余度 γ_s、变形富余度 γ_W、应力富余度 γ_σ,并考虑根据可靠度原理与目标可靠度指标现有研究得到的承载能力与正常使用极限状态的基本分项权重 γ_1、γ_2;评价次级层为二级富余度指标:截面抗弯富余度 γ_{sb}、截面抗剪富余度 γ_{ss}、截面抗压富余度 γ_{sa}、正截面法向压应力富余度 $\gamma_{\sigma c}$、斜截面主拉应力富余度 $\gamma_{\sigma t}$,并考虑承载能力极限状态二级分项权重 γ_{sb}、γ_{ss}、γ_{sa},正常使用二级分项权重 γ_W、$\gamma_{\sigma c}$、$\gamma_{\sigma t}$ 等参数。综合富余度 λ_K 的计算层次模型如图 9.1.1 所示。

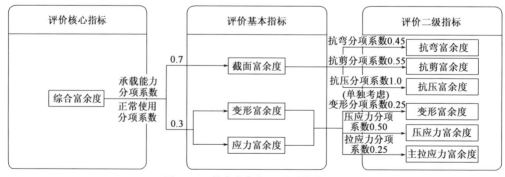

图 9.1.1 综合富余度 λ_K 的计算模型图

目标可靠度 β_T 与综合富余度 λ_K 是中国、美国、欧洲桥规设计方法与评价方法的核心指标。通过上述综合富余度 λ_K 以及富余度基本指标、二级指标的计算方法可以发现,可靠度 β、富余度 λ 与结构的可靠性具有相似的数学关系:公路桥梁构件的可靠度 β 越大,富余度 λ 越大,结构失效概率 p_f 越小,结构构件安全储备越高;公路桥梁结构构件可靠度 $β$ 越小,富余度 $λ$ 越小,结构失效概率 p_f 越大,结构构件安全储备越低。富余度 $λ$ 作为中国、美国、欧洲桥规的评价指标以可靠度原理为核心,与中国、美国、欧洲桥规的设计指标——目标可靠度 $β_T$ 具有良好的一致性。故在实际公路混凝土桥梁工程设计中可采用评价富余度指标 $λ$ 考量不同桥梁设计规范的安全性与经济性。

中外桥梁设计规范评价体系的研究,可为我国桥梁工程从业人员进一步学习、研究国外的设计规范,修订公路桥梁设计规范,开发海外路桥建设市场,提高国际工程建设的竞争力提供了技术参考。

9.2 工程评价实例计算与分析

在对中国、美国、欧洲桥规的综合评价对比分析中,针对规范评价指标体系-综合富余度(截面抗力富余度、变形富余度、应力富余度)等多项指标,需采用不同工程实例进行综合评价指标的计算、分析与检验。

本书第5章和第6章分别给出了简支T梁和简支空心板等19座样本桥梁以及本章的一座4跨预应力混凝土连续小箱梁桥的有限元模型计算结果;第7.2节和第7.3节分别给出了盖梁和桥墩的指标计算结果。现以上述各算例的计算结果为基础,分析、比较按照各规范计算得到的截面抗力富余度(抗弯、抗剪)、变形富余度、应力富余度以及综合富余度指标,以便综合评价三套桥梁规范的安全性与经济性。

一、PC 简支 T 梁桥

1. 截面抗力富余度

对于 PC 简支 T 梁,抗弯截面富余度选取最不利受力截面-主梁跨中截面、抗剪截面富余度选取主梁距支点 $h/2$ 处斜截面分别进行对比、分析和计算。其中相同桥面宽度变跨径系列简支 T 梁计算时,其桥宽统一为 12m;相同桥梁跨径变桥面宽度的系列简支 T 梁计算时,标准跨径统一为 30m。等桥宽变跨径简支 T 梁的计算结果如图 9.2.1 所示。

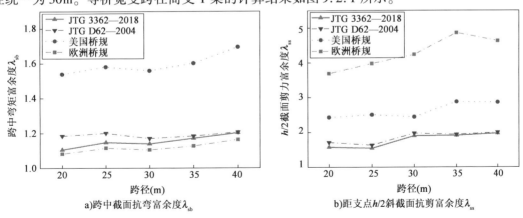

图 9.2.1 简支 T 梁桥主梁截面抗力富余度变化(桥宽 = 12m,变跨径)

从图 9.2.1 等桥宽变跨径预应力混凝土简支 T 梁计算结果可以看出:

(1)依据 JTG D62—2004 计算所得跨中截面抗弯富余度 λ_{sb} 为 1.18~1.21 的范围,按 JTG 3362—2018 计算时截面抗弯富余度有所降低;美国桥规在 1.56~1.70 的范围;欧洲桥规在 1.08~1.16 的范围。对于上述所列跨径和宽度的桥梁均有美国桥规 > 中国桥规 > 欧洲桥规的数值规律。

(2)对于距支点 $h/2$ 斜截面的抗剪富余度而言,依据现行 JTG 3362—2018 进行验算仍能满足验算要求,富余度为 1.6~2.0,依据 JTG D62—2004 计算所得富余度为 1.70~2.00;依据美国桥规计算所得富余度为 2.50~2.80;欧洲桥规在 3.40~4.50 的范围内。对于上述所列跨径和宽度桥梁的截面抗剪富余度均有欧洲桥规 > 美国桥规 > 中国桥规的数值结果。

(3)基于上述数据结果可知,对于等宽变跨径的 PC 简支 T 梁桥而言,依据美国桥规计算的截面抗弯富余度 λ_{sb} 最大,欧洲桥规计算的截面抗剪富余度 λ_{ss} 最大。

(4)对于《通用图》中的等宽变桥跨的 PC 简支 T 梁,就跨中截面抗弯承载力和距梁端 $h/2$ 截面抗剪承载力而言,采用现行 JTG 3362—2018 的抗力和 JTG D60—2015 的荷载验算基本能满足承载力要求,抗弯富余量为 1.0~1.07,抗剪富余量为 1.00~1.02。虽然 JTG 3362—2018 的材料等级有所提升并导致截面抗力提升,但是 JTG D60—2015 中对中小跨径桥梁的活载明显加大,故截面抗力富余量随着跨径的增大而减小;在近 40m 跨径时,按两者计算的截面抗力几乎相等。

图 9.2.2 给出了等跨度变桥宽的 PC 简支 T 梁的计算结果。

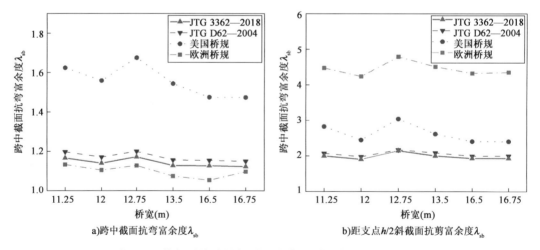

图 9.2.2　简支 T 梁桥主梁截面抗力富余度变化(跨径 =30m,变宽度)

从图中的计算结果可以得出如下结论:

(1)对于主梁跨中截面抗弯富余度 λ_{sb} 而言,随着桥宽的变化,中国桥规计算抗弯截面富余度 λ_{sb} 在 1.10~1.20 的范围内;美国桥规在 1.48~1.68 的范围内;欧洲桥规在 1.05~1.13 的范围内。对于所有跨径的计算结果均有美国桥规 > 中国桥规 > 欧洲桥规的数值结果。

(2)对于主梁距支点 $h/2$ 斜截面抗剪富余度 λ_{ss} 而言,中国桥规计算抗剪截面富余度 λ_{ss} 为 1.90~2.10;美国桥规为 2.40~3.00,欧洲桥规为 4.30~4.80。对于所有跨径的抗剪富余度的计算结果均有欧洲桥规 > 美国桥规 > 中国桥规的数值规律。

综合来看,对比 PC 简支 T 梁抗弯能力和抗剪能力的截面富余度而言,对于三套规范均有截面抗剪富余度 λ_{ss} 大于截面抗弯富余度 λ_{sb},体现了考虑结构破坏特征的"强剪弱弯"的设计理念,中国桥规的计算结果尤其如此。

2. 变形富余度

PC 简支 T 梁桥正常使用极限状态下的变形富余度选取主梁跨中截面进行对比分析,根据 6.4 节的计算结果,PC 简支 T 梁跨中截面变形富余度绘入图 9.2.3 中。

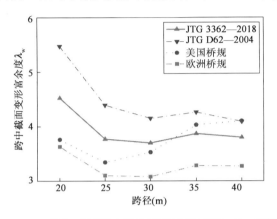

图 9.2.3 PC 简支 T 梁桥跨中截面变形富余度(桥宽 =12m,变跨径)

从不同跨径简支 T 梁主梁跨中计算挠度分析可知,依据 JTG D62—2004 计算所得变形富余度最大,欧洲桥规计算所得挠度富余度最小,而依据 JTG 3362—2018 与美国桥规计算所得挠度富余度居中,这主要与在对应作用组合下的弯矩效应、挠度计算方法以及挠度限值有关。根据跨中截面变形富余度 λ_W 的分析结果可以得出,中国桥规 > 美国桥规 > 欧洲桥规,简支跨径大于 25m 后美国桥规 > JTG 3362—2018 的变形富余度。因此,可以认为正常使用状态下简支 T 梁桥按中国桥规计算的变形富余度相对较大。

三套桥梁设计规范的挠度限值只随跨径变化,且相同跨径变宽度简支 T 梁桥跨中计算挠度变化较小,因而在此不进行等跨变宽 PC 简支 T 梁跨中变形富余度的对比。

3. 应力富余度

应力富余度作为正常使用极限状态结构抗裂性与正常使用极限状态应力验算的重要评价指标。依照应力富余度的计算方法,简支 T 梁控制截面正常使用极限状态构件截面混凝土主拉应力的应力富余度 $\lambda_{\sigma t}$ 以及正截面法向压应力的应力富余度 $\lambda_{\sigma c}$ 见表 9.2.1 和表 9.2.2。

简支 T 梁桥主梁跨中截面法向压应力富余度(等宽变跨径,桥宽 12m)   表 9.2.1

	主梁跨径(m)	20	25	30	35	4
中国桥规	法向压应力(MPa)	8.89	10.96	10.10	10.54	11.17
	应力限值(MPa)	16.20				
	法向压应力富余度 $\lambda_{\sigma c}$	1.82	1.48	1.60	1.54	1.45

续上表

主梁跨径(m)		20	25	30	35	4
美国桥规	法向压应力(MPa)	12.16	14.16	13.40	13.58	13.69
	应力限值(MPa)	18.60				
	法向压应力富余度 $\lambda_{\sigma c}$	1.53	1.31	1.39	1.37	1.36
欧洲桥规	法向压应力(MPa)	11.25	13.24	12.28	12.39	13.12
	应力限值(MPa)	24.00				
	法向压应力富余度 $\lambda_{\sigma c}$	2.13	1.81	1.95	1.94	1.83

简支 T 梁桥距支点 $h/2$ 斜截面主拉应力富余度(等宽变跨径,桥宽12m)　表9.2.2

主梁跨径(m)		20	25	30	35	40
中国桥规	主拉应力(MPa)	0.167	0.166	0.212	0.144	0.210
	应力限值(MPa)	1.59				
	主拉应力富余度 $\lambda_{\sigma t}$	9.52	9.58	7.46	11.69	7.57
美国桥规	主拉应力(MPa)	0.21	0.25	0.29	0.20	0.28
	应力限值(MPa)	1.86				
	主拉应力富余度 $\lambda_{\sigma t}$	7.69	6.86	5.74	9.21	6.62
欧洲桥规	主拉应力(MPa)	0.321	0.339	0.356	0.224	0.306
	应力限值(MPa)	3.508				
	主拉应力富余度 $\lambda_{\sigma t}$	10.93	10.350	9.86	15.66	11.47

由上表 PC 简支 T 梁桥的截面应力富余度数据可以看出：

(1)跨中截面法向压应力富余度 $\lambda_{\sigma c}$,中国桥规在 1.45~1.82 的范围内,美国桥规在 1.31~1.53 的范围内,欧洲桥规在 1.81~2.13 的范围内。随着跨径的增大,PC 简支 T 梁桥跨中截面法向压应力富余度有欧洲桥规＞中国桥规＞美国桥规。分析其原因主要是欧洲桥规的混凝土法向压应力限值较高。

(2)距支点 $h/2$ 处斜截面在正常使用极限状态下的主拉应力富余度 $\lambda_{\sigma t}$,中国桥规在 7.46~11.69 的范围内,美国桥规在 5.14~9.21 的范围内,欧洲桥规在 9.86~15.66 的范围内。各跨径控制截面主压应力富余度有欧洲桥规＞中国桥规＞美国桥规,其数值规律与法向压应力富余度的规律是一致的。

(3)JTG 3362—2018 和 JTG D62—2004 关于跨中截面法向压应力、斜截面主拉应力的计算方法是一样的,故计算结果也相同。

为便于观察,可将表 9.2.1 和表 9.2.2 中的计算结果绘成图 9.2.4。

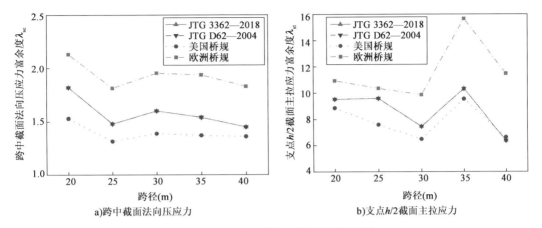

图 9.2.4　PC 混凝土简支 T 梁应力富余度变化

4. 综合富余度

由上述 PC 简支 T 梁控制截面抗力富余度、变形富余度、应力富余度的计算结果,按 9.1 节中综合富余度的评价模型进行 PC 简支 T 梁综合富余度的计算分析。因相同跨度 PC 简支 T 梁随着桥面宽度变化,其变形富余度、应力富余度差异均较小,故在此只考虑计算相同桥面宽度不同跨径的 PC 简支 T 梁控制截面的综合富余度 λ_K,其计算结果绘成图 9.2.5。

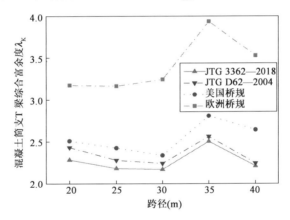

图 9.2.5　PC 简支 T 梁的综合富余度 λ_K 变化图(桥宽 = 12m,变跨径)

从图 9.2.5 中可以分析得出,对于考虑正常使用及承载能力两种不同极限状态以及不同控制截面的 PC 简支 T 梁,综合分析其截面富余度、变形富余度、应力富余度三者之间的关系,对比相同截面形状、尺寸及材料条件下中国、美国、欧洲规范下 PC 简支 T 梁的综合富余度 λ_K 有如下结果:

(1) 该类混凝土桥梁的综合富余度呈现出欧洲桥规 > 美国桥规 > 中国桥规的分布。随着跨径增大,结构的综合富余度未表现出明显的单调递增或者单调递减的变化情况,其分界点在 35m。

(2) 依据中国、美国、欧洲规范计算所得的结构综合富余度随跨径的变化趋势基本一致。

(3) 对于中国、美国、欧洲桥规,采用相同材料强度关系转化分析的简支 T 梁的综合富余度 λ_K 表明,欧洲、美国桥规的综合富余度更高,安全储备更高;反之,当安全储备要求相同时,欧洲、美国桥规计算所需材料更少,经济性更好。

(4) 由于采用的《通用图》是依据 JTG D62—2004 设计的,故按 JTG 3362—2018 验算时其综合富余度略有下降,但所涉及的各项指标仍可满足现行规范的要求。

二、PC 简支空心板梁桥

1. 截面抗力富余度

对于 PC 简支空心板桥,截面抗弯富余度选取最不利受力截面-主梁跨中截面进行对比分析计算;截面抗剪富余度选取主梁距支点 $h/2$ 处斜截面进行对比分析计算。其中相同桥面宽度变跨径系列简支空心板计算时的桥宽统一取为 12m;相同桥梁跨径变桥面宽度的系列简支空心板计算的跨径统一取为 20m。计算结果如图 9.2.6 所示。

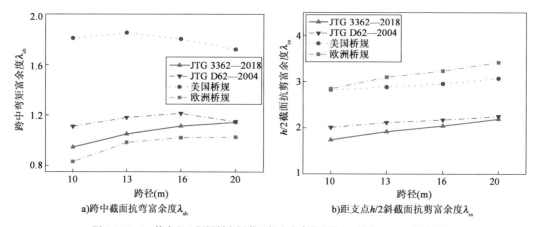

a)跨中截面抗弯富余度λ_{sb}　　b)距支点$h/2$斜截面抗剪富余度λ_{ss}

图 9.2.6　PC 简支空心板梁桥主梁截面抗力富余度变化图(桥宽=12m,变跨径)

由图 9.2.6 可知,跨中抗弯富余度依然呈现出美国桥规 > JTG D62—2004 > JTG 3362—2018 > 欧洲桥规。美国桥规抗弯富余度最大,为 1.70 ~ 1.85;JTG 3362—2018 抗弯富余度介于 0.95 和 1.14 之间,欧洲抗弯富余度介于 0.83 和 1.03 之间。《通用图》中的部分桥梁已无法满足承载能力极限状态的验算要求,例如对于 10m 的简支空心板梁,显然已无法满足 JTG 3362—2018 与欧洲桥规的截面抗弯承载力需求。

在支点 $h/2$ 截面的抗剪富余度与 T 梁结果一致,也呈现出欧洲桥规 > 美国桥规 > JTG D62—2004 > JTG 3362—2018。美国桥规与欧洲桥规计算所得抗剪富余度为 2.80 ~ 3.40,JTG 3362—2018 抗剪富余度在 1.60 和 2.20 之间,与 JTG D62—2004 的差异随跨径增大而减小。

对于预应力混凝土简支空心板桥等跨径变桥宽的情况见图 9.2.7,计算结果与上述等宽变桥跨的情况较为类似。跨中截面抗弯富余度方面,美国桥规富余度为 1.62 ~ 1.73,远大于中国桥规与欧洲桥规;JTG 3362—2018 计算所得结果为 1.09 ~ 1.14,依据欧洲桥规计算所得结果最小,在 0.95 ~ 1.10 范围内波动。

在支点 $h/2$ 截面抗剪方面,依据各规范计算所得抗剪富余度均较大,其中欧洲桥规计算所得抗剪富余度介于 3.10 和 4.10 之间,美国桥规计算所得抗剪富余度变化较小,为 3.00 ~ 3.20,依据 JTG 3362—2018 与 JTG D62—2004 计算所得差异较小,为 2.00 ~ 2.60。

此外,对于这三套桥梁设计规范,均有抗剪截面富余度大于抗弯截面富余度的计算结论。这其中自然包括欧洲、美国桥规中抗剪承载力计算结果偏高的因素,尤其是欧洲桥规;而中国桥规则基于"强剪弱弯"的设计理念并采用了临界剪跨比的概念,其抗剪承载力计算结果相对较低,是偏于安全的。按《通用图》的计算结果表明,JTG 3362—2018 相较 JTG D62—2014 的截面抗力富余度略有降低,且有截面抗弯富余度小于 1.0 的情况。

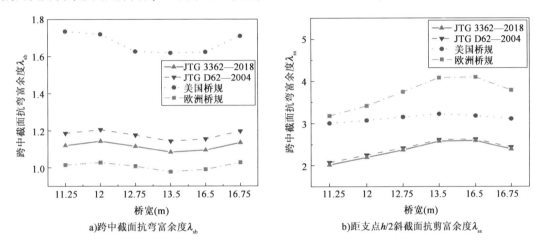

a) 跨中截面抗弯富余度 λ_{sb}　　　　b) 距支点 $h/2$ 斜截面抗剪富余度 λ_{ss}

图 9.2.7　PC 简支空心板梁桥主梁截面抗力富余度变化图(跨径 = 20m,变宽度)

2. 变形富余度

PC 简支空心板梁桥正常使用极限状态下的变形富余度选取主梁跨中截面进行对比分析,根据 6.4 节的计算方法,简支空心板跨中截面变形富余度计算结果如图 9.2.8 所示。

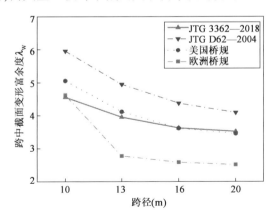

图 9.2.8　PC 简支空心板梁桥跨中截面变形富余度图(同表 9.2.3)

从不同跨径 PC 简支空心板主梁跨中截面变形富余度分析,由图 9.2.8 可以得出,在简支 T 梁跨中变形富余度 λ_w 方面,中国桥规相对较高,美国桥规次之,欧洲桥规最低。

PC 简支空心板主梁跨中截面随着跨径在 10 ~ 20m 间变化,其变形富余度 λ_w 随着跨径的增加而减小。因规范挠度限值主要随跨径变化,简支空心板截面变形富余度 λ_w 与简支 T 梁三套规范的变形富余度大小排序稍有差异,这主要与欧洲、美国桥规对于不同主梁截面形式(空心板、T 梁)有不同的计算方法有关。

3. 应力富余度

应力富余度作为正常使用极限状态结构抗裂性与应力验算的重要评价指标,依照 9.1 节应力富余度的计算方法,等桥宽变跨度 PC 简支空心板梁桥控制截面正常使用极限状态下构件跨中正截面法向压应力和距支点 $h/2$ 截面混凝土主拉应力的应力富余度计算结果见表 9.2.3 和表 9.2.4。

简支空心板跨中截面法向应力富余度(等宽变跨径,桥宽 12m) 表 9.2.3

	主梁跨径(m)	10	13	16	20
JTG 3362—2018	法向压应力(MPa)	5.97	6.9	7.42	7.72
	应力限值(MPa)	16.20			
	压应力富余度 $\lambda_{\sigma c}$	2.714	2.348	2.183	2.098
JTG D62—2004	法向压应力(MPa)	5.97	6.90	7.42	7.72
	应力限值(MPa)	16.20			
	压应力富余度 $\lambda_{\sigma c}$	2.714	2.348	2.183	2.098
美国桥规	法向压应力(MPa)	5.90	7.87	8.08	8.47
	应力限值(MPa)	18.60			
	压应力富余度 $\lambda_{\sigma c}$	3.153	2.363	2.302	2.196
欧洲桥规	法向压应力(MPa)	7.26	8.23	8.59	9.00
	应力限值(MPa)	24.00			
	压应力富余度 $\lambda_{\sigma c}$	3.306	2.916	2.794	2.667

简支空心板距支点 $h/2$ 斜截面应力富余度(等宽变跨径,桥宽 12m) 表 9.2.4

	主梁跨径(m)	10	13	16	20
JTG 3362—2018	主拉应力(MPa)	1.35	1.44	1.37	1.38
	应力限值(MPa)	1.59			
	主拉应力富余度 $\lambda_{\sigma t}$	1.178	1.104	1.161	1.152
JTG D62—2004	主拉应力(MPa)	1.35	1.44	1.37	1.38
	应力限值(MPa)	1.59			
	主拉应力富余度 $\lambda_{\sigma t}$	1.178	1.104	1.161	1.152

续上表

主梁跨径(m)		10	13	16	20
美国桥规	主拉应力(MPa)	1.63	1.78	1.66	1.71
	应力限值(MPa)	1.86			
	主拉应力富余度 $\lambda_{\sigma t}$	1.141	1.045	1.120	1.088
欧洲桥规	主拉应力(MPa)	1.78	2.02	1.58	1.59
	应力限值(MPa)	3.508			
	主拉应力富余度 $\lambda_{\sigma t}$	1.971	1.737	2.220	2.206

由表9.2.3中PC简支空心板梁桥跨中截面应力富余度数据可以看出,跨中截面法向压应力富余度 $\lambda_{\sigma c}$ 范围,中国桥规为2.098~2.714,美国桥规为2.196~3.153,欧洲桥规为2.667~3.306。随着跨径的增大,PC简支空心梁桥跨中截面法向压应力富余度 $\lambda_{\sigma c}$ 为欧洲桥规>美国桥规>中国桥规,这其中的主要原因是欧洲桥规的混凝土法向压应力限值较高。JTG 3362—2018与JTG D62—2004的计算结果几乎是一样的,这一点与PC简支T梁桥的计算结果一致。

由表9.2.5中PC简支T梁桥距支点 $h/2$ 斜截面的计算结果可知,其正常使用极限状态截面主拉应力富余度 $\lambda_{\sigma t}$,中国桥规在1.104~1.178的范围内,美国桥规在1.045~1.141的范围内,欧洲桥规在2.828~3.216的范围内;距支点 $h/2$ 斜截面混凝土主压应力富余度 $\lambda_{\sigma c}$,中国桥规在1.253~2.278的范围内,美国桥规在1.401~2.520的范围内,欧洲桥规在1.737~2.220的范围内,各跨径控制截面主压应力有欧洲桥规>美国桥规>中国桥规。为便于直观比较,将上述结果绘于图9.2.9中。

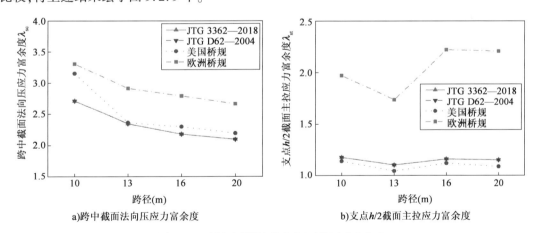

图9.2.9 预应力混凝土简支空心板梁应力富余度

对比相同跨径下PC简支空心板跨中截面法向压应力与距支点 $h/2$ 斜截面的主拉应力富余度,在正常使用极限状态,中国、美国、欧洲桥规下跨中截面混凝土法向压应力富余度 $\lambda_{\sigma c}$ 均大于距支点 $h/2$ 截面主拉应力富余度 $\lambda_{\sigma t}$。此外,按中国桥规及美国桥规计算所得的支点 $h/2$ 截面主拉应力富余度多在1.05以下,富余度相对较小,即容易出现支点附近的斜裂缝。

4. 综合富余度

由上述 PC 简支空心板控制截面的截面富余度、变形富余度、应力富余度的计算结果,根据综合富余度的评价模式来进行简支空心板桥综合富余度的计算分析。因相同跨度简支空心板随着桥面宽度变化,其变形富余度、应力富余度差异较小,故此处只考虑相同桥面宽度不同跨径的 PC 简支空心板控制截面-跨中截面的综合富余度 λ_K 计算结果,参见图9.2.10。

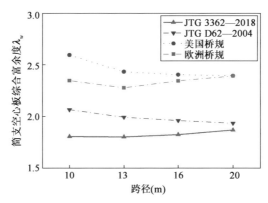

图 9.2.10　简支空心板综合富余度 λ_K 变化图(桥宽 =12m,变跨径)

由图 9.2.10 可知,对于考虑正常使用、承载能力两种不同极限状态以及不同控制截面的 PC 简支空心板,综合分析其截面富余度、变形富余度、应力富余度三者之间的关系,得出相同材料条件下,中国、美国、欧洲桥规下 PC 简支空心板综合富余度 λ_K 有如下规律:

(1)对于预应力混凝土简支空心板梁而言,上部结构的综合富余度总体有美国桥规 > 欧洲桥规 > JTG D62—2004 > JTG 3362—2018。

(2)美国桥规与欧洲桥规的综合富余度随跨径增大而减小,在跨径达到 20m 时,差异近乎消失。

(3)对于中国桥规而言,随着跨径增大,JTG 3362—2018 与 JTG D62—2004 的综合富余度差异逐渐缩小。

(4)根据中国、美国、欧洲桥规,采用相同材料强度关系转化分析的简支空心板梁桥,其综合富余度 λ_K 的计算结果表明,美国、欧洲桥规的综合富余度高于中国桥规;当安全储备要求相同时,按中国桥规计算的经济性要好于美国、欧洲桥规。这一结论与 PC 简支 T 梁桥基本一致。

三、预应力混凝土连续箱梁桥(先简支后连续)

1. 桥梁概况

按照本章第 9.1 节的方法对某座 4×30m PC 混凝土连续箱梁桥进行了评价分析。该桥桥面宽度为 2×12m,单幅桥跨由四片主梁构成;采用传统的先简支后连续方法施工。在此分别按中国桥规的公路—Ⅰ级荷载、美国桥规的 HS-93 荷载、欧洲交通荷载模式 1(其中车道 1 的荷载调整系数取 0.8)计算;中国桥规的设计安全等级取为一级,美国桥规则按照重要性桥梁进行设计,欧洲桥规的桥梁安全性等级设定为 CC3 级。

1) 材料及换算

全桥上部结构均采用同一级别的混凝土;桥面铺装为沥青混凝土。主筋和箍筋采用同一级别的普通钢筋,预应力钢绞线采用公称直径 $d=15.2\text{mm}$ 的低松弛高强度钢绞线,三套规范中相应的材料指标见表9.2.5,其换算关系参见本书第3章。

计算采用的中国、美国、欧洲材料指标　　　表9.2.5

材料	规范	说　　明
混凝土	中国桥规	C50混凝土,强度标准值$f_{ck}=32.4\text{MPa}$, 抗压强度设计值$f_{cd}=22.4\text{MPa}$,抗拉强度设计值$f_{td}=1.83\text{MPa}$, 弹性模量$E_c=3.45\times10^4\text{MPa}$
	美国桥规	Grade6000级混凝土,抗压强度$f'_c=41.4\text{MPa}$, 抗拉强度$f_r=0.62\sqrt{f'_c}=3.99\text{MPa}$,弹性模量$E_c=4800\sqrt{f'_c}=30885\text{MPa}$
	欧洲桥规	C40/50级混凝土,圆柱体抗压强度标准值$f_{ck}=40\text{MPa}$, 立方体抗压强度标准值$f_{ck,cube}=50\text{MPa}$。 持久状况承载能力计算时: 混凝土的抗压强度设计值$f_{cd}=0.85f_{ck}/1.5=22.7\text{MPa}$, 抗拉强度设计值$f_{td}=0.21f_{ck}^{2/3}/1.5=1.64\text{MPa}$。 短暂状况承载能力计算时: 混凝土的抗压强度设计值$f_{cd}=0.85f_{ck}/1.2=28.3\text{MPa}$, 抗拉强度设计值$f_{td}=0.21f_{ck}^{2/3}/1.2=2.05\text{MPa}$。 正常使用极限状态计算时: 混凝土的抗压强度设计值$f_{cd}=0.85f_{ck}=34\text{MPa}$, 混凝土的抗拉强度设计值$f_{td}=0.21f_{ck}^{2/3}=2.46\text{MPa}$, 混凝土的弹性模量$E_c=3.522\times10^4\text{MPa}$
普通钢筋	中国桥规	HRB335级钢筋,钢筋的抗拉强度标准值$f_{sk}=335\text{MPa}$, 抗拉强度标准值$f_{sd}=280\text{MPa}$,抗压强度设计值$f'_{sd}=280\text{MPa}$, 弹性模量$E_s=2.0\times10^5\text{MPa}$
	美国桥规	Grade60级钢筋,抗拉强度$f_y=340\text{MPa}$,抗压强度$f'_y=340\text{MPa}$, 弹性模量$E_s=2.0\times10^5\text{MPa}$
	欧洲桥规	Class A400级钢筋,钢筋的屈服强度$f_{yk}=400\text{MPa}$; 抗拉强度设计值$f_{yd}=350\text{MPa}$,抗压强度设计值$f'_{yd}=350\text{MPa}$, 钢筋的弹性模量$E_s=2.0\times10^5\text{MPa}$
预应力钢筋	中国桥规	预应力钢筋抗拉强度标准值$f_{pu}=1860\text{MPa}$, 抗拉强度设计值$f_{pd}=1260\text{MPa}$,抗压强度设计值$f'_{pd}=390\text{MPa}$ $f_{pu}=1860\text{MPa}$
	美国桥规	预应力钢筋的抗拉强度标准值$f_{pu}=1860\text{MPa}$, 屈服强度$f_{py}=0.9f_{pu}=1674\text{MPa}$,弹性模量$E_p=1.97\times10^5\text{MPa}$
	欧洲桥规	预应力钢筋的抗拉强度标准值$f_{pk}=1860\text{MPa}$,预应力钢筋的抗拉设计值$f_{pd}=1617\text{MPa}$,弹性模量$E_p=1.95\times10^5\text{MPa}$

2)计算要点

(1)结构分析采用通用软件 MIDAS/Civil 2014(国际版)进行,可以分别依据中国、美国、欧洲桥规进行结构设计。

(2)中国桥规采用刚性横梁法计算跨中截面横向分布系数,采用杠杆法计算支点截面的横向分布系数;美国桥规采用其规定的横向分布系数计算方法(参见本书4.7节);欧洲桥规没有给出具体的横向分布系数计算方法,参照中国桥规计算,并将不同的车道形式换算为第一个车道的荷载形式。

(3)对于预应力钢束的计算参数,由于中国、美国、欧洲三种规范中的参数比较接近,故按中国桥规取值。锚具:锚具变形、钢筋回缩取 6mm(一端)。管道摩擦系数:$u = 0.25$。管道偏差系数:$\kappa = 0.0015$。年平均相对湿度:55%。

3)桥梁纵、横断面布置

(1)桥梁纵向布置。

桥梁结构纵断面见图 9.2.11。两边跨计算跨径为 29.50m,中跨计算跨径为 30m,连续梁两端至边支座中心线之间的距离为 0.50m。

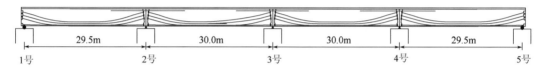

图 9.2.11　桥向纵向结构图式

由于结构的对称性,只对第一跨和第二跨进行验算。选取的计算截面为:边跨支点截面、边跨 $L/4$ 截面、边跨跨中截面、边跨 $3L/4$ 截面、中跨左支点截面、中跨 $L/4$ 截面、中跨跨中截面、中跨 $3L/4$ 截面以及中跨右支点截面。计算截面如图 9.2.12 所示。

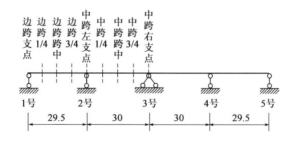

图 9.2.12　桥跨结构计算断面简图(尺寸单位:m)

(2)桥梁横截面及截面主要尺寸。

该桥半幅桥面全宽为 12m,由 4 片主梁组成,主梁间距为 2.9m,梁高为 1.6m。在距梁端 2.2m 范围内,箱梁底板厚度由 18cm 加厚到 25cm,腹板厚度由 18cm 加厚到 25cm。主梁横截面图 9.2.13 所示。

利用通用软件 MISAS/Civil 计算得到的毛截面特性见表 9.2.6。

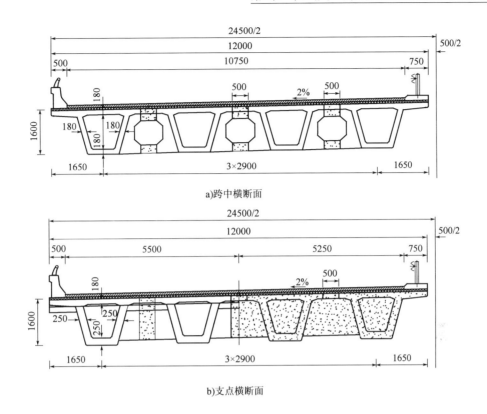

图 9.2.13 主梁横断面构造图(尺寸单位:mm)

主梁截面几何特性 表 9.2.6

截 面 位 置	截面积(m^2)	截面惯性矩(m^4)	中性轴至梁底距离(m)
边跨左支点	1.413	0.429	0.958
边跨四分点	1.239	0.385	1.032
边梁跨中	1.239	0.385	1.032
中跨左支点	1.413	0.429	0.958
中跨四分点	1.182	0.373	1.011
中梁跨中	1.182	0.373	1.011
中跨右支点	1.413	0.429	0.958

(3)预应力钢束布置及配筋截面。

根据图纸,正负弯矩区的预应力钢束具体布置如图 9.2.14～图 9.2.16 所示。

根据上述荷载、材料及几何参数分别按中国桥规、美国桥规和欧洲桥规的计算方法进行结构验算和评价分析。受篇幅限制略去各项验算结果,仅给出按中国、美国、欧洲桥规下控制截面的截面抗力富余度、变形富余度、应力富余度指标及由此得到该桥的综合富余度。

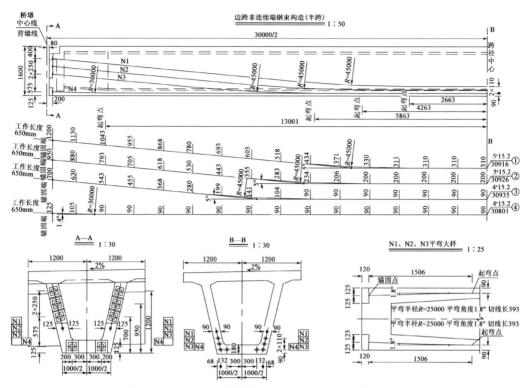

图 9.2.14　边跨非连续端预应力钢束布置图(尺寸单位:mm)

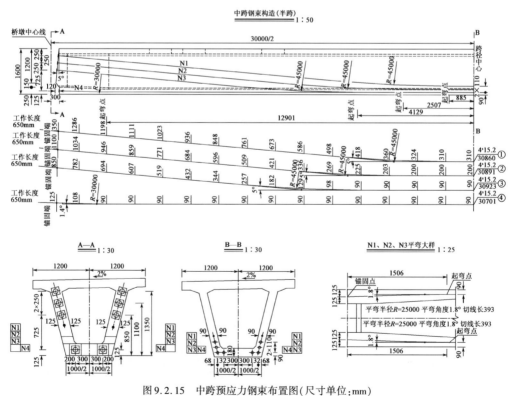

图 9.2.15　中跨预应力钢束布置图(尺寸单位:mm)

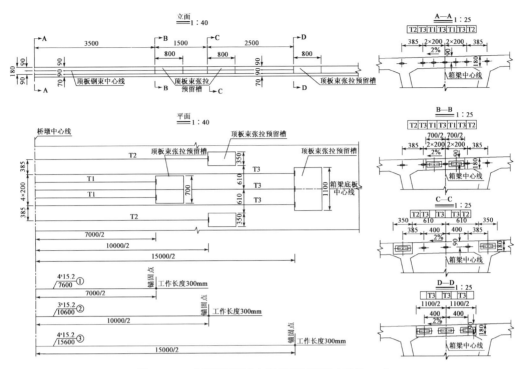

图 9.2.16 负弯矩区预应力钢束布置图(尺寸单位:mm)

2. 富余度计算与分析

1) 截面抗力富余度

分别依据上述 4 部规范,计算基本组合下的荷载效应,弯矩与剪力包络图见图 9.2.17。由图可知,对于跨中弯矩而言,仍然表现出欧洲桥规 > 美国桥规 > JTG D62—2004 > JTG 3362—2018 的计算结果;而对于支点负弯矩,欧洲桥规计算所得结果仍为最大,其次为 JTG 3362—2018、JTG D62—2004、美国桥规。对于支点剪力而言,欧洲桥规计算所得剪力效应最大,其次为美国桥规、JTG 3362—2018、JTG D62—2004。

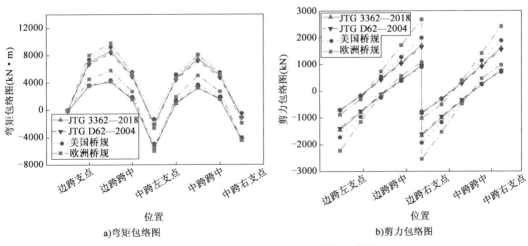

图 9.2.17 四跨预应力混凝土连续梁效应包络图

依据各规范计算所得的截面抗弯承载力与抗剪承载力见图 9.2.18,由图可知,截面抗弯承载力仍呈现出美国桥规 > 欧洲桥规 > JTG 3362—2018 > JTG D62—2004 的分布规律。截面抗剪承载力也同样呈现出欧洲桥规 > 美国桥规 > JTG 3362—2018 > JTG D62—2004 的分布规律。

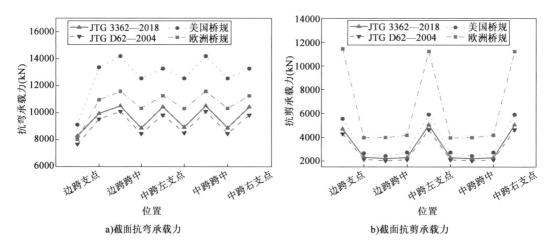

图 9.2.18 截面抗弯、抗剪承载力

注:图示抗弯承载力均为截面控制正负弯矩的绝对值。

分别依据图 9.2.17 与图 9.2.18 计算各个截面的抗弯富余度和抗剪富余度,结果见图 9.2.19。如图 9.2.19 所示,美国桥规抗弯富余度仍为最大,但是欧洲桥规在中跨右支点附近大于中国桥规;对于截面抗剪富余度,欧洲桥规计算结果最大,其次为中国桥规和美国桥规,且后两者结果相近。这与前面 PC 简支 T 梁桥和 PC 空心板梁桥的结论是一致的。JTG 3362—2018 与 JTG D62—2004 活载效应差异较小,抗剪富余度方面呈现出 JTG 3362—2018 略微大于 JTG D62—2014 的特点。

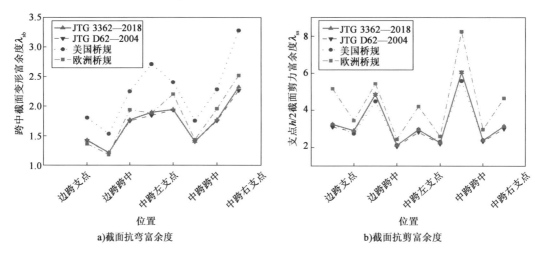

图 9.2.19 预应力混凝土连续小箱梁截面抗力富余度

注:边跨支点处截面抗弯富余度未标出。

2)变形富余度

依据各规范计算所得变形见图9.2.20。由图可知,依据欧洲桥规计算所得边跨跨中、中跨跨中挠度最大,中国桥规居中(JTG 3362—2018 > JTG D62—2004),依据美国桥规计算所得挠度最小。

对于各控制截面变形富余度见图9.2.21。为方便将富余度体现在跨径范围内的变化,将纵坐标取为1/控制截面变形富余度,即$1/\lambda_w$。由图9.2.21可知,对于边跨跨中截面,变形富余度有JTG D62—2014 > JTG 3362—2018 > 美国桥规 > 欧洲桥规;但对于中跨跨中截面,计算所得变形富余度欧洲桥规 > JTG D62—2014 > JTG 3362—2018 > 美国桥规。

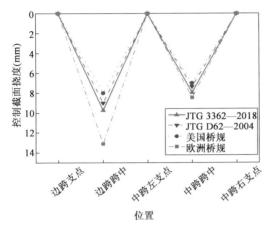

图9.2.20 控制截面挠度   图9.2.21 控制截面变形富余度($1/\lambda_w$)

3)应力富余度

在计算边跨支点截面应力富余度时,由于仅承受剪力作用而无受弯矩作用,故仅考虑主拉应力,而不考虑其正截面的法向压应力;对于四分点截面及中支点截面,由于承受较大的弯矩及剪力效应,故同时考虑正截面法向压应力及斜截面主拉应力;对于边、中跨跨中截面,仅考虑法向应力。控制截面的法向应力富余度计算结果汇总于表9.2.7中。

控制截面法向压应力富余度   表9.2.7

截面位置		1/4边跨	1/2中跨	3/4边跨	边跨-中跨支点	1/4中跨	1/2中跨	3/4中跨	中支点
JTG 3362—2018	法向压应力(MPa)	6.224	6.860	8.124	3.852	8.210	7.811	8.178	3.167
	应力限值(MPa)	16.20							
	压应力富余度$\lambda_{\sigma c}$	2.603	2.362	1.994	4.205	1.973	2.074	1.981	5.116
JTG D62—2004	法向压应力(MPa)	6.174	6.577	7.968	3.676	8.033	7.717	8.022	3.136
	应力限值(MPa)	16.20							
	压应力富余度$\lambda_{\sigma c}$	2.624	2.463	2.033	4.407	2.017	2.099	2.019	5.166

续上表

截面位置		1/4边跨	1/2中跨	3/4边跨	边跨-中跨支点	1/4中跨	1/2中跨	3/4中跨	中支点
美国桥规	法向压应力（MPa）	7.584	7.613	8.873	3.390	8.741	8.766	8.898	3.994
	应力限值（MPa）	18.60							
	压应力富余度 $\lambda_{\sigma c}$	2.453	2.443	2.096	5.487	2.128	2.122	2.090	4.657
欧洲桥规	法向压应力（MPa）	6.810	7.183	8.289	4.206	8.666	7.780	8.311	2.997
	应力限值（MPa）	24.00							
	压应力富余度 $\lambda_{\sigma c}$	3.524	3.341	2.895	5.707	2.770	3.085	2.888	8.008

上表中的数据表明，JTG 3362—2018 中法向压应力富余度的范围为 1.973~5.116；JTG D62—2004 中法向压应力富余度的范围为 2.017~5.166，两者相差不大。美国桥规中法向压应力富余度的范围为 2.090~5.487；欧洲桥规中法向压应力富余度的范围在 2.770~8.008。由于欧规的压应力限值较大，故法向压应力的富余度有欧洲桥规＞美国桥规＞中国桥规。

控制截面的主拉应力富余度见表 9.2.8。上表中的数据表明，JTG 3362—2018 中法向压应力富余度的范围在 1.973~5.116；JTG D62—2004 中法向压应力富余度的范围在 2.017~5.166，两者相差不大。美国桥规中法向压应力富余度的范围在 2.090~5.487；欧洲桥规中法向压应力富余度的范围在 2.770~8.008。由于欧规的压应力限值较大，故法向压应力富余度有欧洲桥规＞美国桥规＞中国桥规。

控制截面主拉应力富余度　　　　　　　　表9.2.8

截面位置		边支点	1/4边跨	3/4边跨	边跨-中跨支点	1/4中跨	3/4中跨	中支点
JTG 3362—2018	主拉应力（MPa）	0.054	0.037	0.071	0.186	0.039	0.038	0.387
	应力限值（MPa）	1.59						
	主拉应力富余度 $\lambda_{\sigma t}$	29.444	42.973	22.394	8.548	40.769	41.842	4.109

续上表

截面位置		边支点	1/4边跨	3/4边跨	边跨-中跨支点	1/4中跨	3/4中跨	中支点
JTG D62—2004	主拉应力（MPa）	0.050	0.031	0.062	0.178	0.033	0.031	0.363
	应力限值（MPa）	1.59						
	主拉应力富余度 $\lambda_{\sigma t}$	31.800	51.290	25.645	8.933	48.182	51.290	4.380
美国桥规	主拉应力（MPa）	0.045	0.041	0.063	0.431	0.033	0.034	0.383
	应力限值（MPa）	1.86						
	主拉应力富余度 $\lambda_{\sigma t}$	41.333	45.366	29.524	4.316	56.364	54.706	4.856
欧洲桥规	主拉应力（MPa）	0.054	0.081	0.170	0.276	0.091	0.084	0.359
	应力限值（MPa）	3.509						
	主拉应力富余度 $\lambda_{\sigma t}$	64.981	43.321	20.641	12.714	38.560	41.774	9.774

由表9.2.18可知，JTG 3362—2018的主拉应力富余度为4.109~42.973；美国桥规的主拉应力富余度为4.361~56.364；欧洲桥规的主拉应力富余度为9.774~64.981。由于欧洲桥规的应力限值较大，故由其计算所得的主拉应力富余度最大；依据JTG 3362—2018计算所得结果略小于JTG D62—2004计算结果。美国桥规与中国桥规的主拉应力富余度较为接近。总之，主拉应力的富余度应有欧洲桥规＞美国桥规＞中国桥规。

4）综合富余度

依据图9.2.19，图9.2.21和表9.2.7、表9.2.8等的各类富余度，根据9.1节的计算方法可以得到预应力混凝土四跨连续梁综合富余度，参见图9.2.22。值得注意的是，由于该桥为连续梁桥，对于同一验算内容可能存在多个控制截面（如抗弯承载力由边跨跨中、支点截面、中跨跨中共同控制设计），此处在进行综合富余度计算时，仅取最不利截面，即富余度最小的截面。

从图9.2.22中综合富余度λ_K可直观地看出，对于$4\times30m$的预应力混凝土连续小箱梁而言，考虑正常使用、承载能力两种极限状态以及不同控制截面的连续箱梁，综合分析其截面富余度、变形富余度、应力富余度三者之间的关系，得出相同材料条件，中国、美国、欧洲桥规下连续箱梁综合富余度λ_K有如下规律：JTG 3362—2018为2.183，JTG D62—2004为2.214，美国桥规为2.339，欧洲桥规为2.797。因此，各控制截面的综合富余度λ_K最小值呈现出欧洲桥规＞美国桥规＞JTG D62—2004＞JTG 3362—2018的特点，该规律与前述的PC T梁桥和PC

空心板梁桥的规律基本一致,可以认为中国桥规的综合富余度相对偏小,或经济性较好。

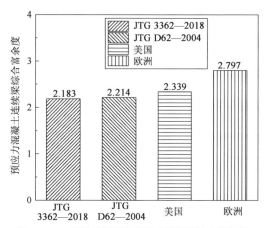

图 9.2.22 预应力混凝土连续小箱梁桥综合富余度

四、盖梁及桥墩

针对混凝土盖梁和桥墩,因变形富余度、应力富余度的计算参数中的截面应力、变形等数值,中国、美国、欧洲桥规中尚无明确的条文规定,因此前文 7.2 节和 7.3 节的盖梁与桥墩的计算结果只通过比较截面抗力富余度来判断各规范对下部结构的安全性和经济性差异。由于美国桥规中采用拉压杆模型计算,主要通过对拉杆、压杆以及节点区域是否满足规范要求,其计算方法与中、欧桥规的计算方法之间有很大的差异性,且计算结果不具有可比性。这里主要对中欧桥规的计算结果进行比较。根据表 7.2.21 的计算结果,见表 9.2.9。

中国、欧洲桥规盖梁内力组合效应及截面富余度的对比　　　　表 9.2.9

截面	规范					
	中国桥规			欧洲桥规		
	内力(kN)	抗力(kN)	截面富余度	内力(kN)	抗力(kN)	截面富余度
$M_{2\text{-}2}$	4730.41	7462.94	1.578	3857.81	8305.27	2.153
$M_{1\text{-}1}$	−3729.24	7462.94	2.001	−4321.84	8305.27	1.922
$V_{1\text{-}1左}$	−2727.21	8384.98	3.075	−3158.42	11011.53	3.486
$V_{1\text{-}1右}$	3948.94	8384.98	2.123	4547.11	11011.53	2.422

注:表中计算截面编号见图 7.2.5。

从表 9.2.9 中可以看出,对于跨中截面弯矩 $M_{2\text{-}2}$ 而言,有中国桥规>欧洲桥规;对于支点截面弯矩 $M_{1\text{-}1}$,有欧洲桥规>中国桥规;对于截面抗弯承载力,则为欧洲桥规>中国桥规。对于截面抗弯富余度而言,欧洲桥规的跨中截面抗弯富余度较大,而支点截面抗弯富余度则相反(中国桥规>欧洲桥规),但两者相差很小。对于支点截面的剪力效应、抗剪承载能力及截面抗剪富余度均有欧洲桥规>中国桥规。整体上看,欧洲桥规的抗剪承载力的计算结果明显大于中国桥规,欧洲桥规的截面抗剪富余度也相对较大。

表 9.2.10 给出了按中国、美国、欧洲桥规计算的桥墩的抗力和截面抗力富余度。整体上

看,按欧洲桥规计算得到的作用效应最大,主要原因在于欧洲桥规中的汽车荷载及制动力为三者中最大。从偏心距的角度看,中国桥规为三者中最小。综合效应和截面承载力等因素,比较三者的截面富余度可知:中国桥规的墩柱截面抗力富余度最大,美国桥规次之,欧洲桥规最小。分析其原因在于中国桥规中的制动力较小,导致墩底弯矩明显小于美国和欧洲的计算结果。可见,按中国桥规设计计算的桥墩的安全性较好于欧洲、美国桥规,也间接地反映出算例中所选择的桥墩设计图亦有较大安全储备。

中国、美国、欧洲桥规桥墩内力组合效应及截面富余度的对比 表9.2.10

工况		规范					
		弯矩(kN·m)			轴力(kN)		
		中国	美国	欧洲	中国	美国	欧洲
内力	压力最不利工况	2157.44	3710.56	3739.13	7007.19	6658.25	8130.21
	弯矩最不利工况	2072.73	3510.73	3910.39	6485.92	6209.31	7469.45
抗力	压力最不利工况	5311.34	5710.20	5426.91	13580.76	10198.75	11791.92
	弯矩最不利工况	5311.34	5714.86	5439.70	13328.31	10100.33	10395.39
截面抗力富余度	抗压富余度	2.46	1.54	1.45	1.94	1.53	1.45
	抗弯富余度	2.56	1.63	1.39	2.05	1.63	1.39

9.3 对比评价主要结论

一、规范条款对比主要结果

根据前述各章的分析,系统地对比了中国、美国、欧洲公路混凝土桥梁设计规范的相关条款与计算方法,定性与定量地分析了中国、美国、欧洲桥梁规范相关条款的异同。由中国、美国、欧洲桥规主要条款对比的主要内容汇总于表9.3.1中。

中国、美国、欧洲桥梁设计规范条款对比的主要结果 表9.3.1

项目	内容	规范	主要区别
1. 设计基本要求	设计方法与极限状态	中国	采用半概率方法为基础的极限状态设计方法;分别考虑荷载系数、材料系数、结构重要性系数等三组分项系数;按照承载能力极限状态和正常使用极限状态进行设计
		美国	以破损强度理论为基础,采用荷载系数和抗力系数法;按照正常使用极限状态、疲劳和断裂极限状态、破损强度极限状态以及极端事件极限状态进行设计
		欧洲	按照承载能力极限状态和正常使用极限状态进行设计;考虑四种设计状况:持久设计状况、短暂设计状况、偶然设计状况、地震设计状况
	可靠度指标	中国	设计基准期100年,考虑延性破坏、脆性破坏和三个桥梁安全等级将目标可靠度指标定为3.7~5.2
		美国	设计基准期75年,考虑三个重要性等级将目标可靠度定为3.0~3.8。折算成100年的设计基准期,目标可靠度为2.91~3.73
		欧洲	设计基准期50年,考虑三个安全等级,目标可靠度指标定为3.3~4.3;折算成100年的设计基准期,目标可靠度为3.0~4.26

续上表

项目	内容	规范	主 要 区 别
1. 设计基本要求	设计使用寿命	中国	现行规范根据桥梁所处公路级别、桥梁大小规定了主体结构的设计使用年限,对于中桥以上的主体结构为100年;对于可更换部件15~20年
		美国	设计使用寿命75年,不区分桥梁结构的类别
		欧洲	设计使用寿命100年,可更换构件使用年限10~25年
	设计安全等级	中国	安全等级分为一级、二级、三级,以结构重要性系数 γ_0 表示
		美国	根据桥梁重要性分为重要桥梁、普通桥梁和非重要桥梁,与荷载系数 η_i、结构重要性系数 η_I、结构延性系数 η_D、超静定性系数 η_R 等有关
		欧洲	重要性等级分为CC1、CC2、CC3三个等级,以结构重要性系数 K_{FI} 表示
2. 材料特性	混凝土	中国	混凝土强度12个等级,C25~C80;抗压强度采用立方体试件确定,抗拉强度采用棱柱体试件确定;混凝土强度分为标准值与设计值
		美国	混凝土强度14个等级,Grade 2500~Grade 13000;抗压强度采用圆柱体试件确定,抗拉强度采用抗折强度;采用混凝土强度标准值计算,考虑综合抗力折减系数 ϕ
		欧洲	混凝土强度分为10个等级,C30/37~C70/85,分子数值为圆柱体强度,分母数值为立方体强度;混凝土强度分标准值与设计值,不同设计状况考虑不同分项系数,给出两种标准试件间的换算关系
	普通钢筋	中国	HPB300、HRB400、HRBF400、RRB400、HRB500;计算中可采用钢筋强度标准值和考虑材料安全系数的钢筋强度设计值
		美国	Grade40(280MPa)、Grade60(420MPa)、Grade75(520MPa);计算采用钢筋屈服强度,考虑综合抗力系数 ϕ
		欧洲	ClassA(400MPa)、ClassB(500MPa)、ClassC(600MPa);承载能力极限状态下考虑材料分项系数
	预应力钢束	中国	钢绞线、消除应力钢丝、预应力螺纹钢;计算中可以采用钢筋强度标准值和钢筋强度设计值
		美国	钢绞线、高强钢丝;计算采用钢筋屈服强度
		欧洲	钢绞线、高强钢丝;计算采用钢筋强度设计值,不同极限状态考虑不同钢筋材料分项系数
3. 荷载及作用效应	荷载分类	中国	永久作用、可变作用、偶然作用、分离出地震作用
		美国	永久荷载、瞬变荷载,"荷载"表征作用效应
		欧洲	永久作用、可变作用、偶然作用(考虑"爆炸"作用)
	恒荷载	中国	中国、欧洲桥规恒荷载均采用重力密度表示,美国桥规用密度表示;中国、美国桥规钢材重力密度取值相同,欧洲桥规钢材重力密度根据不同钢种类而变化;美国桥规混凝土重力密度较中国、欧洲桥规偏小
		美国	
		欧洲	
	汽车荷载	中国	汽车荷载按荷载等级分为公路—Ⅰ级和公路—Ⅱ级,整体计算采用车道荷载,局部计算采用车辆荷载,车道荷载与车辆荷载效果不叠加
		美国	汽车荷载分车道荷载与车辆荷载(设计货车、设计双轴),计算时取设计货车+设计车道荷载与设计双轴+设计车道荷载的较大者
		欧洲	交通荷载模式分为四类;荷载模式1为覆盖大多数汽车、货车效应的集中荷载和均布荷载,用于整体与局部分析;荷载模式2为考虑动力放大系数的单轴荷载,用于局部分析;荷载模式3为系列轴载,考虑特殊车辆荷载工况;荷载模式4为人群荷载

续上表

项目	内容	规范	主 要 区 别
3.荷载及作用效应	温度荷载	中国	划分严寒、寒冷、温热三个温度区域,均匀温度作用考虑最高和最低有效温度效应;温度梯度效应采用规范给出的折线形竖向温度梯度
		美国	根据气候条件划分和温和寒冷两个温度区域,规定A、B两种均匀温度计算模式;温度梯度效应由四个区域定义的温度基数确定的竖向梯度折线计算
		欧洲	均匀温度作用由结构所在地区标准等温线确定结构所能达到的最高与最低温度决定;分别规定混凝土梁、钢梁、钢混组合梁的温度梯度效应,混凝土梁又划分为板梁、I(T)梁及箱梁三种类型分别规定,采用折线形温度梯度模式
4.构件计算方法	受弯构件正截面抗弯承载力计算	中国	基于平截面假定,等效矩形应力块图,不考虑混凝土抗拉强度;给定材料、截面后,规范规定最小配筋率;采用相对界限受压区高度来控制超筋破坏
		美国	基于平截面假设;无最大配筋率限制,将截面划分为受拉控制截面、受压控制截面,考虑不同的综合抗力折减系数
		欧洲	基于平截面假设;相对受压区高度为实际受压区高度与截面有效高度之比;给定材料和截面后,最大、最小配筋率均给出具体计算公式
	受弯构件斜截面抗剪承载力计算	中国	基于剪压破坏模式,认为剪压破坏时与斜截面相交的钢筋均已屈服,并给出了相应斜截面抗剪承载力计算式,考虑混凝土、箍筋、预应力钢筋的抗剪作用
		美国	基于拉压杆模型,截面模型基于修正压力场理论,采用迭代求解方式计算斜截面抗剪承载力
		欧洲	基于桁架理论计算斜截面抗剪承载力,桁架的拉杆、压杆由纵向受拉钢筋与受压钢筋组成
	轴心受压构件	中国	轴心受压构件按箍筋类型分为普通箍筋与螺旋箍筋柱计算抗压能力;考虑混凝土与普通纵向钢筋的作用,只有$l_0/i \leqslant 48$时且间距小于8cm时才能考虑螺旋筋的作用
		美国	轴心受压构件按箍筋类型分为普通箍筋与螺旋箍筋柱计算抗压能力;考虑混凝土与纵向普通钢筋以及配置的预应力钢筋效应
		欧洲	承受轴向荷载的构件,只有$l_0/h<12$按短柱考虑时,才能按照轴心受压构件计算;轴心受压构件抗压承载力按普通箍筋柱计算
	偏心受压构件	中国	按截面破坏类型分为大偏心与小偏心受压构件;偏心受压构件按长细比分为短柱与长柱,长柱考虑附加偏心距引起的二阶弯矩
		美国	偏心受压构件由外侧受拉钢筋应变考虑其三种状况:受压破坏、过渡形式、受拉破坏;构件长细比计算参数为有效长度系数K,用于考虑构件两端转动刚度对计算长度的影响
		欧洲	按截面破坏类型分为大偏心与小偏心受压构件;构件计算长度的约束系数k_1、k_2需由相关计算确定
	局部承压构件	中国	考虑局部承压区构造尺寸,进行截面局部承载力计算,局部承压承载力由混凝土和普通钢筋两部分组成
		美国	局部承压区分为总体区域与局部区域,采用拉压杆理论进行局部区域承载能力计算,总体区域进行斜向压应力、抗劈裂及抗剥裂验算,抗劈裂、抗剥裂由构造钢筋控制
		欧洲	局部承压构件基于拉压杆理论进行承载力计算,局部承压承载力仅考虑混凝土的效应

续上表

项目	内容	规范	主 要 区 别
5. 正常使用极限状态计算	预应力张拉控制与损失计算	中国	张拉控制应力按预应力钢筋类型进行分别控制;锚具变形预应力损失考虑钢筋回缩、接缝回缩以及反摩阻的影响,此项损失考虑全面。中国桥规预应力损失总计6项(混凝土收缩、徐变损失合并考虑)
		美国	对于先张法与后张法分别规定了不同预应力钢筋张拉控制应力限值;混凝土弹性压缩预应力损失,采用传力锚固时混凝土弹性模量,更接近实际情况;不考虑预应力钢筋与台座温差引起的预应力损失,美国桥规预应力损失共计6项
		欧洲	混凝土弹性压缩损失计算采用随时间变化的混凝土弹性模量;计算预应力钢筋与台座温差引起的预应力损失计算时考虑了不同预应力钢筋的弹性模量和线膨胀系数等因素,欧洲桥规预应力损失共计7项
	抗裂性验算及裂缝宽度计算	中国	全预应力、A类预应力混凝土构件,需验算正截面与斜截面抗裂性,B类构件需验算截面抗裂性与裂缝宽度;裂缝宽度计算按作用短期效应组合并考虑长期效应影响计算
		美国	全预应力构件控制混凝土边缘拉应力及中性轴处主拉应力,部分预应力构件,通过钢筋间距间接控制裂缝
		欧洲	规定构件在荷载频遇组合下混凝土主拉应力不超过混凝土抗拉强度平均值;采用了基于有黏结理论的特征裂缝宽度验算混凝土构件的裂缝
	挠度及预拱度计算	中国	由荷载频遇组合并考虑长期效应影响产生的长期挠度不超过计算跨径的1/600,梁式桥主梁的悬臂端不应超过悬臂长度的1/300;预拱度钢筋混凝土与预应力混凝土结构取值不同
		美国	主梁在汽车荷载作用下的最大挠度不超过计算跨径的1/800,主梁悬臂端在汽车荷载作用下的位移不超过悬臂长度的1/300;预拱度采取预应力、构件自重与二期铺装产生的长期挠度值
		欧洲	准永久荷载下混凝土结构挠度限值为跨径的1/500,悬臂端在准永久荷载下不超过跨径的1/250
6. 构造要求	结构耐久性	中国	桥梁结构环境类别分为Ⅰ~Ⅶ类,共计七类;针对混凝土结构使用环境条件和不同构件类别确定混凝土强度等级的最低要求和钢筋保护层厚度
		美国	桥梁结构环境分为无腐蚀性环境与有腐蚀性环境;考虑环境与构件所处位置确定混凝土保护层厚度、混凝土密实度及钢筋涂层或阴极防蚀要求
		欧洲	桥梁结构环境依据环境的腐蚀性以及诱发腐蚀的原因,由碳化作用诱发的腐蚀、由氯化物引发的腐蚀、由海水中氯化物诱发的腐蚀、由冻融循环诱发的腐蚀以及化学侵蚀等,将桥梁结构所处的环境划分为6类18种;混凝土最小保护层应满足黏结与耐久性要求,并由环境与结构类型确定
	普通钢筋构造要求	中国	钢筋横向净距、竖向净距均不小于30mm;钢筋锚固长度与钢筋强度、直径、钢筋与混凝土锚固黏结力有关;钢筋搭接长度与钢筋强度、直径有关
		美国	对最小最大钢筋间距均提出要求;根据钢筋种类确定钢筋锚固长度限值,且不小于300mm,且考虑放大和缩小系数;受拉钢筋搭接长度为受拉延伸度相应倍数,受压钢筋搭接长度不小于300mm
		欧洲	钢筋横向竖向净距不小于钢筋直径、混凝土集料尺寸最大值与20mm中的最大值;钢筋锚固长度、搭接长度考虑钢筋应力、钢筋强度、钢筋直径、钢筋形式、钢筋约束等因素

续上表

项目	内容	规范	主 要 区 别
6.构造要求	预应力钢筋构造要求	中国	按照不同张拉方式与钢束种类规定预应力钢筋 $1.5d$ 和 $25mm$ 的最小净距及导管布置要求;预应力钢束传递长度与锚固长度由锚固钢筋外形、钢束强度、钢束应力、混凝土强度决定
		美国	预应力钢束净距不小于最大集料尺寸1.33倍,且不小于25mm;预应力钢束传递长度为60倍预应力钢筋直径;锚固长度与钢束应力、预应力钢筋直径有关
		欧洲	预应力钢束净距与最大集料尺寸、预应力钢筋直径有关;预应力钢筋传递长度考虑张拉方式、预应力钢筋形状、直径、应力等因素;锚固长度考虑预应力钢筋应力、类型、锚固时黏结情况等因素

二、部分工程实例评价的主要结果

本书中工程评价实例采用了《通用图》中的装配式预应力混凝土简支空心板、简支T梁,以及简支T梁的盖梁和桥墩,某实际工程中采用的四跨先简支后连续的预应力混凝土箱形截面连续梁等进行了实例分析。

建立了混凝土桥梁设计规范的评价体系提炼出了针对桥梁主要构件的中国、美国、欧洲混凝土桥梁设计规范的安全性与经济性评价核心指标——综合富余度 λ_K,其中包括截面抗力富余度 λ_{sb}、λ_{ss}、λ_a,变形富余度 λ_W,应力富余度 $\lambda_{\sigma c}$、$\lambda_{\sigma t}$。各项富余度对比的主要结论列入表9.3.2中。

基于部分工程结构图纸的评价对比的主要结论　　　　表9.3.2

工程实例	构件类型	控 制 截 面	主 要 结 论
1.预应力混凝土简支T梁	受弯构件	抗弯富余度 λ_{sb}	美国桥规 > 中国桥规 > 欧洲桥规
		抗剪富余度 λ_{ss}	欧洲桥规 > 美国桥规 > 中国桥规
		变形富余度 λ_W	中国桥规 > 美国桥规 > 欧洲桥规
		压应力富余度 $\lambda_{\sigma c}$	欧洲桥规 > 中国桥规 > 美国桥规
		主拉应力富余度 $\lambda_{\sigma t}$	欧洲桥规 > 中国桥规 > 美国桥规
		综合富余度 λ_K	欧洲桥规 > 美国桥规 > 中国桥规
2.预应力混凝土简支空心板	受弯构件	抗弯富余度 λ_{sb}	美国桥规 > 中国桥规 > 欧洲桥规
		抗剪富余度 λ_{ss}	欧洲桥规 > 美国桥规 > 中国桥规
		变形富余度 λ_W	中国桥规 > 美国桥规 > 欧洲桥规
		压应力富余度 $\lambda_{\sigma c}$	欧洲桥规 > 中国桥规 > 美国桥规
		主拉应力富余度 $\lambda_{\sigma t}$	欧洲桥规 > 美国桥规 > 中国桥规
		综合富余度 λ_K	美国桥规 > 欧洲桥规 > 中国桥规

续上表

工程实例	构件类型	控制截面	主要结论
3. 四跨预应力混凝土连续箱梁	受弯构件、超静定结构	抗弯富余度 λ_{sb}	美国桥规>欧洲桥规>中国桥规
		抗剪富余度 λ_{ss}	欧洲桥规>中国桥规>美国桥规
		变形富余度 λ_W	中国桥规>美国桥规>欧洲桥规
		压应力富余度 $\lambda_{\sigma c}$	欧洲桥规>美国桥规>中国桥规
		主拉应力富余度 $\lambda_{\sigma t}$	欧洲桥规>美国桥规>中国桥规
		综合富余度 λ_K	欧洲桥规>美国桥规>中国桥规
4. 盖梁	受弯构件	跨中抗弯富余度 λ_{sb}	欧洲桥规>中国桥规
		支点抗弯富余度 λ_{sb}	中国桥规>欧洲桥规,两者相差较小
		抗剪富余度 λ_{ss}	欧洲桥规>中国桥规
5. 桥墩	受压构件	截面抗压富余度 λ_a	中国桥规>美国桥规>欧洲桥规

注:1. 截面抗力富余度是指结构控制截面的富余度,简支梁抗弯是指跨中截面,连续梁抗弯是指最大弯矩截面;简支梁抗剪是指距支点 $h/2$ 截面;盖梁是指跨中正弯矩截面和支点负弯矩截面;墩柱是指墩柱底截面。
2. 变形富余度是指跨中挠度的富余度。
3. 梁的应力富余度中,法向压应力是指弯矩最大截面,主拉应力是指距支点 $h/2$ 截面。

三、主要对比结论

本书对我国《公路桥涵设计通用规范》(JTG D60—2015、JTG D60—2004)与《公路钢筋混凝土及预应力混凝土桥涵设计规范》(JTG 3362—2018 和 JTG D62—2004),美国桥规,欧洲桥规进行了对比分析。内容涵盖了设计总体要求、可靠度、材料、作用、承载能力与正常使用极限状态的相关规定。基于《通用图》中的部分结构及实际工程中 $4 \times 30m$ 简支转连续预应力混凝土小箱梁桥进行了计算分析,对比了依据各规范计算样本桥所得的富余度。本书得到的主要对比结论如下:

(1)由于中国、美国、欧洲桥规所基于的设计理论、计算方法及构造要求均存在较大的差异,故进行单项对比时难以得到统一的结果,例如荷载、作用、抗力和富余度等。但采用综合富余度指标进行综合对比,可以得到各规范的安全性和经济性的对比结果。

(2)极限状态方面,中国桥规对极限状态的划分与欧洲桥规基本相同,均分为承载能力极限状态与正常使用极限状态;美国桥规的划分更加细致,还包括了疲劳与断裂极限状态、极端事件极限状态。在设计状况方面,中国桥规与欧洲桥规完全相同,而美国桥规未对设计状况进行规定。

(3)材料性能方面,中国桥规和欧洲桥规均采用强度设计值计算抗力。中国桥规中对于所有的极限状态均采用同一组材料分项系数;欧洲桥规对于不同极限状态以及不同的设计状况分别规定了不同的分项系数。美国桥规直接采用材料强度的标准值计算抗力,但需乘以相应的抗力系数对构件的承载力进行折减。

(4)在作用基本组合方面,中国桥规与欧洲桥规对恒载与活载组合系数的规定较为类似,美国桥规规定的系数略大。对于作用效应方面,由于欧洲桥规规定的活载集度较大,无论是在汽车荷载单独作用还是考虑恒载与活载组合,根据欧洲桥规计算所得的弯矩及剪力效应普遍较高,根据美国桥规计算所得内力效应相对偏小。

(5)在承载能力极限状态方面,美国桥规计算得到的抗弯承载力偏大,其次为欧洲桥规及中国桥规。抗剪承载力方面,各规范基于的计算理论体系完全不同,故抗剪承载力的计算结果差异较大,整体呈现出欧洲桥规>美国桥规>中国桥规的结果。在轴心受压承载力方面,不同配筋率的情况下,各规范计算的抗压承载力结果呈现出不同的分布规律;就偏心受压构件的 M-N 曲线而言,对于圆形截面,在大偏心时均有美国桥规>欧洲桥规>中国桥规;在小偏心时则有欧洲桥规>美国桥规>中国桥规的结果。

(6)在正常使用极限状态下,应力验算与抗裂性以及裂缝宽度计算时,各家规范采用的组合及相关限值均有差异。

(7)在评价方面,依据各规范承载能力极限状态下可以计算得到截面抗力富余度、正常使用极限状态的计算所得应力富余度和变形富余度,并可由其得到桥梁结构的综合富余度。整体而言,对于跨径为 $10\sim20\mathrm{m}$ 的小跨径混凝土桥梁而言,综合富余度总体上呈现出美国桥规>欧洲桥规>中国桥规。对于跨径大于 $20\sim40\mathrm{m}$ 的混凝土桥梁而言,综合富余度则呈现出欧洲桥规>美国桥规>中国桥规的结果。

(8)根据综合富余度指标的对比结果,可以得到欧洲桥规或美国桥规>中国桥规的设计结果,故可以认为按着欧洲桥梁规范或美国桥梁规范计算的安全性要高于中国桥梁规范的安全度;反之亦可以认为按中国桥规设计的混凝土梁桥的经济性相对较好。

(9)尽管中国桥规的设计荷载有所提高,抗力计算方法也略有调整,但综合来看,对《通用图》中的部分结构及实际工程中 $4\times30\mathrm{m}$ 简支转连续预应力混凝土小箱梁桥的计算结果表明,按现 JTG 3362—2018 仍可通过验算,但其综合富余度略有降低。

参考文献

[1] 中华人民共和国交通部.公路工程设计准则(修订草案)[S].北京:人民交通出版社,1956.

[2] 中华人民共和国交通部.公路工程设计规范[S].北京:人民交通出版社,1974.

[3] 中华人民共和国交通部.公路预应力混凝土桥梁设计规范[S].北京:人民交通出版社,1979.

[4] 中华人民共和国交通部.公路钢筋混凝土及预应力混凝土桥涵设计规范:JTJ 023—1985[S].北京:人民交通出版社,1985.

[5] 中华人民共和国交通部.公路砖石及混凝土桥涵设计规范:JTJ 022—1985[S].北京:人民交通出版社,1985.

[6] 中华人民共和国交通部.公路桥涵地基与基础设计规范:JTJ 024—1986[S].北京:人民交通出版社,1986.

[7] 中华人民共和国交通部.公路桥涵钢结构及木结构设计规范:JTJ 025—1986[S].北京:人民交通出版社,1986.

[8] 中华人民共和国交通部.公路桥涵设计通用规范:JTJ 021—1989[S].北京:人民交通出版社,1989.

[9] 中华人民共和国交通部.公路钢筋混凝土及预应力混凝土桥涵设计规范:JTG D62—2004[S].北京:人民交通出版社,2004.

[10] 中华人民共和国交通部.公路桥涵设计通用规范:JTG D60—2004[S].北京:人民交通出版社,2004.

[11] 中华人民共和国交通部.公路圬工桥涵设计规范:JTG D61—2005[S].北京:人民交通出版社,2005.

[12] 中华人民共和国交通部.公路桥涵地基基础设计规范:JTG D65—2007[S].北京:人民交通出版社,2007.

[13] 中华人民共和国交通运输部.公路工程结构可靠度设计统一标准:JTG 2120—2020[S].北京:人民交通出版社股份有限公司,2020.

[14] 中华人民共和国交通部.公路工程技术标准:JTG B01—2003[S].北京:人民交通出版社,2004.

[15] 中华人民共和国交通运输部.公路工程技术标准:JTG B01—2014[S].北京:人民交通出版社股份有限公司,2015.

[16] 中华人民共和国交通部.公路斜拉桥设计细则:JTG/T D65-01—2007[S].北京:人民交通出版社,2007.

[17] 中华人民共和国交通运输部.公路桥涵设计通用规范:JTG D60—2015[S].北京:人民交通出版社股份有限公司,2015.

[18] 中华人民共和国交通运输部.公路钢结构桥梁设计规范:JTG D64—2015[S].北京:人民交通出版社股份有限公司,2015.

[19] 中华人民共和国交通运输部.公路钢管混凝土拱桥设计规范:JTG/T D65—2015[S].北京:人民交通出版社股份有限公司,2015.

[20] 中华人民共和国交通运输部.公路悬索桥设计规范:JTG/T D65-05—2015[S].北京:人民交通出版社股份有限公司,2015.

[21] 中华人民共和国交通运输部.公路钢筋混凝土及预应力混凝土桥涵设计规范:JTG 3362—2018[S].北京:人民交通出版社股份有限公司,2018.

[22] 中交公路规划设计院.公路钢筋混凝土及预应力混凝土桥涵设计规范(JTG 3362—2018)应用指南:[M].北京:人民交通出版社股份有限公司,2018.

[23] 中华人民共和国交通运输部.公路斜拉桥设计规范:JTG/T 3365-01—2020[S].北京:人民交通出版社,2020.

[24] 曾威,黄京群,何修美,等译.公路桥梁标准规范(1977版)[S].北京:人民交通出版社,1981.

[25] AASHTO LRFD Bridge Design Specifications(4th Edition)[S]:Washington,D C:American Association of State Highway and Transportation Officials,2007.

[26] John M. Kulicki. The AASHTO LRFD Bridge Design Specifications-Past, Present and Future[J]. Transportation Research Record:Journal of the Transportation Research Board,2008.

[27] Bridge Design Mannual(LRFD)[M]. America:Engineering and Regional Operations-Bridge and Structures Offce,2015.

[28] AASHTO LRFD Bridge Design Specifications(8th Edition)[S]:Washington,D C:American Association of State Highway and Transportation Officials,2017.

[29] Eurocode 0:Basis of structural design. (BS EN 1990:2002)[S]. European Committee for Standardization.

[30] Eurocode 1:Actions on structures-Part 1:General action(BS EN 1991-1-1:2002)[S]. European Committee for Standardization.

[31] Eurocode 1:Actions on structures-Part 2:Traffic loads on bridges(BS EN 1991:2003)[S]. European Committee for Standardization.

[32] Eurocode 2:Design of concrete structures-Part 1-1:General rules and rules for buildings(BS EN 1992:2004)[S]. European Committee for Standardization.

[33] Eurocode 2:Design of concrete structures-Part 2:Concrete bridges(BS EN 1992:2005)[S]. European Committee for Standardization.

[34] Gulvanessian H,Calgaro J-A,Holicky M. Designers Guide to EN 1990[M]. London:Thomas Telford Publishing,2002.

[35] Hendy C R,Smith D A. DESIGNERS' GUIDE TO EN 1992-2 EUROCODE 2:DESIGN OF CONCRETE STRUCTURES PART 2:CONCRETE BRIDGES[M]. London:Thomas Telford Publishing,2007.

[36] 刘钊.关于中美桥规设计准则的对比及思考[J].桥梁建设,2007(06):34-37.

[37] 王向阳,季少波,石明强.中美桥梁设计规范的内力计算比较研究[J].世界桥梁,2007(4):78-80.

[38] 冯兴中.美国规定的混凝土抗压强度与中国混凝土强度等级的比较[J].西北水电,2008(03):65-67.
[39] 吴腾,葛耀君,熊洁.现行国内外公路桥梁汽车荷载及其响应的比较[J].结构工程师,2008(05):130-136.
[40] 李文生,郝峻峰.中外桥梁设计规范汽车荷载比较[J].上海公路,2010(02):58-61.
[41] 杨佐,赵勇,苏小卒.国内外规范的混凝土桥梁截面竖向温度梯度模式比较[J].结构工程师,2010(01):37-43.
[42] 曲春升.AASHTO规范在混凝土桥梁设计的应用指导[J].公路,2018(01):86-89.
[43] 李扬海,鲍卫刚,郭修武,等.公路桥梁结构可靠度与概率极限状态设计[M].北京:人民交通出版社,1997.
[44] 田磊,贡金鑫,魏巍巍.国内外钢筋混凝土构件受剪承载力可靠度的对比分析[J].工业建筑,2010(08):132-138.
[45] 张东东.混凝土梁式桥结构构件正常使用极限状态可靠性评估[D].西安:长安大学,2009.
[46] 鲍卫刚.公路车辆荷载研究[J].公路,1997,42(3).
[47] 袁新朋.公路预应力混凝土桥梁的可靠度分析[D].成都:西南交通大学,2009.
[48] 柳颖臣.基于概率理论的预应力混凝土桥梁结构可靠度研究[D]:西安:长安大学,2008.
[49] 郭丰哲.基于美国规范的预应力混凝土梁桥设计[J].铁道标准设计,2010(12):45-49.
[50] 黎述亮,杨勇,李俊,等.欧洲规范中公路桥梁设计活载分析[J].世界桥梁,2011(5):52-55,60.
[51] 王玉珠.国内外公路桥梁混凝土构件设计方法对比分析[D].大连:大连理工大学,2011.
[52] 党栋.公路桥梁设计荷载及其组合研究[D].西安:长安大学,2012.
[53] 王峥.钢筋混凝土梁斜截面受剪承载力研究[D].西安:西安建筑科技大学,2012.
[54] 张春华,卢傲.欧洲桥规的钢筋混凝土桥梁构件正常使用极限状态的裂缝控制分析[J].中外公路,2012(01):199-204.
[55] 卢傲,张春华.中欧规范梯度温度对混凝土桥面板影响对比分析[J].中外公路,2013(03):122-126.
[56] 李国豪,石洞.公路桥梁荷载横向分布计算[M].北京:人民交通出版社,1987.
[57] 张磊,金菊,宋娃丽.中美规范公路混凝土桥梁设计的分析与比较[J].天津.河北工业大学学报.2012(01):99-102.
[58] 康玉强.中美桥梁结构规范比较研究[D].重庆:重庆交通大学,2012.
[59] 胡建良.中英钢筋混凝土梁桥设计规范比较研究[D].重庆:重庆交通大学,2012.
[60] 张园园,贡金鑫.混凝土结构钢筋构造对比分析[J].建筑科学与工程学报,2012(01):70-86.
[61] 李学有,等.欧洲规范下公路钢筋混凝土桥梁设计分析[J].中外公路,2013(02):149-154.
[62] 梁程亮.中美混凝土桥梁设计规范对比与分析研究[D].南京:东南大学,2015.
[63] 王涛.中欧钢筋及预应力混凝土梁桥设计规范对比研究[D].南京:东南大学,2015.

[64] 王晓春.中美欧混凝土桥梁设计规范对比与评价体系研究[D].南京:东南大学,2016.

[65] 关健.中美欧混凝土桥梁的计算方法对比分析——基于现行公路桥规[D].南京:东南大学,2020.

[66] 交通部专家委员会,等.公路桥梁通用图[M].北京:人民交通出版社,2008.

[67] 交通部公路规划设计院.公路工程结构可靠度设计统一标准:GB/T 50283—1999[S].北京:人民交通出版社,1999.

[68] 曾卓,范世磊,徐超,等.中英现行桥梁规范汽车载荷对比研究[J].华东公路,2018(4):109-113.

[69] 黄侨,关健,梁程亮,等.中美欧公路桥梁设计规范汽车荷载及作用效应对比研究[J].公路交通科技.2020(7):62-71.

[70] 贡金鑫,魏巍巍,胡家顺.中美欧混凝土结构设计[M].北京:中国建筑工业出版社,2007.

[71] J. S. Dua, F. T. K. Aub. Deterministic and reliability analysis of prestressed concrete bridge girders: Comparison of the Chinese, Hong Kong and AASHTO LRFD Codes[J]. Structural Safety. 2005:230-245.

[72] Andrzej S. Nowak, Kevin R. Collins. Reliability of Structures[M]: Boca Raton: Taylor&Francis Group. 2013.

[73] Richard M. Barker and Jay A. Puckett. Design of Highway Bridges: An LRFD Approach [M]. Hoboken, New Jersey. John Wiley&Sons, inc. 2013.

[74] 中华人民共和国建设部.普通混凝土力学性能试验方法标准:GB/T 50081—2002[S].北京:中国建筑工业出版社,2003.

[75] British Standards. BS EN 1990:2002. Basis of Structural Design[S]. London: British Standards Institution,2002.

[76] 全国钢标准化技术委员会.预应力混凝土用钢绞线:GB/T 5224—2014[S].北京:中国标准出版社,2014.

[77] ASTM A416/A416M-15. Standard Specification for Low-Relaxation, Seven-Wire Steel Strand for Prestressed Concrete[S]. ASTM INTERNATIONAL. 2015.

[78] ASTM A722/A722M-15. Standard Specification for High-Strength Steel Bars for Prestressed Concrete[S]. United States: ASTM INTERNATIONAL, 2015.

[79] pr. Prestressing steels-Part 2: Wire[S]. London: EUROPEAN COMMITTEE FOR STANDARDIZATION,2006.

[80] prEN 10138-3. Prestressing steels-Part 3: Strand[S]. London: EUROPEAN COMMITTEE FOR STANDARDIZATION,2006.

[81] PrEN 10138-4. Prestressing steels-Part 4: Bar[S]. London: EUROPEAN COMMITTEE FOR STANDARDIZATION,2005.

[82] Cristopher D. Moen, Leo Fernandez. A Comparison of AASHTO Bridge Load Rating Methods [J]. Proceeding of the 2009 Structures Congress-Don't Mess with Structural Engineers: Expanding Our Role. Reston, VA. American Society of Civil Engineers,2009:12-78.

[83] Nowak, A. S., C.-H. Park. Reliability analysis of prestressed concrete bridge girders: comparison of Eurocode, Spanish Norma IAP and AASHTO LRFD[J]. Structural safety: 2001(4): 331-344.

[84] 刘芸欣. 基于各国家地区桥梁规范的箱梁梯度温度效应模拟方法[J]. 世界桥梁, 2018, 46(3): 68-71.

[85] Tobias D H. Perspectives on AASHTO load and resistance factor design[J]. Journal of Bridge Engineering, 2011, 16(6): 684-692.

[86] 胡肇滋. 桥跨结构简化—荷载横向分布[M]. 人民交通出版社, 1996.

[87] 姚琳森. 桥梁工程[M]. 2版, 北京: 人民交通出版社, 2008.

[88] 范立础. 桥梁工程(上册)[M]. 2版, 北京: 人民交通出版社, 2013.

[89] 张树仁, 郑绍珪, 黄侨, 等. 钢筋混凝土及预应力混凝土桥梁结构设计原理[M]. 北京: 人民交通出版社, 2004.

[90] 张树仁, 黄侨. 结构设计原理[M]. 2版, 北京: 人民交通出版社, 2010.

[91] 张树仁, 黄侨. 结构设计原理[M]. 3版, 北京: 人民交通出版社股份有限公司, 2020.

[92] Jai B. Kim, Robert H. Kim, Jonathan R. Eberle. Simplified LRFD Bridge Design[M]: Boca Raton: Taylor&Francis Group, 2013.

[93] 李国平. 桥梁预应力混凝土技术及设计原理[M]. 北京: 人民交通出版社, 2004.

[94] 周志祥. 高等钢筋混凝土结构[M]. 北京: 人民交通出版社, 2002.

[95] 叶见曙. 结构设计原理[M]. 3版, 北京: 人民交通出版社, 2014.

[96] Cai, C. S.. Discussion on AASHTO LRFD load distribution factors for slab-on-girder bridges[J]. American Society of Civil Engineers. 2005(3): 33-39.

[97] F El Meski, M Mabsout., K Tarhini. Investigation of AASHTO live-load reduction in reinforced concrete slab bridges[J]. American Society of Civil Engineers. 2011(6): 792-803.

[98] 吴腾, 葛耀君, 熊洁. 现行国内外公路桥梁汽车荷载及其响应的比较[J]. 结构工程师, 2008(05): 130-136.

[99] 党栋. 公路桥梁设计荷载及其组合研究[D]. 西安: 长安大学, 2012.

[100] 阮怀圣, 马润平. 美国公路桥梁设计规范中关于设计汽车荷载的研究[J]. 世界桥梁, 2012(01): 65-69.

[101] 黄进军. 公路桥梁规范汽车荷载效应比较研究[D]. 长沙: 长沙理工大学, 2008.

[102] 杨佐, 赵勇, 苏小卒. 国内外规范的混凝土桥梁截面竖向温度梯度模式比较[J]. 结构工程师, 2010(01): 37-43.

[103] 王峥. 钢筋混凝土梁斜截面受剪承载力研究[D]. 西安: 西安建筑科技大学, 2012.

[104] L. H. Martin. JA. Purkiss. Concrete Design to EN 1992[M]. Amsterdam: Elsevier, 2006.

[105] 叶列平, 宋世研. 中、美规范中受压构件的正截面承载力计算[J]. 建筑科学与工程学报, 2008(02): 56-63.

[106] Bentz E C, Collins M P. Simplified modified compression field theory for calculating shear strength of reinforced concrete elements[J]. ACI Structural Journal, 2006, 103(4): 614-624.

[107] Michael P, Collins E C, Bentz E G, et al. An adequate theory for the shear strength of reinforced concrete structures[J]. Magazine of Concrete Research, 2008, 60(9):635-650.

[108] 王玉珠. 国内外公路桥梁混凝土构件设计方法对比分析[D]. 大连:大连理工大学, 2011.

[109] Barker R M, Puckett J A. Design of Highway Bridges An LRFD Approach[M]. New Jersey:John Wiley & Sons, Inc, 2013.

[110] Duan L, Chen W F. Handbook Of Structural Engineering[M]. Boca Raton:CRC Press, 2004.

[111] 侯建国,杨力,叶亚鸿,等. 新版混凝土结构设计规范二阶效应的设计规定简介[J]. 武汉:武汉大学学报(工学版), 2013,(46):56-68.

[112] Darwin D, Dolan C W, Nilson A H. DESIGN of CONCRETE STRUCTURES[M]. New York:McGraw-Hill Education, 2010.

[113] C. Mccormac J, H. Brown R. Design of Reinforced Concrete[M]. New York:John Wiley & Sons, Inc, 2015.

[114] 刘钊. 拉压杆模型在混凝土梁桥中应用与研究进展[J]. 中国工程科学 2008(10):14-21.

[115] 林波. 预应力混凝土T梁桥端部锚固区拉压杆模型及配筋设计[J]. 南京:东南大学学报(自然科学版), 2009(S2):115-125.

[116] 何雄君,等. 拉压杆模型在预应力连续梁桥局部分析中的应用[J]. 桥梁建设, 2007(06):68-71.

[117] 冯睿为. 梁式桥抗倾覆稳定性研究[D]. 成都:西南交通大学, 2016.

[118] 李盼到,马利君. 独柱支撑匝道桥抗倾覆验算汽车荷载研究[J]. 桥梁建设, 2012, 42(3):14-16.

[119] 庄冬利. 偏载作用下箱梁桥抗倾覆稳定问题的探讨[J]. 桥梁建设, 2014, 44(2):27-31.

[120] 万世成,黄侨. 独柱墩连续梁桥偏载下的抗倾覆稳定性研究综述[J]. 中外公路, 2015, 35(4):156-161.

[121] FprEN. 10138-3. Prestressing steel-Part 3:Strand[S]. London:EUROPEAN COMMITTEE FOR STANDARDIZATION, 2009.

[122] 中华人民共和国交通运输部. 公路工程混凝土结构耐久性设计规范:JTG/T 3310—2019[S]. 北京:人民交通出版社股份有限公司, 2019.

[123] 任远,王晓春,黄侨,等. 中美欧公路桥梁设计规范的综合评价方法[J]. 哈尔滨工业大学学报(自然科学版), 2016(09):7-13.